U0627672

本书为国家社科基金一般项目"20世纪前期中国民生哲学思潮研究"(14BZX120)项目成果

20世纪前期
中国民生哲学思潮研究

程　潮　张金兰◎著

人民出版社

序　言

我是在 20 世纪 80 年代上大学时开始接触中国近代民生哲学的，先是在大学哲学本科学习《中国哲学史》课程时，从任课老师和多种教材中获悉孙中山的"民生史观"，后在师从钱耕森教授读研究生时出于研究的需要，从中国近（现）代哲学史的教材和文献汇编中获悉戴季陶的"民生哲学"、蒋介石的"力行哲学"、陈立夫的"唯生论"和叶青的"新唯物论"。我当时以为这些与近代民生哲学相关的概念和理论都是他们本人最先提出的。后来我在翻阅 1989 年在北京购买的《台湾及海外中文报刊资料专辑》时，发现张光任在《论民生哲学及其在方法学上的意义》一文中提到："民生哲学"一词是由戴季陶提出并得到孙中山的首肯，"民生史观"一词是由巫启圣根据民生哲学而提出的。[①] 接着，我又看到一些探讨李石岑的"唯生论"的文章和一些诸如"蒋介石的唯生论与力行哲学"[②] "以张君劢、陈立夫、蒋介石等人为代表的唯生派"[③] 等说法。这些相互矛盾的说法确实曾让我感到困惑，但在全国图书馆（室）资源无法共享的年代，又不易找到能证明哪种说法为准确的文献证据。直到进入 21 世纪，随着互联网的普及，国内外拥有图书馆（室）的单位纷纷建立自己的网站而将其图书报刊资源信息上传网站，特别是电子版的近代文献通过各种数字图书馆及数据库完整呈现后，为我们解答这些困惑提供了可靠的文献依据。我又有幸参与了我的博士导师李宗桂教授主持的题为"中国优秀传统文化的现代价值研究"这一 2012 年度教育部哲学社会科学研究重大课题攻关项目的研究工作，而且恰恰承担了其中"近代优秀文化传统及其现代价值"这一章的研究任务，于是我不得不在浩如烟海的近代图书报刊中找寻所需要的文献资料，从而使一些与中国近代民生哲学思潮相关的论著纷纷展现在我的眼前，也使我萌生了要以"20 世纪前期中国民生哲学思潮研究"

---

① 参见季啸风主编：《哲学研究》第 6 辑，书目文献出版社 1986 年版，第 91 页。

② 姜椿芳：《中国大百科全书——哲学》（1），中国大百科全书出版社 1987 年版，第 7 页。

③ 刘建国：《略论中国现代资产阶级哲学的特点》，《长白学刊》1987 年第 4 期。

为题申报国家社科基金项目的欲望，我也如愿以偿地拿到了这一项目。在本项目的研究过程中，我们不断获取新的文献资料，从而拓宽了我们的研究视野，也使我们有了一些新的发现，使本项目的研究体系更为完整。概而言之，本书所希望解决的问题主要有：

1."民生哲学""民生史观""唯生论"（包括"唯生哲学""唯生史观"）和"三民主义哲学"的概念和理论是由谁最先提出的？

2.近代民生哲学思潮经历了哪些发展阶段？各阶段的民生哲学产生的背景及其解决的问题是什么？孙中山的哲学思想是当做后人诠释和构建各种民生哲学理论的文本，还是当作近代民生哲学的最初形态？

3.孙中山关于"民生"概念的定义和"民生"所包含的内容，近代学者有哪些不同的诠释？他们诠释的依据是什么？

4.近代民生哲学的派别是如何划分的？它与从西方引入的恩格斯划分哲学基本派别的标准有何关系？为什么近代民生哲学的构建者和提倡者中有不少亲近唯物论而极少提倡唯心论？是否所有持唯生论者都是唯心论者？

5.近代民生哲学的建构者是怎样借鉴西方近代哲学的理论结构模式来设计自己的民生哲学理论结构的？有哪些表现形式？为什么一些民生哲学的建构者将马克思主义哲学的理论结构兼做批判和仿效的对象？

6.近代中国共产党所信奉的马克思主义哲学及其唯物史观与中国国民党所信奉的民生哲学及其民生史观之间经历了怎样的冲突与斗争？为什么中国的马克思主义哲学最终战胜了国民党的民生哲学？为什么戴季陶精心打造的民生哲学最终被国民党人自己所清算？

7.我们对待中国近代民生哲学思潮，是把它单纯作为批判的对象，还是把它作为中国哲学发展历程中的一个必经环节来看待？我们今天能从国民党的民生哲学的理论缺陷和实践教训中得到怎样的启示？

今天，我们有幸生活在实现中华民族伟大复兴中国梦的新时代，中国人的文化自信与日俱增，它可以让我们以更加客观的态度和更加开放的心态来探讨曾在中国大陆横行一时的国民党的民生哲学。同时，我们又有幸生活在一个文献资源共享平台日增、信息传递便捷的时代，凡研究中所需要的文献资源，我们基本可以找到，这是我们的学术前辈所不具备的。因此，我们也百倍珍惜我们这个时代给我们创造的优越的学术条件，希望在这一研究领域有所突破，有所成就。

目 录

导　论

　　20世纪前期中国民生哲学思潮（以下简称近代民生哲学思潮），是指20世纪20年代到新中国成立前国民党学者通过对孙中山的三民主义及其哲学思想的诠释与发挥而构建的各种民生哲学体系，用以抗衡中国共产党所信仰的马克思主义哲学在中国的影响，从而达到维护国民党统治政权的目的。这里所说的民生哲学思潮，包括以"民生哲学""民生史观""唯生论"（"唯生哲学""唯生史观"）"三民主义哲学"等词汇命名的各种哲学的总称。不过，何谓民生哲学？民生哲学的理论归属如何？民生哲学的特点是什么？对于这些问题，过去那些民生哲学的构建者和诠释者们也是意见不一，因此有必要对其作一个梳理。同时，我们当今研究近代民生哲学思潮，采用何种思路和何种方法，在此也要作一个说明。

一、何谓民生哲学

　　"民生哲学"一词非孙中山所造，但近代民生哲学无论采用什么样的名目，几乎都挂在孙中山哲学名下。那么，近代国民党学者所宣扬的"民生哲学"究竟是真正代表孙中山的哲学，还是诠释者自我发挥、自我创造的哲学呢？他们对"民生哲学"的内涵是如何界定的呢？对此我们不妨作一下分析。

（一）谁的民生哲学

　　"民生哲学"的概念与孙中山和戴季陶的哲学思想有关。孙中山一生并没有给自己的哲学思想作一个系统的理论总结，也没有给自己的哲学思想冠以一个统一的名称。但他的哲学思想中确实有对民生和生存问题的重要思考，所以后世将他的哲学思想称之为"民生哲学"或"民生史观"，是有其理论依据和实践基础的。戴季陶第一次将孙中山的哲学命名为"民生哲学"，也是第一次将孙中山的社会历史观冠名为"民生史观"。不过，他提出"民生哲学"概念时，打的是"（孔子）民生哲学的理论"和"中山先生的民生哲学"①的旗号，而没有标榜为自己的民生哲学。他提出"民生史观"概念时，也是称"中山先生的民生史观"②，而没有拿来称谓自己的民生史观。但在思想界却出现了两种说法。

第一种说法是将孙中山视为民生哲学和民生史观的开创者，甚至将民生哲学和民生史观作为孙中山哲学的专有名词，有"中山先生的民生哲学""国父民生哲学"等说法。这一说法源自戴季陶，并为蒋介石所提倡，因而成为国民党统治时期较为普遍的说法。如姜琦说：所谓"民生哲学"，是中山先生所创设的一部"生存哲学"或"生命哲学"，一部"生活哲学"或"生计哲学"，一部"民生底哲学"。③简世坝直接提出孙中山是"民生哲学的创造者"④。

第二种说法是将戴季陶视为民生哲学的开创者。当恽代英指出戴季陶在《孙文主义之哲学的基础》一书中"把中山底民生哲学硬裁在东方式的什么'仁'字上面，不能算是了解中山思想底根本所在"时，实际上意味着戴季陶所理解的"民生哲学"并不是孙中山的民生哲学，而是戴季陶本人的民生哲学，也就是"戴季陶主义"的民生哲学。后来，毛礼锐虽承认民生哲学是中山先生全部思想的基础，但又认为孙中山自己对民生哲学理论并没有透彻的发挥，而他透过戴季陶的《民生哲学系统表说明书》里面列举的"九件事"说明戴季陶是"民生哲学初步的提出者"，戴季陶的大作《孙文主义之哲学的基础》确是"民生哲学的开掘者"，"民生哲学所以能够引人注意，能够继续阐扬，季陶先生应首居其功"。⑤

因此，"民生哲学"是谁创建的问题，需要从不同的视角去理解：一方面，从思想源头来说，孙中山确实是民生哲学的开创者，离开了孙中山的哲学，也就没有民生哲学的话题。所以有人称民生哲学是由孙中山提出的，而由戴季陶对其"首先地开始研究"⑥。另一方面，从思想建构来说，戴季陶确实是民生哲学理论体系的构造者或重构者，正是他在研究孙中山的革命哲学的过程中构建了他自己

---

① 戴季陶：《孙文主义之哲学的基础》，民智书局 1925 年版，第 52、63 页。
② 戴季陶：《再版序言》，载周佛海《中山先生思想概观》，民智书局 1925 年版，第 2 页。
③ 姜琦：《抗战建国与民生哲学》，艺文研究会 1938 年版，第 170、172、176 页。
④ 简世坝：《"生是宇宙的中心"真铨："生"的本质论（附图）》，《新认识》1941 年第 3 卷第 3 期。
⑤ 毛礼锐：《民生哲学之特质的探讨（上）》，《政衡》1948 年第 3 卷第 1 期。
⑥ 姜琦：《抗战建国与民生哲学》，艺文研究会 1938 年版，第 2 页。

的民生哲学理论体系，这在中国近现代研究戴季陶哲学的马克思主义学者中被反复指出，特别是现当代学者直称"戴季陶的民生哲学"①。

（二）民生哲学的含义

"民生哲学"概念是戴季陶提出来的，他以在《民生哲学系统表》中提出的"九件事"来表达自己对民生哲学的理解，但他并没有对民生哲学的含义作出明确的解释。后来，国民党学者姜琦、茹春浦、周振纲、胡一贯等相继对民生哲学的含义作了自己的解释。

姜琦指出，"民生哲学"有两种含义：一种是"民生哲学"，它是以"民生"为研究的对象，把"民生"这个本质作哲学的研究，因此，它是研究"民生"这个本质的一种学问；另一种是"民生的哲学"，它是以"哲学"为研究的对象，把"哲学"放在民生的观点上作本质的探究，因此，它是用"民生"这个本质来研究一切社会哲学的一种学问。但这两种意义又是统一的：因为研究"民生"这个本质时，自然会牵涉社会问题；同样地，研究到社会问题时，也自然离不开"民生"这个本质。从这个意义上说，也就无所谓"民生哲学"或"民生的哲学"，可统一略称为"民生哲学"。②

茹春浦解释道："用哲学上的方式说明人类所以求生存，与所以能达到其求生存的目的的道理，就是民生哲学。"③根据这一界定，他将民生哲学的主要内容分为两个部分：一是关于生命方面（即生命问题）的民生哲学。孙中山对民生哲学在生命方面的含义未加详细说明，只是提出"生元"二字来说明生命的来源就是生元的作用。二是关于人的观念和行动方面（即社会问题）的民生哲学。孙中山对于民生哲学在社会问题的实用上的认识包括"求生存是社会进化的原因""解决众人的生存问题不是物质，仍然是民生问题""人类进化是互助不是竞争"。④

周振纲解释说："民生哲学，是本乎'民生为社会进化的重心''民生为历史的中心'的原则，指示人类在国家组织之下，怎么去从事生活，使人民的生活得安定，社会的生存可延续，国民的生计能丰裕，群众的生命有保障，而达到人与

---

① 张岱年主编：《中国哲学大辞典》，上海辞书出版社 2010 年版，第 801 页。
② 参见姜琦：《抗战建国与民生哲学》，艺文研究会 1938 年版，第 23 页。
③ 茹春浦：《民生哲学之初步认识》，《中央周刊》1939 年第 1 卷第 45 期。
④ 茹春浦：《民生哲学之初步认识》，《中央周刊》1939 年第 1 卷第 45 期。

人、国与国均能和平相处的大同之世的一种革命哲学。"① 这是以孙中山对"民生"的定义以及对"民生"的历史作用的定位而作出的界定。他认为，三民主义的基础就是民生哲学，民生哲学的基础是"仁"，民生哲学的出发点是"民生史观"。②这基本是以戴季陶的民生哲学理论为依据的。

胡一贯认为，"民生哲学"有广义与狭义之分。狭义的民生哲学自限于"社会哲学"；广义的民生哲学乃是"民生论的哲学"，亦即哲学中"以民生为中心而论列一切哲学问题"③ 的一派哲学。而他正是从广义上建构其民生哲学理论体系的。

二、近代民生哲学的理论归属

近代学者冯友兰曾将哲学分为宇宙论、人生论和知识论三大部分，主张人生论根据于宇宙论。④ 梅思平曾按这一思路将哲学系统分为"本体论""社会观或历史观"和"伦理哲学、人生哲学、政治哲学等"三个层次。而"历史哲学"⑤"社会哲学"⑥"生命哲学"⑦"文化哲学"⑧ 等哲学形式也很早就在中国哲学界所传播与研究。以社会领域的民生问题作为研究对象的民生哲学或民生史观，自然不可能居于哲学的最高层，只能属于哲学系统的第二层或第三层，这就涉及民生哲学的理论归属问题。近代学者对民生哲学的理论归属问题有着不同的理解，大致有以下说法。

（一）民生哲学是一种人生哲学

杜亚泉曾指出："人生哲学"或译为"生命哲学"，是以生命为万有中心，尤

---

① 周振纲:《民生哲学概观》,《抗战时代》1940 年第 2 卷第 1 期。
② 周振纲:《民生哲学概观》,《抗战时代》1940 年第 2 卷第 1 期。
③ 胡一贯:《民生哲学精义》,中央文化运动委员会 1944 年版,第 95 页。
④ 参见冯友兰:《对于哲学及哲学史之一见》,《太平洋》1925 年第 4 卷第 10 期。
⑤ 参见黄国康:《历史哲学及哲学史》,《新民丛报》1906 年第 4 卷第 22 期。
⑥ 参见《本校布告:文科布告:文本科三年级哲学门"言语学概论""经济学原理""社会哲学"三课现因二一年级各班均有选修者:附表》,《北京大学日刊》1918 年第 75 期。
⑦ 参见费鸿年:《立伽脱之生命哲学及其批评》,《东方杂志》1924 年第 21 卷第 1 期。
⑧ 参见蒋径三:《文化哲学与文化教育学》,《教育杂志》1929 年第 21 卷第 12 期。

其以人类的生命为万有中心而创设的哲学。孙中山的三民主义的哲学基础是"人生哲学"，戴传贤称之为"民生哲学"。大抵从自然科学立场上说为"生命哲学"，从社会科学立场上说为"人生哲学"，从政治立场上说为"民生哲学"，三者其实是没有差别的。① 而他将"民生哲学"放在"人生哲学"中来陈述，也说明了他把民生哲学作为一种人生哲学来看待。

胡秋原就明确指出："中山先生的民生哲学，是一种人生哲学，此种人生哲学，即是乐利主义。在其基础上，建立其历史哲学与文化哲学，政治哲学与经济哲学，而总结于三民主义之政策。"② 他认为，孙中山的"乐利主义的人生观"是以"替众人服务"为人生的目的，以"为人民谋幸福"为政府的目的，是一种"乐观的，创造的，奋斗的人生观"。③ 这一理解，实际上将孙中山的民生哲学视为一种功利主义的人生哲学，这与戴季陶等人将孙中山的民生哲学视为一种仁爱主义的伦理哲学有所不同。他还认为，孙中山根据其民生哲学来看人类社会而构建一个很有意义的历史哲学。孙中山的历史哲学有两个根本观念：第一，社会是进化的；第二，民生为历史的重心。④

实际上，近代学者将民生哲学或民生史观作为"历史观""社会观"列入"人生论"或"人生哲学"范围的现象非常普遍。中央陆军军官学校洛阳分校 1936年编印的《人生哲学教程》中，就将孙中山的宇宙观、历史观（民生史观）、人生观和社会观作为孙中山的"人生哲学"的子项。

（二）民生哲学是一种社会哲学

"社会哲学"在近代中国也很早就进入课堂和研究领域。特别是杜威在北京大学开展了"社会哲学与政治哲学"⑤ 的主题演讲后，"社会哲学"就成为中国哲学界的一个重要话题。

而将民生哲学与社会哲学联系起来，可追溯到朱谦之。他将孙中山的历史观归入历史哲学范畴，并以孙中山引用美国马克思主义学者威廉的社会史观为由而

---

① 参见杜亚泉：《人生哲学》，商务印书馆 1929 年版，第 1—2 页（"前言"页）。
② 胡秋原：《民生哲学与民生主义》，中国文化服务社 1940 年版，第 16 页。
③ 胡秋原：《民生哲学与民生主义》，中国文化服务社 1940 年版，第 17—18 页。
④ 参见胡秋原：《民生哲学与民生主义》，中国文化服务社 1940 年版，第 22—24 页。
⑤ 杜威：《社会哲学与政治哲学》，《教育公报》1919 年第 6 卷第 11 期。

将孙中山的民生史观也称为"社会史观"（社会哲学），主张应将孙中山所独创的"民生为社会进化的中心，社会进化又为历史的重心"的"历史哲学"放在一个"社会史观"的总题目底下去研究。① 这也就是说，孙中山的民生史观是一种社会史观（社会哲学）。

自孙中山的哲学被贴上"唯生论"的标签后，不少学者将民生哲学或民生史观归入社会哲学领域。任觉五就指出："孙中山先生主义的哲学基础，应该从这两方面去看。……关于宇宙方面的哲理（唯生论）……社会方面的哲理，即所谓民生史观，反过来说，民生史观就是我们的社会哲学。……'民生史观'四个字实在是代表他的社会哲学的"。②

姜琦更明确地指出："所谓'民生哲学'在整个的哲学体系上究竟占有何种位置呢？究竟是属于哪一种的哲学呢？……我以为它是属于特殊哲学；具体地说，我以为它就是一种社会哲学。"③ 不过，与他将"民生哲学"分为广义和狭义相一致的是，他也将"民生哲学"作为一种社会哲学分为广义的社会哲学和狭义的社会哲学。他认为，戴季陶未曾指示"民生哲学"一语只可应用于"社会哲学"，尤其未曾说到它是广义或狭义的社会哲学，故其解释"太含糊"；孙镜亚主张三民主义的全部著作不可总名为"民生哲学"是很对的，但主张三民主义的全部著作可总名为"伦理哲学"是极不合理的，故其解释"太狭窄"。而他认为，民生哲学是"社会哲学"，并且是"广义的社会哲学"，即包括政治哲学、经济哲学、道德哲学、教育哲学等等。他对此解释道：孙中山将"民生"解释为"人民的生活、社会的生存、国民的生计、群众的生命"④，而"人民""社会""国民""群众"等语无一不是含有"社会"的意味，其所包括的"个人"仍然是社会中的一个成员。⑤

万民一指出："民生哲学是一种社会哲学，是探究人类生活根本法则的一种理论。"⑥ 他认为，指导三民主义的社会哲学既不是"唯心的社会哲学"，也不是

---

① 朱谦之：《到大同之路》，泰东图书局 1928 年版，第 68 页。
② 任觉五：《唯生论与民生史观》，拔提书店 1933 年版，第 110 页。
③ 姜琦：《抗战建国与民生哲学》，艺文研究会 1938 年版，第 147 页。
④ 为节省篇幅起见，后面将孙中山给"民生"所下的"人民的生活、社会的生存、国民的生计、群众的生命"的定义略称为"民生四义"。
⑤ 参见姜琦：《抗战建国与民生哲学》，艺文研究会 1938 年版，第 147 页。
⑥ 万民一：《民生哲学的新认识》，文化供应社 1940 年版，第 53 页。

"唯物的社会哲学",而是根据孙中山的启示而研究出来的"民生哲学"。他还提出社会哲学(尤其是民生哲学)应该包含两类法则:第一类是社会生活的应然法则,即是社会生活的进行应该受其指导的法则;第二类是社会生活的实然法则,即社会生存的进行实际上受其支配的法则。这两类法则不是同一的,有时是矛盾的。但"社会哲学的实践的任务,就在于消除这两类法则的矛盾,使它们统一起来,使社会生活的进行除了受实然法则的支配外,同时更受应然法则的指导"[①]。

(三)民生哲学是一种历史哲学

朱谦之最早将民生哲学(民生史观)归入"历史哲学"范畴。他在未读孙中山的《三民主义》之前,便在《历史哲学》一书中将孙中山的三民主义列入中国历史哲学发展的第三阶段。他在悉知学界已将孙中山的哲学称为"民生史观"或"民生哲学"时,便在《大同共产主义》一书中将孙中山的"民生史观"称为"广义的'生物史观'",并指出孙中山的"人类求生存是社会进化的原因和定律"[②]的见解与他自己的历史哲学最相符合。这明显是将孙中山的民生史观归入历史哲学理论范围。后来,他在《历史哲学大纲》一书中直接将孙中山的民生史观称为"孙中山历史哲学的思想"[③]。

吴胜己将民生史观与唯物史观(即经济史观)都归入"历史哲学"领域,认为民生史观在解释历史演进的问题上更有优势,故称之为"最完善的历史哲学"[④]。

袁月楼在《民生的历史哲学之基点》一文中也认为,民生史观是"综合了唯心史观和唯物史观的一种最高形态的历史观",是一种"新的说明历史和改造历史的最高哲理",因而是一个"最完美的历史哲学"。[⑤]

叶青指出:"历史哲学则是研究人类发展及社会进化的科学。"[⑥]孙中山的历史哲学中最主要的命题包括"民生史观""生存进化论""历史行程论""历史发展论""历史阶段论"和"人力作用论"六个方面。[⑦]这就是说,"民生史观"是历

---

① 万民一:《民生哲学的新认识》,文化供应社 1940 年版,第 53—54 页。

② 朱谦之:《大同共产主义》,泰东图书局 1927 年版,第 189—190 页。

③ 朱谦之:《历史哲学大纲》,民智书局 1933 年版,第 15 页("目录"页)。

④ 吴胜己:《民生史观——最完善的历史哲学》,《中山月刊(重庆)》1939 年第 2 卷第 7 期。

⑤ 袁月楼:《民生的历史哲学之基点》,《前锋月刊》1941 年第 1 卷第 8 期。

⑥ 燕义权(叶青):《国父孙中山底历史哲学》,国民图书出版社 1942 年版,第 3 页。

⑦ 参见燕义权(叶青):《国父孙中山底历史哲学》,国民图书出版社 1942 年版,第 7—8 页。

史哲学的一个组成部分。他还以"历史"和"社会进化"的意义相同为由，明确提出"民生哲学或民生史观是历史哲学，也是社会哲学"[①]。后来他直接将民生哲学分为社会哲学和历史哲学两种。一方面，民生哲学在用"民生"解释"社会"时就是"社会哲学"。社会起源为民生，社会现象以民生为原因，也以民生为中心。另一方面，民生哲学在用"民生"解释"历史"时就是"历史哲学"。它是一种一元史观，以民生为历史的动力。人创造历史在于解决民生问题。[②]

三、近代民生哲学思潮的时代背景与演变历程

（一）近代民生哲学思潮的时代背景

在 20 世纪前期，国民党学者多将孙中山视为民生哲学的开创者，因而当时学者多从孙中山的民生主义及其哲学思想出发来揭示民生哲学思潮产生的时代背景。从当今视野来说，民生哲学思潮的时代背景包括：(1) 经济背景：西方工业革命带来物质发达和贫富分化，引发阶级对立和社会冲突；中国自然经济的主导地位和民族资本主义的不发达，导致中国整体贫困落后。(2) 政治背景：西方帝国主义的军事侵略和经济剥削，威胁着殖民地国家和弱小民族的生存，促使中华民族的觉醒；中国地主的封建剥削，导致农民阶级的反抗；西方社会党发起的社会革命，为中国预防社会问题的发生提供前车之鉴；苏联社会主义制度的创立，为中国的制度选择提供有益借鉴；国共两党的两度合作与分裂，必然要有相应的意识形态与之配合。(3) 文化背景：西方自然科学的新发现，社会主义思潮的涌动，马克思主义哲学、实证哲学、功利主义哲学、生命哲学、生机主义哲学的输入，中国传统文化（特别是儒家）的再造，为民生哲学的理论建构提供了丰富的思想资源。

（二）近代民生哲学思潮的演变历程

我们判断近代民生哲学发展阶段的主要依据是：一是近代时代背景的转变所引发的时代主题的变迁；二是近代民生哲学理论的逻辑演变与自我完善的历程；

[①] 叶青：《国父哲学言论辑解》，江西省三民主义文化运动委员会 1942 年版，第 39 页。

[②] 参见叶青：《国父哲学述要》，《中国青年（重庆）》1948 年复 2 第 3 期。

三是近代民生哲学核心概念的转变（主要是通过对不同核心概念的数据统计结果）。我们根据定性分析和定量分析相结合的方法，发现近代民生哲学思潮大致经历了"民生哲学文本的诞生""民生哲学与民生史观概念与理论的提出""民生史观的大讨论""唯生论的突起"和"三民主义哲学的收官"五个发展阶段。孙中山是民生哲学文本的创建者，他在本体论、宇宙论、历史观、认识论、道德观等方面提出的基本观点，为后世民生哲学的形成与发展提供了权威性的文本。戴季陶首次提出"民生哲学"和"民生史观"概念，分别用以揭示三民主义的哲学基础和指称孙中山的社会历史观。戴季陶提出的"民生哲学"在当时有着强烈的反响，赞同者和批评者大都是冲着他的"民生哲学"而来。但他提出的"民生史观"概念也有重要的历史影响，它使孙中山的社会历史观有了统一的称谓，也使国共两党的意识形态有了清晰的界线。国民党实行"清党"后在尚未形成统一的中央集权的背景下，学术界展开了一场声势浩大的民生史观大讨论，最终确立了民生史观的官方哲学地位。蒋介石建立统一的中央集权后，急切需要为民生史观寻找形上基础并为"新生活运动"提供理论依据，于是陈立夫、任觉五等人的唯生论应运而生。为适应抗战建国和抑制中国共产党势力的需要，在蒋介石的推动下，国民党学者又推出了主要以戴季陶的民生哲学为内核的三民主义哲学。但在中国共产党领导下的三年解放战争的伟大胜利，宣告了国民党三民主义哲学在中国大陆的终结。

四、近代民生哲学思潮的特点

近代学者对民生哲学的理论建构由于受到其阶级立场、理论视角、学术视野等诸多要素的影响，故他们所反映的民生哲学的特点也很难统一。我们带着争议的视角来反映近代民生哲学思潮的特点。

（一）伦理性与经济性

戴季陶首倡"民生哲学的伦理性"①。他不仅提出"仁爱是民生的基础"②，"仁

---

① 戴季陶：《孙文主义之哲学的基础》，民智书局 1925 年版，第 67 页。
② 戴季陶：《孙文主义之哲学的基础》，民智书局 1925 年版，第 34 页。

爱即民生哲学之基础"①，还引《中庸》中的"知""仁""勇"和"诚"等范畴来构建其伦理哲学，作为其所提倡的民生哲学的重要组成部分。孙镜亚针对戴季陶"民生哲学"的伦理性特征而将其作为三民主义的哲学基础的"民生哲学"改称为"伦理哲学"②，并提出"三民主义的全部著作可总名之曰伦理哲学"，"三民主义的思想基础是博爱"③。故周履直以戴、孙二人的说法为依据，指出"民生主义且以伦理哲学为理论之基础"④。胡一贯还对戴季陶的"仁爱为民生哲学之基础"⑤作了详细的论证，反映了他对民生哲学的伦理性的认同。

而叶青则反对将民生哲学伦理化，明确指出"民生哲学不是道德哲学"⑥。他批评戴季陶的民生哲学根本就不看重"衣食住行"，而看重"仁爱"。而他认为，衣食住行属于经济，仁爱属于道德。"民生哲学"离开了经济就变成"道德哲学"了，这是"违反国父遗教"的。⑦ 故他反对"把民生哲学作仁爱哲学解"⑧。他还认为，既然孙中山总理将生活进化分为由"需要"而"安适"而"繁华"三个阶段，这不仅不反对"享乐"，并且应该主张"享乐"。故他主张"民生哲学是社会的快乐论，主张全体的幸福"⑨。

姜琦则提出民生哲学应以"民生"为"本质"，主张应该将戴季陶在《民生哲学系统表说明书》里所写的"先生的三民主义原理全部包括在民生主义之内，其全部著作可总名之曰民生哲学"修正为"三民主义原理全部包含在'民生'之内，其全部著作可总名之曰'民生哲学'"。⑩ 他将"社会"分为"本质"的东西和"非本质"的东西，"本质"的东西是指"民生"的东西，亦即"衣食住行"的"经济生活"，"非本质"的东西是指"非民生"的东西，亦即"育乐"的"非经济生活""精神生活""道德生活"。而且"本质"里面包含着"非本质""非经济"的

① 戴季陶:《孙文主义之哲学的基础》，民智书局 1925 年版，第 66 页。
② 孙镜亚:《对于〈孙文主义之哲学的基础〉之商榷》，三民公司 1925 年版，第 28、32 页。
③ 孙镜亚:《对于〈孙文主义之哲学的基础〉之商榷》，三民公司 1926 年版，第 34 页。
④ 周履直:《废止遗产与三民主义》，中华书局 1928 年版，第 7 页。
⑤ 胡一贯:《民生哲学精义》，中央文化运动委员会 1944 年版，第 156—164 页。
⑥ 叶青:《国父哲学言论辑解》，江西省三民主义文化运动委员会 1942 年版，第 67 页。
⑦ 杜亦鸣（叶青）:《戴季陶三民主义理论之清算》，《新路线》1949 年第 14 期。
⑧ 杜亦鸣（叶青）:《三民主义权威戴季陶》，《新路线》1949 年第 13 期。
⑨ 叶青:《国父哲学言论辑解》，江西省三民主义文化运动委员会 1942 年版，第 72—73 页。
⑩ 姜琦:《抗战建国与民生哲学》，艺文研究会 1938 年版，第 13—14 页。

东西。① 这不仅突出了民生哲学的民生性，还体现民生哲学具有兼顾经济生活和精神生活的二重性。

（二）民族性与世界性

戴季陶在研究孙中山的民生哲学时，高扬"东方文化之精神"。他指出孙中山是"最热烈的主张中国文化复兴的人"，认为孙中山的民生哲学是对"中国古代的伦理哲学和政治哲学"（即孔子的民生哲学）的继承。

胡一贯特别强调民生哲学的民族性，称"民生哲学"是"中国哲学的哲学"。对此，他提出了三个主要的理由。第一，民生哲学是救中国的哲学。三民主义是以"民生哲学"为基础的，而依孙中山的"三民主义是救国主义"之说，则三民主义所根据的哲学自然是"救国哲学"。第二，民生哲学是中国的正统哲学。他以杜威的"正统哲学是一种不消极又不偏颇的哲学"之说为依据，称民生哲学主张心物一元，不偏于心或物，可谓不偏颇；主张乐观的态度与服务的人生，肯定人生之价值与社会之进化，可谓不消极。民生哲学既有此种"积极性"与"中庸性"，所以是"正统哲学"。第三，民生哲学是中国的传统哲学。立国于天地之间，必有可以传续万世而不替的"根本精神"。而中国的根本精神就是"以中庸为大本，以民生为大用"。而民生哲学发挥这种"根本精神"，所以是中国的"传统哲学"。②

茹春浦也指出："因为民生哲学是总理运用中华民族传统的民族哲学的观点，来对于现存的人类生存状态加以说明，所以民生哲学就是中华民族哲学的新实用性的说明。简单地说，它的重要内容：就是中华民族的精神与民族性，而不是一般的客观性的人生哲学的研究。"③ 即是说，民生哲学是"中华民族哲学"，是中华民族精神和民族性的体现。他还从人性上来说明民生哲学的民族性，认为民生哲学在社会问题的实用方面，不是在形式逻辑和辩证逻辑上找根据，而是在每个中华人的人性上找来源。④

民生哲学的世界性在近代学者中主要有两种理解。

一方面，表现为民生哲学的理论来源的世界性。姜琦认为，孙中山的思想和

---

① 参见姜琦：《抗战建国与民生哲学》，艺文研究会 1938 年版，第 16—17 页。
② 参见胡一贯：《民生哲学精义》，中央文化运动委员会 1944 年版，第 9—10 页。
③ 茹春浦：《民生哲学之初步认识》，《中央周刊》1939 年第 1 卷第 45 期。
④ 参见茹春浦：《民生哲学之初步认识》，《中央周刊》1939 年第 1 卷第 45 期。

学说（包括民生哲学）一是采撷中国固有的文化，包括《大学》的"格物论"、《中庸》的"中庸"和《论语》的"仁说"；二是根据欧美科学，包括现代各派社会主义的哲学和最新的科学方法；三是自己所创造、所发明的理论和学说，包括行易知难学说和三民主义原理。① 叶青也指出，孙中山的思想无论就"哲学""主义"还是"方略"而言，都是"综合古今中外的学说和经验而集其大成"，换一句话，都是"东方文化和西方文化之高度的融会贯通"，实可谓为"世界文化的发展"。② 但孙中山讲民生哲学只称说威廉，并未提及孔子，说明孙中山的民生哲学"不是继承孔子，而是继承威廉，与儒家思想、正统思想、中国文化没有什么关系，相反，它与欧美学术和西方文化倒有很大的关系"③。此外，孙中山的"互助哲学"来自俄国的克鲁泡特金，孙中山的"进化哲学"来自欧洲哲学和科学方面的进化论者（最重要的是英国的达尔文）。④ 这就是说，孙中山的民生哲学的理论来源不是中国本土哲学，而是西方近代哲学。

另一方面，表现在民生哲学的适用范围的世界性。戴季陶认为，孙中山把"中国古代的伦理哲学和政治哲学"视为"全世界文明史上最有价值的人类精神文明的结晶"，若求"全人类的真正解放"，就必须以"中国固有的仁爱思想"为"道德基础"。而戴季陶所讲的"中国古代的伦理哲学和政治哲学"，也就是传统儒家的民生哲学。戴季陶又认为，孙中山将"民族主义"作为"大同主义"的基础，其恢复中国民族固有之道德文化，不仅是为了"救国"，并且还要拿来"做统一全世界的基础"。⑤ 这就是说，孙中山的民生哲学具有普遍价值。不仅如此，戴季陶还认为俄国革命的成功是"受三民主义的教训"⑥，以此作为民生哲学具有世界性价值的一个成功案例。陈立夫在《唯生论（上）》中将孙中山的"依据宇宙之真理（天道）——即唯生的一元相对论"而建立的哲学称为"生的哲学"，认为它"合精神文明与物质文明于一炉而冶为生的文明"，以"明天道之一贯而启示人类之光明美丽的远大前程"，主张要依据"唯生论"的真理使中华民族"朝

① 参见姜琦：《抗战建国与民生哲学》，艺文研究会 1938 年版，第 302—303 页。
② 杜亦鸣（叶青）：《戴季陶三民主义理论之清算》，《新路线》1949 年第 14 期。
③ 杜亦鸣（叶青）：《戴季陶三民主义理论之清算》，《新路线》1949 年第 14 期。
④ 参见杜亦鸣：《戴季陶三民主义理论之清算》，《新路线》1949 年第 14 期。
⑤ 戴季陶：《孙文主义之哲学的基础》，民智书局 1925 年版，第 33—34 页。
⑥ 戴季陶：《孙文主义之哲学的基础》，民智书局 1925 年版，第 34 页。

着生的文明的目标而前进"，继而又将中华民族的"生的文明"贡献于世界，为"和平"而奋斗，并从"和平"而进"大同"。① 而在中国抗日战争和世界反法西斯战争期间，他又在《生之原理》中指出孙中山"民生史观"实际主张"人类之求共生、共存、共进化为历史的根本原动力"②。而人类之向共生、共存、共进化的方向走，即是人类社会之向着使人达到其成己成物之目标之方向走，亦即向着"共信愈坚、互信愈深、凝统集中（诚）"以"进世界于大同的方向走"。这是民生史观之历史哲学的基本意义之所在。③ 他还指出，中国文化是"以民生为中心""以大同为极则""致中和""尚礼义"的文化，是"本于大公，发于至诚，归于行仁，而成于力行"的世界上最可爱的文化。因此，将中国文化的特质发扬起来，既是对中国文化之责任，也是对世界文化之责任，也就是要"使世界人类共享民生之乐利，走到共生、共存、共进化的大同之世的道路"④。谭辅之认为，三民主义是中国之所产，又是为了解决中国问题而产生的，因而具有"中国性"；三民主义是"世界进化定律的总枢纽"，是"从古今中外所有革命的历史事实归纳出来的"，因而带有"世界性"。作为三民主义之哲学基础的"民生哲学"或"生的哲学""三民主义哲学"，着重于"用""活动的行方面"，着眼于"人类社会之实践方面"，以"求生存""民生""生"最现实最普通的概念出之，可以适用于广大"无所不包"的范围，"不但可以作为解决中国问题之哲学基础，而且可以作为解决世界任何国家的社会问题之哲学的基础"，因而也具有"世界性"。⑤

不过，透过蒋介石、戴季陶、陈立夫这些国民党实权人物对民生哲学某些特点的强调，可以判定近代民生哲学的特点更偏向于"伦理性"和"民族性"。同时，叶青宣扬民生哲学的"经济性"和"世界性"，故对戴季陶的民生哲学偏于"伦理性"和"民族性"提出了尖锐的批评，这也反映出近代民生哲学特点的倾向性。

（三）阶级性与超阶级性

民生哲学是具有阶级性还是具有超阶级性，与近代民生哲学的构建者们所持

① 参见陈立夫：《唯生论》（上），正中书局 1935 年版，第 58—59 页。
② 陈立夫：《生之原理》，正中书局 1945 年版，第 198 页。
③ 参见陈立夫：《生之原理》，正中书局 1945 年版，第 217 页。
④ 陈立夫：《生之原理》，正中书局 1945 年版，第 299—230 页。
⑤ 谭辅之：《三民主义的中国性与世界性》，《民族文化》1941 年第 5 期。

的阶级观有着直接的关系；近代民生哲学的构建者们所持的阶级观，又与孙中山的阶级观有着密切的承继关系。而孙中山的阶级观中，似乎兼有"阶级性"和"超阶级性"的二重性。一方面，孙中山的历史观蕴含有"超阶级性"。其理由在于：其一，人类进化以"互助"为原则。他在《孙文学说》中将世界进化分为物质进化、物种进化和人类进化三个时期，而人类进化与物种进化的原则不同："物种以竞争为原则，人类则以互助为原则。社会国家者，互助之体也；道德仁义者，互助之用也。……人类今日之进化已超出物种原则之上矣。"[1] 按此逻辑，则在人类进化阶段，人类已超出物种竞争，也就不应再有阶级和阶级斗争，阶级和阶级斗争是人类进化过程中出现的"病症"，而利益调和和社会互助才是人类进化过程中的"常态"和动力。其二，中国无贫富不均问题。近代西方的主要矛盾是资产阶级和无产阶级的矛盾，亦即富者与贫者的矛盾。而中国近代社会只是大贫与小贫，也就没有资产家，因而无需"阶级斗争"，只需采取"平均地权"和"节制资本"的"社会革命"方式解决民生问题。另一方面，孙中山的历史观又承认阶级斗争在一定范围内存在。阶级斗争既存在于西方"不均"的资本主义社会，故有马克思关于阶级斗争和无产阶级专政的学说要将这"不均的社会"打平；还存在于民族压迫和封建剥削的中国，故有孙中山声明国民党现正从事"反抗帝国主义与军阀，反抗不利于农夫工人之特殊阶级"[2] 的斗争。不过，孙中山意识到国民党要取得国民革命的胜利，就必须开展国共合作，故在思想上主张"共产主义是民生主义的好朋友"[3]，承认马克思的唯物史观在揭示西方阶级斗争发生的原因和指导西方无产阶级革命方面有其独特的价值以及为中国预防阶级斗争的发生提供的借鉴价值。

但是，戴季陶在其民生哲学理论中则极力主张以"国民性"替代"阶级性"。在他看来，孙中山所主张的国民革命"在事实上是联合各阶级的革命"，也就是要各阶级的人抛弃他的"阶级性"，恢复他的"国民性"[4]。既然他的民生哲学主张"觉悟的治者阶级"（资产阶级、地主阶级）与"被治者阶级"（劳动阶级、农民阶级）联合革命，则意味着他要建立一种凌驾于各阶级之上且能代表全体国民

---

① 孟庆鹏编：《孙中山文集》（下），团结出版社 1997 年版，第 819—820 页。

② 孟庆鹏编：《孙中山文集》（上），团结出版社 1997 年版，第 401 页。

③ 孟庆鹏编：《孙中山文集》（上），团结出版社 1997 年版，第 262 页。

④ 戴季陶：《孙文主义之哲学的基础》，民智书局 1925 年版，第 45 页。

利益的超阶级哲学，也就意味着他的民生哲学是一种"超阶级性"（国民性）的哲学，而非一种"阶级性"的哲学。但他却又强调"主义"的"独占性和排他性""统一性和支配性"，也就意味着国民党信仰的主义与共产党信仰的主义是格格不入的，主张"要图中国国民党的生存，一定要充分发挥三民主义的中国国民党之生存欲望所必须具备的独占性排他性统性支配性"①。这实际上是将国共两党之间的主义之争变成了国共两党之间的生存之争，实质上是将国共两党之间的矛盾冲突变成了不可调和的阶级斗争。所以，瞿秋白就一针见血地指出："戴季陶虽然理论上反对阶级斗争，主张资本家的仁慈主义，然而他在实践方面——发行那《国民革命与中国国民党》的小册子，自己就实行思想上的阶级斗争，不过是资产阶级压迫无产阶级的一种斗争罢了。"②故他称"戴季陶简直是一个十全十美的资产阶级的思想家"③。这也就是说，戴季陶表面上倡导"超阶级论"，实质上是站在资产阶级立场上反对无产阶级的革命斗争的。

其后，云昌海主张民生哲学兼具超阶级性和阶级性。一方面，民生哲学具有超阶级性。其一，哲学就应该是超阶级性的东西。他赞同"哲学是一种超阶级性的东西，不应具有阶级性"的说法，而民生哲学作为一种哲学，自然应体现超阶级性。其二，民生哲学否认阶级并主张打倒阶级社会。他认为，民生哲学的主张在于：在阶级存在未明显时，要防止阶级的形成；在阶级出现以后，应尽力消灭阶级之存在。另一方面，民生哲学具有阶级性。其一，就整个人类来说，阶级在现实社会里就尖锐对立地存在着。想要在阶级社会里调和阶级对立是不可能的事，最好的方法就是以"最多数"阶级领导其他同样处境的阶级去追求人类最远大最深长久远的目标，对少数自私的剥削阶级予以彻底的打击。因此，现阶段的民生哲学不能不以某种阶级为其代表阶级。其二，就孙中山留下的遗著来说，他创造的民生哲学本身就有阶级性。孙中山提出"中国人大家都是贫，并没有大富的特殊阶级"，这意味着他的民生哲学代表的应该是"贫"的阶级。同时，三民主义本身就是为被压迫的人类求种族之自由平等，为被统治者求政治地位之平

① 戴季陶：《国民革命与中国国民党》（上），季陶办事处1925年印赠，第3—4页（"导言"页）。
② 瞿秋白：《中国国民革命与戴季陶主义》，《反戴季陶的——国民革命观（一）》，向导周报社1925年版，第17页。
③ 瞿秋白：《中国国民革命与戴季陶主义》，《反戴季陶的——国民革命观（一）》，向导周报社1925年版，第19页。

等，为被剥削者求经济生活之平等。因此，民生哲学代表的是占人口之大多数的中国被压迫的贫苦农民的理论。总之，民生哲学阶级观的指导价值在于："在没有阶级或阶级分化未明显的中国社会里极力防范阶级分化；在阶级对立尖锐的整个人类社会里，代表被压迫被剥削的阶级，并致力于阶级的消灭"①。

当然，孙中山对中国近代社会的阶级分析是其局限性的。由于他兼有农民家庭和华侨家庭的出身背景，使得他既同情农民的疾苦，又希望发展民族资本。所以，他基于"中国没有大富的特殊阶级"的判断来设计他的超阶级性的民生史观，而实际上并不能反映中国近代阶级对立和阶级斗争的真实面貌。所以，他的后继者戴季陶一方面将其民生哲学打扮成超阶级性的全民哲学，另一方面又在国民党和共产党之间制造阶级对立。

五、近代民生哲学的理论结构与主要流派

（一）近代民生哲学的理论结构

近代西方哲学在研究次第上，康德派、黑格尔派和德林派分别以认识论、本体论和价值论为先来构建各自的哲学体系。而在中国，主要表现为康德派和黑格尔派的设计模式，它们对中国近代民生哲学的理论建构都有一定的影响。胡一贯的理论结构是沿着"认识论→宇宙论→社会论→人生论"的模式设计的，其他学者基本上是以"本体论"或"宇宙论"为先来设计其理论结构模式的。近代民生哲学理论结构的设计，又分别存在着以民生哲学、民生史观、唯生论、三民主义哲学和历史哲学为框架的多重理论架构。近代民生哲学体系的内容大致包括：一是本体论，有"生元本体论""心物合一观"等说；二是宇宙论，有"生生不已论""阶段进化论"等说；三是历史观，涉及社会历史的重心和动力，社会的竞争与互助，民生主义与社会主义、共产主义等内容，系统者有"历史哲学"；四是人生观，涉及诚、仁爱、物质生活与精神生活等内容，系统者有"人生哲学"；五是认识论，有"知难行易论""人类力行论""实践经验论"等说；六是方法论，有"静动合一观""辩证法""科学方法""中庸"等说。

---

① 云昌海：《民生哲学研究提纲》（续第五期），《童干周刊》1948 年第 6 期。

（二）近代民生哲学思潮的主要流派

近代中国哲学界评判哲学派别的标准是从西方引入的，中国近代学者依此标准而建立唯物论或唯心论哲学。西方的生命哲学输入后，中国近代学者又建立起唯生论哲学。从本体论来说，近代民生哲学主要分为唯物论、唯心论和唯生论三大阵营；从历史观来说，近代民生哲学主要分为唯物史观（唯物的民生史观）、唯心史观和民生史观（唯生史观）三大阵营。唯生论或唯生史观的出现，表面上是要跳出唯物派与唯心派，成为独立的第三派别哲学，但从其哲学属性来说，不是归属于唯物主义或唯物史观阵营，就是归属于唯心主义或唯心史观阵营。而且，这三大哲学派别尽管存在着相互排斥、相互批判的矛盾冲突，但在对抗中国共产党信奉的马克思主义哲学方面却是一致的。不过，在民生哲学思潮兴起之前，不少国民党学者曾是唯物史观的早期传播者，即便后来转向民生哲学（民生史观），也很少有学者公开宣称自己是唯心派。部分国民党学者将唯物史观和辩证法当做普遍价值而主张将其吸收到民生哲学中来。而从共产党转投国民党的周佛海、叶青等人在宣扬民生哲学时更是流露出唯物论的影子。这说明马克思主义哲学对近代民生哲学思潮具有重要的影响。

六、近代民生哲学思潮研究的当代价值

（一）学术价值

一是对近代民生哲学中的核心概念（如"民生""民生哲学""民生史观""唯生论""三民主义哲学"）的来源和涵义给予了一定的澄清。

二是对近代民生哲学中的核心命题（如"生是宇宙的中心""民生是历史的中心""仁爱是民生的中心""民生为宇宙大德之表现""仁爱为民生哲学之基础"等）参考时人的分析而做出更为适当的定性判断。

三是通过五阶段论对近代民生哲学的演变脉络作了比较清晰的梳理，特别是提出唯生论之后是"三民主义哲学"收官，而"三民主义哲学"又主要是向戴季陶的民生哲学的复归之论，将近代民生哲学的演变逻辑理得更为顺畅。

四是对主导国民党意识形态走向的人物的思想进行具体分析，如戴季陶是如何构建其民生哲学的，蒋介石是如何支持和调整戴季陶民生哲学的，胡汉民是如

何从"连环论"到"生的史观"的,陈立夫是如何将"生是宇宙的中心"由"孙中山说"(《唯生论上》)到"孙中山的结论"(《唯生论》修改版)到改为"人为宇宙之中心"(《生之原理》)的。

五是注重将共产党的马克思主义哲学与国民党的民生哲学进行对照研究,目的是要弄明白国民党学者反复阐明国民党的民生哲学及其民生史观与中国共产党的马克思主义哲学及其唯物史观的根本区别,并反复宣称前者对后者的超越,却为何在中国大陆以对三民主义哲学(民生哲学)的"自我清算"而终结。

(二)实践价值

一是总结理论教训。国民党的民生主义和民生哲学似乎将"民生"问题放在前所未有的高度来重视,然而国民党理论的权威人物却在对"民生"的诠释过程中不断强调"民生"的道德基础,并在增加"育乐""礼义廉耻""精神生活"等精神性内容的同时,不断将"民生"精神化、空心化而失去其物质性的内容,鼓吹"精神决定物质"(如张太风),完全将孙中山的民生史观中强调"衣食住行"的"物质民生"给忽视了,使其民生哲学完全异化为一种"伦理哲学""精神哲学"。因此,我们当今要构建民生哲学,必须从国民党民生哲学理论建设的缺陷和失败中汲取教训,并处理好民生哲学与马克思主义哲学的关系,也就是要以马克思主义哲学及其唯物史观为指导,坚持以物质民生为基础去发展精神民生,实现生活、生存、生计和生命的全面发展。

二是总结实践教训。由于国民党民生哲学的唯心主义实质,用这样的民生哲学为指导来制定政策,当然无法将改善民生作为其社会建设的核心。由于国民党民生哲学是站在剥削阶级立场上空谈民生,工农大众的民生并未得到实质性改善。故当年胡适就蒋介石将"新生活运动"的"民生精神化"批评指出,政府应先"叫人们能生活"而后才是"教他们过新生活"。而中国共产党人以唯物史观为指导来制定政策,始终站在工农大众一边,通过发动各种形式的"民生运动"(如农村减租减息、打土豪分田地、城市罢工、打击官僚资本和不法资本家等)来改善工农生活,从而赢得了全国人民的拥护和支持。正反两方面的经验告诉我们,只有将改善民生落到实处,才能赢得民心,构建美好社会。这也使我们认识到,国民党精心构建民生哲学及民生史观来与马克思主义哲学及唯物史观相抗衡,但并没有达到目的,说明马克思主义哲学更为科学,更适合中国国情。这也是当前我国以保障和改善民生为重点的社会建设必须以马克思主义哲学及其唯物史观为指导的根本原因之所在。

七、近代民生哲学的研究视域与研究方法

近代民生哲学在中国大陆影响二十余年，其间在内容和形式上都经历过数度变迁。我们需要有一个适当的研究视域和一套合适的研究方法去将这二十多年民生哲学的发展概况做较为澄明的阐释。

（一）近代民生哲学的研究视域

1. 纵向研究与横向研究相结合。本书的纵向研究，一是从宏观上将近代民生哲学分为五个发展阶段；二是从微观上对各种民生诠释观点的介绍、对民生哲学理论结构和主要流派的分析都按时间的顺序进行。本书的横向研究，主要体现在对民生哲学理论、民生诠释观点、民生哲学理论结构和主要流派的并列分析上。通过纵向和横向相结合的研究，以图揭示近代民生哲学发展的全貌。

2. 个案研究与综合研究相结合。个案研究主要是对孙中山、戴季陶等人的独立研究。因为孙中山的哲学是民生哲学的文本，离开了这个文本，也就没有近代民生哲学的产生；戴季陶是近代民生哲学和民生史观概念的提出者，他的民生哲学理论成为整个近代民生哲学发展的一个独立的环节。综合研究既表现在对近代民生哲学发展历程的综合考察，也表现在对民生史观大讨论、唯生论和三民主义哲学的代表人物及其主要观点的综合介绍。个案研究与综合研究相结合，也就是一般研究与重点研究相结合。通过一般研究，是要展示近代民生哲学的发展历程及其每一阶段参与讨论的阵容与不同观点的交锋状况；通过重点研究，是要揭示重点人物及其观点的主导作用，以更好地显示某一阶段民生哲学理论的个性特征。

3. 宏观研究与微观研究相结合。对一些学者来说，民生哲学就是其整个哲学理论体系的总称。对另一些学者来说，民生哲学则是其整个哲学理论体系的一部分。因此，当我们将这两种情况统统纳入"20世纪前期中国民生哲学"理论框架下进行研究时，又要考虑到各自民生哲学的理论定位，以免陷入逻辑的混乱。

（二）近代民生哲学的研究方法

第一，辩证唯物主义和历史唯物主义方法。辩证唯物主义和历史唯物主义是被实践证明了的科学的世界观和方法论，是中国共产党人认识世界和改造世界的强大思想武器。近代中国共产党人由于掌握了辩证唯物主义和历史唯物主义这一强大的思想武器，在与国民党反动派的形形色色的民生哲学理论的较量中夺取了意识形态的主导权，从而将千千万万的有志青年和劳苦大众吸引到中国共产党领导的革命队伍中，成为推翻蒋家王朝、结束帝国主义在中国为所欲为的历史、建立新中国的强大力量。在今天的中国，辩证唯物主义和历史唯物主义仍然是中国共产党人观察、分析、研究、解决问题的世界观、方法论。因此，我们研究近代民生哲学思潮，同样要坚持辩证唯物主义和历史唯物主义的世界观和方法论，以求既能客观公正地揭示近代民生哲学思潮的实际状况，又能坚持正确的政治方向。即是说，用马克思主义哲学的立场来评议各种民生哲学流派的哲学性质及其本体论、宇宙观、认识论、历史观、人生观、方法论等内容的得失；用辩证的观点看待民生哲学的历史价值和学术价值；用阶级分析方法揭示民生哲学的阶级本质。

第二，定性分析和定量分析相结合的方法。本书以定性分析为主，这是研究中国哲学最为普遍的方法。但在如何确定近代民生哲学的发展阶段及各阶段的标志性特征问题上，我们采用了定量分析的方法，主要运用在对第三、四、五阶段的民生哲学发展形态的定位上。通过在 1928—1933 年、1934—1938 年、1939—1949 年三个阶段对"民生哲学""民生史观"（包括"唯生史观"）"唯生论"（包括"唯生哲学"）"三民主义哲学"四个词汇的使用和讨论频率的统计发现：第三阶段使用"民生史观"的频率最高；第四阶段使用"唯生论"的频率较高，当然"民生史观"在此阶段用以表达孙中山的历史观已基本定型，使用频率自不会低；第五阶段使用"三民主义哲学"和"民生哲学"的频率较高，这一方面表明"唯生论"的地位有所下降，另一方面表明在蒋介石的推动下"三民主义哲学"或"民生哲学"受到重视（见图表 1-1）。

图表 1-1

题目		1925—1927 年	1928—1933 年	1934—1938 年	1939—1949 年
民生哲学	专著	0	0	1	5
	论文	1	0	3	64

续表

题目		1925—1927 年	1928—1933 年	1934—1938 年	1939—1949 年
民生史观	专著	0	5	1	7
	论文	0	49	14	32
唯生论（唯生哲学、唯生史观）	专著	0	2	6	5
	论文	0	21	75	51
三民主义哲学	专著	0	0	0	7
	论文	0	0	1	12

第三，现代解释学方法。现代解释学强调人们对文本的诠释具有历史性、开放性、制约性、创造性。从历史性来说，由于文本作者创作的时间、环境、条件和地位等因素与文本诠释者的不同，必然会影响和制约诠释者对文本资料的理解，因而造成了诠释者与作者之间在理解上的误差。从开放性来说，文本作为文献资料是可以向每一位诠释者开放的，诠释者因此必须参与意义的理解而将文本置于一个无限的、多元的、永远的开放的境地。从制约性来说，文本作为一种书写形式被固定下来以后，其意义相对稳定，文本的图式化结构和意义的相对稳定在一定程度上限制着诠释者的发挥空间，使诠释者不能对文本进行任意的诠释与发挥。从创造性来说，由于作者和诠释者之间"时间距离"的存在，这就为诠释的创造性带来了无穷的余地，文本意义通过诠释者的不断阐释而不断地生成和被更新。① 由于文本作者所创造的图式化的结构中存在着许多的"空白点"和"未定点"（Spots of Indeterminacy），这些"空白点"和"未定点"不断地被填充和确定，不断地被理解者的阅读及理解活动赋予新的意义。② 而孙中山去世后所留下的哲学文本就存在着不少的"空白点"和"未定点"，存在着概念、命题和理论的含糊性与歧义性，而诠释者也可能带着自己的主观动机参与其中，这就使得诠释者的诠释结果带有歧义性，甚至带有曲解性，可谓是"公说公有理，婆说婆有理，各说各的理"，从而使寄予孙中山名下的民生哲学理论也就千奇百怪，争议不断，自然降低了与中国共产党人所信奉的马克思主义哲学的竞争力。

第四，考据方法。考据方法是重要的史学方法之一，是指通过校勘、注释、

---

① 参见王寅：《语义理论与语言教学》，上海外语教育出版社 2014 年版，第 77—78 页。

② 参见李倩：《理解与翻译研究》，《广东外语外贸大学学报》2004 年第 1 期。

辨伪、辑佚、考订等方法，考核辨证史籍、史事和文字等史料，以究其异同，核其始末，探赜索隐，去伪存真。① 新中国成立后到改革开放前，由于海峡两岸仍处于政治和意识形态的对立状态，不仅台湾各类图书馆的民国文献无法获取，中国大陆除了国家图书馆能面向全国读者外，其他图书馆主要面向本省、本市及本单位的人开放，若要获取别的省市和别的单位的图书馆文献非常不易，而且国民党的民生哲学又是比较敏感的话题，因而大多相关文献处在尘封状态，专门研究者也不多。而研究者在研究近代民生哲学时由于依据的文献信息不全，这就难免会出现判断失误的现象。直到近几年大多民国文献都有了电子版，并通过国家、省市、高校图书馆网站和一些私营公司网站，以营利和公益并存的形式向有需要的人输送。而且各高校和科研机构的图书馆网站也都将自家的"馆藏目录"亮出，以便外人查阅本图书馆的馆藏信息。因此有了丰富的民国文献资源作保障，以此就可以通过考据方法对现有的一些研究错误加以纠正，以作出客观、准确的判断（如戴季陶的《孙文主义之哲学的基础》一文作于何时），对于一些悬而未决的问题给予了肯定的解答（如谁提出"民生史观"概念）。

第五，图表法。图表法就是以已知条件为蓝本，采用精炼的词、语、数据、符号及线条方式，将所要表达和传递的内容，按照其内在的逻辑关系，绘制成简洁、直观、形象、清晰、鲜明的图形与表格，便于读者从大体上快速把握内容和问题的实质。采用图表法，一是因为近代国民党中有一定影响的民生哲学阐发者和建构者多用图表来勾画其民生哲学的理论结构及其逻辑关系；二是为了通过图表而将近代一些学者的民生哲学理论体系简洁、清晰地绘制出来，供其他读者和研究者参考。

---

① 参见刘蔚华、陈远主编：《方法大辞典》，山东人民出版社 1991 年版，第 364 页。

第一章　近代民生哲学对民生的诠释（一）

——民生含义的综合分析

"民生"是近代民生哲学中最基本、最核心的概念，是构成近代民生哲学体系的基石。对"民生"含义作何理解，树立什么样的"民生观"，事关民生哲学的性质与功用。孙中山生前对"民生"概念下过定义，但对该定义的构成要素没有作出具体的说明。近代学者无论从民生的含义还是内容的解释方面，对孙中山的"民生四义"是并列关系还是总分关系的理解，对孙中山的"民生四义"何主何从的理解，都存在着严重分歧。

第一节　孙中山界定"民生"概念的歧义性

孙中山是在 1924 年 8 月所作的"民生主义"演讲中对"民生"概念进行界定的。该演讲稿在他生前（1924 年 12 月至次年 1 月）就已有多家单位出版，但因他本人未打标点符号，也未对各出版单位如何断句进行核对，于是不同出版社单位推出的版本对他界定"民生"的文字断句时不尽相同，从而给后人的解读带来了歧义。不同的解读都持之有故，故很难说谁是谁非，只能并存。

一、由不同版本的断句引发的歧义

"民生"概念在先秦时代就已提出，"厚生"是中国古代解决民生问题的一个重要理念。进入近代，中国人面临着帝国主义、封建主义和官僚资本主义"三座大山"的多重压迫，民生问题比以往变得更为突出。所以，孙中山很早就关注"民生"问题，曾上书李鸿章，强调"固国本而裕民生"，希望通过学习和引进西方的科学技术来解决中国的"国计民生"问题。① 综观孙中山的整个论著，"民生"是他应用极为频繁的一个词，有时用来反思贫富差距的社会问题，有时用来反映食衣住行的经济（消费）问题。直到他在 1924 年 8 月所作的《民生主义》演讲中，才给"民生"概念下了一个明确的定义，即"民生就是人民的生活、社会的生存、国民的生计、群众的生命便是"②。不过，《民生主义》演讲稿结集出版时，在不同的出版社因标点的不同在后人的解读中产生了歧义。

一是上海国民书局版本的表述，即"我今天就拿这个名词下一个定义可说民生就是人民的生活社会的生存国民的生计群众的生命便是。"③ 这里几乎每一行文字（竖排）的右侧都圈了小圆圈，但通篇都没有断句，这就给人们的不同解读留下了余地（见图表 2-1）。

二是中国国民党中央执行委员会宣传部版本的表述，即"可说民生就是人民的生活。社会的生存。国民的生计。群众的生命便是。"④ 这里全部用句号断句（见图表 2-2），因使用的是相同的标点符号，这就使人容易将定义的四个方面作并列的理解，由此形成"民生就是人民的生活，社会的生存，国民的生计，群众的生命"或"民生就是人民的生活、社会的生存、国民的生计、群众的生命"等说法。我们可以将民生定义的这四个方面的理解称为"民生四义并列说"。

三是上海民智书局版本的表述，即"我今天就拿这个名词下一个定义。可说民生就是人民的生活。社会的生存国民的生计群众的生命便是。"⑤ 这里使用的都是句号断句，但因"人民的生活"后打了句号，而"社会的生存国民的生计群众的生命"一段话中间未断句（见图表 2-3），这就容易使人产生"人民的生活"是对"民生"的解释语而"社会的生存国民的生计群众的生命"是"民生"或"人

① 参见广东省社会科学院历史研究所等：《孙中山全集》第 1 卷，中华书局 1981 年版，第 13、18 页。

② 陆友白编：《孙文全集》第 3 集，《民生主义》，卿云图书公司 1928 年版，第 1 页。

③ 孙文：《民生主义》，国民书局 1925 年版，第 1 页。

④ 孙文：《民生主义》，中国国民党中央执行委员会宣传部发行，民智书局为总经理处 1924 年版，第 1 页。

⑤ 孙文：《民生主义》，民智书局 1925 年版，第 1 页。孙文：《三民主义·民生主义》，民智书局 1925 年版，第 1 页。

民的生活"的具体内容的感觉，由此滋生出"民生就是人民的生活。社会的生存，国民的生计，群众的生命便是"或"民生就是人民的生活，社会的生存、国民的生计、群众的生命便是"等说法。我们可以将民生定义的这四个方面的理解称为"民生四义总分说"。

二、两种断句的定义可以并存

台湾学者罗刚在《蒋总统对于三民主义体系的启示》一文中认为，民智书局民国十四年一月出版的《三民主义》将"民生"定义为"民生就是人民的生活。社会的生存，国民的生计，群众的生命便是"之说为是，而胡汉民在民国十九年主编出版的《国父全集》将"民生"定义为"民生就是人民的生活，社会的生存，国民的生计，群众的生命"之说为非。[1]

民生就是人民的生活社会的生存国民的生计群众的生命便是

民生就是人民的生活。社会的生存。国民的生计。群众的生命便是

民生就是人民的生活。社会的生存国民的生计群众的生命便是

图表 2—1　　图表 2—2　　图表 2—3

大陆学者韦杰延在《孙中山社会历史观研究》一书中也与罗刚持类似的观点，认为孙中山关于"民生"的定义历来有两种版本：第一种以《三民主义》民智书局 1927 年版为代表，即"民生就是人民的生活。社会的生存，国民的生计，群众的生命便是"；第二种以胡汉民编《总理全集》民智书局 1930 版为代表，即"民生就是人民的生活，社会的生存，国民的生计，群众的生命"。他以人民出版社 1956 年版的《孙中山选集》采用第二种定义；1981 年第 2 版的《孙中山选集》改为"民生就是人民的生活——社会的生存，国民的生计，群众的生命便是"（即第一种定义）为理由，以第一种定义为正确。他认为，第一种各版本大致均是原始本翻印，第二种版本由于胡汉民编《总理全集》校对不精，遂生差错。为正本清源，当以原始本为准，将"民生"定义为："民

---

[1] 中华学术院编辑：《哲学论集》，中国文化大学出版部 1976 年版，第 70 页。

生就是人民的生活。社会的生存，国民的生计，群众的生命便是。"①

应该指出的是，上述二人说法的依据是有问题的。事实上，《民生主义》最早的版本，不是民智书局 1925 年出版的《三民主义》版本，更不是民智书局 1927 年出版的《三民主义》版本，而是中国国民党中央执行委员会宣传部 1924 年出版的《民生主义》版本，这是孙中山生前的最早版本。我们不妨将两种定义并存，以便更为全面地把握近代学者对"民生"内涵与内容的不同理解。

第二节　民生含义面面观

何谓民生？近代学者有的从单义上解释，有的从多义上解释。

一、民生的单义解释

近代学者从单义上解释"民生"含义的主要有以下观点：

（一）民生即是人民的生活

近代职业教育学家杨卫玉在《民生主义与职业教育》一文中指出："中山先生说：'民生就是人民的生活，所谓民生主义，就是用以解决人民生活的社会主义'。换言之，民生主义是为解决人民的生活问题，亦即为大多数民众谋生活的问题。"② 在这里，他只摘取孙中山的"民生就是人民的生活"作为民生的定义，其他三义则置于民生定义之外。随后，邓绍先在《民生史观和唯物史观底比较研究（未完）》一文中明确指出："何谓'民生'呢？先总理又说：'民生就是人民底生活'，这算是民生底解释。"③ 这就直接将"民生就是人民底生活"作为孙中山对"民生"概念的标准解释。

---

① 韦杰延：《孙中山社会历史观研究》，湖南人民出版社 1986 年版，第 59 页。
② 杨鄂联（名卫玉）：《民生主义与职业教育》，《教育与职业》1927 年第 86 期。
③ 邓绍先：《民生史观和唯物史观底比较研究（未完）》，《致力》1928 年创刊号国庆号合刊。

（二）民生即是人类求生存

"求生存"一词在宋代就有学者使用过，胡寅在《上皇帝万言书》中说："于危绝之中求生存之道"①。近代使用更为频繁，如"当今之世，欲求生存，非维新不可"②。这都是在政治的意义上使用"求生存"概念。孙中山曾读过威廉所著《历史之社会观》，先将该书的要点概括为"在今日社会进化中，其经济问题之生产与分配，悉当以解决民生问题为依归"，后又将威廉的观点归结为"社会问题才是历史的重心，而社会问题中又以生存为重心"，且将"生存"与"民生"联系起来，指出"美国学者所发明的人类求生存才是社会进化的定律，才是历史的重心。人类求生存是什么问题呢？就是民生问题"。③这意味着人类求生存问题即是民生问题，"人类求生存"即是"民生"。所以，后来一些国民党学者以孙中山的上述说法为依据，将"民生"释为"人类求生存"，如周佛海提出"广义的民生，是指人类的生存而言"④；吴曼君提出"民生就是人类求生存"⑤；李素心指出"民生"就是"人类共同求生存的活动"，是"'生活'、'生存'、'生计'和'生命'的综合表现"⑥。

孙中山只是将"民生"理解为"人类求生存"，而"人类求生存"是从过去的史实中总结出来的，更倾向于客观性与实践性。但后世一些国民党学者却将"人类求生存"理解为"人类求生存的欲望"，变成了一种主观的倾向。戴季陶在1925年出版的《国民革命与中国国民党》⑦一书的《导言》中指出："生存是人类原始的目的，同时也是人类终结的目的。在生存的行进中，逢着一种障碍的时候，求生的冲动，便明明显显地引导着人发出一种生存的欲望。……这几种欲望（独占性和排他性）的内涵，都是能生所生的根源，都是为了求生存的必要。"⑧戴季陶将国共两党在国民革命中争夺领导权的斗争看做是为各自的"生存的欲望"所驱使的一种表现。后来，任觉五明确提出"求生存……就是欲望，而欲望又是

① 楼昉编：《崇古文诀》卷33，清乾隆间抄本，第512页。
② 张汝潴：《景县志》卷之八，1932年铅印本，第32页。
③ 孟庆鹏编：《孙中山文集》（上），团结出版社1997年版，第58、241、246页。
④ 周佛海：《三民主义的基本问题（全一册）》，新生命书局1929年版，第43页。
⑤ 吴曼君：《孙中山底哲学》，时代思潮社1940年版，第59页。
⑥ 李素心：《民生史观的根本命题（附图）》，《笔会》1942年第2期。
⑦ 中华民国史事纪要编会：《中华民国史事纪要（初稿）——中华民国十四年（1925）七月至十二月》，台湾中华民国史料研究中心1987年再版，第116页。
⑧ 戴季陶：《国民革命与中国国民党》，季陶办事处1925年印赠，第1—2页（"导论"页）。

精神作用之一种"①，胡汉民提出"社会进化的原动力……是人类求生存的意欲"②，都是从精神上理解"人类求生存"的问题。

（三）民生即经济

周佛海应该是最早将"民生"作"经济"解的学者。不过，他是在承认"民生"有广义和狭义之分的前提下指出"狭义的民生，是指经济而言"③。最先将"民生"与"经济"等同的是萨孟武。萨孟武通过对孙中山有关"民生问题"的文句的分析，认为"民生问题"在孙中山那里完全是指"经济问题"，则"民生"二字自然是对"经济"而言了。④ 他又以"民生是指经济"为依据，推出"民生史观"就是"用'经济'说明社会进化的原因"⑤ 的"经济史观"。当时学者阎伯伦认为，萨孟武之所以开始把"民生"解作专指"经济"，可能是他信仰"唯物论"⑥ 的缘故。

杨汉辉将孙中山的民生史观作为"唯物史观"的一种形式，因而他对民生的理解也就具有唯物论的色彩。他指出："根据孙先生自己的解释，民生就是人类的生存，生存的基本条件是经济，经济生活是人类的基础生活，所以人类的生存问题，就是经济问题。因此，民生是指经济。'民生史观'是用经济说明社会进化的原因。"⑦ 可见，他对"民生即经济"的坚信是旗帜鲜明的。

叶青认为，孙中山所讲的"民生四义"虽各有其"特殊意义"，但都不能离开"社会经济"的范围而独立存在。不仅"生计就是经济"，而且"生活"也不能离开"经济"，"生存"不能外于"经济"，"生命"要靠"社会经济"才能维持。⑧ 因此，"民生"就是"经济"。

叶青不仅主张"民生即经济"，而且主张"民生即消费"。他从孙中山的"拿（民生）这个名词来用于社会经济上""社会主义中的最大问题，就是社会经济问题""消费……就是解决众人的生存的问题，也就是民生问题""资本主义是以赚

① 任觉五：《唯生论与民生史观》，拔提书店 1933 年版，第 111 页。
② 胡汉民：《三民主义的历史观》，《三民主义月刊》1933 年第 1 卷第 3 期。
③ 周佛海：《三民主义的基本问题（全一册）》，新生命书局 1929 年版，第 43 页。
④ 参见萨孟武：《三民主义政治学》，新生命书局 1929 年版，第 4 页。
⑤ 萨孟武：《三民主义政治学》，新生命书局 1929 年版，第 6 页。
⑥ 参见阎伯伦：《三民主义的本体论》，《新生命》1930 年第 3 卷第 4 号。
⑦ 杨汉辉：《唯物的民生史观》，《现代中国政治教育》，人文书店 1932 年版，第 6 页。
⑧ 参见叶青：《国父哲学言论辑解》，江西省三民主义文化运动委员会 1942 年版，第 61—62 页。

钱为目的，民生主义是养民为目的""民生的需要，……于衣食住之外还有一种就是行""对于全国人民之衣食住行四大需要，政府当与人民协力共谋"等六段话推知"民生意味着消费"。他还从这六段话中提炼出三条"证明"：其一，孙中山明白说民生为衣食住行四种需要，这四种需要是消费；其二，孙中山一则指出民生问题、生存问题的解决在消费，再则指出民生问题就是社会问题，社会问题就是社会经济问题，社会经济问题就是生活问题，要解决民生问题必须解决生产和分配问题以满足消费的要求；其三，孙中山说"民生主义是养民为目的"，而衣食住行就是"消费"。①针对有人提出以"消费"释"民生"会不会使"民生"之义变得"太狭"的问题，叶青回答道："消费"包含"衣食住行"，而为了"消费"，需要"生产""分配"和"交换"，于是"经济"全可划到"民生"的范围，这样的"民生"并不"太狭"。他明确指出"经济是物质"，孙中山所说的"历史的重心是民生不是物质"只是说"历史底中心不纯是物质"的意思，"民生"中带有"精神的成分"，因为"消费"包含消费欲望和消费资料，而消费资料亦是人以其自然知识改变物质所达成的生产品。因此，没有"精神"和"物质"便没有"消费"。而"民生以精神和物质为基础"体现了"民生哲学或民生史观是以物心综合论为本体论"②。

（四）民生即人生

杜亚泉以威廉主张"民生为社会进化的重心"，就推知威廉所谓的"民生"就是"人生"，也就是"生命"。就自然现象说，以"生命"为中心，故称"生命哲学"；就社会现象说，则当以"人类的生命"为中心，即称为"人生哲学"；若专就社会内的政治现象、经济现象说，则当以"国民的生命"为中心，所以称为"民生哲学"。他主张在学术上当以"人生"为中心，统整一切思想以解决哲学问题；在政治经济上当以"民生"为中心，统整一切思想以解决社会问题。③

（五）民生即人类集体之生

刘修如认为，在孙中山的"民生四义"中，"生命"为一切之核心，"生活"和"生

---

① 参见叶青：《国父哲学言论辑解》，江西省三民主义文化运动委员会1942年版，第58—61页。

② 叶青：《国父哲学言论辑解》，江西省三民主义文化运动委员会1942年版，第63—64页。

③ 参见杜亚泉：《人生哲学》，商务印书馆1929年版，第190页。

存"分别是"生命"的"动"的和"静"的观察，"生计"则是"如何发展生活、维持生存，延续生命"的一切有组织的活动。"人民""社会""国民""群众"四者不外乎"人类集体"之意义。故他指出："民生者，人类集体之生也。"[①] 也就是说，"民生"就是人类集体的生命。

（六）民生即社会问题

孙中山提倡"民生主义"，就是针对当时欧美出现贫富之间两极分化的"社会问题"而发的，故他在《民生主义》演讲中提出"社会问题便是民生问题"[②]。后来，茹春浦就此提出"民生就是社会问题"[③]。

二、民生的多义解释

近代学者的多义解释主要有以下视角：

（一）广义与狭义说

将民生含义分为广义与狭义，是从周佛海开始的。周佛海明确指出："民生这个名词，据我的认识，根据总理的全部学说，实在具有广义的和狭义的两种意义。广义的民生，是指人类的生存而言；狭义的民生，是指经济而言。"[④] 周佛海将民生含义分为广义与狭义，都是引孙中山的言论为依据的。从广义来说，孙中山"民生四义"的内容比"经济"要广，是指人类的生存而言；"民生问题，就是生存问题。……民生为社会进化的重心，……历史的重心，是民生不是物质"这段话说明"民生"与"物质"相对，而"经济"比"物质"的意义更狭，故"民生"不专指"经济"；"民生就是政治的中心，就是经济的中心"这句话更明白地指出"民生"不专指"经济"。从狭义来说，孙中山的"建设之首要在民生。故对于全国人民之衣食住行四大需要，政府当与人民协力……"这一条中的"民生"

① 刘修如：《三民主义教程》，正中书局 1946 年版，第 78 页。
② 孟庆鹏编：《孙中山文集》（上），团结出版社 1997 年版，第 236 页。
③ 茹春浦：《民生哲学之初步认识》，《中央周刊》1939 年第 1 卷第 45 期。
④ 周佛海：《三民主义的基本问题（全一册）》，新生命书局 1929 年版，第 43 页。

是指"经济"而言；"实行民族革命、民权革命，必须兼顾民生主义，才可以避免将来的经济革命""我们如果把民生问题，现在能够同时来解决，就可以避免将来经济革命的痛苦"这两条更明白地说明民生就是经济，民生问题就是经济问题。与"民生"有广义和狭义相对应，"民生主义"也有广义和狭义的两种作用，广义的作用在"解决人类的生存问题"，狭义的作用在"解决经济问题"。两者并没有冲突，因为经济乃是人类生存的基本条件，经济问题得到解决，人类生存就可得到保障。①

不过，周佛海认为，如果我们只就民生的广义说"民生就是人类的生存"，则这个概念"未免过于空洞"且"没有科学的价值"。如果使"民生"的含义赋有科学的价值，就必须具备两个要素：一是"人类求生存的欲望或意志"（"生存欲望"）；二是"人类求生存的技术或方法"（"生存技术"）。"生存欲望"和"生存技术"对于人类的生存和进化都是不可缺少的。一方面，有了"生存欲望"才发生"生存技术"，如果人类根本没有"生存欲望"，根本没有"要求生存"，则"生存技术"也就没有发生的可能。另一方面，"生存欲望"要有"生存技术"才能有效地实现，而单纯的"生存欲望"不能产生"生存技术"，而必须倚靠"物质的环境"；单纯的"生存欲望"也不能够维持和改良生存，生存的维持和改良一定要倚靠"生存技术"。②

周佛海的民生广狭二义说在学术界影响较大。当时章天浪在《三民主义的本体问题》中，金鸣盛在《民生史观及三民主义的本体论》中都认同了周佛海的民生广狭二义说。闫伯伦作结时，不仅指出"（周、章、金）三先生的结论又是相同，是毫无差别的"，而且他自己也得出"一、广义的民生是指人类生存；二、狭义的民生是指经济"③ 的相同结论。

也有一些学者虽也持民生广狭二义说，但对广义与狭义的指向对象有所不同。

薛剑光认为"民生"的含义极广，由"个人"以至于"社会""国家""人类"，无不包括在内，站到"民生"的某一方面，就有某一方面的解释。于是就有"民生就是人民的生活""民生就是社会的生存"；"民生就是国民的生计""民生就是

① 参见周佛海：《三民主义的基本问题（全一册）》，新生命书局 1929 年版，第 43—44 页。
② 参见周佛海：《三民主义的基本问题（全一册）》，新生命书局 1929 年版，第 96—98 页。
③ 闫伯伦：《三民主义的本体论》，《新生命》1930 年第 3 卷第 4 号。

群众的生命"四个定义。若从这四个定义里取一个狭义的定义,则"民生就是人民的生活"。① 这就是说,民生的广义是指孙中山的"民生四义",民生的狭义是指"人民的生活"。

梁寒操提出,民生主义的民生是狭义的民生,指单纯的经济方面;"人民的生活"的民生是广义的民生,包括"社会的生存"("民生")、"国民的生计"("民权")和"群众的生命"("民族")三大问题。狭义的民生基于广义的民生而产生。② 这就是说,民生的广义是指"人民的生活",民生的狭义是指"经济"。这与薛剑光的理解完全不一样。他还指出:"生活"不仅仅指一般人所认为的"衣食住行的物质方面",而且应该包含"横的方面——生活(物质的与精神的)"与"纵的方面——生命"。因为人类要活下去,不但要求"物质与精神的食粮",更要求"繁殖下代,延长生命"。"生活"是指空间的"生的活动","生命"是指时间的"生的延续",时间与空间是宇宙人生的基础,所以"生活"两字可谓无所不包。③

张太凤基本赞同梁寒操的观点,认为孙中山的"民生四义"中的"人民""社会""国民""群众"表示为一个"集体的共同的概念";"生活""生存""生计""生命"表示为一个"共同的'生命活动'的概念",简而言之,就是"人类求生存"的思想,系指人类统括全部"生存需要"而言,是一种广义的看法。④ 同时他将"生活"上的"民生"与"民生主义"的"民生"归入"哲学"与"科学"两个不同的领域。他指出:"民生哲学的民生是'民生哲学',民生主义的民生是'民生科学',后者受前者的指导,民生哲学是三民主义的基本原理,而民生主义只是三民主义中的一部分。"⑤ 不过,他不赞同梁寒操以"时间"和"空间"来区分"生命"与"生活",而是主张"生活应以生命为主,生命同时具有时空的意义"⑥。

易阅灰主张狭义的民生就是"经济",广义的民生就是"有团体有组织的众

---

① 薛剑光:《民生史观(附图)》,《焦作工学生》1931 年第 1 卷第 1 期。
② 参见梁寒操:《"民生"涵义训释》,《中央周刊》1941 年第 4 卷第 20 期。
③ 参见梁寒操:《"民生"涵义训释》,《中央周刊》1941 年第 4 卷第 20 期。
④ 参见张太凤:《三民主义哲学》,新潮出版社 1943 年版,第 124 页。
⑤ 张太凤:《三民主义哲学》,新潮出版社 1943 年版,第 125 页。
⑥ 张太凤:《三民主义哲学》,新潮出版社 1943 年版,第 124 页。

人之精神方面与物质方面的生存活动"。他认为，民生不仅仅是个人之生，不仅仅是一部分人之生，也不是没有组织的人之生，而是有组织的人之生；不仅是人类生理上的生，而且兼摄人类物质方面与精神方面的一切生存活动。①

王云指出："广义的民生，即包括经济、政治、种族三者而言，狭义的民生，则仅指经济而言。"②不过，他对广义和狭义的具体理解又与前人有所不同。就广义来说，当然是孙中山的"民生四义"说。其中"人民的生活"就是人类为求生存而活动的总称；"社会的生存"是从个人与社会的关系而言的，指个人作为社会一分子而从事生存活动，彼此所要求的是生之维持，属于"经济"领域；"国民的生计"是从个人对国家的关系而言的，指个人作为国家一分子而从事生存活动，彼此所要求的是生之保障，属于"政治"领域；"群众的生命"是从个人对民族的关系而言的，指个人作为民族一分子而从事生存活动，彼此所要求的是生之繁衍，属于"种族"领域。而他将"社会的生存"归入"经济"领域，则意味着"社会的生存"为民生的狭义。

江公正从民生经济学的视角来阐发民生的含义。他认为，民生的狭义是指人民生活中的经济现象或经济生活。在经济现象中，土地、劳动、资本、企业等都属于生产现象；贸易、汇兑、物价、买卖商业等都属于交换现象；利息、利润、工资所得等都属于分配现象；衣食住行之所需以及物质消磨等都属于消费现象。民生的广义是指人类的共生、共存、共同进展而言，其真实意义可分为"民生是人民的生活""民生是社会的生存""民生是国民的生计""民生是群众的生命"四项。③

（二）抽象与具体说

文公直认为，"民生"二字的意义有抽象的解释和具体的解释。民生的抽象解释是指孙中山的"民生四义"；民生的具体解释是指"民生即是经济的生活"。他以孙中山的民生主义讲演中的言论为依据，将"民生"的抽象解释概括为"生存"或"人类求生存"，将"民生"的具体解释概括为"经济"或"经济的生活"。他认为，"生存"与"经济"原属"表里一致"。人类要维持"生存"，就必须协

① 参见易阔灰：《民生与三民主义》，《新血轮月刊》1944年第1期。
② 王云：《三民主义浅释》，国民图书出版社1944年版，第49—50页。
③ 参见江公正：《民生经济学》，《自由论坛》杂志社1947年版，第52—53页。

力从事于"经济活动",向自然界取得衣食住行育乐的需要,而后得满足"生存"的条件。①

茹春浦认为,孙中山所说的"民生四义",抽象地说明了"民生就是人类存在的整个现象";"民生就是社会问题",则具体地说明了民生和人类生活的关系。②

(三)多义并存说

崔载阳认为,在孙中山那里,民生有大小不同的三种意义:其一,民生就是民生问题(即消费);其二,民生就是民生主义的民生(即经济);其三,民生就是民生哲学和民生史观的民生(即人类求生存)。他以孙中山的"消费是什么问题呢?就是解决众人的生存问题,也就是民生问题"为依据,指出"民生就是民生问题,社会问题的民生,也就是人类衣食住行的消费问题"。③ 这实际上是将前人的一些单义说法并存来综合理解民生的含义。

第三节　民生内容面面观

"民生"到底涉及哪些内容?近代学者也有不同的理解。

一、"民生专指物质需要"说

近代持"民生专指经济"之说的学者一般也将民生的内容定于物质需要的范围,主要是指衣食住行四大需要。他们普遍引孙中山的"民生的需要,从前经济学家都说是衣食住三种,照我的研究应该有四种,于衣食住之外,还有一种就是行"和"建设之首要在民生,故对于全国人民之衣食住行四大需要,政府当与人

---

① 参见文公直:《民生史观之研究》,新光书店 1929 年版,第 2—4 页。
② 参见茹春浦:《民生哲学之初步认识》,《中央周刊》1939 年第 1 卷第 45 期。
③ 崔载阳:《三民主义哲学》,大道文化事业公司 1944 年版,第 56 页。

民协力共谋农业之发展以足民食，共谋织造之发展以裕民衣，建筑大计划之各式屋舍以乐民住，修治道路运河以利民行"等言论为依据，以说明"民生"就是"衣食住行"四种需要。

萨孟武就是以孙中山的上述第二段话说明"所谓民生是指衣食住行；衣食住行完全属于经济问题"①。他还指出："民生史观"上的"民生"二字实与"衣食住行"的"经济"有不可分离的关系。②

杨汉辉从自己的哲学立场上揭示民生为物质生活的需要。他虽然认同"民生"就是"人类社会生活"，但反对把民生解作"人类社会生活的全部"，否则就会落入威廉的"社会史观"；反对把民生解作"人类社会生活中的精神生活"，否则就会落入戴季陶的"唯心史观"。而他所主张的"唯物的民生史观"强调"生存"是目的，"物质"（即衣食住行）是解决生存问题的手段。③

叶青明确主张将"民生"解作"消费""养"。依民生哲学，"养"是"管、教、卫、性、乐"等等的基础。④ 只有"养"属于"民生"，而"管、教、卫、性、乐"不直接属于"民生"。他以孙中山的"三民主义讲演"中"民族主义"和"民权主义"设计的都是"六讲"，以此类推，"民生主义"也应以"六讲"为依据，则"民生主义"所讲内容应是"食""衣""住""行"各为一讲，未完"二讲"应为"住、行"两项。因此，他反对戴季陶在"衣食住行"四种需要之外又增加"育乐"，认为"育乐"诚然重要，但对于"民生哲学"而言，"衣食住行四种需要之说"甚为合用。他也反对戴季陶在"衣食住行"四讲外还有"养生与送死"二讲的主张，认为衣食住行四种需要满足了，"养生"与"送死"就都不成问题。他特别批评戴季陶的"民生哲学"根本就不看重"衣食住行"而看重"仁爱"，把"民生哲学"变成了"离开经济"的"道德哲学"，认为"这是违反国父遗教的"。⑤

---

① 萨孟武：《三民主义政治学》，新生命书局1929年版，第5页。
② 参见萨孟武：《三民主义政治学》，新生命书局1929年版，第6页。
③ 参见杨汉辉：《现代中国政治教育》，人文书店1932年版，第4—6页。
④ 参见叶青：《国父哲学言论辑解》，江西省三民主义文化运动委员会1942年版，第63页。
⑤ 参见杜亦鸣（叶青）：《戴季陶三民主义理论之清算》，《新路线》1949年第14期。

二、"民生包含物质需要和精神需要"说

最先持"民生包含物质需要和精神需要"说的是戴季陶。他认为，孙中山在"民生主义讲演"的"民生问题"目录中，"在衣食住行之外，还有两个题目，一个是养生，一个是送死"①。不过，"养生"与"送死"基本属于衣食住行的范围。他又指出："至于社会国家的组织，便是要把人类衣食住行育乐六样享受，按着人类老幼男女智愚强弱的关系，应乎当时的环境，安排适宜。"② 这实际上将"民生"的内容概括为"衣食住行育乐"六项需要。他认定孙中山所要解决的民生问题当中，除了"食、衣、住、行"之外，最重要的是"育"的问题。孙中山的"育"，包括"生育""养育""教育"，要图一般人民"少有所教，老有所养，男女老幼，各得其所"。有了"食、衣、住、行、育"后，更要一切人民都能得到"优美高尚的享乐"，因此，"乐"在近代的政治施设中是"最要紧"的。"食、衣、住、行、育、乐"六个生活需要均等普遍地满足，为孙中山"民生主义的真义所在"③。而"育"中的"生育""养育"主要属于物质需要，而"育"中的"教育"和"乐"当属精神需要。

戴季陶首将"育""乐"纳入"民生"的范围，也得到了不少学者的认同。姜琦通过对孙中山有关"民生"的意义的解释的归纳，指出孙中山主张的"民生主义"含义颇广，不仅仅限于经济或生计一件事，实把社会进化上一切条件（无论精神或物质）包括在内。孙中山对民生问题之解决方法，涉及节制资本、平均地权、实业建设、劳工保护、养老育儿、周恤废疾、普及教育，等等。可见，民生主义是不仅限于"衣食住行的物质方面"，还包含"教育艺术之精神生活"④。而他所讲的"教育艺术"，实际上就是戴季陶所说的"育乐"。文公直也说："民生的整个内容，除衣食住行四者外，尚有育乐二事。衣食住行为维持生存的必要条件；育乐亦充实人类生存所必不可缺之要事。……育乐虽不属于经济范围，但仍须经济条件为前提。"⑤ 他还说："人类若只须能维持其生存，则仅须满足衣食住

① 戴季陶：《孙文主义之哲学的基础》，民智书局 1925 年版，第 13 页。

② 戴季陶：《孙文主义之哲学的基础》，民智书局 1925 年版，第 50 页。

③ 戴季陶：《孙文主义之哲学的基础》，民智书局 1925 年版，第 13—14 页。

④ 姜琦：《民生运动与民生教育》，《教育与职业》1928 年第 91 期。

⑤ 文公直：《民生史观之研究》，新光书店 1929 年版，第 4 页。

行的需要已无问题。但是人类如须充实其生存，则必须满足育乐的需要。要满足育乐的需要，则必须共同从事于精神之活动。此育与乐，包括发展理知及娱乐之全部；所谓文学、艺术、哲学等等，以及道德、宗教皆涵在其中。"①罗干青认为，人类衣食住行四大需要是物质的要求，"物质主义"不能包括"民生主义"。人类物质问题解决以后，必然有更高尚的"精神生活"，亦即更高尚的"社会化的行为"。戴季陶把"衣食住行育乐"六项分列，在形式上看去似乎有点不伦，但实由孙中山的"生存中心"说演绎而来，故"育乐的精神生活"似无可忽视。不过他又指出，"精神生活"即在"衣食住行"之中，舍了"衣食住行"便无所谓"生活"，又无"精神生活"。这种"育乐"的"精神生活"，要待"物质生活"解决后才可以享受。②

后来，蒋介石也进一步强调"育乐"在民生中的作用。他指出："民生四大需要——食，衣，住，行。不过民生的全部，除此四大需要以外，还有'育''乐'两种需要。"③蒋介石认为，"育"有两种意义：一是指"养育"，目的是要使"老有所终，幼有所长，鳏寡孤独废疾皆有所养"，也就是要"使人民都能有饭吃，有衣穿，不受流离冻馁之苦；二是指"教育"，目的是要"使人民无论道德、学问、能力，都能够得到健全地发展，成为完完全全的国民。在消极方面使不做盗匪不为非作歹，贻害社会国家；在积极方面使能尽其才智以贡献于社会国家，为人群社会来谋福利。""乐"就是"正当娱乐"，目的在"调畅心神"。没有娱乐，生活便要流于枯燥厌倦，因而不免转向悲观消极之一途④。

颜悉达明确将"人类求生存"（民生）的内容概括为物质生活和精神生活两个方面。他强调这两种生活的关联性，因为"物质生活固然能产生精神生活，但精神生活对于物质生活也具有反作用"⑤。

张太风认为，"民生""人类求生存"既是"客观的事"，更是"主观的事"。"民生"是对"人类生存"的全盘统括，包括"人类生命的维持问题——经济（物质）""人类生命的延续问题——血缘"以及"人类生命的光大问题——精神"三

---

① 文公直：《民生史观之研究》，新光书店 1929 年版，第 36 页。
② 参见罗干青：《我国民族倾向之一瞥》，光东书局 1929 年版，第 187—188 页。
③ 蒋中正：《政治建设之要义（1935 年 9 月 15 日）》，《地方自治》1935 年第 4 期。
④ 参见蒋中正：《政治建设之要义（1935 年 9 月 15 日）》，《地方自治》1935 年第 4 期。
⑤ 颜悉达：《民生主义底经济体系》，拔提书店 1940 年版，第 7 页。

个方面，故应把属于人类生存的"血缘问题、经济问题、精神问题"皆归纳于"民生"概念中。他还认为，"民生"包含了"民族、民权、民生"三大问题，成为"三民主义的根源"，故为"人类历史的重心"①。

崔载阳以孙中山的"历史的重心，是民生不是物质"之说为依据，指出"民生"不是"物质"。但他又指出了"民生"内容的另两个观点：其一，民生是"精神与物质并存"。其根据就是蒋介石所说的"人类全部历史，即是人类为生存而活动的记载；不仅仅是物质，也不仅仅是精神。……唯有精神与物质并存，才能说明人生的全部与历史的真实意义"。其二，民生是"政治文化经济军事的合一"。其根据就在孙中山的民生四义，即人民的生活要靠知行，主要属于精神文化范围；社会的生存要靠互助，主要属于政治社会范围；国民的生计要靠消费，主要属于经济范围；群众的生存要靠武力，主要属于军事范围。因此，民生含有文化、政治、经济、军事四种内涵。②

三、民生与管教养卫

蒋介石在 20 世纪 30 年代期间发动"新生活运动"的过程中，将"衣食住行"的物质生活与"礼义廉耻"的精神生活联系在一起。他没有将"衣食住行"完全看成是物质的东西，而是主张"衣食住行"的"住行"需要两个条件：一为物质的资料，包括食物、衣服、房屋、道路、舟车等；二为精神的表现，包括饮食、服御、居住、行走等。就是说，"衣食住行"的解决，需要以物质资料为基础，但解决的手段必须合乎"礼义廉耻"，即"资料"之获得应合乎"廉"，"品质"之选择应合乎"义"，"方式"之运用应合乎"礼"。③同时，他还强调"人民生活之满足，固有赖于政治之教、养、卫各种制度之尽善推行"④。他曾对"教养卫"的内涵解释道："教"即"教训"，是教人如何做人，做到"礼义廉耻"，而不只讲"技术"；"养"即"养育"，是在衣食住行方面"整齐清洁"；"卫"即"自卫"，

① 张太风：《三民主义哲学》，新潮出版社 1943 年版，第 126—127 页。
② 参见崔载阳：《三民主义哲学》，大道文化事业公司 1944 年版，第 56 页。
③ 参见蒋中正：《新生活运动纲要（附新生活须知）》，《中央周报》1934 年第 311 期。
④ 蒋中正：《新生活运动纲要（附新生活须知）》，《中央周报》1934 年第 311 期。

是使地方无窃盗，人民安居乐业。①

后来李振球又在"教养卫"之外加了一个"管"字，主张政府的工作不外"管民、教民、养民、卫民"，而"养民"又急于"管民、教民、卫民"②。彭明经对"管教养卫"作了更具体的解释。他认为，"管"即"组织"，包括管辖、管理、管束，注重"纪律""法规"；"教"即"训练"，通过教育以陶冶人格；"养"即"养育"，包括"民生问题之解决"，"现代化之国民"之养成；"卫"即"保卫"，含有卫生、卫安、卫国三义。③而"卫生"是他对"卫"添设的一个功能。蒋介石随后也补充了自己的说法，主张地方政治应"教养卫三项要目以外，更须加一管字，所谓'管教养卫'乃为完全"④。他后又重新解释道："管"须具备财物经理与人事管理的知识与本能，研究对于"人事财物"的管理、运用和改革，提高效率与效益；"教"是要因材施教，尤要本仁心以教人，推己及物；"养"是要学习生产技能，养成劳动习惯，研究民生问题，解除民众痛苦，培植和爱护森林与畜牧，保存与储积工具与材料；"卫"在能组织与训练民众卫国卫乡，注重卫生与自卫。⑤

从上述"管、教、养、卫"的具体内容来看，"管"的政治意味最浓厚，与民生没有直接的关系；"教"的内容侧重于如何"做人"，道德意味最浓厚，但也有"谋生技能"方面的内容，因而有一定的民生味道；"养"的内容与民生直接相关，但作"养育"解释时又包含了道德教育的内容；"卫"的内容中"卫生""卫安"与民生直接相关，"卫国"带有浓厚政治色彩。

关于教育（"教"或"育"）与民生的关系，很早就有学者将教育纳入民生的范围。杨卫玉从职业教育的视角指出，解决"衣食住行"问题，无一不需要"职业教育"助力，而改进人民的"精神生活"尤为"职业教育"所必需。职业教育的目的，直接为准备个人生计，间接为发展社会国家之生计。因此，职业教育属于"民生主义"亦即"民生"的范围。⑥姜琦将"民生运动"与"民生教育"直接联系起来。他认为，"民生教育"不是仅限于"生计教育"（即"狭义的职业教

---

① 蒋中正：《"教""养""卫"的意义》，《民间文艺（杭州）》1934 年第 2 卷第 1 期。

② 李振球：《管教养卫的联系》，《农村合作》1934 年第 65 期。

③ 参见彭明经：《论管教养卫》，《四川县训》1935 年第 2 卷第 5 期。

④ 蒋介石：《蒋院长在地方高级行政人员会议闭幕词》，《湖北省政府公报》1936 年第 202 期。

⑤ 参见蒋介石：《训练的目的与训练实施纲要（1939 年 4 月 26—29 日）》，《训练通讯》1939 年第 1 卷第 2 期。

⑥ 参见杨鄂联：《民生主义与职业教育》，《教育与职业》1927 年第 86 期。

育"），还应注重科学艺术等等教育（广义的职业教育），包括"劳动教育""科学教育""社会主义的教育"（分配方面的教育）"家事教育"（家庭内衣食住洗涤养育看护装饰布置的教育）"美感教育"（美术音乐的教育）。① 罗学府从教育与人生的关系上来揭示教育的民生性。他认为，人生的目的一是求个人的生存，即求个人物质上和精神上的愉快与圆满；二是谋社会的发展，即在对人群尽相当责任。人生的内容包括五个方面：一是"智育生活"，包括一切求知的活动；二是"体育生活"，包括维持身体健康的活动；三是"精神生活"，包括宗教、美术、音乐等求精神愉快的生活；四是"社交生活"，即人与人间的往来交接等活动；五是"职业生活"，即从事一种工作以表现自己的能力，并利益自身与服务社会。②

关于卫生（"卫"）与民生的关系，在中国国民党中央执行委员会宣传部编写的《卫生运动宣传纲要》中作了简要的阐述。它将"卫生"与孙中山的民生四义联系起来。它认为，当民生主义实现以后，群众的生命可以不致因饥寒而死，但还会因疾病以致死亡。因此，要巩固民生主义的基础，减少疾病的死亡率，还是要靠"卫生方法的讲求"。"卫生"的积极义务是保障群众生理上、病理上的生命，以维持社会的生存。而要保障群众生理的病理的生命，必须把衣食住行各方面的卫生常识加以深切的注意。③ 它还指出，人民之所以倾向"革命"，是要求生活的满足，然后可以享幸福。但没有健康的身体，则幸福仍然不能享受。有了健康的身体，方有享受幸福的基础。所以，"民生主义"是在积极方面保障群众的生命，"卫生"是在消极方面补救人民的死亡，两者同样是非常重要的。④

关于安全与民生的关系，孙中山本人有所论述。他在《民权主义》第一讲中说："人类要能够生存，就须有两件最大的事：第一件是保，第二件是养。……保就是自卫，……养就是觅食。……无论个人团体或国家，要有自卫的能力，才能够生存。"⑤ 文公直指出："人类要能够生存，必有两件最大之需要的满足：一是给养；一是保卫。……对内须保障生产机关及生产组织，即须维持给养活动的公共

① 参见姜琦：《民生运动与民生教育》，《教育与职业》1928 年第 91 期。

② 参见何清儒：《职业教育与职业指导》，《蜀评》1936 年第 2 卷第 2 期。

③ 参见中国国民党委员会宣传部编：《卫生运动宣传纲要》，中国国民党委员会宣传部 1929 年版，第 5 页。

④ 参见中国国民党委员会宣传部编：《卫生运动宣传纲要》，中国国民党委员会宣传部 1929 年版，第 9 页。

⑤ 孟庆鹏编：《孙中山文集》（上），团结出版社 1997 年版，第 131 页。

秩序；对外须厉行生存竞争，即须保障公共团体的群众生命；于是保卫的活动与给养的活动，同时并起。因为对内须维持公共秩序，对外须保障群众生命，所以，有习惯、道德、宗教、政治、法律等之成立，表现为保卫的作用。"[1]苏渊雷说："'保'系消极抵抗外力之压迫，与天争，与兽争，与异族争，乃至与恶人争，以求共生共存，因此人类进入军事生活而发生战斗观念与合群观念。"[2]"保"即"卫"，用以捍卫群众的生存权、生命权、安全权。孙中山将"保"纳入"民权"范畴，但"生存""生命""安全"又与"民生"密切相关。

---

①　文公直：《民生史观之研究》，新光书店 1929 年版，第 34—35 页。
②　苏渊雷：《民生哲学引义》，商务印书馆 1942 年版，第 129—130 页。

第二章　近代民生哲学对民生的诠释（二）

——民生四义关系的诸种解读

孙中山的民生四义到底是并列关系还是总分关系，四义之间谁主谁从，近代学者也有不同的理解。

第一节　民生四义并列说

如前所述，将"民生"界定为"人民的生活，社会的生存，国民的生计，群众的生命"四个方面，简称为"民生四义并列说"。这是民生定义的最早说法，也是最早为近代学者所接受的说法。

一、余井塘的说法

最先将孙中山的民生四义作并列说理解的是余井塘。余井塘于 1923—1925 年间在美国留学，其间加入了中国国民党，还担任三藩市《少年中国晨报》总编。他于行将回国的 1925 年冬在该报上发表了《民生主义之哲学方面的研究》一文，又在回国后将此文同署名"景"刊登在 1926 年 1 月 1 日发行的《国民革命汇刊》上，1927 年又经修改署名"余愉"重刊在《中央半月刊》上。他在该文中采用中国国民党中央执行委员会宣传部 1924 年发行的以句号断句的《民生主义》版本，故其所持的是民生四义并列说。他认为，孙中山的民生主义是解决民生问题的主义，亦即解决"人民的生活、生活的生存、国民的生计、群众的生命"之问题的主义。在孙中山的民生界说中含有"人"和"生"两个极重大的元素。这里的"人"，不是一个两个人的"人"，而是全社会的、全人类的"人"；这里的"生"，自然是"人生"，但不单是明理的"生"，还包括心理和品行所表现出来的生活状态的"生"。因此，民生主义是解决一切人类人生问题的主义，是研究一切人类的生存问题。孙中山的民生四义，是研究"一切人类的生存，如何可以使之不坠；一切人类的生命，如何可以使之滋长繁殖；一切人类的生计，如何即以使之丰裕；一切人类的生活，如何可以使之发展向上"的主义。① 这里虽没有具体解释民生四义的各自含义，但大致表达了民生四义的相同之处和各自指向。

二、戴季陶的说法

戴季陶接触孙中山的民生四义说的时间早于余井塘。他在《孙文主义之哲学的基础》一书中指出："先生对于民生问题下的定义是：'民生就是人民的生活、社会的生存、国民的生计、群众的生命。'"② 他又说："就是人民的生活、社会的生存、国民的生计、群众的生命、便是文化的目的。"③ 这两段话都以顿号表示中间的间隔停顿，以句号表示一句话或一段话的结束。采用顿号隔开，意味着"人民的生活、社会的生存、国民的生计、群众的生命"四句话是并列的。不过，戴季陶对民生四义的解读要晚于余井塘。在《民生主义的最重要的概念》一文中，戴季陶就明白地提出"民生就是人民的生活，社会的生存，国民的生计，群众的生命"，并断定这"一句四段"的话语有"很清楚的内容"和"一定的明白的界限"。他解释道："人民的生活"是就人民的经济生活而言，但不止是"一个人的私有的经济生活"，而是"人民的社会的全体的经济生活"，即每一个人的经济生活；"社会的生存"意味着"人民的生存"须在"社会的生存"中进行，解决人民的生存问题即在解决社会的生存问题之中；"国民的生计"指民众的生活、人民的生存应由人民组织的国家的政府去负责解决；"群众的生命"是指全人类的生命

---

① 参见景（即余愉、余井塘）：《民生主义之哲学方面的研究》，《国民革命》1926 年第 1 卷。
② 戴季陶：《孙文主义之哲学的基础》，民智书局 1925 年版，第 15 页。
③ 戴季陶：《孙文主义之哲学的基础》，民智书局 1925 年版，第 50—51 页。

永远继续，永无穷尽。于是，他将"个人的生活"和"社会的生存"（包括民族的、全人类的生存及永久继续发展）的问题，归结为"民生问题"。①

三、中小学教材的说法

孙中山的"民生"四义被戴季陶作并列解读后不久，这种四义并列的"民生"解读就进了教材。苏易日编、上海商务印书馆 1927 年 12 月初版的《新时代三民主义教科书》（初中用）第 3 册和李扬编、上海商务印书馆 1928 年 7 月初版的《新时代三民主义教科书》（高小用）第 3 册，以"民生主义"为教材内容，且都将"民生"四义相并列。前者提出"民生主义，就是人民的生活，社会的生存，国民的生计，群众的生命的学说"②；后者指出"民生就是人民的生活，社会的生存，国民的生计，群众的生命"③。两者都对"民生"四义分别进行了单独的解读，而且解读的意思基本一致，只是初中比高小的教材在相关解读上稍微详细些、通俗些。

一是"人民的生活"。"生活"是指人们寻常穿衣、吃饭、居住、行走等度日的方法，目的是使人们能够"生存""维持生命"。但"有进步的人民之生活"不能满足于"维持生命"，还要在"食、衣、住、行、育（生育、教育、养育）"五个方面"有圆满的解决"，从而享受一种"安适和便利"的完美生活。

二是"社会的生存"。"个人"是作为"社会"的一分子而存在的，若不在"社会"中，便不能谋生。既然"人民的生活"要在"社会的生存"中进行，则解决人民的生活问题也必须在解决社会的生存问题中进行，只有维持社会、大众的生存，才能维持个人的生存。

三是"国民的生计"。个人的权力有限，对自己的利益不能完全负责，也负不起完全责任，而"国家"是有权力、负得起完全责任的，故需由人民所组织的"国家的政府"来负责。"政府"的责任不仅仅在于保护其人民免于杀戮盗贼，更

---

① 参见戴季陶：《民生主义的最重要的概念（未完）》，《政治训育》1927 年第 5 期。

② 苏易日：《新时代三民主义教科书（初中用）》第 3 册《民生主义》，商务印书馆 1928 年版，第 5 页。

③ 李扬：《新时代三民主义教科书（高小用）》第 3 册，商务印书馆 1929 年版，第 1—3 页。

在于使其国民有"生计"，通过颁布种种法令、经营生产、开发文化等活动来增加人民的幸福。

四是"群众的生命"。"群众的生命"相对于"个人的生命"而言，是指全人类、社会、国家或民族的生命。个人的生命是有限的，群众的生命则是无穷尽的、绵延不绝的。故人民生命的基础必须在"群众全生命"的意义上而不可在"个体生命"的意义上去观察。要想群众或民族的生命久而不绝或发扬光大，就必须培养其"生机"，使人民能够"遂其生"，否则就会被其他民族所侵略或征服而归于淘汰。①

上述中小学教材对"民生"的解释，与戴季陶在《民生主义的最重要的概念（未完）》中的解释基本一致，只是将"群众的生命"中的"群众"与"民族""国家"联系起来，在"人民的生活"的解释上包含了物质生活和精神生活，而非仅指经济生活。但从戴季陶将"育乐"列入"民生"领域来看，两者也具有传承关系，只是因针对中小学生而未将"乐"列入其中。

四、赵剑华的说法

赵剑华对孙中山的民生四义的解读，也是持并列说的。不过，他是从政治、经济、民族和全社会四个方面对民生四义进行综合解读的。其一，"人民的生活"。他认为，"人民的生活"不外于"保"和"养"两件大事。"养"即生活资料的取得，属于维持生存的经济条件；"保"即生活安全的保障，属于保护生存的政治条件。其二，"社会的生存"。他认为，"社会的生存"即社会的绵延和扩展，它要全靠社会各个成员的维持和贡献来实现。只有每个社会成员贡献给社会的"福利"（"生产"）多于（至少等于）取得社会的"福利"（"消费"），社会才能绵延和扩展；若人人存着安乐心理，使"消费"超过"生产"，社会就会日见衰落而归于覆灭。因此，"人"只有做"生产者"和"创造者"，"社会"才能"生存"。其三，"国民的生计"。他认为，"国民的生计"即整个国富（民）和

---

① 参见苏易日：《新时代三民主义教科书（初中用）》第3册《民生主义》，商务印书馆1928年版，第1—5页。

图表 3-1

整个国家的经济关系（包括整个的生产关系、分配关系、消费关系），不但要国家府库充实，而且要国民富裕，购买力和负担力强。其四，"群众的生命"。他认为，"群众的生命"是相对于"个人的生命"而言的，前者是"无限的生命"，后者是"有限的生命"。每个人既要谋个人有限生命的存在，更要谋群众无限生命的扩展；既要谋家族和民族的发扬，还要为自己在政治或经济上所归属的负有同一命运的同阶级或同集体的生存效力，牺牲"小我"而成全"大我"。① 为了更好地展示民生四义之间的关系，赵剑华还专门做了一个"表解"（见图表 3-1）。从这个"表解"中可以看出，他不仅是将民生四义看成是与政治、经济、民族和全社会四个方面一一对应的关系，而且存在着交叉关系。例如，"人民的生活"横跨"政治"和"经济"两个领域，而"经济"领域又横跨民生四义中的三义（生活、生计、生命）。

五、文幼章的说法

加拿大传教士文幼章，20 世纪 20 年代在中国学习汉语时，就熟读了孙中山的《三民主义讲话》；在重庆传教时，曾给国民党二十一军讲了《一个外国人的三民主义观》②；创办的《精益英文周报》中还登载一些政治评论，以教育学生"坚信有这么一种社会，那儿的政府都是由人民按照孙中山先生所教导的民生主义的原则建立起来的"③；1947 年返国前，在写给中国友人的临别信中指出："你们在中国争取民主政治和努力实行孙中山的民生主义，这对于世界和平将有很大的贡

---

① 参见赵剑华：《反唯心论的民生史观：从唯心史观唯物史观社会史观到民生史观（附图表）》，《新中国》1933 年第 1 卷第 1 期。

② ［加］文忠志：《出自中国的叛逆者幼章传》，四川人民出版社 1983 年版，第 165 页。

③ ［加］文忠志：《出自中国的叛逆者幼章传》，四川人民出版社 1983 年版，第 190—191 页。

献"①。足见他对孙中山的三民主义和民生史观有自己的研究和见解，而且对孙中山的"民生四义"也提出了独到的见解。

文幼章指出，民生就是"生活""生存""生计"和"生命"种种最高级的"生"的表征之综合，而不是单独的等于其中的任何一个。他将这一观点写成简式：生活＋生存＋生计＋生命＝民生。② 他认为，"生"的存在表现就是生命，以群众为最高寄托；"生"的活动形态就是生活，以人民为最高典型；"生"的组织规则就是生计，以国民为最高模范；"生"的发展趋势就是生存，以社会为最高方向。结合孙中山的民生四义说，则"群众的生命""人民的生活""国民的生计"和"社会的生存"分别为"民生"的存在表现、活动形态、组织规则和发展趋势。没有生命，民生无从存在；没有生活，民生不能活动；没有生计，民生没有组织；没有生存，民生无以发展。③

文幼章又从"民生"四义分别来考察"历史重心何以是民生"的问题。

第一，从人民生活来说。文幼章对此从两个方面加以论证：一方面，人民生活状况决定历史上的治乱。人民生活安定和丰裕，则历史进程就表现为太平、祥和；人民生活动摇和贫困，则历史进程就会出现紊乱、失调与斗争。中国过去四千年出现的"一治一乱的循环相因"，就是由人民生活的状况决定的。而且历史上每次的社会变乱与不安，无不以"农民暴动"为中心；历史上种种战乱的史剧，无不以农民为主角。农民们是否暴动，与他们生活的安全与否、丰裕与否有关。当专制君王、封建地主压迫和剥削得太厉害，再加上导火线的天灾，使人民生活无法维持时，他们便不得不揭竿而起，以争取他们的生活，从而给历史写上了"乱"的一页。当农民们的暴动迫使敌人作出让步，野心家趁机收拾残局给农民们以相当的小惠，人民生活比较安定的时候，历史便获得了歌颂"治"的一页。另一方面，人民生活是否需要决定了许多东西在历史上能否出现。例如，人类科学史上之所以会留着一个"一千三百年的偌大空白"，就是由于"人民生活的不需要"。日耳曼蛮族征服罗马后，建立了典型的封建社会，由于人民生活安定，经济自给自足，也就没有提倡学术文化的必要，于是希腊、罗马的遗产被抛弃净尽。应该来说，文幼章的这两个方面见解都是很有见地的。第一个方面涉及"历

---

① 文幼章：《留别中国朋友的一封分开的信》，《大学》（成都）1947 年第 6 卷第 2 期。
② 参见文幼章：《"民生是历史的重心"（附图）》，《新认识》1941 年第 4 卷第 3 期。
③ 参见文幼章：《"民生是历史的重心"（附图）》，《新认识》1941 年第 4 卷第 3 期。

史周期率"问题，他将过去历史上的"一治一乱"现象与"民生"的状况联系起来，意即只有"民生"得到保障，社会才能长治久安。随后，毛泽东同志在 1945 年就黄炎培提出中共如何跳出"其兴也勃焉，其亡也忽焉"的"历史周期率"支配的问题时指出："我们已经找到新路，我们能跳出这周期率。这条新路，就是民主。"① 无论是经济上的"民生"还是政治上的"民主"，应该都是跳出"历史周期率"的重要途径，而从"民生"到"民主"，无疑是认识的一次飞跃，这是因为，"民生"问题能否得到根本解决，与政治制度的优劣有极大关联。中国共产党之所以有能跳出"一治一乱的循环相因"的"历史周期率"的自信，就在于它能够建立起人民民主制度，让人民起来监督政府，让人民以主人翁的姿态肩负起管理国家和社会的责任。不管怎样，文幼章从"民生"问题上思考"历史周期率"的成因，还是有其合理之处的。第二个方面涉及"科技发展与人的需要的关系"问题。恩格斯曾指出："社会一旦有技术上的需要，这种需要就会比十所大学更能把科学推向前进。"② 这意味着科技的发展是由社会实践的需要所驱动的。而文幼章是从反面说明没有社会实践的需要，就不会引起人们对科技的重视。从这个意义上说，文幼章的观点也有其深刻之处。

第二，从社会生存来说。文幼章对此也是从两个方面来论证的。一方面，社会生存的状态决定社会革命的发生和社会形态的更替。当社会生存能够良性发展时，历史就表现着繁荣旺盛的时代；当社会生存受到阻碍时，历史就表现着衰落凋零的局面。一旦社会出现人民不能忍受的衰落凋零局面时，人们就必定要把它改造，以建立一个新的体制，使它能够重新开始它的生命并继续发展。历史上封建社会腐化到极点而通过"民主革命"为资本主义新社会所取代，资本主义社会走到末路而通过"社会革命"为新的社会主义社会（在中国就是民生主义社会）所取代的事实，说明社会生存发展一旦遇到阻碍，就必然会透过人们主观的作用以改变旧的社会形态，代之以新的社会形态，于是历史开始了新的一页。另一方面，人民的"社会革命"和帝国主义的"战争"都起因于社会生存发展遭受阻碍。资本主义发展到了末期、快要没落的时候，资本家和政客为了挽救资本主义的死亡而疯狂地向外争夺殖民地，因此在二十世纪前半期酿成了两次帝国主义间的大

---

① 黄炎培：《延安归来》，国讯书店 1945 年版，第 64—65 页。
② 《马克思恩格斯选集》第 4 卷，人民出版社 1995 年版，第 732 页。

屠杀战争。无论是为改变原状的"社会革命"，还是为维持原状的帝国主义战争，虽然其动机各有不同，但都完全起因于"旧社会的没落，它的生存发展遭受了阻碍，使得压迫的和被压迫的两方人们都不能忍受"，于是就有压迫者维持原状、挽救没落的企图和战争与被压迫者改变原状革新社会的动机和革命。因此，这种历史的形态受社会生存关系的影响完全一致。文幼章这两个方面的见解，与马克思主义唯物史观有其相通之处，但也有本质差异。他从社会生存状况而非从主观意志或客观精神方面来寻找社会革命及社会形态更替的原因，有其合理之处，但他所说的"社会生存"似乎是从抽象的意义上指向压迫者与被压迫者共处的生存环境，而没有明确地从"社会生存"背后的物质原因去作具体的说明。而马克思主义唯物史观是从社会基本矛盾（即生产力和生产关系、经济基础和上层建筑的矛盾）运动的视角考察社会革命和社会形态更替的根源。马克思指出："社会的物质生产力发展到一定阶段，便同它们一直在其中运动的现存生产关系或财产关系（这只是生产关系的法律用语）发生矛盾。于是，这些关系便由生产力的发展形势变成生产力的桎梏。那时社会革命的时代就到来了。随着经济基础的变更，全部庞大的上层建筑也或慢或快地发生变革。"[1] 而社会形态的更替归根结底是社会基本矛盾运动的结果，其中生产力的发展具有最终的决定意义。不过文幼章从压迫者和被压迫者都表现出"不能忍受旧社会的没落"的"一致性"来说明压迫者（帝国主义）发动战争和被压迫者发动社会革命的必然性。这一说法又有与马克思主义唯物史观关于"社会革命的形势"说相一致的地方。列宁曾指出："要举行革命，单是被剥削被压迫群众感到不能照旧生活下去而要求变革，还是不够的；要举行革命，还必须要剥削者也不能照旧生活和统治下去。只有当'下层'不愿照旧生活而'上层'也不能照旧生活和统治下去的时候，革命才能获得胜利。"[2] 不过，列宁强调的是被剥削被压迫阶级的社会革命必须具备的革命形势，而文幼章强调的是压迫者（帝国主义）发动战争和被压迫者发动社会革命必须具备的同一形势。

第三，从国民生计来看。文幼章认为，人们生活的组织是否完善和有保障，也是影响历史发展的重大因素。组织不完善，没有保障，人们生活就遭受威胁，

---

① 《马克思恩格斯全集》第 31 卷，人民出版社 1998 年版，第 412—413 页。

② 山东大学哲学系原理教研室编：《马克思恩格斯列宁斯大林毛泽东论历史唯物主义》，山东大学哲学系 1983 年版，第 241 页。

"各遂其生"的原则不能贯彻,就会要求改革;反之,组织完善和有保障,人们一定愿意维护原有秩序,使历史的方向不起变化。例如资本主义的初期,从农村解放出来的民众投入资本主义的生产劳动,觉得新的生活环境远比破落脏乱的农村好,公认工厂制度是合理的生计组织,于是就一心一意地工作以期改善自己的生活,劳资冲突尚未发生,资本主义生产一帆风顺,就显现出欣欣向荣的景象。但这种种"美丽的时代"不久就成过去,随之而来的是资本家的剥削日甚、工厂管理的"科学化",使得工作气力支出日增,劳动者生活日困、体力日疲,结果就有反抗运动。随着工人的反抗运动,代表资本家利益的政府官僚就想出劳资协调的种种方法,限制工作时间,制定劳动保险、抚恤金、分红制等措施,又使工人更自觉感到生计有保障,而暂缓了抗争运动,形成了社会革命斗争历史的低潮期。将来再过若干时间,资本家的这种"骗局"终要被揭穿,使大家明白了非重新改造社会,生计终无完满的保障,于是送葬帝国主义的丧炮仍然在他们燃引之下响起,历史从此就改变了方向。文幼章通过资本主义劳资关系的历史演变(即相容—冲突—缓和—冲突—终结)来揭示人们生活组织的好坏与历史发展的关系,意识到帝国主义的剥削本质及其必然灭亡的历史命运。这一观点一方面承续了孙中山对资本主义的劳资关系及其发展态势的判断,另一方面受到了列宁对帝国主义的本质及其历史命运的论述的影响。孙中山曾在《民生主义》演讲中介绍了西方社会党中的两大派别:一种是马克思派,基于劳资矛盾的不可调和而主张用"革命手段"解决社会问题;一种是非马克思派,基于欧美近年社会经济事业出现"社会与工业之改良""运输与交通事业收归公有""直接征税"和"分配之社会化"四种"进化"现象而相信劳资矛盾的可调和性,因而主张用"和平办法"解决社会问题。而孙中山自己的思想倾向是:当时欧美各国只能使用"革命手段",因为那里的资本家"专制万分";当时中国应采用"和平办法",因为中国的贫富差距不大、劳资矛盾不尖锐。① 而列宁的《帝国主义论》20 世纪 20 年代传入中国后,其中的"帝国主义"是"资本主义的最高阶段""垂死的资本主义"和"无产阶级社会革命的前夜"之说常被中国学者(特别是共产党人)所宣传。文幼章对西方资本主义历史命运的分析,实际上是将孙中山的革命手段论与列宁的帝国主义垂死论相结合得出来的,不过他没有明确指出谁来敲响帝国主义

---

① 参见孟庆鹏编:《孙中山文集》(上),团结出版社 1997 年版,第 242、253—257 页。

的丧钟。

第四，从群众生命来看。文幼章将"群众"与"人类"相联系，主张历史的主角是人类，人类是生命的最高表征，群众又是最高的生命的集体，历史的基本因素就是"群众生命"。群众生命的永续就是历史绵延不断的根据，没有群众生命，历史就会消灭。因此，群众生命对于历史具有决定作用。文幼章从"人类"的视野来看待"群众的生命"，这与戴季陶等人将"群众"与"国家"或"民族"相联系有所不同。

文幼章认为，上述四点不过是就民生的主要内容而说的，至于整个历史的各方面，例如政治过程中之政府、法律、战争，经济过程中之生产关系、交换关系、分配关系、消费关系，精神生活过程中之哲学、科学、艺术、宗教、伦理、教育、婚姻等等，以及其他的一切事象，莫不是由"民生"所决定，依存于"民生"之变动而变动，跟随着"民生"的进化而进化。他总结说：以"活动"着的"人"为中心而产生的各种"事变过程"的综合与继续，就是"历史"；"历史"的一切以"人"为基本、为核心，为"人"而存在。换言之，"社会"为"人"而存在，不是"人"为"社会"而存在。文幼章为了更明白表示"生活＋生存＋生计＋生命＝民生"公式的重要内涵，又用来图表来补助说明（图表3-2）。①

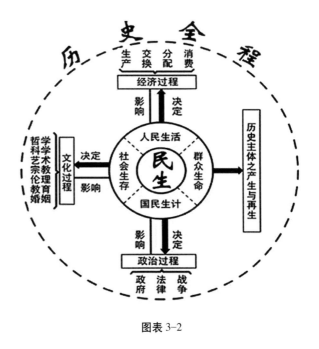

六、吴启法的说法

吴启法是在《行健》刊物所开的"民生哲学研究专辑"中发表《民生哲学的本质》一文，表达自己的民生四义并列说的。他认为，孙中山提出"民生就是人民的

图表3-2

---

① 参见文幼章：《民生是历史的重心（附图）》，《新认识》1941年第4卷第3期。

生活，社会的生存，国民的生计，群众的生命"之说所要解决的"民生问题"具有四个方面的视角，即"在实质上是解决生命问题，以求得生命的意义与保障；在形式上是解决生活问题，以求得生活的目的与充实；在活动上是解决生计问题，以求得生计的丰裕与调和；在总体上是解决生存问题，以求得生存的继续与发展"①。

陈立夫视"生是宇宙的重心，民生是社会进化的重心"为孙中山的学说。吴启法又基于陈立夫的想法，提出"生是宇宙的中心，是万物的本体，是整个的生命体"，以此来重释孙中山的民生四义。他指出，"生"就是"生命、生活、生计、生存"四个方面，"生"的解决就是这四个方面的解决。一是"生命"。"生"的本质就是"生命"，民生哲学中的生命问题是求生命的意义和保障。所谓"群众的生命"，意味着只有去体识和捍卫"群众的生命"，"个人的生命"才有意义和保障。二是"生活"。"生"的形式就是"生活"，民生哲学中的生活问题是求生活的目的和充实。所谓"人民的生活"，意味着只有先谋"公共生活"的合理分配和普遍改善，才能达到"个人生活"的目的和充实。三是"生计"。"生"的活动就是"生计"，民生哲学中的生计问题是求得生计的种种方式和活动，使其有所丰裕和调和。所谓"国民的生计"，意味着只有"全国人民"的生计能够互相调和及丰裕的解决，才能使"个人生计"得到丰裕的解决。四是"生存"。"生"的总体是"生存"，民生哲学中的生存问题是求生存的继续。所谓"社会的生存"，意味着只有"社会上全体"得到绵延的生存和社会进化，才有"个人"的生存。吴启法认为，这四方面的解释反映了人类之求生，乃在"互相求生"，然后"各得其生"，就是"人人为我，我为人人；先为大我，而后乃得小我"，此即"互助之理之用"。他还将"民生"四义看做是一个有先后次序的发展过程，指出"人类始有生命之后，就发生生活现象；然而为着生活的充实，就去作生计的活动；迨生命生活生计都得到解决后，才能得持久的生存于社会中"。所以，求"生"之过程，呈现出由"生命"而"生活"而"生计"而"生存"的四步骤。②

① 参见吴启法：《民生哲学的本质》，《行健》1941 年第 3 卷第 10 期。
② 参见吴启法：《民生哲学的本质》，《行健》1941 年第 3 卷第 10 期。

七、陈立夫的说法

陈立夫在《生之原理》一书中认为，孙中山的民生四义当中包括"从个人到社会，从一个国家到全人类"，更可以说"从现在推及于未来"，其范围是包括"人类全体"，而不仅仅限于"某一阶层或某一局部"[①]。他对"民生"四义分别作了较为具体的阐释。

一是"人民的生活"。陈立夫解释道：在内容上，它至少包括"食衣住行育乐"六大要项，涉及物质的生活和精神的生活；在主体上，它不是仅满足个人要求或个人单独的力量，而是必须顾及到多数人以至全人类之满足。在出发点上，与强调"权利"的"天赋人权"说不同，"人民的生活"属于"革命民权"，强调的是"义务""责任"，要求人人以"求人类之共生、共存、共进化"为己任，以激发所有人在集体生活中的责任心与义务感，特别注重服务机会的真平等，主张人人应以"福利人群"为目的。它还强调"民生的进化"必须是人类全体生活的进化，而非仅某一阶层或一部分人的物质生活要求的满足。[②] 相对于戴季陶和教材的解释，陈立夫的解释更加突出人民的精神生活，主张人绝不是仅仅以达到饱食暖衣安居、利行的目的而满足，还需要教育、娱乐，更需要健康与艺术的生活；更加强调人们对集体的责任和义务，而不专注于物质生活和个人的权利。

二是"社会的生存"。一方面，他将"生存"与"进化"相联系。他以《中庸》中"诚则形，形则著，著则明，明则动，动则变，变则化"之说为理论依据，说明任何生命的存在从其形成到变化的过程中都要经历"诚—形—著—明—动—变—化"七个阶段。对于一般的生命存在来说，其在"存在"期间的一切努力便是向着"时时求均衡、求秩序"的目的。[③] 而对于社会来说，不仅要注重社会秩序之安宁以维持现状，更须进一步要求在安全中时时不断的进化，由平衡状态进到更理想的平衡状态，通过一种"周而复始""螺旋式"的进化，而从不断的永远的进化中获得与保证社会的生存。另一方面，他又将"治标"与"治本"相联系。他高度肯定传统儒家"德本刑末"的政治哲学的现实价值，认为"政刑"近于"霸

[①]　陈立夫：《生之原理》，正中书局1945年版，第218页。

[②]　参见陈立夫：《生之原理》，正中书局1945年版，第218—219页。

[③]　参见陈立夫：《生之原理》，正中书局1945年版，第68—69页。

道",能起到"治标"的作用,"道德"(即"礼义廉耻"的"四维")属于"高明、博厚、悠久"的"王道",能起到"治本"的作用,因而"政刑"的作用不如"道德"的成效"大而且远"。他认为传统的政治哲学始终认为"礼治"超越"法治",虽然两者都讲"守法",但"法治"是一种"被动的守",而"礼治"则是从生活习惯中养成"自动去守的精神",相比之下,"自动的守"胜于"被动的守"。作为"礼治"手段的"四维",正是从"积极"和"消极"各方面来决定集体生活中的行为法则,以"维持社会的生存"。为了突出"礼治"的价值,他甚至肯定古代"礼不下庶人,刑不上大夫"之说的合理性,认为这看似有一种"阶级地位的区别",其实只是一种"知识的区别"。因此,对于知识程度高的人采用"礼"的手段以希望他们能自动辨别行为的是非得失,对于知识程度比较低的人采用"政刑"等手段来整齐善导他们,则"近于真实"。他还将古人"重视礼治甚于法治"看成是一种"求人类共生、共存、共进化的精神"之表现,认为"法治"仅以"画疆而治""自安于小康"为满足,而"礼治"则憧憬于"大同之世"。① 可见,陈立夫对"社会的生存"的解读,完全没有了戴季陶和上述教材的解读中包含的经济因素,实质上是希望通过传统的"礼治"方法来维护一个不平等的社会的"生存"。

三是"国民的生计"。他认为,"国民生计"虽然是一个经济问题,但求其圆满解决仍然是一个道德问题和教育问题。他以孙中山的"人尽其才,地尽其利,物尽其用,货畅其流"为国民生计"饶裕"的准则,但他认为"人尽其才"不是为"计工受值","取得报酬",而是要"尽我之力以为人群服务",使矜寡孤独废疾者皆有所养,故其归向于"整个人群之共生、共存、共进化"。至于"地尽其利,物尽其用,货畅其流",亦无不是"尽人力,善人谋"以求达到"共生、共存、共进化"的终极目标。政府在"国民的生计"上的作为,就是实行"藏富于民"的政策,反对以"聚敛"为理财的手段。② 相对于戴季陶和上述教材强调把"国民的生计"看做是一个经济和政治问题,强调发挥国家和政府在解决国民生计中的主导作用来说,陈立夫更注重社会成员的道德(服务、无偿奉献)在解决国民生计中的作用,而无视社会成员的利益关切(报酬),道德理想主义的色彩更为

---

① 参见陈立夫:《生之原理》,正中书局 1945 年版,第 219—220 页。

② 参见陈立夫:《生之原理》,正中书局 1945 年版,第 220—221 页。

浓厚，故更易于流为不切实际的幻想。

四是"群众的生命"。他认为，"群众的生命"之涵义可以从生命"需要绵延"和"更要求光大"两方面来讨论。"生命"之"绵延"是"天性的要求"；但"生命"只有"尽性"乃有"光大的可能"。个体生命是有限的，而要使有限之生命获得无限的延续，则有三种可能的机会。一是"血统的绵延"。通过父子祖孙的"嗣续"，而获得生命之"延长"，而"不孝有三无后为大"的"孝道"观念成为"生命绵延"的道德上之维系者。"父作之、子述之、善继志、善述事"的"达孝"观念，就不仅仅是"肉体的延续"，也是"事业的延续"。其中有对未来的"创造"，也有对过去的"保守"，如此日积月累，故能"历世滋大"，由"绵延"而至于"光大"。二是"个人的不朽"。他引《左传》的"太上有立德，其次有立功，其次有立言，虽久不废，此之谓三不朽"之说为依据，主张个人的生命尽管有涯、短促，但可以通过在道德、功业或垂教方面的建树而为全人类留下不朽的贡献，在整个人类的"共生、共存、共进化"中有我的一点一滴的"成就"在。而且在无常的生命中求"永生"，也是人的"天性"之要求。三是"大我的成全"。他认为，"大我"的存在即是"小我"的存在，"小我"不能离"大我"而存在。个人生命的"绵延与光大"必须寄于群众生命之"绵延与光大"之中，个人生命的"延续光大"只有能与群众生命之"延续光大"相一致时，才是做到"尽己之性""尽人之性""尽物之性"的境地。只有"全人类能共生、共存、共进化"时，方得谓之"成己"。而当"小我"与"大我"的利害发生冲突且不能同时顾全时，则只有"牺牲小我"以"成全大我"。[①] 相对于戴季陶和上述教材将"群众的生命"与"民族的生命"联系在一起，则陈立夫则更将"群众的生命"与"全人类的生命"联系在一起，这与文幼章的说法相近。

八、江公正的说法

江公正认为，民生的意义有广狭二义：狭义的民生，主要指人民生活中所表现的经济现象，包括生产现象、交换现象、分配现象和消费现象；广义的

---

① 参见陈立夫：《生之原理》，正中书局1945年版，第221—223页。

民生，是指人类的共生、共存、共同进展而言。广义民生的真意义可以分为四项：

其一，"民生是人民的生活"。他从不同的视角来划分人民生活的类型。按性质可分为：精神生活和物质生活；按范围可分为：个人生活、家庭生活、社会生活、国家生活、氏族生活、种族生活、民族生活等；按应用关系可分为：经济生活、政治生活、教育生活、宗教生活、儿童生活、青年生活、民间生活、艰苦生活、享乐生活等；按生活时间可分为：过去生活、现在生活和将来生活三大类。他还将诸生活归纳为二大类：即腐化落伍的旧生活和进展向善的新生活。民生经济学的目的是要从经济方面改进人民的生活方法，采用优良的组织制度，促成民生的新生活之实现。

其二，"民生是社会的生存"。他引蒋介石的"生存重保障"之说来说明在社会生活中必须要有坚强巩固的保障。他认为，广义的社会生存含有"维持个人的生存""保养民众的生存""维护国家的生存""保卫民族的生存"和"调和国际的生存"五项。人类要求生存，必须先有"经济现象"的发生。民生经济学的研究对象正是经济诸关系。

其三，"民生是国民的生计"。他认为这是以"国家"的立场说明一般国民的生活，主张应当施行"统制计划"的民生经济才能"建国"。他将"建国"的要道分为三个方面：一是要"养民"，即养育人民，促成新国民经济的建设，解决衣食住行育乐六大问题；二是要"教民"，即运用治权和政权推行五权宪法，以求实现全民政治；三是要"保民"，即强化国防建设，保卫中华民族，完成统一富强的新中国。

其四，"民生是群众的生命"。他引蒋介石的"生命重繁衍"之说为依据，主张"群众的生命"就是"整个民族的生命"。"社会的存在"是因为有国家、民族的存在。"民族"是有永久延续性的生命。"个人的生命"虽然有时消灭，但"群众的生命"（即"民族的生命"）是继续存在的。①

---

① 参见江公正：《民生经济学》，《自由论坛》杂志社 1947 年版，第 52—53 页。

第二节 民生四义总分说

"统分说"是指在界定"民生"的定义时，将"人民的生活"与"社会的生存""国民的生计""群众的生命"三者看成是总体与部分、统摄与分属的关系。

一、蒋介石的说法

蒋介石的《新生活运动纲要》中指出："盖生存重保障，生计重发展，生命重繁衍，而凡为达成保障，发展，与繁衍之种种行为，便是生活。换言之：生活即是人生一切活动之总称。"[1] 这意味着孙中山的民生四义之间不是并列平行关系，而是总分关系，即"人民的生活"为总概括，"社会的生存、国民的生计、群众的生命"为"人民的生活"的具体表现，其中"群众的生命"指向"民族的生命"。后来他又在《建国运动》中将民生四义中的"国民的生计"理解为"国家的生计"。他一方面引孙中山在《建国大纲》中特别提示的"建设之首要在民生"这句话，以说明"民生"在"建国运动"中的中心地位；另一方面又强调"民生首要在日常生活问题"，也就是要解决全体人民的衣食住行四大需要问题。[2] 这也反映出他将"人民的生活"作为民生其他三义的总表现的观念。

蒋介石将"群众的生命"中的"群众"换为"民族"，并非他自己的发明，先前中小学《民生主义》教材就有了这一理解。而他的这一改换，正值中华民族已进入全面抗战时期，具有突出"民族的生命"并引导全民抗日救亡的意义，并对国民党学者解读"民生"起到了重要的思想导向作用。而将"国民的生计"理解为"国家的生计"，属于他个人的理解。过去，戴季陶和中小学《民生主义》教材在解读"国民的生计"时，只是强调"国家"及其"政府"在解决国民的生计中的主导作用。而蒋介石将"国民"改为"国家"，虽有强调国家利益高于民

---

[1] 蒋中正：《新生活运动纲要（附新生活须知）》，《中央周报》1934 年第 311 期。

[2] 参见蒋中正：《建国运动（一九三七年七月十八日）》，《中央周刊》1938 年第 1 卷第 14 期。

众利益的作用，但也容易弱化甚至忽视民众的生计，甚至异化为政府和官员敛财的一种消极工具，这在蒋介石统治的时代确实犯了这样的错误。

二、梁寒操的说法

梁寒操对孙中山的"民生四义"的理解，也基本沿着蒋介石的解读思路，即将第一句的"人民的生活"与后三句的"社会的生存，国民的生计，群众的生命"看成是总体与部分的关系，但具体的解读又有所不同。

一方面，他主张"民生就是人民的生活"是居于"提纲挈领"的地位。因为，从范围来说，"人民"是全体国民，而不是个人或少数人；"人民的生活"是全体国民的生活，而不仅是个人或少数人的生活。从内容来说，"生活"应该包涵横的方面的"生活"（物质的与精神的）与纵的方面的"生命"。"生活"是指"生"的空间的活动，"生命"是指"生"的时间的延续，时间与空间是宇宙人生的基础。所以，"生活"两字无所不包，处于提纲挈领的地位。

另一方面，他将"社会的生存，国民的生计，群众的生命"理解为"人民生活"中不可少的三大问题。其一，"社会的生存"问题。他认为，"社会的生存"有两个意义：一指生存是人类社会的生存。因人类是社会的动物，故人类所求的不是个人的生存，而是人类社会的生存，个人的生存一定要附丽在社会的生存之下才有保障。二指生存必赖乎制度来保障。人类一定要在合理的社会制度之下，才能人人得其所，遂其生。"生存"重在"保障"，故以"经济制度"为出发点而演成"民生主义"。其二，"国民的生计"问题。"生计"是指一切有关人民生存的计划——管理方法；"国民"是指人民全体。他认为，采取"经济放任政策"实是造成资本主义国家目前"社会不平和纷扰的主因"。因此，我国一切有关国民生计的事业都应由国家有计划有系统地统筹一切，并由人民所信托的公共机关——政府去负责计划和统筹。"生计"重在"平均"，故以"政治制度"为出发点而演成"民权主义"。其三，"群众的生命"问题。他赞同蒋介石把"群众"两字易为"民族"，其理由有二："小我"的生命不是单独存在的，而是"大我"在延续中的某一阶段里的一个个体，无量数"小我"的化身构成了"大我"，这个"大我"因以血统、语言、风俗、习惯、宗教、文化等为其维系，故其"大我"就是"群众""民族"；"民族的国家"是目前世界潮流的归趋，生命是应该和民族不可分离的。"个人断祀，事固可哀，民族灭绝，更是旷古悲剧"，故要注重"民族的生命"。"生命"重在"延续"，故以"种族"为出发点而演成"民族主义"。[1]

梁寒操从上述三大问题中引申出四点推论：第一，民生主义的民生是狭义的民生，指单纯的经济方面；"人民的生活"的民生是广义的民生，包括"社会的生存"（"民生"）、"国民的生计"（"民权"）和"群众的生命"（"民族"）三大问题。第二，"社会的生存""国民的生计"和"群众的生命"三大问题的对象都是"大我"，而不是"小我"；是"社会""国民""民族"，而不是"个人"。第三，狭义的民生基于广义的民生而产生，而"国民的生计"则是民权主义的起点，说明经济和政治之不可分，以及民权主义与民生主义之连环性。第四，人类生活有三个普通的原则：其一，"生存"需要"保障"，故须有一个合理的社会经济制度；其二，"生计"需要"协调"，故须有一个合理的政治制度；其三，"生命"需要"延续"，故须有本民族的自由独立与民族间合理的关系。[2]

梁寒操对广义的民生的理解，在形式上与蒋介石的说法相一致，即民生四义分为总定义和分定义。但两者的不同在于：其一，前者认为"生活"包括了"生存""生计"和"生命"；后者是把达成"保障""发展"与"繁衍"的种种"行为"视为"生活"，而不是完全包括于"生活"。其二，前者将"国民的生计"视为与"民权"相关的问题，而不单纯强调"政府"的职责；后者则将"国民的生计"视为国家的生计和政府的责任。

三、罗刚的说法

罗刚对"民生"定义的解释与梁寒操的观点相近。他也主张"民生"有广狭二义，狭义的"民生"是指"经济"而言，"民生主义"的"民生"就是狭义的"民生"；"民生是人民的生活"是广义的"民生"。[3] 他以孙中山的"民生为社会进化的重心，又为历史进化的重心，归结到历史的重心，是民生不是物质"之说为依据，说明

---

[1] 参见梁寒操：《"民生"涵义训释》，《中央周刊》1941年第4卷第20期。
[2] 参见梁寒操：《"民生"涵义训释》，《中央周刊》1941年第4卷第20期。
[3] 参见罗刚：《三民主义的体系与原理》，东方出版社1943年版，第21—23页。

这里所说的"民生"与"物质"是两件事，更不是比"物质"的意义更为狭小的"经济"。他又参以孙中山的"民生就是政治的中心，就是经济的中心和种种历史活动的中心"之说，说明"民生"涵盖极广，包括政治、经济和种种历史活动，应取其"广义"。① 不过与梁寒操对广义民生的解读有所不同的是，他以孙中山的"民生问题就是生存问题""人类求生存才是社会进化的原因"之说为依据，说明广义的"民生"是指"人类求生存"而言。② 他在广义的民生之下指出，"人民的生活"是"人类求生存"的总表现；"社会的生存"是"民生为政治的中心"的表现，"国民的生计"是"民生为经济的中心"的表现，"群众的生命"是"民生为种种历史活动的中心"的表现。③

罗刚认为，孙中山的"民生四义"合起来是一个定义，分开来是四个定义，这说明"民生"既含有广狭二义，又包括性质不同的定义。④ 他根据蒋介石对民生定义的理解而对"民生"四义一一作了比较详细的解释，以体现四义之间性质的不同。

一是"人民的生活"。罗刚首先将"人民"与"人类"二词作了区分，以说明为何不曰"人类"而曰"人民"，人类求生存必自"有团体有组织"始。"生活"就是"生存的活动"，涵盖了一切有团体有组织的人类为求生存而表现形形色色的活动，即包括所有人民都具有的普通的精神生活与物质生活，还包括部分人民在某种特殊的空间里对于某种事物所表现的不同生存活动（如家庭生活、社会生活、民族生活、政治生活、经济生活等）。"民生是人民的生活"不仅是广义的民生，同时亦是民生定义的总纲。在这个意义上，他赞同蒋介石的"生活实为其他三者（生存、生计、生命）之总表现"的说法。⑤

二是"社会的生存"。罗刚认为，"社会的生存"的定义是指"政治社会的生存"而言。爱斯璧那在《动物社会》中说："社会的总体是一个组织的全部，就是说由各种不同的分部组合而成的。其每一分部由一种特别的动作去维持、协助总体……"⑥ 罗刚以爱斯璧的这段话来说明社会的"组织"有大小，"性质"亦各不同。

① 参见罗刚：《三民主义的体系与原理》，东方出版社 1943 年版，第 21—22 页。

② 参见罗刚：《三民主义的体系与原理》，东方出版社 1943 年版，第 21 页。

③ 参见罗刚：《三民主义的体系与原理》，东方出版社 1943 年版，第 32 页。

④ 参见罗刚：《三民主义的体系与原理》，东方出版社 1943 年版，第 22—23 页。

⑤ 参见罗刚：《三民主义的体系与原理》，东方出版社 1943 年版，第 23—24 页。

⑥ C. Bougle, J. Raffault 编：《社会学原理》，高达观译，商务印书馆 1936 年版，第 5 页。

所谓"普通社会""政治社会""家族社会""经济社会"等等，各有其特殊的象征。由于"社会"的性质不同，"社会"的总体也就不同。就人类生存的关系来说，全世界人类已构成一个社会（总体）；但从现实的社会来说，因政治的利害而将人类分成许多民族和国家，故社会仍然主要是以"民族国家"为单位。所谓国际社会，仍然是分裂的社会，而不是合一的社会，因为人类生存尚未达到大同主义的境界，"社会观念"尚不能跨过"政治观念"的鸿沟，所以现实的"政治社会"亦就是每一个"单位社会"的"总体"，这个"总体"就是"国家"。①

罗刚又引梅耶在《古代史》中提出的"在一切团体之中总有一个团体，在精神上，统治着其他那许多团体；……这一个社会团体的形式是将整个团体的意识，包含在它的本质里，我们称之为国家"② 之说为依据，说明"国家"作为"政治社会"的"总体"存在的合理性。他认为，马克思主义将"政治"当做剥削阶级的工具，是将它的"病理"表现当做生理常态，这是观察和判断的错误。而他主张政治社会成为其他一切社会的总体，是由于人类生存的需要。孙中山的"管理众人的事，便是政治"之说，就是由"生理常态"说明政治的本质。"人类生活"的表现不外是"保养"两件大事，"众人的事"亦不外是"保养"两件大事。从"政治"的起源或实质来看，都赋有积极的功能；将"政治"变成"剥削的工具"，这种"消极的弊害"是由"政治生理"上所发生出来的"变态病理"。从人类生存的立场看，人类能够生存是由于"社会的生存"，社会能够生存是由于"政治组织与政治力量的保障"。"社会"为人类生存的根据地，"社会的生存"虽有多种力量的支持，但若无"政治力量"的总支持，则不仅"社会总体"无法支持，各种"社会组织"亦恐立即崩溃与瓦解，从而使社会的生存受到严重的威胁。人类生活在无政府的混乱状态里，各种活动不仅难以得到正当的发展，反要受到极端的危害。他是在这个意义上理解蒋介石的"生存重保障"之说。他特别强调"政治社会"生存的重要性，指出人类生存因有"政治社会"的存在，则对内借以维持社会的治安，调整社会的利益，对外借以抵抗暴力的侵害，人民故能安居乐业；相反，假使人类社会是无政府状态，就会出现强凌弱，众暴寡，互相争夺，互相侵害，则人民怎样能够生活？③

---

① 参见罗刚：《三民主义的体系与原理》，东方出版社 1943 年版，第 24 页。
② C. Bougle, J. Raffault 编：《社会学原理》，高达观译，商务印书馆 1936 年版，第 156—157 页。
③ 参见罗刚：《三民主义的体系与原理》，东方出版社 1943 年版，第 25—26 页。

罗刚将"政治社会为其他一切社会的总体"之说不仅运用到国家层面上，还运用到基层层面上，从基层的社会建设入手以推动国家的政治建设，从而构建健全的社会。孙中山当年著《民权初步》作为社会建设的实施阶梯。蒋介石从孙中山将集会与民权相关联，提出"社会建设与政治建设也有密切的互为因果的关系"，"社会建设实际就是具体而微的政治建设"①。罗刚不仅对蒋介石关于"政治建设与社会建设的相互因果性"的论述深表赞同，而且还注意到蒋介石将"社会建设"从孙中山的"集会之道"扩展到社会治理领域，也就是要"加强社会组织，充实社会力量，建设健全的社会，以为建设新国家的基础"②。他认为，蒋介石的这几句话可以阐明孙中山的"社会的生存"这句话的重要意义。③

三是"国民的生计"。罗刚认为，"国民的生计"是就民生问题表现于经济方面的定义而言。孙中山一方面将"生计"作狭义的"经济"解释；另一方面将"生计"定位为"国民的生计"，而不曰"人民""社会"的"生计"，乃是暗示"经济"与"政治"的联系性。"政治"的主要任务是管理"保养"两件大事，目的是在"保障国民生计的发展与群众生命的繁衍"。而"养"比较"保"尤为先务，因为没有"生计"的发展，就没有"生命繁衍"的可能性。他引孙中山的"建设之首要在民生"和蒋介石的"生计重发展"之说，说明发展"生计"的重要性。他又引孙中山的"在解决政治问题的时候，同时也要解决人民生计问题。……要把民有、民治、民享三个主义一齐实行，人民的生计权利才有真正的自由平等"之说，说明政治与经济是"表里为用、不可分离"的两件事，民权主义与民生主义亦是"表里为用，不可分离"的两个主义。总之，"国民的生计"既就民生表现于经济方面而言，又暗示经济与政治的联系性。④

罗刚认为，孙中山的民生主义虽然包含广义的民生理论，但其本身是解决经济问题，所以民生主义的"民生"是狭义的民生，仅限于经济问题。他以孙中山提出的"民生主义就是社会主义"，"社会主义者，一人类经济主义也""民生主义，即贫富均等""民生主义，为社会革命，亦即经济革命"等说法，证明"民生主义"

① 蒋中正：《三民主义之体系及其实行程序》，《青年中国季刊》1939 年创刊号。
② 蒋中正：《三民主义之体系及其实行程序》，《青年中国季刊》1939 年创刊号。
③ 参见罗刚：《三民主义的体系与原理》，东方出版社 1943 年版，第 26—27 页。
④ 参见罗刚：《三民主义的体系与原理》，东方出版社 1943 年版，第 27—28 页。

所要解决的问题，就是"国民的生计"的经济问题。①

四是"群众的生命"。罗刚认为，民生表现于经济方面是"发展生计"，表现于政治方面是"保障生存"，表现于民族方面乃是"繁衍生命"。他从蒋介石的"生命重繁衍"之说出发，主张"民族最重要的元素是民族生命"②。至于为什么民族最重要的是生命，他对此提出了三点理由：

第一，从政治上说，近代合理化的国家都是民族国家。"民族"是由血统生活语言宗教风俗习惯相同的人民结合而成的，"民族生命"就在这各血统生活语言宗教风俗习惯相同人的组合继续繁衍中表示出来。不过，民族的存在不是因为有许多血统相同的人民，这不过是"民族存在的躯壳"，而是因为有民族各份子休戚相关利害与共的共同意识与历史上的传统精神，这乃是"民族寄托的灵魂"。假使一个民族没有"共同的意识和传统的精神"，那么这个民族是没有"灵魂"的民族，也是没有"生命"的民族。这种没有"生命"的民族国家，一遇外力的袭击，立呈崩溃之势，在现代国际社会中"没有生存的资格"。假使一个民族有"共同的意识、传统的精神"，这个民族是有"生命"的，虽然这个民族所组织的"国家"有时不幸受外力的侵害而导致灭亡，但这个民族的"生命"并没有因"国家"的灭亡而消灭，犹太民族和波兰民族就是如此。因此，"民族的生存是由于民族生命的繁衍，民族的特征是生命"③。

第二，从经济上说，一个民族有一个民族的生计，但民族生计寄托在国家的基础上。有"国家"，然后"民族的生计"才能从"国民生计"方面表现出来，没有"民族国家"就没有"民族生计"。犹太人在世界上财力虽然雄厚，但都是寄生在异国，因而犹太人只有"个别生计"的表现，没有"国民生计"的表现。犹太民族是有"生命"的民族，但只有组织一个"犹太国家"后，才有"犹太民族国民生计"的表现。印度民族不像犹太民族散居各地，而是生存在一块土地上，因受外力的统治而丧失独立的地位，也丧失发展生计的余地，也就谈不上"国民的生计"，但其在"民族生命"的表现上尚有"共同的民族信仰""坚强的民族意识""百折不挠的作民族独立的奋斗"。因此，"民族的特征，不是

① 参见罗刚：《三民主义的体系与原理》，东方出版社1943年版，第28—29页。
② 罗刚：《三民主义的体系与原理》，东方出版社1943年版，第29页。
③ 罗刚：《三民主义的体系与原理》，东方出版社1943年版，第30页。

生计而是生命"。①

第三，从民族演进上说，民族是由家庭家族部落演进而成，它的主要功能是"保"，即保卫民族生命的存在和繁衍。他引波拿德在《社会基本原则的哲学论证》中所说的"人类不是为生育而组合的，乃是为保卫而组合的；只有禽兽作暂时的家庭生活，只不过为着生育他们的同类，并不是为保卫他们的同类。……禽兽生来是很完备的，一点不用学习其他的同类，以谋保卫；人之初生是未尽完备的，并且全要从社会中学习他的同类，因为人类只能在他的相对的完成中，可以作形体上及精神上的保卫"②之说为依据，指出"人类由家庭组合扩大到家族组合，由家族组合扩大到部落组合，再由部落组合扩大到民族组合，是根据人类生存环境的需要，而将保卫的力量加强"。他以"民族的组合与存在，亦为的是保卫民族生命的存在与繁衍"，证明"民族的特征是生命"。③

罗刚在剖析孙中山的民生四义后，认为这四义的先后次序的安排"含有很深的意义"。要解决"人民的生活"问题，必须先从政治着手，因为政治是管理"保养"两件大事的；从政治着手，必须先健全政治社会基层的组织，所以接着说"社会的生存"。政治的机构健全后，又必须以发展"国民的生计"为保障，所以接着说"国民的生计"。生计发展，民族的生命当然随之繁衍，所以最后说"群众的生命"。④

第三节　民生四义何主何从

近代学者李雄曾指出："何谓'民生'？总理云：民生就是人民的生活，社会的生存，国民的生计，群众的生命。四者并举，何主何从？颇滋争议：或谓当以社会生存为主，……或谓当以人民生活为主。"⑤这意味着当时关于民生四义之中

---

① 罗刚：《三民主义的体系与原理》，东方出版社 1943 年版，第 30—31 页。
② C. Bougle, J. Raffault 编：《社会学原理》，高达观译，商务印书馆 1936 年版，第 87 页。
③ 罗刚：《三民主义的体系与原理》，东方出版社 1943 年版，第 31—32 页。
④ 罗刚：《三民主义的体系与原理》，东方出版社 1943 年版，第 32 页。
⑤ 李雄：《侠庐论著》，中国国民党福建省党部资料室 1946 年版，第 38 页。

谁居于"主导""核心"或"中心"地位，仍然众说纷纭。实际上，民生四义中的任意一义，都有人持以"主"位说。

一、群众生命为主说

近代持"群众生命为主说"者主要有苏渊雷、李素心、谌小岑等人。

（一）苏渊雷的生命核心说

苏渊雷在《民生哲学引义》一书中指出，在孙中山的民生四义中，生活、生存、生计和生命四者皆不外"生之过程"，但又实属不同之范畴，其中生命为一切之核心。生活为全体之披露，兼有自然存在与社会存在二重资格；摄入空间与时间二种范畴，而为一切赓续活动发展过程之综合。生活之大流为生命一刹那间绵延不绝、扩充开展的表现。生存为生命在一刹那、一方所间的表现。生计为如何维持生存、继续生活、保卫生命之一切有组织的活动。"社会进化"不外是由于"生命保养"在时空上之扩大。[①] 有学者认为，苏渊雷把"生"或"生命"看做是民生的核心，不符合孙中山的原意，孙中山所说的民生指的是人民的生活，而不是人民的生命。[②] 不管这种评价对不对，但却承认了苏渊雷对孙中山的民生四义的理解是偏于"人民生命为主说"的。

（二）李素心的生命本体说

李素心在《民生史观的根本命题》中引用文幼章的"生活＋生存＋生计＋生命＝民生"公式，以表达自己对孙中山的民生四义并列说的赞同。不过，他以孙中山的"人类求生存……就是民生问题"之说为理论依据，指出"民生"与"人类求生存"的意义完全相同。同时，他又将孙中山的民生四义说与"求生存"联系起来，指出"民生"包含生活、生存、生计、生命四种契机，四者都是表示一个"求生存"的概念。他还指出，人类有一种天然的群性和共同利害的感觉，不

---

① 参见苏渊雷：《民生哲学引义》，商务印书馆 1942 年版，第 128—129 页。
② 参见韦杰延：《孙中山社会历史观研究》，湖南人民出版社 1986 年版，第 63 页。

仅求个人的生存，更要求全人类的共同生存。因此，所谓人民、社会、国民和群众，都是表示一个"共同"的概念，合而言之，"民生"就是"人类共同求生存的活动"①。他还将"民生"理解为用生活、生计去维持和充实人类的生命以获得生存。在此四者之中，生命是民生的本体，生活是民生的需要，生计是民生的手段，生存是民生的目的，而生活、生计、生存都是生命向上活动的表现。因此，"生命"就是民生的本质或根源，用民生去解释历史，也就是以人类生命活动的法则去解释历史。由于"生命"本身统摄物质与精神，所以民生自然融和物质与精神要素。生命的向上活动也有物质与精神两方面，但这两方面不是分裂的，而是体现了民生基点的一元性。从民生基点到民生活动，亦即是由"生命"到"生活"，都是物质与精神交互影响下的发展。因此，民生的性质就是人类的生命活动，人类的生命活动就是人类求生存的意志和努力。因为人类求生存的意志即是人类为求维持和延续生命的欲望，而求生存的努力即是为求维持和延续生命的行为。他认为，有生命的欲望，必有生命的行为，以行为去满足欲望，以欲望推动行为，生命的欲望与生命的行为同时存在，同时发展，水乳交融，不可分割，为"生命"所统摄（见图表 3-3）。

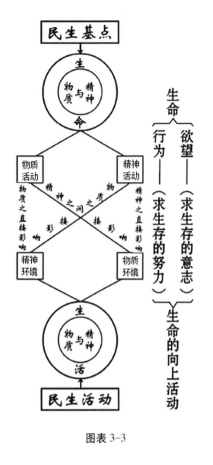

图表 3-3

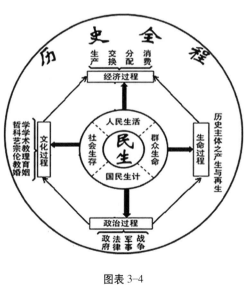

图表 3-4

----

① 李素心：《民生史观的根本命题（附图）》，《笔会》1942 年第 2 期。

李素心又结合"民生为历史的重心"的根本命题得出这样的结论：社会的基础为人类个体，人类个体的基础为人类的生命，由于人类生命的活动——求生存的意志和努力——促成历史的发展和社会的进化，所以说"民生为历史的重心"，"人类求生存为社会进化的定律"。他又参考文幼章的图表，将该结论也做了一张图表来展示（见图表3-4）。①

（三）谌小岑的"最基本的问题"说

谌小岑在《历史是民生的演变》一文中也认同孙中山的民生定义为四义并列说，认为民生四义合起来构成人类整个历史的动力，分开来就等于一棵树上的四个枝桠，在形式上虽分成四枝，但根本还是一体。② 不过，孙中山的民生四义的内容各有不同。

一是人民的生活。他认为，衣食住行育乐六项都是人民生活的要素，无论男女老幼贵贱，人人都必需享受。食是人民生活的第一要素，民以食为天，离开了食便根本不能生活。食能保持人的生命使之得以延续自体的生存。育（即育幼）或色（即性欲）是两性结合后传种于子孙以延续生命于永久，是人民生活次于食的一项要素。住是食以外最足以代表生活标准的生活状态。性欲与育幼生活的满足，须在有了住处而后可。故住在人民的生活中居第二位，育应为第三位。乐是生活中一种重要的因素，无论昆虫鱼鳖鸟兽还是极野蛮的人类，求乐是生活中一件重要的事情。衣是人类特有的生活要求，发展较迟。行（行路）的便利更是一种高级的生活。衣与行到了帝国主义时代，往往显现为主要的历史动力，但比起食住育乐来，还是次要的。所以，他主张人民生活的六种要素最好按照"食、住、育、乐、衣、行"的秩序来对待。

二是社会的生存。他认为，社会是指有组织的人群。家庭是一种最原始的社会组织，而自父系中心建立后，壮年男子足以保卫其生存，社会的发展乃由家庭而家族而部落而民族国家。当人民的生活进化到了相当的阶段，社会往往打破了血统关系而成立由职业相同或信仰一致的若干人结合在一起干着一定目的的事业组织。集血统、经济、宗教、政治诸种组织之最高形态的是国家。社会组织一经

---

① 参见李素心：《民生史观的根本命题（附图）》，《笔会》1942年第2期。

② 参见中山文化教育馆编：《民生史观研究集》，中华书局1944年版，第10页。

成立，其共同的目的在于永存不朽。中国称皇帝为"万岁"，西洋讴歌其主宰也曰"长生"，便是最典型的代表。讴歌国家称呼"万岁"或"长生"，到现世成了极普遍的事情。故他认为，社会的衰败乃至灭亡虽合自然新陈代谢的规律，却不是社会自身的要求。人类为其所属社会的永存而奋斗是一种主要的民生事态，从而也是历史的动力。

三是国民的生计。他认为，国民的生计是指一个社会中各个分子对于食住育乐衣行诸种生活要素的满足与否的问题。这个问题不仅关系人民的生活，也关系社会的生存。一个政治家在其所秉政的社会中，如没有敌国外患，则其主要努力的还是求国民生计的均与足，使举国人民免除贫富悬殊与生活要素缺乏的病苦状态，而令老有所养，幼有所育，壮有所用，各得其所。但国民生计问题之解决，要以求得一国人民平均生活的享受为目的。国民生活享受的水准不得平均，社会亦不得安宁。动荡之发生，多由于生计不能解决，整个的民生因而发生演变。

四是群众的生命。他认为，求生是一切生物共有的要求，人类则尽可能地追求将个体生命作最大限度的延续，正所谓"蝼蚁尚且贪生，人类岂不惜命"。他将文化的进步与生命的延续相联系，认为现代社会将生命延续至百龄的高寿作为文化进步的重要指标。但寿命的延长并非个人的问题而是人类全体的问题。在中国，民命的保障被视为一种政治道德，贺生吊死也成为普遍的风俗，但需要在公共卫生、国民体育方面补其不足以提高平均寿命。在国际，科学的发达使战争利器日有进步，这就增加了敌国人民丧失生命的机率，故需要对敌国人民的生命予以同等重视。以往学者多从政治的高度将"群众的生命"解读为民族或全人类的生命，而谌小岑则从生物的视角将"群众的生命"解读为人类个体所具有的自然生理属性的肉体生命。

在民生四义中，谌小岑特重"群众的生命"。他认为，生命的延续与生活要素之满足，为不可或离之民生事实。而"群众的生命"是民生问题中最基本的问题。无论"人民的生活""社会的生存""国民的生计"诸问题之讲求，莫不在求群众生命之延续。①

---

① 参见中山文化教育馆编：《民生史观研究集》，中华书局 1944 年版，第 11—12 页。

二、人民生活为主说

在民生四义的偏重取向中，"生活为主说"受认可程度最高，这主要是由于有孙中山的"民生就是人民的生活"之说在先。后世学者或以生活为生存、生计和生命三者之总表现来理解民生四义说，或将孙中山的"民生就是人民的生活"作为民生四义中的核心定义，都是"人民生活为主说"的表现形式。近代持"人民生活为主说"者主要有梁寒操、薛剑光等人。

梁寒操因主张"从生之纵的方面而言，就是生命，生命重在延续与发展；从生之横的方面而言，就是生活，……'人民的生活包涵……社会的生存，国民的生计，群众的生命'"[1]，所以李雄将梁寒操作为"当以人民生活为主"说的典型。[2]

薛剑光以"狭义"和"广义"来区分孙中山的民生四义的关系。他将孙中山的"民生四义"断句为："我们今天拿这个名词，下个定义，可以说民生，就是人民的生活，社会的生存，国民的生计，群众的生命，便是。"这似乎符合"并列说"，亦即广义说。他认为民生一词之所以有这么多的定义，是因为它的含义极广，由个人以至于社会、国家、人类，无不包括在内，站到民生的某一方面，就有某一方面的解释。站到"人民各个本体"[3]方面看，民生是指人民的生活；站到"社会"方面看，民生是指社会的生存；站到"国家"方面看，民生是指国民的生计；站到"人类群体"看，民生是指群众的生命。犹如学校的学生，对学校，就是学生；对家庭，就是子弟；对地方，就是公民；对国家，就是国民。若从这四个定义里取一个狭义的定义，则"民生就是人民的生活"。因为群众、国家、社会的起源都离不开"人民各个本体"；反过来说，"人民各个本体"就是社会、国家、群众组成的唯一元素。生命、生计、生存的起源都离不开生活；反过来说，生活就是生存、生计、生命存在的唯一元素。因此，推本溯源，"民生就是人民的生活"[4]。

---

① 梁寒操：《总理遗教研究六讲》，首都警察厅警员训练所 1946 年版，第 71 页。
② 参见李雄：《侠庐论著》，中国国民党福建省党部资料室 1946 年版，第 38 页。
③ 这里"人民各个本体"，应该是指社会中的各个"个人"（"个体"）。因为离开了各个"个人"，也就构不成"人民"，因而"个人"是"人民"的本体。"个人"与"社会""国家""人类"在逻辑上体现出从少到多、从小到大的逻辑关系。
④ 薛剑光：《民生史观（附图）》，《焦作工学生》1931 年第 1 卷第 1 期。

三、社会生存为主说

近代持"社会生存为主说"者主要有叶青、李雄等人。

（一）叶青的生存中心说

叶青曾指出："在民生史观所涵之四种原素中，'社会的生存'之一原素，实居首要的地位"；"在生活、生存、生计、生命四种原素中，生存的原素，实在特别的重要。而就其与其他三种原素之关系讲，实居于中心的地位"①。也就是说，"社会的生存"在民生四义中居于主导或核心地位。故民生史观的关系系统，实际如图表3-5。

叶青还从社会和生存两个方面来揭示"社会生存为主说"。一方面，就社会一词与人民、国民和群众等词的关系来说，人民、国民和群众三者均可包括于社会二字范围之内。所谓人民、国民、群众，无非是对国家民族之关系而言，而国家民族亦正是社会的一种。国家民族之成立与社会之成立都是由于"人之积"，这就是孙中山说"民生主义即是社会主义，民生问题即是社会问题"而特别称赞威廉的社会史观的原因。另一方面，就生存一词与生活、生计、生命等词之关系来说，则生命可说是生存的本体，生计可说是生存的方法，生活可说是生存的现象。②

叶青又以"生存中心说"为基础，主张民生史观实为社会的生存史观，是社会史观或生存史观的最高发展。民生史观亦即社会的生存

图表3-5

---

① 燕义权：《国父孙中山底历史哲学》，国民图书出版社1942年版，第14、16页。
② 参见燕义权（叶青）：《国父孙中山底历史哲学》，国民图书出版社1942年版，第17页。

史观，实包括人民的生活史观、国民的生计史观及群众的生命史观，简言之，实包括生活史观、生计史观及生命史观。就整个三民主义的关系来说，人民的生活、国民的生计和群众的生命分别意味着民权主义、民生主义和民族主义。故他将民生史观的整个关系系统绘成了一个图（见图表3-6）。①

图表3-6

（二）李雄的生存重心说

李雄认为，孙中山的"民生四义"虽然四义并举，但四义间又存在着主从关系。四义虽命名不同，而其含义则一，即指多数人乃至全人类之生活、生存、生计与生命而言。他表示，倘必欲在四义者之中指出一个重心以为之主，则他同意叶青的"社会生存说"。

李雄认为，人民、国民和群众都是人类社会各种组织形态中之份子的名称，其为"人类"与"社会"固无不同，"社会"之生存与进化即"人类"之生存与进化。他同意梁寒操以纵的与横的两面观察来区分生命与生活，但不同意其纳生命于生活之中，即"社会生活为主说"。他以生计为生活之方法，生存为生命之表现，有生计而后能生活，有生活而后有生命，有生命而后能生存。他认为，谓民生即人类之生存，生活为人类生存之横的表现，生命为人类生存之纵的延续，生计为维持生活与延续生命之生存方法，皆无不可。准此而言，则所谓民族问题，即弱小民族之群众生命问题；所谓政治问题，即被统治阶级之人民生活问题；所谓经济问题，即被剥削阶级之国民生计问题；要之，皆是人类之生存问题。②

---

① 参见燕义权：《国父孙中山底历史哲学》，国民图书出版社1942年版，第17—19页。
② 参见李雄：《侠庐论著》，中国国民党福建省党部资料室1946年版，第38页。

四、国民生计为主说

近代持"国民生计为主"之说的学者并不多，但其也持之有故。这一方面因为中国传统的民生概念主要指"人之生计"①，故《辞海》释民生为人民的生计。孙中山讲民生主义时，也注意到中国传统的生计或国计民生之说。② 由于生计的重要性，所以难免有人提倡"国民生计为主说"。近代持"国民生计为主说"者主要有姜琦、叶青等人。

（一）姜琦的生计本质论

姜琦指出，在孙中山的"民生四义"中，是把生活列在首位，生存次之，生计再次之，生命为殿，自有其命意之所在。因为孙中山是根据《大学》所谓"致知在格物，物格而后知至，知至而后意诚，意诚而后心正"这四句话来表达"生存在生活，由生活到生存，由生存到生计，由生计到生命"的意思（见图表3-7）。

格物（格物、致知、诚意、正心）—修身本位（修身、齐家、治国）—平天下
　‖　　‖　　‖　　‖　　‖　　　‖　　‖　　‖　　　‖
民生（生活、生存、生计、生命）—三民主义（民族、民权、民生）—世界大同

图表3-7

姜琦受朱熹以"论先后，知为先，行为后；论轻重，行为重，知为轻"为处理知行关系原则的启发，主张以"论先后，本质为先，非本质为后；论轻重，非本质为重，本质为轻"的原则来处理民生四义的关系。他认为，论先后，则衣食住行四大需要列在首位，制造这四大需要次之，发展这四大需要再次之，礼义廉耻为殿；论轻重，则礼义廉耻为重，衣食住行为轻。在他看来，管子既说"衣食足然后知礼义，仓廪实然后知荣辱"，又说"礼义廉耻，国之四维；四维不张，国乃灭亡"，孔子既说"足食足兵，民信之矣"，又说"自古皆有死，民无信不立"，

---

① 如孔颖达在《左传注疏》中将"民生敦庬"的"民生"一词释为"言人之生计"。
② 参见孟庆鹏编：《孙中山文集》（上），团结出版社1997年版，第58、231页。

孙中山既说"建设之要，首在民生（即衣食住行）"，又说"人者，有精神之用，非专恃物质之体也"，这三人的用意都是要说明衣食住行与礼义廉耻二者有先后和轻重的关系。①

近代学者张申府曾在《我相信中国》一书中阐发了"生""活""生活""生命""生存"五者之间的关系。他以古语"天地之大德曰生""生生之谓易"为依据，认为只要有"生"与"活"两字就可解释一切生物现象，什么"生活""生命""生存"等词都是多余的。而"生"可以赅"活"，"活"却不能赅"生"，体现了"生"为事物的本质。但他还是以"生活"为中心来揭示他的人生哲学。他认为，"生活"略当于"生"与"活"，"生命"略当于不可捉摸的"命"。从西文来看，"生活"与"生命"只是一个字（如英文的"Life"等），故用"生活"一词就够了，无须再讲什么"生命"。说"生活为的是维持生命"，实是说"生活是为使生活继续下去"，无须说什么"生命是生活的前提"。"生存"当于英法文的"Subsistence"与"Existence"，一种意思是"继续生活或生活"；另一种意思同于"存在"，比"生活"更为根本而普遍，"生活"只是"存在"的一种。②姜琦批评张申府在反对"生活""生命""生存"等语的同时，却在"生"之外保留着"活"字作为唯物辩证法内里的"精义"，未免自相矛盾。而他认为，唯物辩证法内里的"精义"却是"生"，而不是"活"。因为唯物辩证法包括着社会现象和自然现象，一个"生"字就可以将人类社会和其他生物之最后的决定要素——"经济"或"物质"包括无遗；而"活"字只可以适用于社会现象之最后的决定因素——"经济"——衣食住行或食与性，不能够适用于其他一切生物之最后的决定因素——"物质"。③

张中府也许受到孙中山的民生四义说的影响而从人生哲学的视角谈及生活、生命和生存的话题，但并没有谈到生计问题。姜琦则从民生哲学的视角来审视"生"及孙中山的民生四义所涉及的生活、生存、生计和生命的话题。他将张申府的"人生的目的便应当是使人人都得遂其生，善其生，美其生，扩大其生"④之说与孙中山的民生四义相对应，认为生活就是遂其生，生存就是善其生，生计

---

① 参见姜琦：《抗战建国与民生哲学》，艺文研究会1938年版，第135页。
② 参见张申府：《我相信中国》，上海杂志公司1938年版，第102—104页。
③ 参见姜琦：《抗战建国与民生哲学》，艺文研究会1938年版，第151页。
④ 张申府：《我相信中国》，上海杂志公司1938年版，第92页。

就是美其生,生命就是扩大其生的意思。不过,他觉得张申府的说法还不充分,应该将这种"生"看做是一个由"遂"到"善"、由"善"到"美"、由"美"到"扩大"的一阶段复一阶段的发展过程。具体地说,所谓遂其生,就是满足衣食住行的四大需要;所谓善其生,就是制造衣食住行的四大需要;所谓美其生,就是发展衣、食、住、行的四大需要;所谓扩大其生,就是以礼义廉耻作为解决衣、食、住、行四大需要问题之道。① 不过,他不赞成张申府将"生存"与"存在"相等同,认为孙中山所谓"生存"是指"事物的本质"自身而言,而一般哲学上所谓"存在"是用以与所谓"当为"相对待。②

姜琦从"本质"与"非本质"两个方面来对孙中山的民生四义进行归类。他说:"中山先生所以要把'生'之一字分析做'生活'、'生存'、'生计'、'生命'四种,其目的也不过是在于要把他自己所假设的事物底本质与本质里面最初所包括着或萌芽着的'非本质'——生活、生存、生计、生命——的东西一并地表现出来而已;至于他所假设的事物底本质,尤其他所假设的事物底本质里面所固有的属性只是'生'、'生长'或'生动'的东西,舍此无他了。"③ 这就是说,"生""生长"或"生动"是事物的"本质"及事物的"本质"里所固有的"属性","生活""生存""生计"和"生命"是事物的"本质"里面最初所包含着或萌芽着的"非本质"的东西。他认为,孙中山一方面认定生、生活、生存、生计、生命等语有同一的含义,另一方面又把民生一语分解为生活、生存、生计、生命四种要素,其原因在于他除了认定"民生"里面本来就包括着"民生"和"非民生"("经济生活"和"非经济生活")两种成分之外,还不能不按照因"民"之一字分做"人民的""社会的""国民的""群众的"四个同质异名的形容词而把"生"之一字也分做四个同质异名的名词与之相适应。④ 他还将"本质"和"非本质"的关系与"民生"和"非民生"的关系对应起来,并以此来区分孙中山与马克思的本体论和方法论的差异。他认为,孙中山的根本思想在于认定社会的本质是"民生"(即衣食住行)之外,还不忘记"民生"里面包括着"非民生"(即礼义廉耻)的东西,"民生"(衣食住行)与"非民生"(礼义廉耻)既互相对立又互相作用。故孙中山拿"爱人"来做他

---

① 参见姜琦:《抗战建国与民生哲学》,艺文研究会 1938 年版,第 134—135 页。
② 参见姜琦:《抗战建国与民生哲学》,艺文研究会 1938 年版,第 158 页。
③ 姜琦:《抗战建国与民生哲学》,艺文研究会 1938 年版,第 147—148 页。
④ 参见姜琦:《抗战建国与民生哲学》,艺文研究会 1938 年版,第 158 页。

自己的民生哲学和中国的国民革命之出发点。马克思虽也知道社会的本质包括着"非本质"的东西，但他一经确定社会的本质是"经济"（即"食"和"性"）之后，完全不顾"非本质"（即"食"和"性"以外的一切精神生活）的东西。故马克思拿"恨人"来做自己的唯物史观和西洋的社会革命之出发点。[1]

姜琦又认为，"生活"和"生计"都是"民生"的"本质中之本质"，而"生存"和"生命"都只是"民生"的"本质"中所包括的"非本质"的东西。[2]"生活"与"生计"之所以是"民生"的"本质中之本质"，就在于两者与"经济"有关，故"生活"与"生计"在本质上是"一而二、二而一"的关系，两者的差异在于"生活为生计或经济之抽象的符号，生计或经济为生活之具体的表现"[3]。不过，相对于"生活"来说，"生计"更能与"经济"有着直接的联系，"生活""生存""生命"不能不依靠于"经济"或"生计"的发展。[4] 正是在这个意义上，我们将姜琦归入"生计为主说"之列。

不过，姜琦尽管以"本质"和"非本质"来将"生活"与"生计"归为一类，而将"生存"与"生命"归为另一类，但却在价值的层面上主张"生存"高于"生活"。因为"生活"大都指"个人"而言，含有"人民的生活"的意思，是为"个人"的"暂时的生存"；"生存"大都指"种族"而言，含有"社会的生存"的意思，是为"种族"的"永远的生活"。[5]"个人的生活"只使人人都得"遂其生"，"社会的生存"则不但使人人都得"遂其生"，还要使人人都得"善其生、美其生、扩大其生"[6]。

（二）叶青的生计消费说

叶青在《国父孙中山底历史哲学》一书中强调"社会生存"为民生四义的重心，但他在同时出版的《三民主义底哲学基础（上）》一书中则又看中"国民生计"在民生四义中的突出作用。

叶青指出："生活、生存、生计、生命则究为相同的概念，抑为不同的概念，

①　参见姜琦：《抗战建国与民生哲学》，艺文研究会 1938 年版，第 281—282 页。
②　参见姜琦：《抗战建国与民生哲学》，艺文研究会 1938 年版，第 153 页。
③　姜琦：《抗战建国与民生哲学》，艺文研究会 1938 年版，第 157 页。
④　参见姜琦：《抗战建国与民生哲学》，艺文研究会 1938 年版，第 154 页。
⑤　参见姜琦：《抗战建国与民生哲学》，艺文研究会 1938 年版，第 157—158 页。
⑥　姜琦：《抗战建国与民生哲学》，艺文研究会 1938 年版，第 153 页。

却关系重要，必须弄一个明白，否则民生哲学底下文便无从说起了。"① 在他看来，生活、生存、生计、生命是四个不同而又相关的概念。生活是 Living，生存是 Existence，生计是 Economy，生命是 Life。合而言之，即用"生计"维持"生活"因而便能"生存"。所谓"生计"，则是为了"消费"。② 不仅如此，他还认为，"人民的生活"之"生活""社会的生存"之"生存""国民的生计"之"生计""群众的生命"之"生命"，在实际上俱应意味着"消费"③。

叶青指出，民生哲学属于社会哲学，它的研究不是从"同化"或"消化"起，而是从"消费"起。"民生"之"民"是社会的，属于政治学的范围；"民生"之"生"必须作"消费"解。他认为，孙中山所说的"消费是甚么问题呢？就是解决人的生存问题，也就是民生问题"这段话，就是"把民生看做消费"的根据。只有把"民生"解作"消费"，才能理解孙中山的"民生为经济底中心"之说。④

叶青又认为，"消费"诚然需要"生计"，没有"生计"，则"消费"便不可能，亦无"生活""生存""生命"之可言。因此，在"生活""生存""生计""生命"四者之中就有看重"生计"的必要。而且，"生命"是自然的现象，用"生计"维持"生命"而有的"生活"和"生存"也是自然的现象，只有"生计"才是社会的现象。既然民生哲学不是自然哲学而是社会哲学，那就应该看重"生计"。孙中山所说的"人类之生活亦莫不为生计所限制。是故生计完备始可以生存，生计断绝终归于淘汰"这段话就是看重"生计"的根据。⑤

叶青还从"生计"之英文"Economy"一字可译为"经济"，说明"民生"的意义偏于"经济"。而孙中山所说的"裕经济以厚民生"一语，即是"民生"偏于"经济"的证明。因此，"民生是经济范围以内的事，通常叫做生活，即经济的生活"⑥。他还指出：孙中山拿"民生"一词用于"社会经济"上，则"生活""生存""生计""生命"的意义，实包含在"社会经济"的范围。⑦

① 叶青：《三民主义底哲学基础》（上），时代思潮社 1942 年版，第 7 页。
② 参见叶青：《三民主义底哲学基础》（上），时代思潮社 1942 年版，第 7 页。
③ 参见叶青：《国父哲学言论辑解》，江西省三民主义文化运动委员会 1942 年版，第 61 页。
④ 参见叶青：《三民主义底哲学基础》（上），时代思潮社 1942 年版，第 8 页。
⑤ 参见叶青：《三民主义底哲学基础》（上），时代思潮社 1942 年版，第 8 页。
⑥ 叶青：《三民主义底哲学基础》（上），时代思潮社 1942 年版，第 8 页。
⑦ 参见叶青：《国父哲学言论辑解》，江西省三民主义文化运动委员会 1942 年版，第 61 页。

第三章　近代民生哲学的历史发展（一）

——民生哲学文本的诞生（1894—1925）

近代的民生哲学有"民生哲学""民生史观""唯生论""三民主义哲学"等多个名目，这些名目都不是孙中山自己提出来的，但提出这些名目的人几乎都把这些名目的哲学寄托在孙中山的名下，或者说，这些名目的哲学都是指向孙中山的哲学。[①] 尽管这些名目的哲学不一定都符合孙中山哲学的原意，但都是从孙中山的哲学言论中寻找各自的理论根据。因此，孙中山的哲学言论就变成了后孙中山时代提出这些哲学名目的人们重构民生哲学的文本。而要把握近代民生哲学，不能不从孙中山的哲学入手，这是近代民生哲学发展过程中的始点站。

第一节　孙中山的民生哲学文本及其产生的时代背景

一、孙中山的民生哲学文本

关于孙中山的哲学，叶青曾在《国父哲学言论辑解》一书中从"本体论""宇宙论""人生论"和"认识论"四个方面引述孙中山本人的言论作为立论根据。

本体论方面，内容涉及精神与物质的特性、关系和力量。引用的文献来自

---

① 王龙舆就明确提出"唯生论是总理创立的学说"（参见王龙舆：《唯生哲学的体系（上卷）》，安徽反省院 1936 年版，"编者例言"第 1 页。

《中国存亡问题》（1917 年朱执信代著）、《军人精神教育》（1921 年讲）。

宇宙论方面，内容涉及宇宙之进化、进化之时期、物质时期之进化、生命时期之进化、人类时期之进化、宇宙的矛盾与进化的原因。引用的文献来自《社会主义之派别与方法》（又称《社会主义之发生与派别》，1912 年讲）、《五族联合之效力》（1912 年讲）、《孙文学说》（1918 年著）、《五权宪法》（1923 年讲）、《民权主义》（1924 年讲）。

人生论方面，内容涉及总论（包括人之定义、来源、构成、进化、天职和生命）、历史民生论（包括民生是历史重心、民生的基本性质、民生与社会现象、民生的进化阶段）、知难行易论（包括知难行易事证、知难行易史证、知难行易的中心是行、力行哲学之萌芽）、社会互助论（包括互助与社会进化、社会争斗、社会平等、社会道德）。引用的文献来自《上李鸿章书》（1894 年）、《驳保皇报》（1904 年著）、《社会主义之派别与方法》（1912 年讲）、《学生应主张社会道德》（1912 年讲）、《学生须以革命精神努力学问》（1913 年讲）、《钱币革命》（1913 年通电）、《自治制度为建设之础石》（1916 年讲）、《孙文学说》（1918 年著）、《实业计划》（1919 年著）、《地方自治开始实行法》（1920 年订）、《军人精神教育》（1921 年讲）、《知难行易》（1921 年讲）、《学生要努力宣传担当革命的重任》（1923 年讲）、《国民党奋斗之法宜兼注重宣传不宜专注重军事》（1923 年讲）、《国民要以人格救国》（1923 年讲）、《革命在最后一定成功》（1924 年讲）、《建国大纲》（1924 年作）、《北伐宣言》（1924 年讲）、《世界道德之新潮流》（1924 年讲）、《民权主义》（1924 年讲）、《民族主义》（1924 年讲）、《民生主义》（1924 年讲）。

认识论方面，内容涉及认识的能力与起源、研究的方法问题、理论与事实的关系、真理的标准问题、认识的界限与可能。引用的文献来自《上李鸿章书》（1894 年）、《民报发刊词》（1905 年著）、《社会主义之派别与方法》（1912 年讲）、《民权初步》（1917 年著）、《孙文学说》（1918 年著）、《大光年刊题词》（1920 年题）、《军人精神教育》（1921 年讲）、《知难行易》（1921 年讲）、《五权宪法》（1923 年讲）、《国民要以人格救国》（1923 年讲）、《民权主义》（1924 年讲）、《民族主义》（1924 年讲）、《民生主义》（1924 年讲）。

叶青在《国父哲学言论辑解》一书中所引用的孙中山的文献和言论，基本上囊括了学术界研究民生哲学时所使用的孙中山的文献及其言论，因而构成了后世学者提倡、构建和研究民生哲学的文本。

二、民生哲学文本形成的时代背景

探讨孙中山民生哲学文本产生的时代背景，在近代就有不少学者思考过，这也是我们探讨这一问题需要参考的，但由于其本身的阶级立场，很难较为客观、全面地揭示其时代背景。我们结合前人的探索、文本本身提供的信息和当时的实际情况对这一问题进行综合考量。

（一）文本时代背景的近代探寻

孙中山去世以后，就有一些学者开始探讨孙中山思想产生的时代背景，这其中就包括戴季陶和周佛海分别在《三民主义的一般意义与时代背景》（论文）和《三民主义之理论的体系》（著作）中对三民主义产生的时代背景的研究，童行白在《唯物史观与民生史观析论》（著作）中对民生史观产生的时代背景和思想渊源的研究，黄庆华在《民生哲学的背景》（论文）中对民生哲学产生的历史背景和思想渊源的研究。戴季陶、周佛海二人是为非哲学性质的三民主义寻找时代背景，童行白、黄庆华二人是为哲学性质的民生史观和民生哲学寻找时代背景和思想来源，但他们在揭示民生史观和民生哲学的历史背景时，也都探讨了三民主义的历史背景，黄庆华还解释说："国父整个的思想，便具体的表现在三民主义中，而三民主义产生的背景，也自然是民生哲学成立的背景。"[1]

由于戴季陶、周佛海、童行白、黄庆华等人都是近代学者，而前三人都在孙中山生前加入了国民党，故他们对孙中山的民生哲学文本产生的历史背景的分析具有一定的参考价值。因为孙中山正是在阐述三民主义理论的过程中提出了民生史观，换句话说，三民主义是民生史观的立论基础，民生史观就是从三民主义所提供的史实中提炼总结出来的哲学理论。不过，后人对民生哲学文本的理解多超出了民生史观的范围，而将孙中山的本体论、宇宙论、认识论等内容也纳入其中，但童行白、黄庆华二人并没有为民生哲学文本中的这些内容寻找其产生的历史背景。所以，我们在探寻孙中山的民生哲学文本产生的历史背景时，既要结合这四位学者的研究成果，也要考虑到后人对民生哲学文本的理论布局而作出更为系统的阐述。

---

[1]　黄庆华：《民生哲学的背景（附表）》，《行健》1941 年第 3 卷第 10 期。

（二）文本产生的时代背景

孙中山的思想理论是从创立三民主义开始的，他的哲学思想是他在不断践行和完善三民主义理论的过程中建立起来的。因此，从一定的意义上说，三民主义产生的时代背景也是孙中山的哲学思想——民生哲学文本产生的时代背景。

其一，三民主义的时代背景。孙中山的三民主义是在世界潮流和中国环境的双重影响下形成的。

在民族方面，表现为世界各民族处在"生存竞争，优胜劣败"之中。西方国家自产业革命以后，出现了工业品和资本过剩而原料供给不足的局面，于是通过向工业落后、资本缺乏和物产丰富的地方发动侵略战争来打开市场、掠夺资源，包括中国在内的许多民族也就成了西方异族宰割、蹂躏的对象。孙中山有感于日本和意大利这两个弱小民族因"民族精神"振作而强大，印度这一文明古国因"民族精神"衰微而灭亡的事实而产生了"见老大民族灭亡而自悚"的忧患意识和"见弱小民族兴盛而自振"的自信意识。同时，他所领导的革命党人在早期的民族革命中将"满人"和"洋人"同时作为压迫以汉人为主体的中华民族的敌人。对此，章太炎就指出："言种族革命，则满人为巨敌，而欧美少轻，以异族之攘吾政府者，在彼不在此也。若就社会政治计之，则西人之祸吾族，其烈千万倍于满洲。"[1] 意即从眼前来看，"满人"对中华民族的直接侵害重于欧美；从长远来看，西方列强对中国的侵害远甚于"满洲人"。而要赶走西方列强，就必须先推翻对外奴颜婢膝、对内欺压汉人的满清政府。所以，孙中山颂赞朱元璋和洪秀全"各起自布衣，提三尺剑，驱逐异胡"[2] 的反抗异族压迫的精神，并将"驱除鞑虏，恢复中华"纳入同盟会的政治纲领中，而这八个字也是他的民族主义的最初目标。随着满清帝国的覆灭和中华民国的成立，中华民族进入汉、满、蒙、回、藏"五族共和"的时期。然而孙中山却发现中华民族摆脱了清帝专制却又落入武人专制之中，国家仍处于四分五裂的局面。反观美利坚民族，不仅形成了"合黑白数十种之人民而冶成一世界之冠"的"美利坚民族主义"，还在世界上扮演了"维持世界之和平，主张人道之正谊"的角色。故孙中山提出"民族主义即民族之正义之精神"，要求汉族与满、蒙、回、藏的人民"相见于诚，合为一炉而治之"，以

---

① 章太炎：《〈革命军约法〉问答》，《民报》第 22 号，1908 年 7 月 10 日。

② 孙中山：《〈太平天国战史〉序（一九〇四年）》，《孙中山全集》第 1 卷，中华书局 1981 年版，第 258 页。

成一"中华民族之新主义"。① 实际上，在此阶段的民族主义，是将民族主义与民权主义相结合，将国内各民族的自决权与各族人民的民权相结合。五四运动唤起了民众反帝反封建的革命意识，但中华民族却仍处于军阀割据与内战状态，军阀政府又"托命于外人"②，孙中山领导的中华革命党又处在软弱涣散的状态。而苏联社会主义的崛起和中国共产党的成立，使孙中山重新看到了希望，于是他确立了"联俄、联共、扶助农工"的三大政策，通过国共合作来共同完成国民革命的任务，他的民族主义理论进入了第三阶段。他在此阶段提出"民族主义就是国族主义"③。他认为，中国以前是有民族主义的，中国的民族主义在明朝遗老中得到了保存。但清初统治者通过开"博学鸿词科"而将明朝有知识学问的人网罗到满洲政府之下，从而冲淡了他们的民族主义意识。④ 清初统治者又提倡"中国不分夷狄华夏"的"世界主义"，与中国传统的"想做全世界的主人翁"的"世界主义"相合，也使"民族主义"被冷落。⑤ 因此，中国一般人民只有"家族主义和宗族主义"，没有"国族主义"。⑥ 反观英国、法国、俄国、美国，都是"以民族立国"，故都有民族主义。日本也因有"民族主义精神"而能发奋为雄。故中国要强盛，应以日本为模范，恢复民族主义。⑦ 他提出了恢复民族主义的两种方法：一是将宗族主义和家乡观念扩充到国族主义。利用"家族团体"和"宗族团体"以及同省同县同乡村人的"家乡观念"和"家乡基础"而结成一个"大国族团体"。⑧ 二是通过先恢复民族的精神以恢复民族的地位。中华民族的精神包括："固有的道德"，即"忠孝、仁爱、信义、和平"；"固有的知识"（"政治哲学"），即"格物、致知、诚意、正心、修身、齐家、治国、平天下"；"固有的能力"，即"发明"。⑨ 他不反对"世界主义"，但要保守"世界主义的真精神"，就必须用"民族主义"

---

① 孙中山：《三民主义》（1919 年），《孙中山全集》第 5 卷，中华书局 1985 年版，第 185 页。
② 《中国国民党全国代表大会宣言（1924 年 1 月）》，《中国共产党历史学习参考资料（一）——党的成立和第一次国内革命战争时期》，北京大学 1978 年版，第 121 页。
③ 孟庆鹏编：《孙中山文集》，团结出版社 1997 年版，第 61 页。
④ 参见孟庆鹏编：《孙中山文集》，团结出版社 1997 年版，第 87—88 页。
⑤ 参见孟庆鹏编：《孙中山文集》，团结出版社 1997 年版，第 92—93 页。
⑥ 孟庆鹏编：《孙中山文集》，团结出版社 1997 年版，第 61 页。
⑦ 参见孟庆鹏编：《孙中山文集》，团结出版社 1997 年版，第 65—66 页。
⑧ 参见孟庆鹏编：《孙中山文集》，团结出版社 1997 年版，第 114—115 页。
⑨ 参见孟庆鹏编：《孙中山文集》，团结出版社 1997 年版，第 119—127 页。

做基础。只有先将"民族主义"恢复起来并发扬光大,再去谈"世界主义"才有"实际"的价值。①

在政治方面,表现为民权与君权的斗争。英国民权革命是近世力争民权的起点,美洲通过对英战争而建立了独立的民主政治国家,法国大革命经数度革命而共和制度终告成立,英国、日本、意大利也走上君主立宪的制度。但欧美民主政治也经历了一个由只给人民"选举权"而人民的意见还不能充分发表、人民的利益还不得充分拥护的"普通选举"进到在瑞士和美国已得到实现的给人民以"罢免权""复决权""创制权"的"直接民权"。中国历史上的"最善政体"(即"公天下于民"的"共和政体")出现于尧舜之世,帝位交替采取禅让(让贤)制度。汤武"革命"虽持"救民"为主,但却采取帝位传子的"帝皇主义"。中国数千年来政权操于皇帝一人,皇帝及少数特权阶级利用政权以鱼肉人民,满清末年政府之压制、官吏之腐败,更使人民处于水深火热之中。故"民权"是一个严重而亟须解决的问题。孙中山最初只是想效仿美国式或法国式的共和国,建立给人民以"有限制的选举权"的代议制度的"民国"。后来他感到"限制选举"的不彻底而主张在中国推行"普通选举";更觉察到已有国家采用"直接民权"而主张在中国推行"直接民权"。从主张"间接民权"到主张"直接民权",便是他的"民权主义"的演进过程。②

在民生方面,表现为无产阶级与地主资产阶级的斗争。根据孙中山本人的判断:欧美自产业革命以后,各国生产力迅速发展,而"分配问题"凸显,于是各国的社会党掀起了日益高涨的社会革命运动;中国只有大贫和小贫的区别,没有大富和小富的区别,故"分配问题"还不是迫切的问题。其实,他的这一判断并不准确。毛泽东根据调查而将中国社会各阶级分为大资产阶级、中产阶级(民族资产阶级、小地主)、小资产阶级、半无产阶级和无产阶级五等,其中一切勾结帝国主义的军阀、官僚、买办阶级、大地主阶级以及附属于他们的一部分反动知识界是我们的敌人,工业无产阶级是我们革命的领导力量,一切半无产阶级、小资产阶级是我们最接近的朋友,中产阶级的右翼和左翼分别可能是我们的敌人和朋友。③ 周佛海也指出:"民国以后,中国自己的资本主义,渐渐发生和发达,尤

① 参见孟庆鹏编:《孙中山文集》,团结出版社 1997 年版,第 108 页。
② 参见周佛海:《三民主义之理论的体系》,新生命书局 1928 年版,第 40—43 页。
③ 参见毛泽东:《中国社会各阶级的分析》,《中国农民》1926 年第 1 卷第 2 期。

其是交通便利的地方，近代工业，逐渐成立，而形成资本阶级和劳动阶级的对立，致酿成近代的社会问题"①。这意味着民生主义产生的背景不仅存在着农民和地主的对立，也存在着工人与资本家的斗争。孙中山对中国社会现状的判断及其提出的解决之道，与他所属阶级的经济背景有着密切的联系。根据卓恺泽的解释："中山先生生于自耕农的家庭，既不很富，又不很穷，可说是小资产阶级的分子。而到他从事革命事业以后，又往往与商业资产阶级的华侨相往还；在海外过的生活，虽然困苦流离，究竟没有做过产业工人与大资本家。因此，他的经济背景并不固定，而他的思想也不纯粹地站在哪一个阶级。欧美资本制度中的物质文明，他是羡慕的；欧美资本制度中劳动阶级的痛哭悲啼，他是同情的；欧美资本制度下社会主义的运动，他也是看见了的。这些客观事实的教训，使他倾向社会政策的说法，而主张阶级的协调。所谓民生主义的节制资本平均地权，无非是社会政策的一端。"②这一分析是比较合乎实际的。孙中山提倡民生主义的最初动机是在防患于未然，把它当作是"卫生"而不是"疗病"，平均地权就成了民生主义的唯一内容。③实现这一民生主义的方式也不需要像欧美那样在政治革命之后还要来一个第二次革命——社会革命，而是"举政治革命、社会革命毕其功于一役"④。民国成立后，孙中山指出英、美各国皆受"资本家专制"之害，推崇德、日实行国家社会主义，主张中国为杜渐防微，唯有提倡国家社会主义，否则十年以后必至有十万人以上之大资本家。⑤他认为，民生主义并非反对资本，而是反对资本家，反对少数人"占经济之势力"以"垄断社会之富源"⑥；也非"均贫富之主义"，而是"以国家之力，发达天然实利，防资本家之专制"⑦。后来，他又发现西方工业革命之后，地主以地增价而成资本家，资本家以工业获利而成大地主，而使工人陷入穷苦的境地，社会出现贫富阶级，社会革命在所难免。而要杜绝西方的种种流弊，必须防止少数人垄断土地、资本。⑧国共合作后，他将民生

---

① 周佛海：《三民主义之理论的体系》，新生命书局1928年版，第42页。

② 卓恺泽（号砍石）：《戴季陶心劳日拙》，《政治生活》1925年第47期。

③ 参见周佛海：《三民主义之理论的体系》，《新生命月刊》社1928年版，第35—36页。

④ 孟庆鹏编：《孙中山文集》，团结出版社1997年版，第21页。

⑤ 参见孟庆鹏编：《孙中山文集》，团结出版社1997年版，第36页。

⑥ 孟庆鹏编：《孙中山文集》，团结出版社1997年版，第34页。

⑦ 孟庆鹏编：《孙中山文集》，团结出版社1997年版，第36页。

⑧ 参见孟庆鹏编：《孙中山文集》，团结出版社1997年版，第44—45页。

主义的内容视为平均地权和节制资本二原则。① 他又把西方解决民生问题的方法总结为欧美各国主张的"和平办法"和马克思的"激烈办法"。② 他又从威廉的《历史之社会观》一书中了解到欧美近年来经济进化的新动向，即"社会与工业之改良""运输与交通收归公有""直接征税"与"分配之社会化"，它们都是用"改良的方法进化出来的"。③ 于是他不仅觉得资本家与工人的利益可以调和，而且还指出民生主义与共产主义、大同世界的一致性。

其二，主要文本产生的时代背景。孙中山的哲学思想主要反映在《孙文学说》《军人精神教育》和《三民主义》等著作中，这些著作成为民生哲学的主要文本。但这些著作所产生的时代背景和所反映的哲学内容不尽相同。

《孙文学说》又名《心理建设》《知难行易》。该书的写作主要有以下目的：一是确证知难行易的真理。孙中山以饮食、用钱、作文、建屋、造船、筑城、开河、电学、化学、进化等 10 项事功和《孟子·尽心上》中"行之而不著焉，习矣而不察焉，终身由之而不知其道者，众也"的心性观念为例，以确证"行易知难"为"宇宙间之真理"以及傅说的"知之非艰，行之惟艰"之古说为非。他又以日本维新之业和现代社会分工为例，以确证他的"分知分行"说为是，而王阳明的"知行合一"说为非。他认为，日本维新事业的成功与其"师夷"之功有关，属于"成于行之而不知其道"，而与王阳明的知行合一说的影响无关。现代科学愈明而知行相去愈远，而王阳明的知行合一说片面强调知行的不可分，不符合现代"分知分行"的"实践之科学"。④ 二是破除国民心理之大敌。孙中山认为，"国"为"人之积"，"人"为"心之器"，"国事"为"一人群心理之现象"。颠覆满清的成功，是"此心成之"；民国建设的失败，是"此心败之"。⑤ 故他倡导心理建设，不单是想改变党内的错误思想，尤其是想改变一般国民的消极心理。因为"知易行难"说"能夺吾人之志"，使革命党人和一般国民的心理为其所奴役，导致民国成立以来的"建设计划"——为其所打消。他发明"知难行易"说，就是要提振革命党人的革命士气，敢于去"行"。他提出"分知分行"说，就是要将"知者"

---

① 参见《中国国民党第一次全国代表大会宣言》，《太平洋》1924 年第 4 卷第 6 期。

② 孟庆鹏编：《孙中山文集》，团结出版社 1997 年版，第 260 页。

③ 孟庆鹏编：《孙中山文集》，团结出版社 1997 年版，第 242 页。

④ 参见孙中山：《心理建设》，黄埔出版社 1940 年版，第 60 页。

⑤ 孙中山：《心理建设·自序》，黄埔出版社 1940 年版，第 2—3 页。

和"不知者"都纳入到革命队伍之中，壮大革命的力量。他说："文著书（即《心理建设》）之意，本在纠正国民思想上之谬误，使之有所觉悟，急起直追，共匡国难，所注目之处，正在现在而不在将来。"①三是纠正党内错误的观念。辛亥革命前后，革命党内部就流行一种"孙氏理想，黄庆华实行"的说法，将孙中山和黄兴分别称为"理想家"和"实际家"。如果从两人革命工作的分工来说，这种说法有一定道理。孙中山在构建资产阶级革命理论和革命理想方面功不可没，是思想家、先行者；黄兴则以策动和领导武装起义著称于世，是实干家。然而，大多数革命党人赞成黄兴的"实际"，而排斥孙中山的"理想"，认为孙中山"理想太高，不适中国之用"②。而他提出"知难行易"说，就是要破除革命党人中存在的重"行"轻"知"、重"实际"轻"理想"、重"革命"轻"建设"的错误观念，强调"知"的重要性和获得"知"的艰难性，要求革命党人在完成破坏满清统治、建立民国政府的"革命"使命后，转向落实国家建设方略、实现民族伟大复兴的"理想"中来。四是推进建国方略的实行。孙中山一生以救国为职志，并在其《建国方略》《三民主义》等书中提出了一整套救国方案。但是国人和革命党人的社会心理一直有"知之非艰，行之惟艰"之"大敌"横梗于其中，而将他提出的建国计划视为"理想空言"而见拒。故他先作"知难行易"学说，目的是要"破此心理之大敌，而出国人之思想于迷津"，使其"建国方略"不致再被国人视为"理想空谈"。他特别看重其《孙文学说》的价值，认为"心理建设是其他建设的基础，不论是政治建设、实业建设或社会建设"③。

但《孙文学说》的哲学内容包括宇宙论、认识论和人生论（历史观）。叶青曾将该书的哲学内容分为："行的认识哲学——实践的认识论""行的人生哲学——实践的人生论"和"行的宇宙哲学——实践的宇宙论"三个方面。④ 我们也可以将该书的哲学内容分为：一是宇宙论，将太极（以太）视为宇宙的本原、始基，并将物质世界分为物质进化时期、物种进化时期、人类进化时期三个进化阶段；二是认识论，提出"知难行易""行先知后"的知行说；三是历史观，提出"物

---

① 孙中山：《复蔡冰若函（一九一九年六月十八日）》；中国社会科学院近代史所等编：《孙中山全集》第5卷（1919.1—1921.11），中华书局2011年版，第66页。

② 孙中山：《心理建设·自序》，黄埔出版社1940年版，第1页。

③ 蒋梦麟：《西潮》，辽宁教育出版社1997年版，第105页。

④ 参见叶青：《总理全书提要》，青年书店1939年版，第17页。

质文明与心性文明相待而后能进步""人类以互助为原则"等社会进化观。

《军人精神教育》是辑录孙中山在桂林对滇粤赣军的讲演而成。该书的写作目的，是为鼓舞革命党人斗志，批判了唯武器论，强调革命精神对争取革命胜利的重要意义。他认为，"武器为物质，能使用武器者全恃人之精神"，两相比较，"物质之力量小，精神之力量大"。

《军人精神教育》在哲学方面谈到了本体论、认识论和道德论问题。在本体论上，提出"总括宇宙现象，不外物质与精神"，"物质为体，精神为用"，二者"本合为一""相辅为用"。在认识论上，以为"知"分别源于"天生者""力学者""经验者"；强调知识源于"力学"与"经验"，却又承认"天生之智"的存在；强调意志的作用，断言"精神者，革命成功之证券及担保也"。在道德论上，提出"智、仁、勇"为"军人之精神三要素"。

《三民主义》又称《三民主义十六讲》，是孙中山最晚的一部巨著。三民主义是孙中山的核心理论，经历了辛亥革命前、辛亥革命后到国共合作前、国共合作期间三个发展阶段，但它不是一个简单地从不成熟到成熟的演进过程，而是体现不同阶段所追求的目标和所实现的方式既有一贯性、持续性又有差异性、递进性。

《三民主义》是孙中山在国民党"一大"通过《国民党第一次全国代表大会宣言》不久所作的三民主义演讲稿结集而成。而国民党的《一大宣言》是在俄国和共产国际代表鲍罗廷的把持下按照共产国际的意见制定的，它是国共合作的政治基础，也是国民政府的施政纲领。而国共合作之前，孙中山领导的革命党及改组后的国民党发动了数次革命，"前几次革命，均因半路上与军阀官僚相妥协相调和，以致革命成功之后，仍不免于失败"[1]；而与他有十多年交情、本以为"可资依靠"的"革命将领"陈炯明叛变，是他一生中遭受的最惨重的一次失败。于是，他接受共产国际和中国共产党的帮助，推行"联俄、联共、扶助农工"的三大政策。当时，连对国共合作持反对态度的人也指他推动的国共合作有"特种理由"：即"国民党主义与其政策，均对现状谋根本改革，则欲增加其攻击现状的力量，不能不容纳同对现状不满的政党，建立革命连合战线"[2]。但由于国共双方，尤其是国民党内部、共产党内部对当时中国政局的看法和政治理念不同，因而要制定

---

① 刘芷芬编：《孙总理在国民党第一次全国代表大会上的演说词》，1924 年 2 月印发，第 22 页。
② 《中国国党最近之分裂（续）》，《大公报（天津版）》1924 年 1 月 15 日第 3 版。

一个令国共双方都能接受的共同宣言实属不易。孙中山在推动《一大宣言》订立的过程中，只好采取政治家的手法，既照顾到国民党元老的情绪，又听取共产国际的建议和鲍罗廷的意见以及中国共产党的意见，实现国民党改组和国共合作。因此，国民党《一大宣言》虽然反映了各方的基本观点和共识，但又不能完全反映各方对当时中国问题的不同认识，是一个各方互相妥协的产物。① 而他和中国共产党的领导者一样，在开展国共合作的过程中也都不愿完全放弃自己的政治理念。所以，他在国民党"一大"宣言通过后，随即按照他自己的立场、观点去宣讲三民主义，也就是《三民主义十六讲》。《三民主义十六讲》所持的三民主义观点与《一大宣言》所解释的三民主义精神既有相一致的地方，又有不合调的地方。而其"相一致"的解释，是为了显示国共合作的意志；其"不合调"的解释，是为了表达自己的理念以加强国民党内部的团结。

《三民主义》在哲学方面的主要贡献是阐发了孙中山的民生史观。但也有学者将该书的哲学分为"民族主义哲学""民权主义哲学"和"民生主义哲学"三个方面。同时，该书也涉及"知难行易"的认识论和传统的"政治哲学""道德哲学"。

第二节　民生哲学文本产生的思想渊源

孙中山曾说："余所治者，乃革命之学问也。凡一切学术，有可以助余革命之智识及能力者，余皆用以为研究之原料，而组成余之'革命学'也。"② 他又说："余之谋中国革命，其所持主义，有因袭吾国固有之思想者，有规抚欧洲之学说事迹者，有吾所独见而创获者。"③ 从这些话语中可以反映出民生哲学文本的思想来源。

---

① 参见林家有、张磊主编：《孙中山评传》，广东人民出版社 2014 年版，第 600—601 页。
② 孙中山：《与邵元冲的谈话》（1919 年 5 月 20 日），《孙中山全集》第 5 卷，中华书局 1985 年版，第 55 页。
③ 孙中山：《中国之革命为上海〈申报〉五十周年纪念而作（一九二三年一月二十九日）》，《孙文选集》（下册），广东人民出版社 2006 年版，第 214 页。

一、对中国传统哲学思想的继承

在本体论方面，一是以"体用"说明心物关系。孙中山说："在中国学者，亦恒言有体有用。何谓体？即物质。何谓用？即精神。"[①]"体用"作为哲学范畴，在宋代已广为使用。程颐曰："至微者理也，至著者象也。体用一源，显微无间。"[②] 刘宗周明确以"体用"说"心物"，指出："心无体，以意为体；意无体，以知为体；知无体，以物为体；物无用，以知为用；知无用，以意为用；意无用，以心为用。此之谓体用一原，此之谓显微无间。"[③] 其中的"以物为体""以心为用"与孙中山的说法相一致。孙中山又说："总括宇宙现象，要不外物质与精神二者；精神虽为物质之对，然实相辅为用。考从前科学未发达时代，往往以精神与物质为绝对分离，而不知二者本合为一。"[④] 这又使人联想到王夫之提出的"合二以一者，既分一为二之所固有矣"[⑤] 之说。"分一为二"可以指统一的世界分为物质与精神两种现象；"合二以一"可以指物质与精神二者"本合为一"。二是以"太极"说明宇宙的本源。他说："元始之时，太极动而生电子。"[⑥]"太极"出自《周易·系辞上》的"易有太极，是生两仪"。周敦颐在《太极图说》中提出"太极动而生阳，静而生阴"，也是将"太极"作世界万物的本源。

在认识论方面，一是根据人的认知能力来分类。孙中山把人划分成三类："其一先知先觉者，为创造发明；其二后知后觉者，为仿效推行；其三不知不觉者，为竭力乐成。"[⑦] 而在《论语·季氏》中，孔子所说的"生而知之者"相当于"先知先觉者"，"学而知之"和"困而学之"二者相当于"后知后觉者""困而不学者"相当于"不知不觉者"。但孙中山的此类划分，与孟子之说更为紧密。在《孟子·万章上》中，孟子提出"天之生此民也，使先知觉后知，使先觉觉后觉"，显然是孙中山的"先知先觉"和"后知后觉"说的思想来源，而他也以孟子的"行

---

① 孟庆鹏编：《孙中山文集》，团结出版社 1997 年版，第 740 页。

② 程颐：《伊川易传序》，《伊川易传》元刻本，第 1 页。

③ 刘宗周：《学言》卷二，《四库全书》本，第 26 页。

④ 孟庆鹏编：《孙中山文集》，团结出版社 1997 年版，第 740 页。

⑤ 王夫之：《周易外传》卷五，清乾隆高云堂刻本，第 44 页。

⑥ 孟庆鹏编：《孙中山文集》，团结出版社 1997 年版，第 819 页。

⑦ 孟庆鹏编：《孙中山文集》，团结出版社 1997 年版，第 825 页。

之而不著焉，习矣而不察焉，终身由之而不知其道者，众也"之说来形容"不知不觉者"。二是以"难易"来解释"知行"。孙中山在总结辛亥革命后革命数度失败的深层次原因时，归咎于传统的"知易行难"说对革命党人思想的负面影响。"知易行难"说源自《尚书·说命中》中的"非知之艰，行之惟艰"说，宋代张栻表述为"知之非艰，行之惟艰"①。孙中山指出，"知之非艰，行之维艰"说"不惟能夺吾人之志，且足以迷亿兆之心"。为了破除革命党人"因思想错误而懈志"，故他特作"知难行易"学说，以"破此心理之大敌，而出国人之思想于迷津"②。王夫之曾对《尚书》里"非知之艰，行之惟艰"之说阐发道："艰者先，先难也；非艰者后，后获也。"③ 这"先难后获"意味着"行先知后"，这恰恰与孙中山的"以行而求知"之说相一致；而王夫之提出"知行相资以为用、并用而有功"之说以批评王阳明的"知行合一之说"④，也与孙中山的"因知以进行"之说相合。因此，孙中山的"知难行易"说看似与王夫之的"知易行难"说相反，但其实质是一致的，都把"行"放在首位，也都承认"知"对"行"的引导作用。

在政治观方面，一是强调传统文化与民权的相容性。孙中山认为，中国古代就出现了两种管理政治的理念："君权"理念和"民权"理念。两千多年前的孔子、孟子便主张"民权"。孔子提出"大道之行也，天下为公"，便是主张"民权"的大同世界；孔子"言必称尧舜"，是因为尧舜政治虽名义上"用君权"而实际上是"行民权"。孟子提出"民为贵，社稷次之，君为轻""天视自我民视，天听自我民听""闻诛一夫纣矣，未闻弑君也"。这说明，中国人在两千多年前就有了"民权"的理念，不过那个时候还只是一种"乌托邦"而不能即时做到。故他指出："根据中国人的聪明才智来讲，如果应用民权，比较上还是适宜得多。"意即中国应用"民权"比应用"君权"更为适宜。⑤ 二是强调"革命"的合理性。"革命"一词出自《易经·革卦·彖》中"汤武革命，顺乎天而应乎人"。孙中山在辛亥革命前就反复在国内和华侨中倡导革命，但在美华侨多有不解"革命"之义，动以"革命"二字为"不美之名称"。而他以孔子的"汤武革命，顺乎天而应乎人"

---

① 张栻：《张南轩先生文集》卷五，清《正谊堂全书》本，第6页。
② 孟庆鹏编：《孙中山文集》，团结出版社1997年版，第783—784页。
③ 王夫之：《尚书引义》卷三，清道光二十二年王氏守遗经书屋刻本，第22页。
④ 王夫之：《礼记章句》卷三十一，清光绪二十一年刻本，第11页。
⑤ 参见孟庆鹏编：《孙中山文集》，团结出版社1997年版，第138—139页。

之说为证，说明"革命乃圣人之事业"①。辛亥革命失败后，他继续鼓吹"革命"。不过，他认为国民党的革命与古代草莽英雄的革命不同，前者是"根本民意"而革命，实为"化国为家"的革命；后者则是凭"顺之者生，逆之者死"的"威力"的革命，亦即"化家为国"的革命。② 三是保存传统的"政治哲学"。孙中山认为，中国有一段最有系统的"政治哲学"，就是《大学》中所说的"格物、致知、诚意、正心、修身、齐家、治国、平天下"。他视之为中国"政治哲学"知识中"独有的宝贝"，主张应该予以"保存"。③ 在操作的层面上，他引《尚书·尧典》中尧治理天下的功夫，即"克明俊德，以亲九族。九族既睦，平章百姓，百姓昭明，协和万邦，黎民于变时雍"。这种治理模式是由家族入手，逐渐扩充到百姓，达到万邦协和、民风大和。而孙中山将尧的这种治理模式视为"目前团结宗族造成国族以兴邦御外的好榜样"④。四是主张"权能分开"的国家治理模式。孙中山认为，中国历代的皇帝中，只有尧舜禹汤文武兼有"很好的本领"和"很好的道德"，其余则是没有本领、没有道德却很有权力的居多。诸葛亮有"能"而无"权"，阿斗有"权"而无"能"。阿斗知道自己无"能"，把国家全权托给诸葛亮替他去治理。诸葛亮便把宫中和府中的事分开，宫中的事由阿斗去做，府中的事由自己去做，所以西蜀能够成立"很好的政府"，并与吴魏鼎足而三。⑤ 孙中山受诸葛亮这种"权能分开"的治国模式的启发，主张治理国家一定要权和能分开。他指出："中国要分开权与能是很容易的事，因为中国有阿斗和诸葛亮的先例可援。如果政府是好的，我们四万万人便把他当做诸葛亮，把国家的全权都交给他们；如果政府是不好的，我们四万万人可以实行皇帝的职权，罢免他们，收回国家的大权。"⑥ 五是树立"民本"意识。孙中山虽大力倡导"民权"，但仍认同中国传统的"民本"思想。他曾在《讨袁宣言》中引《尚书·五子之歌》的"民为邦本，本固邦宁"之说，将袁世凯视为"民贼"，主张"誓死戮此民贼，以拯吾民"⑦。

---

① 孟庆鹏编：《孙中山文集》，团结出版社 1997 年版，第 31 页。
② 参见孟庆鹏编：《孙中山文集》，团结出版社 1997 年版，第 54 页。
③ 参见孟庆鹏编：《孙中山文集》，团结出版社 1997 年版，第 123 页。
④ 孟庆鹏编：《孙中山文集》，团结出版社 1997 年版，第 116 页。
⑤ 参见孟庆鹏编：《孙中山文集》，团结出版社 1997 年版，第 202 页。
⑥ 孟庆鹏编：《孙中山文集》，团结出版社 1997 年版，第 205—206 页。
⑦ 孟庆鹏编：《孙中山文集》，团结出版社 1997 年版，第 510—511 页。

在社会观方面，一是引入"民生"概念。孙中山反复指出，"民生"二字为中国数千年已有、向来用惯的一个名词，而用之于政治经济上，则自他而始。"民生"概念在古代指"生计"，而他又下了一个广义的定义，即"民生就是人民的生活、社会的生存、国民的生计、群众的生命"。不过，与"生计"有关的衣食住行仍是他在民生主义讲演中的基本内容。尽管他认为"民生主义"就是"社会主义""共产主义""大同主义"，但他还是觉得用"民生主义"来表达更为准确。① 二是强调"食"的重要性。孙权曾说："国以民为本，民以食为天，衣其次也。三者孤存之于心。"② 孙中山引其中"国以民为本，民以食为天"之说来说明为何要将"吃饭问题"作为"民生主义"的第一个问题。③ 他还提出"民生主义是以养民为目的"④，而"养民"是传统儒家反复强调的，如《尚书·大禹谟》提出"德惟善政，政在养民"。三是推行均平政策。孔子曾提出"有国有家者，不患寡而患不均"（《论语·季氏篇》）。孙中山认为，世界古今之所以有"革命"，是为了"破除人类之不平等"。他以孔子的"天下不患贫而患不均"之说为依据，说明欧美工业发达之国因"贫富悬殊，竞争日剧"而发生"民生革命之潮流"。因此，欲由"革命"以图"国治民福"，不得不行"民生主义"。⑤ 四是追求"大同主义"理想。孙中山说："人民对于国家不只是共产，一切事权都是要共的。这才是真正的民生主义，就是孔子所希望之大同世界。"⑥ 在他看来，民生主义就是大同主义，就是财产公有共享的安乐世界。

在道德观方面，一是树立"诚"的意识。《大学》说："欲正其心者，先诚其意。"《中庸》说："诚者物之终始，不诚无物。"《孟子·离娄上》说："诚者天之道也，思诚者人之道也。至诚而不动者未之有也，不诚未有能动者也。"这都突出"诚"在人格修养中的重要作用。孙中山在演讲民族主义之余，与刘成禺讨论"正心诚意"问题，并引《大学》《中庸》和《孟子》中有关"诚"的观点说明"诚"的

---

① 参见孟庆鹏编：《孙中山文集》，团结出版社 1997 年版，第 58、231 页。
② 陈寿：《吴志》卷十六，《三国志》卷六十一，钦定《四库全书》，第 12 页。
③ 参见孟庆鹏编：《孙中山文集》，团结出版社 1997 年版，第 270 页。
④ 孟庆鹏编：《孙中山文集》，团结出版社 1997 年版，第 286 页。
⑤ 参见孟庆鹏编：《孙中山文集》，团结出版社 1997 年版，第 37—38 页。
⑥ 孟庆鹏编：《孙中山文集》，团结出版社 1997 年版，第 269 页。

重要性。他指出："天下人可以欺伪成功，我宁愿以不欺伪失败。"他从中外历史中总结出"圣贤英雄皆以诚率成功"的道理，只是有的成功在生前，有的成功在生后。他以"诚"而成功，说明"诚则有物"；以"不诚"而灭亡，说明"不诚无物"。故他相信以"诚"律己与驭人，革命才能取得成功。① 二是弘扬"智仁勇"的精神。《论语·子罕》说："知者不惑，仁者不忧，勇者不惧。"《中庸》说："知，仁，勇，三者天下之达德也。"孙中山将"智、仁、勇"三者视为军人必备之精神。② 他引韩愈《原道》中的"博爱之谓仁"之说来揭示"博爱"与"仁"的关系。不过，他认为"博爱"有广义狭义之分。狭义之博爱不能"普及于人人"，尧舜"博施济众"、孔丘"尚仁"、墨翟"兼爱"属于此类；广义之博爱是"为人类谋幸福"，"社会主义之博爱"属于此类。③ 三是恢复中国"固有的道德"。孙中山认为，但凡一个国家能够强盛与成功，起初要靠"武力发展"，继而要以"种种文化的发扬"；国家有了"很好的道德"，才能长治久安。中国要恢复民族的地位，除了大家联合成一个"国族团体"外，还要把"固有的旧道德"先恢复起来。中国固有道德的内容包括忠孝、仁爱、信义、和平。他批评一般醉心新文化的人将新文化与旧道德完全对立起来，以为有了"新文化"，便可不要"旧道德"。而他主张对中国固有的东西中好的就要保存，不好的才可以放弃。④ 孙中山曾在回答第三国际代表马林询问"你革命的哲学基础的出发点在什么地方？你的革命主义由什么地方发生出来的？"问题时指出："我们中国有一个立国的精神，有一个自尧、舜、禹、汤、文、武、周公、孔子数千年来历圣相传的正统思想，这个就是我们中华民族的道统，我的革命思想、革命主义，就是从这个道统遗传下来的。我现在就是要继承我们中华民族的道统，就是继续发扬我们中华民族历代祖宗遗传下来的正统精神。"⑤ 而他讲的"道统""正统精神"，主要是传统的道德。

---

① 孙中山：《与刘成禺的谈话（1924 年 3 月 2 日）》，陈旭麓、郝盛潮主编：《孙中山集·外集》，上海人民出版社 1990 年版，第 310—311 页。
② 孟庆鹏编：《孙中山文集》，团结出版社 1997 年版，第 744 页。
③ 参见孟庆鹏编：《孙中山文集》，团结出版社 1997 年版，第 328 页。
④ 参见孟庆鹏编：《孙中山文集》，团结出版社 1997 年版，第 119—120 页。
⑤ 蒋介石：《中国魂》，空军总司令部新闻处编印 1934 年版，第 3—4 页。

二、对西方哲学思想的吸收

在本体论方面，运用西方近代自然科学来解释宇宙的本源与世界的进化规律。孙中山在解释宇宙万物的本源时，引入了"伊太"（ether）说和"星云"说。他说："太极（此用以译西名'伊太'也）动而生电子，电子凝而成元素，元素合而成物质，物质聚而成地球。"① 他又说："地球本来是气体，和太阳本是一体的。始初太阳和气体都是在空中，成一团星云，到太阳收缩的时候，分开许多气体，日久凝结成液体，再由液体固结成石头。"② 他采用"伊太"和"星云"作为宇宙万物的始基，都肯定了"宇宙本质的物质性"③。同时，他又发明一个"生元"概念替代西方的"细胞"概念来解释生命的构成现象。"生元"即"生物之元子"，是取"生物元始"之意。"生元"之构造人类及万物，犹如人类之构造屋宇、舟车、城市、桥梁等物。④19 世纪法国生物学家卡里尔（孙中山译作圭哇里）说："细胞就像蜜蜂那样，建造它们（几何学的）蜂房、酿蜜、养良胚胎，好像它们之中的每一个都懂得数学、化学和生物学，并且毫不自私地为了整个群体的利益而劳动。"孙中山接受了卡里尔的"细胞有知"的观点，并运用孟子的"良知良能"说来说明"生元之知、生元之能"。⑤ 但也有学者认为，孙中山的"生元"说是受到德国病理学家微耳和的形而上学的细胞病理学说的影响。⑥

在历史观方面，主要表现为：一是运用西方近代的进化理论解释物种和社会的进化过程。他说："进化论乃十九世纪后半期，达文氏之《物种来由》出现而后始大发明者也，由是乃知世界万物皆由进化而成。……夫进化者，自然之道也。而物竞天择，适者生存，不适者淘汰，此物种进化之原则也。"⑦ 他又根据达尔文的进化论而将宇宙进化分为"物质进化""物种进化"和"人类进化"三个时期。孔德将人类知识的进化分为神学、玄学（形而上学）和科学三个阶段，孙中山受

---

① 孟庆鹏编：《孙中山文集》，团结出版社 1997 年版，第 819 页。
② 孟庆鹏编：《孙中山文集》，团结出版社 1997 年版，第 132 页。
③ 冯契主编：《中国近代哲学史》（上），生活·读书·新知三联书店 2014 年版，第 438 页。
④ 参见孟庆鹏编：《孙中山文集》，团结出版社 1997 年版，第 787—788 页。
⑤ 张磊：《孙中山辞典》，广东人民出版社 1994 年版，第 431 页。
⑥ 参见韦杰延：《孙中山哲学思想研究》，湖南人民出版社 1981 年版，第 76 页。
⑦ 孟庆鹏编：《孙中山文集》，团结出版社 1997 年版，第 818—819 页。

此影响，也将世界人类的进化分为三个时期："由草昧进文明，为不知而行之时期"；"由文明再进文明，为行而后知之时期"；"自科学发明而后，为知而后行之时期"①。故朱谦之认为，孙中山的此三个阶段分别对应于"神学阶段""形而上学阶段"和"实证的或科学的阶段"②。孙中山又从"民权"的视角将人类进化历史分为"洪荒时代""神权时代""君权时代"和"民权时代"。③ 有学者指出，"这当然是当时流行的孔德实证主义一类说法。搬到中国，是对传统的历史循环论观念的挑战"④。二是运用马克思主义的理论与方法。首先他赞赏马克思运用"科学方法"研究社会问题。他说："马克思专从事实与历史方面用功，原原本本把社会问题的经济变迁，阐发无遗"⑤；"马克思所著的书和所发明的学说，可说是集几千年来人类思想的大成"⑥。他称马克思是一个"社会病理家"⑦，而前人将"社会病理学"理解为"研究社会构造上的缺点的一种科学"，它特别关注"社会上贫富不均的情形"⑧。这说明"社会病理家"不是一个贬义词，而是肯定马克思在"社会病理学"上的贡献。而且他也承认："外国因为大资本是归私人所有，便受资本的害，大多数人民都是很痛苦，所以发动阶级战争来解除这种痛苦。"⑨ 这意味着孙中山对马克思对西方资本主义"病理"的分析和提倡"阶级斗争"的解决方式是有所肯定的，只是他认为马克思的唯物史观不适用于整个资本主义社会，因为资本主义社会已出现阶级调和的"社会常态""社会生理"的迹象。三是吸纳威廉的社会史观来构建民生史观。孙中山说："社会进化的定律，是人类求生存。人类求生存，才是社会进化的原因。阶级战争不是社会进化的原因，阶级战争是当社会进化的时候所发生的一种病症。这种病症的原因，是人类不能生存。……马克思只可说是一个'社会病理家'，而不能说是一个'社会生理家'。"⑩ 这

① 孟庆鹏编：《孙中山文集》，团结出版社 1997 年版，第 823—824 页。
② 朱谦之：《历史哲学大纲》，民智书局 1933 年版，第 267 页。
③ 孟庆鹏编：《孙中山文集》，团结出版社 1997 年版，第 132 页。
④ 李泽厚：《中国近代思想史论》，天津社会科学院出版社 2003 年版，第 332 页。
⑤ 孟庆鹏编：《孙中山文集》，团结出版社 1997 年版，第 236 页。
⑥ 孟庆鹏编：《孙中山文集》，团结出版社 1997 年版，第 238 页。
⑦ 孟庆鹏编：《孙中山文集》，团结出版社 1997 年版，第 245 页。
⑧ ［美］布来克马、［美］姬灵：《社会病理学》，商务印书馆 1930 年版，第 4—5 页。
⑨ 孟庆鹏编：《孙中山文集》，团结出版社 1997 年版，第 269 页。
⑩ 孟庆鹏编：《孙中山文集》，团结出版社 1997 年版，第 245 页。

些代表民生史观的话语基本上引自威廉的《马克思主义与社会史观》书中"社会史观"一章。① 四是对马克思主义的社会主义与共产主义理论的吸收。叶青曾指出："民生主义包含了社会主义底目的，民权主义包含了苏维埃主义底精神，民族主义包含了国际主义底内容，所以三民主义包含了社会主义。"② 这意味着三民主义与马克思主义有着思想上的继承关系。而孙中山本人也说："民生主义就是共产主义，就是社会主义"③，"我们的民生主义，目的是在打破资本制度"④。不过他又补充指出："我们所主张的共产，是共将来，不是共现在"⑤；"对于资本制度只可以逐渐改良，不能马上推翻"⑥。五是对美国前总统林肯的"民有、民治、民享"说的吸取。孙中山认为，林肯的主义也有与三民主义符合的地方，他将林肯的原文"The government of the people，by the people，for the people"译作"民有""民治""民享"。⑦ 他还指出："三民主义"的意思就是"民有、民治、民享"，亦即"国家是人民所共有，政治是人民所共管，利益是人民所共享"。⑧

在道德方面，吸纳了西方的"自由平等博爱"的理念。孙中山早年主张国民革命应以"自由、平等、博爱"为"一贯之精神"⑨。中华民国成立后不久，他又指出："社会主义者，人道主义也。人道主义，主张博爱、平等、自由，社会主义之真髓，亦不外此者，实为人类的福音。"⑩ 在"自由"领域，他早年提倡个人自由，晚年则强调人民自由和国家自由。他指出：自由全为"人民自由"；官吏不过"为国民做事，受人民供应"，又安能自由！⑪"自由"用到个人就成一片散沙，

① 参见［美］威廉著，社会主义研究社译：《马克思主义与社会史观》，民智书局 1927 年版，第 77—80 页。

② 叶青：《三民主义与社会主义》，力学书店 1940 年版，第 105 页。

③ 孟庆鹏编：《孙中山文集》，团结出版社 1997 年版，第 262 页。

④ 孟庆鹏编：《孙中山文集》，团结出版社 1997 年版，第 285 页。

⑤ 孟庆鹏编：《孙中山文集》，团结出版社 1997 年版，第 265 页。

⑥ 孟庆鹏编：《孙中山文集》，团结出版社 1997 年版，第 286 页。

⑦ 参见孟庆鹏编：《孙中山文集》，团结出版社 1997 年版，第 372—373 页。

⑧ 孟庆鹏编：《孙中山文集》，团结出版社 1997 年版，第 269 页。

⑨ 孙中山：《中国同盟会革命方略（一九〇六年秋冬间）》，《孙中山全集》第 1 卷，中华书局 1981 年版，第 296 页。

⑩ 孟庆鹏编：《孙中山文集》，团结出版社 1997 年版，第 328 页。

⑪ 《孙中山全集》第 2 卷，中华书局 2011 年版，第 334 页。

故要用到国家上去，"个人不可太过自由，国家要得完全自由"。[①] 在"博爱"领域，他认为西方"博爱"的原文是"兄弟"的意思，和中国的"同胞"两个字解法一样，普通译成"博爱"。但他将"博爱"与"民生主义"联系起来，指出"我们的民生主义是图四万万人幸福的，为四万万人谋幸福就是博爱"。[②] 他将"博爱"注入"民族"和"民权"等现代性思想。在"平等"领域，他一方面将"平等"与"民权"联系起来，主张"革命不能够单说是争平等，要主张争民权。如果民权不能够完全发达，就是争到了平等，也不过是一时"。而"平等"有好坏之分，好的平等当然是采用，不好的平等一定要除去。另一方面，他将"平等"与"服务"联系起来，聪明才力愈大者当尽其能力而服千万人之务，造千万人之福；聪明才力略小者当尽其能力以服十百人之务，造十百人之福；全无聪明才力者亦当尽一已之能力，以服一人之务，造一人之福。照这样做去，虽天生聪明才力有不平等，而人之服务道德心发达，必可使之成为平等。这就是"平等之精义"。[③]

第三节　民生哲学文本的开放性与歧义性

孙中山生前所留下的有关民生哲学内容的论著，对于后人来说就是理解、解释和重构民生哲学的文本。这些文本对于已经离世的孙中山来说，已是一堆无法改变的、静态的文献存在，但孙中山离世后的国民党仍然将孙中山的三民主义及其哲学理论作为维护国民党统治的理论基础和政策依据。从孙中山的民生哲学文本来说，其所表达的内容和意义是相对稳定的，也是引导并制约诠释者作出准确理解的必要前提。但在孙中山的民生哲学文本中，就其使用的概念与命题、提出的观点与理论来说，都存在着一些阐发得不详细、不明晰、易发歧义性的地方，这既给后人留下一些无法准确把握的困惑，又给后人留下创造性诠释的空间，并带来诠释结果上的纷争。

[①] 《孙中山全集》第 9 卷，中华书局 1986 年版，第 282 页。
[②] 孟庆鹏编：《孙中山文集》，团结出版社 1997 年版，第 159 页。
[③] 参见孟庆鹏编：《孙中山文集》，团结出版社 1997 年版，第 174—175 页。

一、"总理遗教"文本的开放性与纷争

孙中山去世后，他所留下的"总理遗教"也就盖棺认定，无以添加。但他所留下的文本资料中有无自己的哲学、有什么样的哲学就在学界引发了争议。

赵纪彬说："中山主义的著作，在学术的分类上，大体为政治学与伦理学的文献，……很少论述到纯哲学上的问题。因此，中山主义便很少作为哲学的对象而加以研究。"[①] 就是说，孙中山没有"纯哲学"的理论。但他又指出："一个人有无哲学的著作，与其有无哲学的思想，完全是两回事。尤其对于一个革命的导师，如果说他没有自己的哲学，那恰和说'无歌的诗人'是同样的不可能性的命题。"[②] 就是说，孙中山有自己的哲学思想。他还指出：《三民主义》讲演中有"历史观的分析"；《五权宪法》讲演中有"宇宙观的阐明"；《知难行易》为"哲学的劳作"，在全部《总理遗教》中实为"非常特色的存在"[③]。

周世辅曾指出，在"反对研究三民主义哲学者的论调"中，就有一种认为孙中山的哲学思想"似乎只有片段的材料"，因而孙中山"对于哲学思想没有多大的贡献"。而他认为孙中山哲学思想"有高深的修养"："就政治哲学言，民族主义中有很好的见解；就历史哲学言，在民生史观中有独特的主张；就智识论及宇宙论言，在知难行易中有惊人的发明。其余各种讲演及著作中亦往往引用中外哲学上的术语，提及古今哲学家的'理则'，其遗珠散玉，收拾起来可以建造一座哲学上的崇高伟大的宝塔。"[④] 这就是说，孙中山是有自己的哲学思想的，他的哲学思想对人类哲学事业是有特殊贡献的。

叶青又就如何研究三民主义哲学问题介绍了学界两种不同的研究方法：一种是注疏式研究，即把孙中山的哲学言论辑而解之，而他的《国父哲学言论辑解》即属此类；一种是立说式研究，即不根据孙中山的哲学言论而自立其说。他声称

[①] 赵纪彬（笔名向林冰）：《中山先生的〈知难行易〉的认识论》，《中苏文化（中山先生 15 周年纪念特刊）》，1940 年 3 月 12 日。

[②] 向林冰：《中山先生的〈知难行易〉的认识论》，《中苏文化（中山先生 15 周年纪念特刊）》，1940 年 3 月 12 日。

[③] 向林冰：《中山先生的〈知难行易〉的认识论》，《中苏文化（中山先生 15 周年纪念特刊）》，1940 年 3 月 12 日。

[④] 周世辅：《三民主义哲学思想之基础》，正中书局 1941 年版，第 1—2 页。

自己"不赞成注疏式的研究",但又觉得"立说式研究"各说各的,以致"莫衷一是"。而采用"注疏式研究",可以起到"唤起注意""明白真相统一思想"和"准备前提"的作用。①

二、本体论与宇宙论文本的开放性与纷争

孙中山有自己的本体论与宇宙论思想,但未明示其是唯物主义还是唯心主义的。后人主要依据孙中山对"物质"与"精神"的关系以及对"太极"(伊太)的性质的理解来判断孙中山哲学的性质。孙中山的"物质为体,精神为用"可能被理解为唯物论;孙中山的"物质与精神……相辅为用"可能被理解为二元论;"物质与精神……本合为一"的"一"指什么,又可能被理解为唯物论或唯心论。孙中山的"伊太"或"太极"可能被理解为物质的,也可能被理解为非物质的。朱自清曾说"伊太"(Ether)的性质"现在还没明白"②,而爱因斯坦曾说"在日常生活所抽象出的有重量的物质外,物理学家又规定另一种物质——伊太——的存在"③。于是张益弘将"伊太"作"物质"理解,并称孙中山的哲学是"唯物论"④;而崔载阳认为"太极"(伊太)是"非物质性"⑤的,于是将孙中山的哲学作唯心论或二元论的理解。

三、历史观文本的开放性与纷争

孙中山有自己的历史观,他反对马克思的"物质是历史的中心",主张"民生是社会历史的中心",似乎是反对唯物史观而倡导民生史观的。但孙中山对"民生"的说法既指与"生计"有关的"食衣住行",又指"人民的生活,社会的生存,

① 参见叶青:《国父哲学言论辑解》,江西省三民主义文化运动委员会 1942 年版,第 1 页("序"页)。
② 朱佩弦(自清):《译名》,《新中国》1919 年第 1 卷第 7 期。
③ 爱因斯坦:《伊太与相对论》,孟昭英译:《哲学评论》1928 年第 1 卷第 6 期。
④ 参见张益弘:《国父并无唯生论:与唯生论同志的商榷》,《抗战与文化》1942 年第 6 卷第 4 期。
⑤ 崔载阳:《三民主义哲学》(上),《民族文化》1942 年第 2 卷第 8—9 期合刊。

国民的生计，群众的生命"。于是，一些人依前者而把"民生"理解为"经济"，则孙中山的民生史观就是唯物史观或"唯物的民生史观"；一些人将"人民的生活"理解为包括物质生活和精神生活，则孙中山的民生史观就变成了二元论。孙中山主张"马克思是社会病理学家，非社会生理学家"，一些学者依此而主张孙中山完全否定唯物史观的价值。但苏渊雷则透过这句话说明孙中山肯定了唯物史观在"解释病理的变革期之历史"方面的"特长"。①

四、认识论文本的开放性与纷争

孙中山有"知难行易"的认识论，但这一学说是对还是错，是唯物的还是唯心的，也有不同的理解。贺麟曾将批评者的意见归结为"否认知难行易说的普遍性与必然性"，并列举了四种批评意见，即有的认为"知行难易乃是与人相对、随人而异的，不能肯定说知必难行必易"，有的（傅铜）从常识的立场认为"有些知识甚难，有些行为甚易"，有的（胡适）提出"知难行亦不易"，有的（冯友兰）从折中的立场认为"知难行易说可完全正确地适用于解释技术的知行关系，而知易行难说却仍可适用于解释道德方面的知行关系"②。而贺麟不仅从反面对上述种种说法一一予以反驳，而且还从正面考察孙中山"对于知难行易说的证明"③，并将"知难行易"解释为："所谓知难是指知事物所以然及其所当然之理难，求真知难，获得学说之知难，主义学说的创造、学术的发明、事业的设计难。所谓行易是指不知而行易，知而后行亦易。"他由此断言"知难行易是一个有必然性与普遍性的命题"④。而赵纪彬又将孙中山的"知难行易"学说理解为"经验论的认识论"，亦即"唯物论"的"经验论"⑤。

---

① 参见苏渊雷（中常）：《唯物史观之扬弃与民生史观之阐明》，《政治评论》1933 年第 47 期。

② 贺麟：《知难行易说与知行合一说》，青年书店 1943 年版，第 3—9 页。

③ 贺麟：《知难行易说与知行合一说》，青年书店 1943 年版，第 15 页。

④ 贺麟：《知难行易说与知行合一说》，青年书店 1943 年版，第 19—20 页。

⑤ 参见赵纪彬：《中山先生的〈知难行易〉的认识论》，《中苏文化（中山先生 15 周年纪念特刊）》，1940 年 3 月 12 日。

第四章　近代民生哲学的历史发展（二）

——民生哲学与民生史观概念的提出与影响

（1925—1928）

孙中山虽有自己的民生哲学和民生史观，但他既没有提出"民生哲学"和"民生史观"的概念，也没有专门探讨和总结民生哲学和民生史观理论，而这一工作最先主要是由戴季陶在孙中山去世后国共合作的存续期间完成的，而戴季陶建构民生哲学的直接目的是为了与中国共产党所信奉的马克思主义哲学特别是唯物史观相抗衡，他的民生哲学理论也就成了当时共产党人士所批判的"戴季陶主义"的重要组成部分。"戴季陶主义"下的民生哲学是近代民生哲学发展的第二阶段。

第一节　戴季陶的思想立场与政治立场的转变

戴季陶的思想立场在孙中山生前几经变化，早年曾传播和运用过唯物史观，孙中山去世后就以孙中山哲学思想为文本，并吸收了传统儒家的政治哲学和伦理哲学，逐渐建立起他的民生哲学理论来与马克思主义哲学相抗衡。戴季陶的政治立场也是几经变化，早年曾倾向君主立宪，跟随孙中山以后成为国民党的左派人物，还曾为中国共产党的创建做了一定的准备工作；孙中山去世后，他就迅速滑向右派，成为反共反俄的急先锋。

一、从传播马克思主义到背弃马克思主义

戴季陶 1902 年就读于成都东游预备学校，受业师徐炯的影响和西方新学的启迪，新思想观念渐萌。1905 年留学于日本大学法科，其间首次见到孙中山。1909 年归国讲授法学，因受清政府立宪运动的影响而在政治上倾向于君主立宪，反对绝对美化民主制。①1910 年任职于《天铎报》，常为于右任所办《民立报》撰文，笔端充满民主革命精神。1911 年亡命南洋槟榔屿，在那里加入了同盟会，并以同盟会员兼新闻记者的身份多次晋谒孙中山，获得孙中山的赏识，在思想上便"从民主制的持疑者转变为信仰者"，在政治上"终于迈入了革命民主派的行列"，并以笔名"天仇"表达与清政府"不共戴天"之意。武昌起义胜利后，孙中山年底由海外回国，戴季陶以党员记者资格谒见，迅即受到器重。② 自孙中山辞去临时大总统到去世，他就一直作为孙中山的秘书、翻译（日语）以及国民党的说客相追随，积极参与孙中山召开会议和演讲活动的准备工作和记录整理工作，对孙中山的革命理论与建国之道有着比较系统的掌握和独到的理解，对孙中山的革命工作给予了有力的支持。同时，他又是孙中山的忠实信徒，在对三民主义的阐述与宣传上不遗余力。

不过，戴季陶早年的思想出入于三民主义与马克思主义之间。他在辛亥革命前后，大力介绍世界社会主义运动和社会主义学说，认为"社会主义"所提倡的是"财产共有，废除阶级，人人平等"③，并颂扬"社会主义"为"人类之福音""除魔之天使""社会幸福之大则""世界平和之始基"④，还预言"社会主义"为"二十世纪人类精神复活之福音"⑤，但又主张"在今日之中国，不能不提倡资本家，而于提倡资本家之外，又不能不保护劳动者"，故中国的经济政策"不能取纯粹之

---

① 参见唐文权、桑兵编：《戴季陶集（1909—1920）》，华中师范大学出版社 1990 年版，第 2—3 页。
② 参见唐文权、桑兵编：《戴季陶集（1909—1920）》，华中师范大学出版社 1990 年版，第 15—19 页。
③ 戴季陶：《近世之国民活动（1910 年 8 月 21 日）》，唐文权、桑兵编：《戴季陶集（1909—1920）》，华中师范大学出版社 1990 年版，第 76 页。
④ 戴季陶：《社会主义论（1910 年 12 月 4 日）》，唐文权、桑兵编：《戴季陶集（1909—1920）》，华中师范大学出版社 1990 年版，第 171 页。
⑤ 戴季陶：《中国之资本问题与劳动问题（1910 年 10 月 19—22 日）》，唐文权、桑兵编：《戴季陶集（1909—1920）》，华中师范大学出版社 1990 年版，第 116 页。

社会共产主义"①。辛亥革命后，他侧重介绍社会民主党以"建设自由的民主国家""解放劳动者"为目的的纲领。②五四时期，他对劳工运动和马克思主义产生兴趣，并在 1919 年至 1920 年间，以赞赏的态度介绍马克思主义和给俄国带来巨变的布尔什维克党。他所主编的《星期评论》是当时与《新青年》齐名的宣传马克思主义"较有唯物观点"③的刊物，并认同考茨基所说的马克思、恩格斯发现一种很深邃的"唯物史观"④。他还曾声称自己"是赞同唯物史观的"⑤，并试图用"社会生活决定精神"⑥的唯物史观来考察中国的历史及现状。在唯物史观的影响下，他也赞成阶级斗争，认为"阶级斗争是阶级的社会组织下面不可免的命运"，要想消灭阶级斗争，"只有废除阶级的压迫，只有废除阶级"⑦。不仅如此，他还曾是上海马克思主义研究会的成员，参与筹建上海中共早期组织的活动，参与起草《中国共产党党纲（草案）》，成为中国共产党创立时的六个发起人之一⑧，但因其"国民党籍"的关系，没有正式加入中共组织⑨。

然而在中国共产党成立后，他却与马克思主义渐行渐远，而对孙中山的三民主义多了一份忠诚。他曾在给蒋介石的一封信中说："先生之事业，自始至终，日日趋于成功之一途，自其主倡革命以来，其所持主义，在中国之推行，进步之速，或较各国之革命史上成绩为优。"⑩不过，孙中山在国民党陷入软弱涣散状态而无法通过自身的力量来完成革命的使命时，不得不在政治上

① 戴季陶：《钮机兰岛之社会政策（1910 年 10 月 22—26 日）》；唐文权、桑兵编：《戴季陶集（1909—1920）》，华中师范大学出版社 1990 年版，第 120—121 页。

② 参见戴季陶：《德国社会民主党政纲评（1912 年 4 月 2—4 日）》；唐文权、桑兵编：《戴季陶集（1909—1920）》，华中师范大学出版社 1990 年版，第 321 页。

③ 陈望道：《忆党成立时期的一些情况》，《陈望道全集》第 6 卷，浙江大学出版社 2011 年版，第 270 页。

④ 戴季陶：《从经济上观察中国的乱原》，《建设》1919 年第 1 卷第 2 期。

⑤ 戴季陶：《致陈竞存论革命的信》，《建设》1920 年第 2 卷第 1 期。

⑥ 戴季陶：《到湖州后的感想》，《建设》1920 年第 2 卷第 6 期。

⑦ 戴季陶：《必然的恶》，《星期评论》1920 年第 47 期。

⑧ 参见李立三：《党史报告》，载中央档案馆编：《中共党史报告选编》，中共中央党校出版社 1982 年版，第 205 页。

⑨ 参见张国焘：《我的回忆》第 1 册，现代史料编刊社 1980 年版，第 103、101 页。

⑩ 戴季陶：《与蒋介石先生书（1921 年 10 月 14 日）》，罗刚《中华民国国父实录》第 5 册，罗刚先生三民主义奖学金基金会 1988 年版，第 3749 页。

通过开展国共合作来壮大革命队伍，在思想上以包含联俄、联共、扶助农工的三大政策和反对帝国主义、反对封建主义的纲领在内的新三民主义取代旧三民主义。然而，戴季陶在思想上没能跟得上孙中山的步伐接受新三民主义，而是仍抱着旧三民主义不放。同时，孙中山的新三民主义及其哲学基础本身也存在致命的弱点，如在对社会发展动力的认识上，主张"民生就是社会一切活动中的原动力"①，否认阶级斗争的决定作用。他还指出："在不均的社会，当然可用马克思的办法，提倡阶级战争去打平他；但在中国实业尚未发达的时候，马克思的阶级战争、无产专制便用不着。所以我们今日师马克思之意则可，用马克思之法则不可。"② 这就是说，"阶级斗争"只适用于实业发达而财富不均的资本主义社会，不适合资本还不发达、贫富差距不明显的中国。但孙中山的理论缺陷既与其阶级的局限性有关，又与其为更好地开展国共合作而调和马克思主义与三民主义、国民党左派思想与国民党中右派思想之间的矛盾冲突有关。

由于在国共合作中国共两党在意识形态和组织活动的主导权上以及联俄与民族革命的自主权上都存在着矛盾冲突，特别是这些矛盾冲突随着孙中山去世而变得愈发加剧。而戴季陶一直对国共合作持抗拒心理，在思想上也自然排斥马克思主义哲学，只是在孙中山在世时没有公开表达出来。但孙中山刚一去世，他就奔走南北，作演讲，发文章，大谈"孙文主义"，俨然以诠释、宣传三民主义的理论专家自居，将三民主义思想中的消极方面发挥至极致，将孙中山在不同场合下提出的观点强扭在一起，演绎了一套以反共反革命为目的、以"民生哲学"为灵魂的"戴季陶主义"的理论。至于他为什么要从传播马克思主义走向背弃马克思主义，有学者提出了四个方面的原因：其一，戴季陶认为马克思主义不适合中国的国情；其二，戴季陶认为从俄国传来的"马克思主义"不是真正的马克思主义；其三，戴季陶对马克思主义和共产党态度的出发点是为他所属的资产阶级服务；其四，戴季陶因对孙中山的感情和主义难以割舍而最终背弃马克思主义。③ 这些分析应该是比较符合实际的。

---

① 孙中山：《三民主义》，东方出版社 2014 年版，第 214 页。

② 孙中山：《三民主义》，东方出版社 2014 年版，第 220—221 页。

③ 参见明成满：《戴季陶背弃马克思主义的原因研究》，《上海革命史资料与研究》2011 年第 11 辑。

二、从"左"派到右派

戴季陶早在五四时期就产生了对阶级斗争和暴力革命的畏惧心理。他将"布尔什维克"视为"专制""破坏""掠夺"的代名词，并将国民放任那些靠兵匪做后盾的官僚武人专用"杀戮""掠夺"的手段去制造"布尔什维克"视为"自亡之道"。① 因此，他一方面告诫中国的革命知识分子和工人，"革命运动之新形势，不是罢工与暴动，而是和平的组织方法及手段"②；另一方面又劝诫资产阶级和政府，"应该学习英国阶级退让的精神，不要步俄国阶级压迫的后尘"③。他主张中国的社会运动应该循着"'社会民主主义'的正轨，向'平和'、'文明'的方面进步，免除激切的社会革命危险"④。同时，他还特别注重发挥中国传统的"平和""互助"的精神，把中华民族"利他"的精神恢复起来，用"科学的精神"来做肥料，在中国的大地上建设一个理想的"平和国家"和"互助社会"。⑤

戴季陶带着这样一种排斥布尔什维克的心态去对待社会主义的苏联和主张无产阶级革命和无产阶级专政的中国共产党，自然不会有好脸色。所以，当孙中山开始与共产国际和苏俄洽谈合作，与李大钊等讨论共产党人如何加入国民党以求"振兴国民党以便进而振兴中国"时，戴季陶则于 1922 年秋借进川宣讲三民主义之机，约杨吉甫、刘大元等人组织秘密团体，该团体后来发展成了"川中反共的核心"⑥。1923 年冬，他从成都回到上海后闻悉国民党有容纳共产党份子入党、召开全国代表大会之事，乃电辞"上海临时中央执行委员"一职，并致函蒋介石，称国民党的"改组之举"与"根本政策"不能相容，要求"共产党之同志，能牺牲其党籍，而完全作成一纯粹之国民党，使国民党中，不致同时有两个中心，然后一切纠纷，乃可尽除"⑦。不过，出于对孙中山的忠诚，他还是尽量掩饰自己反

---

① 参见戴季陶：《对付布尔什维克的方法》，《星期评论》1919 年第 3 期。
② 王更生：《孝园尊者——戴传贤传》，近代中国出版社 1978 年版，第 173 页。
③ 戴季陶：《社会民主化的英国政治》，《星期评论》1919 年第 4 号。
④ 戴季陶：《工人教育问题》，《星期评论》1919 年第 3 号。
⑤ 参见戴季陶：《对付布尔什维克的方法》，《星期评论》1919 年第 3 期。
⑥ 王更生：《孝园尊者——戴传贤传》，近代中国出版社 1978 年版，第 173—174 页。
⑦ 中华民国史事纪要编辑委员会：《中华民国史事纪要（初搞）——民国十二年（1923）七至十二月份》，台湾"中华民国史料研究中心"1980 年版，第 927—929 页。

对国共合作的情绪，尽心履行了孙中山安排给他的推动国共合作的各项工作，故在当时给人留下"国民党左派人士"的印象。陈为人就曾指出："国民党中的左派，只有孙中山、胡汉民、廖仲恺、朱执信、陈英士、戴季陶等数人，国民党的真生命，也全靠此派数人维持到现在。……到现在，中国国民党内部有所谓反共产派之争，其实只是国民党左右两派之争，绝对没有共产主义与三民主义之争。"① 而且，戴季陶在孙中山去世后国民党内就选国民党二大召开地点问题发生南北分歧时还是站在南方一边。当时《申报》登文指出，张溥泉、居正、谢持、石青阳、石瑛、邓家彦、徐谦等力主在北京或河南召开，汪精卫、戴季陶、邹鲁、吴稚晖、李大钊等坚主在广东召开；张、居、谢等为右倾派之领袖，汪、戴、李等则或早皈依左派或向以左派之护法自任。② 也就是说，戴季陶在1925年上半年还是给人以"左派"的印象。但自他在1925年夏公开发表《孙文主义哲学的基础》《国民革命与中国国民党》等攻击马克思主义、反对国共合作的小册子后，共产党人士随即将他归入"右派"。卓恺泽就指出："中山先生的信徒戴季陶先生，不努力做些反帝国主义的运动，约了几位所谓真正的中山信徒，住在上海从事于小册子的著述，隐含着'反共产党'的意味，这是值得注意的事！"③ 这虽没有明说戴季陶是"右派"，但却指出了戴季陶的"右派"倾向。1925年11月，北京（右派阵营）与广州（左派阵营）两地的国民党又为争办本年中央执行委员会全体大会及国民党二大的召开地点展开角逐，以争得国民党的"正统"地位，因为"该会开在广州，则广州为正统，如在北京，则北京为正统"。当时赞成在北京开会者有覃振、石青阳、李烈钧、叶楚伧、林森、邹鲁、戴季陶等13人，主张在粤开会者有汪兆铭、谭平山、李守常、于树德、谭延闿等17人。粤方委员向有"共产派"与"准共产派"之分，汪、廖（仲恺）、戴、邹、叶等素称准共产派，戴、邹、叶等因见恶于鲍罗廷而改投京方，成了"右派"。④ 彭述之和陈独秀也都撰文将戴季陶归入"右派"。⑤

---

① 陈为人：《国民党左右派之争》，《向导》1924年第80期。

② 参见净因：《纪国民党前途暗礁之一：在京之中山嫡派对汉唐就职之观察》，《申报》1925年4月10日第5版。

③ 砥石（卓恺泽）：《戴季陶心劳日拙》，《政治生活》1925年第47期。

④ 参见《国民党左右派之大冲突》，《醒狮》1925年第61期。

⑤ 参见彭述之：《国民党中之左右派的争斗与共产党》，《向导》1925年第138期；陈独秀：《国民党新右派之反动倾向》，《向导》1925年第139期。

第二节 "民生哲学"与"民生史观"概念的最早提出者

戴季陶在国共合作期间先后提出了"民生哲学"和"民生史观"概念,而他的"民生哲学"概念却有着多重含义。

一、戴季陶何时提出"民生哲学"概念

戴季陶最先提出"民生哲学"概念,这是毋庸置疑的。戴季陶何时提出"民生哲学"概念,历史上有不同看法。据蒋介石介绍:"在总理逝世以前几个星期,戴季陶先生曾经请问总理,究竟总理的革命主义之哲学的基础何在,同时戴先生将他自己关于这个问题研究的心得,报告总理。他讲完之后,总理说:'你的意思对了,我的革命哲学,就是民生哲学。'"[①] 不过,戴季陶在孙中山生前提出"民生哲学"概念的可能性非常小。因为:

其一,戴季陶本人从未提及此事。若是戴季陶当孙中山之面提出"民生哲学"概念并得到孙本人的认同,那他在其出版的《孙文主义之哲学的基础》一书中宣扬的"孙中山的民生哲学是对儒家道统的继承"的观点遭到国共两党中一些人士批评时,就应该亮出孙中山生前的态度为自己辩护。但他从未提起,却由蒋介石在孙中山去世九年之久后说出,这难免会令人生疑。

其二,戴季陶探讨孙中山主义哲学基础的首文未用"民生哲学"概念。若是戴季陶在孙中山生前就已生"民生哲学"概念,那么他在探寻和总结孙中山主义的哲学基础时就可直接归之于"民生哲学",但他在 1925 年 4 月 15 日北京中国大学作题为"孙中山主义之哲学基础"的演讲时尚未采用,说明他此时还没有形成"民生哲学"概念。

其三,陈天锡的《戴季陶先生编年传记》中未提戴季陶在孙中山生前提出"民生哲学"之说。陈天锡比戴季陶年长 6 岁,1918 年任军政府外交部秘书时,

---

① 蒋中正(蒋介石):《总理生平之根本思想与革命人格》,《铁血月刊》1934 年第 1 卷第 4 期。

与时任大元帅府秘书长兼外交部次长的戴季陶结识共事。外交部组织解散后，戴季陶临别时对他说："君勤劳甚，将来当再有共事机会。"①1929 年始，又在考试院做了戴季陶院长近 20 年的秘书，"戴公倚畀之殷，始终如一"②。他与戴季陶共事时间早而长，交情深厚，应该是对戴季陶极为了解。但在他的《戴季陶先生编年传记》中只写下："一日，曾以体认三民主义实渊源于古代正统思想，而直绍心传见地，详陈于总理病榻之前。请示可否以仰钻所得，写为文字问世，以正人心，而端趋向。总理聆悉之余，嘉其认识正确，许以尽情倾吐。"③ 这里并没有采用蒋介石的说法，而是引述孙中山曾公开提到过的继承古代"正统"（"道统"）的话题。

　　而比较普遍的说法是戴季陶在孙中山去世后才提出"民生哲学"概念。对此，任卓宣（叶青）就曾指出："'民生哲学'一词，始于戴季陶先生，看他底《三民主义之哲学的基础》一书可知。"④ 这似乎是以戴季陶《孙文主义之哲学的基础》一书的发表为"民生哲学"一词问世的标志。不过更确切地说，戴季陶最早是在《民生哲学系统表及说明》一文中提出"民生哲学"概念的。该文分"表"和"说明"两个独立部分，但完成日期都标注"（民国）十四年五月十九日"（即 1925年 5 月 19 日）。该文于 1925 年 5 月 27 日登于《上海民国日报》第 3 版，这也是该文公开发表的时间。

二、戴季陶民生哲学概念的多重意思

　　"民生哲学"概念是戴季陶最先提出的，但他却常在不同的意义上使用这一概念，以至于后人对他的民生哲学的理解也是见仁见智。从后人的不同理解来看，"民生哲学"的概念大致有四层意思。

　　一是指孙中山的全部著述和整个哲学的总名。戴季陶说过："其（孙中山）

①　陈天锡：《迟庄回忆录》第 1、2 合编，台湾文海出版社 1974 年版，第 107—108 页。

②　萧继宗主编：《革命人物志》第 15 集，台湾"中央文物"出版社 1976 年版，第 241 页。

③　陈天锡：《戴季陶（传贤）先生编年传记》，载《近代中国史料丛刊续编》第 43 辑，台湾文海出版社 1977 年版，第 65 页。

④　中华学术院：《哲学论集》，台湾"中国文化大学"出版部 1976 年版，第 24 页。

全部著作，可总名之曰民生哲学。"① 后世有人将戴季陶的这句话改为"其全部哲学可总名之曰民生哲学"②。这就是说，孙中山的一切著述和全部哲学都可以"民生哲学"总括之。后世学者由此引申而将孙中山的民生哲学称为"三民主义哲学"。而从《民生哲学系统表》来看，戴季陶确实将本体论（民生为宇宙大德之表现）、民生史观（民生为历史的中心）、认识论、伦理哲学、政治哲学、三民主义等不同领域、不同层次的内容熔为一炉来构筑其民生哲学系统。

二是指孙文主义的哲学基础。戴季陶指出："三民主义的思想基础……是民生哲学"③；又说："民生主义是以中国固有之伦理哲学的和政治哲学的思想为基础"④。这意味着民生哲学是指用以指导三民主义（特别是民生主义）的中国传统的伦理哲学和政治哲学。巫启圣随即提出"民生主义是以民生史观及中国固有的伦理—仁爱—为基础"⑤。两相比较，就可发现巫启圣所说的"民生史观"就是戴季陶所说的"政治哲学"。而在戴季陶的《民生哲学系统表》中，"民生为历史的中心"也确实归入"政治的方面"。这也意味着戴季陶的民生哲学是由伦理哲学和民生史观所组成。故有学者因此将"求生"与"求善"视为民生哲学的两个原则。⑥ 还有学者指出："民生哲学属于伦理哲学和政治哲学的范畴，似不宜列入纯哲学之内。"⑦

三是指伦理哲学。戴季陶强调"民生哲学的伦理性"⑧，孙镜亚就此指出："三民主义的全部著作可总名之曰伦理哲学"，"三民主义的思想基础是博爱"⑨。故周履直以戴、孙二人的说法为依据，指出"民生主义且以伦理哲学为理论之基础"⑩；何行之也说："戴季陶先生以伦理的观点（仁爱）来解说中山主义的哲学基础"⑪。

① 戴季陶：《民生哲学系统表及说明》，《上海民国日报》1925 年第 3 版。

② 刘承汉：《现行法与民生主义》，《现代法学》1931 年第 1 卷第 7 期。

③ 戴季陶：《孙文主义之哲学的基础》，民智书局 1925 年版，第 64 页。

④ 戴季陶：《孙文主义之哲学的基础》，民智书局 1925 年版，第 18 页。

⑤ 巫启圣：《民生主义与共产主义》，《民生周刊》1925 年第 2 卷第 2 期。

⑥ 参见瞿辉伯：《民生史观论战（一续）》，《新广西旬报》1929 年第 3 卷第 14 期。

⑦ 褚伯思：《新哲学》，白雪出版社 1947 年版，第 36 页。

⑧ 戴季陶：《孙文主义之哲学的基础》，民智书局 1925 年版，第 67 页。

⑨ 孙镜亚：《对于〈孙文主义之哲学的基础〉之商榷》，三民公司 1926 年版，第 34 页。

⑩ 周履直：《废止遗产与三民主义》，中华书局 1928 年版，第 7 页。

⑪ 何行之：《唯生论哲学理论之基础》，正中书局 1935 年版，第 10—11 页。

　　四是指民生史观。由于民生哲学和民生史观概念都是戴季陶提出的，而且民生哲学通常包含民生史观，故后世在说明三民主义的哲学基础时，常将"民生哲学"与"民生史观"互用。戴季陶以民生哲学作为孙文主义的哲学基础，高承元就提出"民生史观实系孙文主义……的哲学基础"①。崔载阳也指出："最近有一种见地，解释自然的现象与进化，采用唯物论；解释社会的现象与进化，则用民生史观。这是谋民生哲学与唯物哲学之并存。"② 这里"民生史观"与"民生哲学"两概念就作了换用。张益弘直接提出"民生史观即民生哲学"③。

三、戴季陶"民生史观"概念的提出

　　"民生史观"一词究竟由谁最先提出，目前学术界还没有确切的说法，主要有：一是孙中山说。文公直就曾指出："'民生史观'一名辞，自孙总理发明以来，几于人所共知。"④ 二是巫启圣说。台湾学者张光任指出，民国十四年秋，巫启圣在北京《民生周刊》⑤上根据戴季陶的"民生哲学"而提出"民生史观"一词，以批驳唯物史观。⑥ 三是周佛海说。学者王杰认为，周佛海在其策划的《新生命月刊》中，发起对三民主义本体的讨论，并创造出"民生史观"的概念。⑦四是戴季陶说。学者贺渊指出，民生史观由戴季陶提出，后经过胡汉民加以系统化。⑧

　　不过，文公直是以孙中山的"民生为历史的中心"之命题作为"民生史观"

---

① 高承元：《孙文主义之唯物的哲学基础》，平民书局 1930 年版，第 1—2 页。
② 崔载阳：《三民主义哲学》，大道文化事业公司 1944 年版，第 27 页。
③ 张益弘：《到大同世界的真路》，胜利出版社江西分社 1942 年版，第 72 页。
④ 文公直：《民生史观之研究》，新光书店 1929 年版，"自叙"第 1 页。
⑤ 原稿将巫启圣发文的刊物误写为《民生月刊》。其实，《民生月刊》是由李莲英胞弟李莲源之孙李瀛洲创办的，1920 年 5 月 10 日首发第 1 期，1922 年 9 月 10 日发行第 14 期后停刊。《民生周刊》始刊于 1923 年 4 月 7 日，到 1925 年 12 月（实为 1926 年初）发行第 2 卷第 6 期而在北京停刊。故巫启圣所发刊物应是《民生周刊》。
⑥ 参见张光任：《论民生哲学及其在方法学上的意义》，载季啸风主编：《哲学研究》第 6 辑，书目文献出版社 1986 年版，第 91 页。
⑦ 参见王杰：《孙中山民生思想研究》，首都经济贸易大学出版社 2011 年版，第 313 页。
⑧ 参见贺渊：《新生命研究》，社会科学文献出版社 2011 年版，第 51 页。

的"名辞",而未从孙中山的论著中找出"民生史观"的"概念",这在逻辑上并不严谨。"民生史观"概念的发明者只能在戴季陶、巫启圣和周佛海中产生。而要确定谁最先提出"民生史观"概念,只要将此三人提出"民生史观"概念的时间相比较就可以见分晓。

(一)戴季陶与巫启圣提出"民生史观"概念时间的比较

戴季陶于 1925 年 8 月 4 日在为周佛海的《中山先生思想概观》一书所作的《再版序言》中说道:"我常说:'从社会进化史的见地,研究两先生的思想,可以说,中山先生的民生史观是第一原则,马克思的经济史观是第二原则。"① 既然是"常说",这意味着他提出"民生史观"概念的时间不晚于 1925 年 8 月 4 日。

巫启圣于 1923 年前后考入北京大学,任北京《民生周刊》总编。② 假设巫启圣 1925 年秋在《民生周刊》发文提出"民生史观"概念的说法成立,但中国"立秋"的时间是每年公历 8 月 7 日或 8 日,这就意味着巫启圣提出"民生史观"概念的时间不会早于 1925 年 8 月 7 日,明显晚于戴季陶提出的时间。遗憾的是,1925 年秋季发行的《民生周刊》今多已佚,已无从查找,倒是该年冬季发行的《民生周刊》中所载巫启圣的《民生主义与共产主义》一文内出现"民生史观"一词。他指出:"共产主义,是以马克思唯物史观为理论的基础;而民生主义是以民生史观及中国固有的伦理—仁爱—为基础。"③ 这段话与戴季陶在《孙文主义之哲学的基础》中提出的"共产主义是很单纯的以马克思的唯物史观为理论的基础,而民生主义是以中国固有之伦理哲学的和政治哲学的思想为基础"④ 的观点相一致,说明巫启圣提出"民生史观"概念,至少受到戴季陶《孙文主义之哲学的基础》中所宣扬的民生哲学的影响。

(二)周佛海的总结与戴季陶的冠名

孙中山去世后,戴季陶和周佛海二人都开始了对孙中山哲学思想的整理和传播工作。

---

① 周佛海:《中山先生思想概观》,民智书局 1925 年版,第 2 页。
② 参见杜元载主编:《革命人物志》第 9 集,台湾"中央文物"供应社 1972 年版,第 70—71 页。
③ 巫启圣:《民生主义与共产主义》,《民生周刊》1925 年第 2 卷第 2 期。
④ 戴季陶:《孙文主义之哲学的基础》,民智书局 1925 年版,第 18 页。

　　周佛海早年是五四新文化运动的参与者和中国共产党发起人之一，也曾宣传过马克思主义和唯物史观。他在《中国的阶级斗争》一文中将"阶级斗争"视为一个不可阻挡的世界潮流，认为中国也必将掀起阶级斗争的声浪。而造成"阶级斗争"的主要原因在于社会上被支配阶级与支配阶级之间存在着利害冲突，被支配阶级为了维护自身的利益，摆脱痛苦的命运，不得不"自觉把自己的阶级团结起来，要推翻现在的支配阶级，自己来做支配阶级"①。他也注重阶级斗争的经济（利益）原因和中国阶级斗争的特殊性，认为中国的阶级斗争若专从"极不发达的资产和劳动两阶级间"去下手，则是"药不对症"②，说明他的这一主张具有合乎唯物史观的一面。但他在唯物史观的路上刚起步，很快就被唯心史观侵蚀着头脑，这可从他的《物质生活上改造的方针》和《精神生活的改造》二文反映出来。一是宣扬精神决定论。周佛海在物质生活与精神生活的关系问题上，对马克思的"正统派"从"唯物史观"出发来建设社会主义的理论持批评态度，认为他们"太偏于唯物的"，只要求"物质生活的安全"，而以"精神生活"跟着"物质生活"为转移；而对基尔特社会主义和工团主义的"修正派"从"唯神论"出发来开展社会主义运动则持赞赏态度，认为他们强调"精神生活"的重要性。③而他本人认为，精神生活的改造比物质生活的改造还要紧些。他把"精神生活的改造"比作"物质生活的改造"的"花"，而把"物质生活的改造"比作"精神生活改造"的"果"，先有了"花"然后才有"果"，"精神生活"的改造在先，则"物质生活"自然要随之改造。④这显然是一种精神决定论。他还将通过"时代精神"与"制度"的关系来说明精神决定论，他指出："一个时代的制度，是那一个时代的精神的表现。时代精神怎样，必有一个特殊的制度来表现他"；"时代精神一变，那么现行的制度也就不能维持现状。时代的新精神，也是要生出新制度来的"⑤。这就是说，"时代精神"决定"制度"的产生和变更。二是宣扬阶级调和论。他认为，"改造"的事业包括"精神"和"物质"两方面，而"物质"的改造最主要的就是"经济生活问题"，亦即如何"改

①　周佛海：《中国的阶级斗争》，《解放与改造》1919 年第 1 卷第 7 号。

②　周佛海：《中国的阶级斗争》，《解放与改造》1919 年第 1 卷第 7 号。

③　参见周佛海：《精神生活的改造》，《解放与改造》1920 年第 2 卷第 7 号。

④　参见周佛海：《精神生活的改造》，《解放与改造》1920 年第 2 卷第 7 号。

⑤　周佛海：《精神生活的改造》，《解放与改造》1920 年第 2 卷第 7 号。

造经济组织"的问题。① 不过他没有采用马克思主义关于"阶级斗争"和"无产阶级革命"的路径，反倒是认同欧洲的"集产主义""工团主义""基尔特社会主义"等反马克思主义流派所持的"生产者和消费者的利益都能调和，两者都不至为别人所牺牲"② 的阶级调和论。这似乎与孙中山在《中国同盟会革命方略（一九〇六年秋冬间）》中提出的"改良社会经济组织"③ 的阶级调和论有相通之处。

由于周佛海对"精神"的重视，使他对"唯物史观"的理解也有其独到的地方。他反对一些人从惰性的心理出发将马克思的唯物史观理解为"经济条件未具备时去实现社会主义是不行的，故不宜去努力；经济条件一具备时社会主义自然要出现，故不必去努力"的"听天由命的教义"，主张"经济条件未具备时，人的努力可以促自然的进化；经济条件既具备时，须人的努力（社会革命）建立新社会组织"。④ 不过，他在讨论"革命的原动力"时，不是归之于"大多数人"，而是归之于"少数先觉的人"，即"革命思想"都是"由少数人里面传到大多数群众里面"，"革命行动"都是"由少数人先发，多数人附和"。⑤ 这似乎与孙中山在《孙文学说》中对"先知先觉"者与"不知不觉"者在革命中的作用的看法相似，具有英雄史观的色彩。

周佛海于 1924 年 9 月脱离中国共产党，逐渐成为国民党右派营垒中的干将和蒋介石的心腹。孙中山刚去世，他立马就投入孙中山的思想和主义的整理和研究工作中，第 10 天（1925 年 3 月 21 日）就写成《中山先生思想概观》一文⑥，并于同年 4 月间发表在《社会评论》的创刊号上⑦。其后，他将该文中有关孙中山的民生史观的研究部分单独抽出，取名为《中山先生思想的概要》，于 1925 年 6 月 1 日发表在《新民国》第 2 卷第 2 期。紧接着，《中山先生思想概观》全文被收入新觉编、上海爱知社 1925 年 6 月出版的《中山先生思想概要》一书中，最后单独成书而由上海民智书局 1925 年 8 月初版。周佛海在该文中指出："（孙中山）先生以为社会进化的原动力为民生，人类的历史，乃是斗争的历史。先生的思想，骤

---

① 参见周佛海：《物质生活上改造的方针》，《解放与改造》1920 年第 2 卷第 1 号。

② 周佛海：《物质生活上改造的方针》，《解放与改造》1920 年第 2 卷第 1 号。

③ 广东省社会科学院历史研究所等：《孙中山全集》第 1 卷，中华书局 1981 年版，第 297 页。

④ 参见周佛海：《难道这也是听天由命的教义吗》，《新青年》1921 年第 9 卷第 5 号。

⑤ 周佛海：《革命定要大多数人来干吗》，《新青年》1921 年第 9 卷第 5 号。

⑥ 参见新觉编：《中山先生思想概要》，爱知社 1925 年版，第 46 页。

⑦ 参见蔡德金：《周佛海》，河北人民出版社 1997 年版，第 59 页。

视之似乎很像马克思的思想。因为马克思以为社会进化的原动力是社会的生产力；而人类的历史，乃是阶级斗争的历史。其实有些不同，关于第一点，先生的思想较马克思深刻；关于第二点，较为广博。"① 也就是说，"中山先生的社会进化论较深刻于马克思的，因为马克思以物质为历史的中心，而孙中山先生以民生为历史的中心"②。不过，他在该文中并没有将孙中山的社会历史观命名为"民生史观"。随后，他又作《唯物史观的真意义》一文，肯定了"唯物史观"是"研究社会科学的指南针"，要对"唯物史观的真意义"作出自己的解释和说明。③ 他认为，"唯物史观"是以"物质"说明历史变迁的原因。其所谓"物质"，是与"精神"相对，包含"地理""气候""人种""土壤""出产"和"经济状态"等要素。"经济状态"是"变化"的，故能说明从一时期到另一时期的人类进步；而"地理""气候""土壤"等要素是较为"静止"的，只能说明不同地域人类的不同状态。因此，"经济的要素"为"历史变动的唯一要素"。唯物史观的"经济的要素"，既不是指"经济的利害"，也不是指"个人的经济状态"，而是指"生产力"。④ 他还认为，"唯物史观"说明"生产关系"是"社会结构"的基础，"生产关系"又是适应"生产力"的，社会的政治法律经济制度和宗教道德艺术思想又都是适应"生产关系"而构成的，因而"生产力"乃是社会构造及社会思想的基础。但唯物史观论者并非未看到"政治、法律、思想能影响经济，且能相互影响"；唯物史观也非叫人"听天由命"，否定"人的努力"，而是主张劳动阶级通过"阶级斗争"来实现社会主义社会。⑤ 从他的上述分析，说明他当时对"唯物史观的真意义"的理解还是比较准确的。然而遗憾的是，周佛海发表《唯物史观的真意义》一文时已站在国民党一边，并将对孙中山的民生史观的信仰置于对马克思的唯物史观的理性分析之上了。

戴季陶在其 1925 年 5 月 19 日完成的《民生哲学系统表及说明》中提出了"民生为历史的中心"和"马克思是社会病理学家，不是社会生理学家"等有关民生史观的观点。⑥ 后来他在为周佛海《中山先生思想概观》所作的《再版序言》中

---

① 周佛海：《中山先生思想的概要》，《新民国》1925 年第 2 卷第 2 期。
② 周佛海：《逃出了赤都武汉》，《生路》1927 年第 23—24 期合刊。
③ 参见周佛海：《唯物史观的真意义》，《孤军》1925 年第 3 卷第 3 期。
④ 参见周佛海：《唯物史观的真意义》，《孤军》1925 年第 3 卷第 3 期。
⑤ 参见周佛海：《唯物史观的真意义》，《孤军》1925 年第 3 卷第 3 期。
⑥ 参见戴季陶：《孙文主义之哲学的基础》，民智书局 1925 年版，第 63、68 页。

称赞周佛海"能看得到中山先生的民生史观，较马克思的唯物史观更深刻博大，这是特异于一般盲信马克思者的地方"①。他主张研究孙文主义的人应将《中山先生思想概观》与《孙文主义之哲学的基础》一书并读，以供重要参考。② 这意味着，周佛海先发现并总结了孙中山的民生史观，而后戴季陶给予了"民生史观"的命名；《中山先生思想概观》的贡献在于揭示了孙中山的"民生史观"；《孙文主义之哲学的基础》的贡献在揭示了孙中山的"民生哲学"。所以，叶青曾分析"民生哲学"与"民生史观"观念的来源时，指出戴、周二人企图在思想上建设一永久不变的观念——"民生哲学"，以为三民主义的本体；并作历史的进化法则，而成立所谓"民生史观"。③ 也就是说，他们共同推动了"民生史观"观念的产生。

第三节　从戴季陶的论著中反映其民生哲学的构建历程

戴季陶构建其民生哲学系统，经历了一个不断完善的过程，而《孙中山主义之哲学基础》（文）、《民生哲学系统表及说明》（文）、《孙文主义之哲学的基础》（书）、《孙文主义之哲学的基础》（文）4 部论著，正是这一构建历程的标志性成果。不过，由于过去文献信息闭塞，使得一些人将戴季陶的这些论著经常相互搞混了，它们发表的时间也被一些学者搞错了。因此，有必要将这几部论著作一番考辨。

一、民生哲学的奠基之作：《孙中山主义之哲学基础》

戴季陶构筑民生哲学的奠基之作是他的《孙中山主义之哲学基础》一文，它是戴季陶 1925 年 4 月 15 日在北京中国大学所作的演讲词，又称为《孙中山主义

---

① 戴季陶：《再版序言》，周佛海：《中山先生思想概观》，民智书局 1925 年版，第 2 页（"序言"页）。
② 参见周佛海：《中山先生思想概观》，民智书局 1925 年版，第 2—3 页。
③ 参见青锋（叶青）：《"民生史观"论评》，《科学思想》1929 年第 14—15 期合刊。

之哲学基础讲词》。该演讲词在演讲的当日刊登于某报上①，后又发表于由北京中国大学学生创办、1925 年 5 月 2 日发行的《冲锋旬刊》第 7 期上②。而发表于《冲锋旬刊》的演讲词随后被收录于戴季陶（笔名"抱恨生"）编的 1925 年 5 月出版的《中山先生思想概要》中。

戴季陶在《孙中山主义之哲学基础》一文中认为，"三民主义"是孙中山思想中"比较具体、比较实际"的部分，而他要探寻的是作为孙中山思想的基础的"最高概念"。他从孙中山的"民族主义"演讲中感悟孙中山的政治哲学、人伦思想与民族文化（特别是孔子哲学）的继承关系。他视《大学》《中庸》为孔子之作，《大学》是孔子研究学问与讨论人生的全体论，其中"格致诚正修齐治平的道理"体现了孔子的"主知主义"和"社会责任主义"；《中庸》是孔子思想的形而上学与本体论，其核心内容就是"智仁勇"之说。③ 不过，戴季陶对孔子思想的描述，并没有直接涉及民生问题，而是通过孟子的"仁义"之说对孔子社会责任主义的继承关系来揭示儒家的民生思想。他认为孟子所讲的"仁义"，推行于内政，就是要求诸侯"使人民得安居乐业，享优美生活"，即如何使少者得受教育、老者不负戴于道路、鳏寡孤独废疾者有养、人民都有恒产、民享衣食住行四大生活必需品、男女得适当的配偶等；推行于国际，就是要求强国应该扶助弱国，强民族应该扶助弱小民族。戴季陶又将老子视为极端个人主义者，认为秦汉以后的君主人民都是在黄老之下过日子，而把孔子治国平天下的道理给忘了，故他认为孙中山的责任在于打倒老子思想而复兴孔子思想。他又将孙中山视为中国正统思想（道统）的承续者，认为孙中山与孔子的不同在于孔子以家族主义为中心，而孙中山以民族主义为中心。他还认为，民生主义不仅与孔孟的民生思想一脉相承，还与西方科学社会主义者的唯物史观同一精神，民生主义的内容就是说的衣食住行生养死葬的道理。④ 不过，戴季陶此时还没有将"民生哲学"一词作为三民主义思想基础的"最高概念"，也基本没有涉及民生史观的话题。

---

① 参见罗敦伟：《三民主义与中国及世界》，三民公司 1926 年版，第 10 页。

② 现存的《冲锋旬刊》第 9 期（1925 年 5 月 22 日发行）第 2 页，《京报副刊》第 143 号（1925 年 5 月 9 日）第 8 页，均登有《冲锋旬刊》第 7 期目录的广告，其中都含有戴季陶《孙中山主义之哲学基础》的篇名。

③ 古代确有不少学者视《大学》、《中庸》为孔子之作。如二程称《大学》是"孔氏之遗书"，《中庸》是"孔门传授心法"；朱熹称《大学》是"孔子之言而曾子述之"。

④ 参见新觉编：《中山先生思想概要》，爱知社 1925 年版，第 101—110 页。

戴季陶将孙中山思想与儒家道统联系，并非始自《孙中山主义之哲学基础》一文。孙中山去世后，他写了一副挽联，说孙中山"继往开来，道统直承孔子；吊民伐罪，功业并美列宁"①。随后，他又发表《孝》一文，指出孙中山所创行的三民主义"是以复兴文化为基础"。而他所讲的"复兴文化"，是指赋予忠孝、仁爱、信义、和平等传统伦理以时代的内涵，以焕发"中国文化的新生命"②。接着，他又在应钱玄同之邀、经吴稚晖引介而作的《孙中山先生著作及讲演纪录要目》③中，将《军人精神教育》一书作为"先生之伦理哲学观"和"国民教育之基本原理"。他认为，孙中山在此书中提出的"智仁勇"和"一"（"诚"）之德，"一依古训"，由此反映出孙中山为"继往开来之大圣"而"承中国之正统思想"④。可见，戴季陶在《孙中山主义之哲学基础》一文发表前就已多次宣扬儒家"道统"或"中国正统思想"为孙中山思想的哲学基础。

戴季陶之所以将孙中山视为儒家道统或中国正统思想的继承者，主要有以下原因：一是源自孙中山本人的说法。戴季陶自 1912 年到 1925 年，就一直担任孙中山的秘书与翻译（日语），在思想上可谓是孙中山的忠实信徒，在传播和探讨孙的三民主义思想和伦理思想方面不遗余力。二是受东方文化派的影响。"东方文化派"是五四新文化运动时期中国社会出现的一批以东西文化论战为契机，进而倡言东方文化足以救西方文化之弊、主张弘扬和光大东方文化的知识分子及其观点的总称，代表人物有杜亚泉、梁启超、梁漱溟、张君劢、章士钊等。他们既主张进化，认同吸收西方文明之精髓以重建中华文明，又与主张西化派、马克思主义学派保持一定的距离，其在理性地批判、整理中国传统文化时，始终坚持文化民族主义操守。⑤而戴季陶对传统文化的重视，也应受东方文化派高扬民族文化的影响。

① 民权书局编：《中山先生荣哀录》，民权书局 1926 年版，第 25 页。
② 戴季陶：《孝》，《民国日报·觉悟》1925 年第 3 卷第 20 期。
③ 参见钱玄同：《介绍戴季陶先生的〈孙中山先生著作及讲演纪录要目〉》，《语丝》1925 年第 25 期。
④ 戴季陶：《孙中山先生著作及讲演纪录要目》（1925 年 4 月 14 日记），《民国日报·觉悟》第 4 卷第 24 期，1925 年 4 月 24 日。
⑤ 参见袁立莉：《"东方文化派"思想研究》，黑龙江大学出版社 2013 年版，第 1 页。

二、民生哲学的框架之作：《民生哲学系统表及说明》

继《孙中山主义之哲学基础》讲词发表后，戴季陶又开始构思孙中山的民生哲学系统，随后发表了《民生哲学系统表及说明》这一民生哲学系统的框架之作。《中华民国史事纪要》称 5 月 19 日："中国国民党中央执行委员戴传贤于三中全会发表《民生哲学系统表》，阐述研究国父思想九项要点"[①]。这里的"发表"不是指在报刊上发表，而是本次会议上的"发送"。邵元冲的日记记载道：（五月）十九日，"午前十时赴大本营，开中央执行委员会全体预备会议。……六时至广东大学应邹海滨（鲁）等之约，与海滨、（戴）季陶、展堂（胡汉民）、（蒋）介石共商此后进行方针。……九时顷散归，阅'民生主义'，至十一时后寝"。（五月）二十一日，"（晚）十时顷归，为《民国日报》撰文一首。"[②] 邵元冲可能是在"5 月 19 日"接受了戴季陶发送的《孙文主义民生哲学系统表》后，还接受了戴季陶请他写一篇评论准备在《广州民国日报》上发表的任务，于是他当晚就阅读了孙中山的《民生主义》作为写这篇评论的参考资料。这篇评论于 5 月 21 日完稿，并取篇名为《我们要做纯粹的孙文主义信徒》，于 5 月 23 日在《广州民国日报》第 2 版登出。

《民生哲学系统表及说明》是由"表"和"说明"两部分构成。"表"是戴季陶在收罗孙中山生前的论著和讲演纪录（见戴季陶的《孙中山先生著作及讲演纪录要目》一文）的基础上而设置一个"民生哲学系统"的理论框架，将孙中山的基本理论和观点进行编排归类而形成的。该"表"将"民生哲学系统"大致分为三个层次："诚"居于最高层；"知、仁、勇"居于中间层；"三民主义"居于最底层。其中"诚""仁""勇"属于道德范畴，"知"属于认识范畴。"仁"似乎分为伦理方面（忠孝、仁爱、信义、和平）、政治方面（三民主义）和历史观方面（"民生为历史的中心"的民生史观）。"诚"和"知、仁、勇"属于"民族精神"的内容，合言之，四者均为"民族精神之原动力"，分言之，"仁"的伦理方面为"民族精神之抽象表现"，"仁"的政治方面为"民族精神之具体

[①]　中华民国史事纪要编辑委员会：《中华民国史事纪要（初搞）——民国十四年（1925）一至六月份》，台湾"中华民国国史馆"1987 年版，第 538 页。

[②]　王仰清、许映湖：《邵元冲日记（1924—1936）》，上海人民出版社 1990 年版，第 154 页。

表现"。《民生哲学系统表》中只有"博学、审问、慎思、明辨、笃行"来自孙中山 1924 年 11 月 11 日在国立广东大学成立典礼上亲笔题写的校训词。由于这些理论观点和范畴并非出自某一论著，而是汇聚孙中山在不同时间、不同场合的言论而成，而在理论、观点和范畴的整合过程中难免会出现偏离孙中山本意的"变味"现象。例如，"知仁勇"在孙中山表达的是军人道德和军人精神，在这些"精神"之上还有"物质"这个"体"，但在"表"中却不见本应置于高位的"物质"。又如，"民生"在孙中山那里为"历史的中心"，而在"表"中却被置于"仁"之下。这样的设置，自然将孙中山的哲学引向了唯心论。"说明"是研究孙文主义要注意的九个要点，主要概括孙文主义的渊源、要旨和精神。[①] 一是渊源。即"孙中山的基本思想完全渊源于中国正统思想的中庸之道"、孙中山为"中国道德文化上继往开来的大圣"。二是要旨。即三民主义的"原理"全部包含在"民生主义"之内；三民主义的"原始目的"在于"恢复民族的自信力"，"始终目的"在对治资本主义之社会病而建设"新共产社会"，"实行方法"在"以全民族之共同努力完成国民革命"；民生主义与共产主义"目的"相同而"哲学基础"和"实行方法"完全不同；"民生为宇宙大德之表现，仁爱即民生哲学之基础"，"民生哲学的伦理性"。三是精神。即"智识"包含近代的最新科学和科学方法；"努力"在以革命手段救国救民，实现三民主义；"全人格"在以"仁爱"为基本。同时"说明"还强调以孙文主义作为国共双方建立共信互信的思想基础。

由于《民生哲学系统表及说明》只是概括地表达了戴季陶对孙中山的民生哲学和孙中山的人格的赞赏态度，并没有对这些观点进行具体的展开，而这些观点无论对国民党左派和右派，都是可以承受的，所以在国民党内部也就没有出现批评的声音。由于《民生哲学系统表及说明》的发送是有选择的，并没有多少共产党员接收到。再加上《民生哲学系统表及说明》没有直接将他所提出的孙中山的民生哲学与共产党的哲学完全对立起来，也没有直接表达对国共合作的不满，因而在当时也没有遭到共产党的权威人士的批评。

---

① 参见蒋中正：《总理遗教六讲》，军事委员会政治部 1938 年 6 月印行，第 152 页。

三、民生哲学的成熟之作：《孙文主义之哲学的基础》

当然，戴季陶最为系统地揭示民生哲学的著作，还是他 1925 年 6 月在上海完稿的《孙文主义之哲学的基础》一书。不过，该书何时问世，也有不同的说法。按照《中华民国史事纪要》的说法，戴季陶于 6 月间发表震惊一世之《孙文主义之哲学的基础》一书。① 邵元冲在《读〈国民革命与中国国民党〉书后》中说他回上海后，"晓得季陶更在做进一步的努力，著成《孙文主义之哲学的基础》一本小册子"②。而邵元冲寓居上海的时间是 6 月 15 日至 7 月 27 日，其间多次与戴季陶会面交谈。③ 这就说明，戴季陶此书最早是在 6 月份以小册子的形式由中国国民党上海执行部印刷，内有孙文和作者的演讲照片。1925 年 7 月，该书首次由上海民智书局公开出版。④1925 年 8 月，该书出了校正增补第 2 版，即《增订孙文主义之哲学的基础》。该版在周佛海的《中山先生思想概观》一书中所登"广告"指出："全书经戴先生自己校正过，并增加了四分之一。看过第一版的，务必请看第二版。"⑤

《孙文主义之哲学的基础》一书，将《孙中山主义之哲学基础》一文的内容作了扩充和修正，对孙中山论著的介绍也更为具体。其扩充和修正的地方主要表现在：

一是对民生史观的阐释。他将民生的内容从原来"食衣住行"四项加至"食衣住行育乐"六项，引用孙中山的"民生四义"，阐发"民生是历史的中心"⑥。他还具体阐发了民生与文化（道德）的关系。他把人类用发明和工作的能力利用自然界的事物来供给人类"食衣住行乐"五样享受称作"文化"。他认为，离却"发明和工作"，就没有"文化"和"民生"（"食衣住行乐"）；离却"民生"（人类生存的需要），就没有"发明和工作的价值"；离却"道德"（智仁勇的德性和贯彻

① 参见中华民国史事纪要编辑委员会：《中华民国史事纪要（初稿）——民国十四年（1925）一至六月份》，台湾"中华民国国史馆"1987 年版，第 539 页。

② 邵元冲：《我们要做纯粹的孙文主义信徒》，《广州民国日报》1925 年 5 月 23 日第 2 版。

③ 王仰清、许映湖：《邵元冲日记（1924—1936）》，上海人民出版社 1990 年版，第 163—174 页。

④ 戴季陶：《孙文主义之哲学的基础》，民智书局 1925 年版，第 69 页。

⑤ 周佛海：《中山先生思想概观》，民智书局 1926 年版，版权页。

⑥ 戴季陶：《孙文主义之哲学的基础》，民智书局 1925 年版，第 13—15、34 页。

智仁勇德性的至诚），就没有"创造文化的能力"。总之，一切"文化"都是以"民生"（人类的生存）为目的；离却"民生"，就没有"文化"和"道德"。[①] 但另一方面，"仁爱是民生的基础"[②]，这又突出了"道德"对"民生"的"基础"作用，从而使对"道德"与"民生"关系的理解滑入唯心主义。

二是对中国革命特殊性的阐发。他认为，马克思的唯物史观的价值在于它的"革命性"，用以说明"社会革命"很容易使"劳动阶级"的人生出"革命的觉悟"来，但它只能说明"阶级斗争的社会革命"，不能说明"各阶级为革命而联合的国民革命"。而孙中山的民生哲学不但可以说明"各阶级为革命而联合的国民革命"，并且可以解释"一切的革命历史"。[③] 与此相联系，马克思的共产主义是以"无产阶级直接革命""阶级专政"去"打破阶级"；孙中山的民生主义是以"国民革命""革命专政"去"渐进地消灭阶级"。[④] 他根据孙中山的民生史观而指出"阶级的对立"是社会的"病态"，不是社会的"常态"。他认为，各国的"病态"都不一样，各国"治病"的方法也不能同。就中国的社会来说，没有"很清楚的两阶级对立"，就不能完全取"两阶级对立"的革命方式，更不能等到有了"很清楚的两阶级对立"才来革命。中国的革命与反革命势力的对立是"觉悟者与不觉悟者"的对立，而不是"阶级"的对立，故要促起"国民全体的觉悟"，而不是促起"一个阶级的觉悟"。就中国数十年革命事实来说，中国的"革命者"并不出于"被支配的阶级"，而大多数出于"支配阶级"，而且是"由知识上得到革命觉悟的人"为大多数"不能觉悟的人"去革命。革命是由先知先觉的人"发明"，后知后觉的人"宣传"，大多数不知不觉的人"实行"才得成功，并且"革命的利益全是为不知不觉的人的利益"。因此，他主张"阶级斗争"不是革命的唯一手段，在"阶级斗争"之外更有"统一革命"的原则。[⑤]

三是对文化自信的阐释。他认为，民族的盛衰，在于民族对于"文化的自信力"；有了"民族的自信力"，才能创造文化；能够不断继续创造文化、发展文化，才有民族的生命及其发展；有了民族生命的发展，才可得到世界的和平与大

---

① 戴季陶：《孙文主义之哲学的基础》，民智书局 1925 年版，第 50—51、60 页。

② 戴季陶：《孙文主义之哲学的基础》，民智书局 1925 年版，第 34 页。

③ 戴季陶：《孙文主义之哲学的基础》，民智书局 1925 年版，第 63 页。

④ 戴季陶：《孙文主义之哲学的基础》，民智书局 1925 年版，第 19 页。

⑤ 参见戴季陶：《孙文主义之哲学的基础》，民智书局 1925 年版，第 39—40 页。

同。所以，国民革命的基础第一是站在"民族的自信"上面，而"民族的自信"更是由"民族光荣的历史"发生出来。如果失却了"能作的自信力"，一切所作都无从产生。① 他把孙中山作为继承民族文化和民族精神的"一个绝好的模范"②，认为孙中山的一个"特点"就是"随时随地都尽力鼓吹中国固有道德的文化的真义，赞美中国固有道德的文化的价值"，说明要复兴中国民族，先要复兴"中国民族文化的自信力"，有了这一个"自信力"，才能够辨别是非，认清国家和民族的利害，为世界的改造而尽力。换言之，有了"民族的自信力"，才能把全中国的人组织起来，努力于"革命事业"。③ 戴季陶还认为，孙中山是最热烈的主张"中国文化复兴"的人，却对"西方文化"持反对态度，要"对欧洲文化基本思想宣战"。故孙中山主张三民主义之思想基础不是由"西方文化"而来，反倒是俄国革命的"成功"受"三民主义的教训"之赐。④ 戴季陶还认为，孙中山的思想完全是"中国的正统思想"，就是"继承尧舜以至孔孟而中绝的仁义道德的思想"，是"二千年以来中绝的中国道德文化的复活"⑤。因此，孔子的民生哲学理论就是孙中山所继承的理论。⑥

四是对三民主义思想基础的阐释。戴季陶指出："共产主义是很单纯的以马克思的唯物史观为理论基础的。而民生主义是以中国固有之伦理哲学的和政治哲学的思想为基础。"⑦ 这是要在共产主义与民生主义、唯物史观与民生哲学之间划清界限。他还指出："三民主义的思想基础是民生哲学"⑧；"民生主义是三民主义的本体"⑨。这些观点既对国民党的哲学理论产生重要的影响，也在国民党学者中带来了不少的争论。

---

① 参见戴季陶：《孙文主义之哲学的基础》，民智书局 1925 年版，第 9 页。
② 戴季陶：《孙文主义之哲学的基础》，民智书局 1925 年版，第 11 页。
③ 参见戴季陶：《孙文主义之哲学的基础》，民智书局 1925 年版，第 8—9 页。
④ 参见戴季陶：《孙文主义之哲学的基础》，民智书局 1925 年版，第 33—34 页。
⑤ 戴季陶：《孙文主义之哲学的基础》，民智书局 1925 年版，第 43 页。
⑥ 参见戴季陶：《孙文主义之哲学的基础》，民智书局 1925 年版，第 52 页。
⑦ 戴季陶：《孙文主义之哲学的基础》，民智书局 1925 年版，第 18 页。
⑧ 戴季陶：《孙文主义之哲学的基础》，民智书局 1925 年版，第 64 页。
⑨ 戴季陶：《孙文主义之哲学的基础》，民智书局 1925 年版，第 17 页。

四、民生哲学基本概念的澄清：《孙文主义之哲学的基础》

1927 年 3 月 12 日是孙中山先生逝世二周年纪念日，日本《支那时报》记者当日特赴热海访问中国国民党赴日专使戴季陶，戴季陶长谈"民生哲学"的基本概念。本次访谈的内容以《孙文主义之哲学的基础》为题，先发表在 1927 年 4 月 1 日发行的《支那时报》（东京）上。① 随后，该文被收入戴季陶演讲、陈以一编的《东亚之东》一书中，于 1927 年 6 月 23 日出版，由中华书局等出版社代售。编者认为，读该篇即可"了然于三民主义之思想的倾向，并得谅察国民党对于民生之观念"②。1929 年，该文又被时希圣编入《戴季陶言行录》（第 263—267 页）中，由上海广益书局 6 月出版。后来，王贻非在将该文收入其编辑的《戴先生三民主义讲演集》（江西省三民主义文化运动会 1941 年版）时，可能为避免与戴季陶的专著《孙文主义之哲学的基础》同名，而将该文改名为《三民主义之哲学的渊源》。改名后的《三民主义之哲学的渊源》一文，后被收入陈天锡所编的《戴季陶先生文存三续篇》（中国国民党中央委员会党史史料编纂委员会 1971 年版）和蔡尚思主编的《中国现代思想史资料简编》第 2 卷（浙江人民出版社 1982 年版）中，但两者可能都未读《东亚之东》一书，未查该文来历，故均错误地标注为戴季陶 1925 年讲演之作。

《孙文主义之哲学的基础》一文主要是戴季陶对民生哲学中基本概念的解释，包括"诚""智""仁""勇"等。一是"诚"。他认为，"诚"就是"择善而固执之"，是"指示择善固执始终贯彻之大决心"。"诚"贯"智仁勇"而为一，是"勇"之"出发点"，是"民族精神之原动力"。孙中山的三民主义是自"孔子之思想系统"递嬗而出，是以"诚"字为基础而成的"民族的哲学"。③ 二是"智"。他认为，"智"在佛教上谓之"无上正觉道"。"智"之能力须一贯于先知先觉、后知后觉和不知不觉中，先知先觉以此言传于后知后觉，然后使不知不觉者亦知亦觉，即是"智"。"智"之目的在于"知仁"。"智"之内容不外于学问与经验。"学"之"用"在修身、齐家、治国、平天下。所谓治国平天下，就是"将人类当然享受之衣食

---

① 参见戴季陶演讲，陈以一记述：《东亚之东》，中华书局 1927 年版，第 29 页。

② 戴季陶演讲，陈以一记述：《东亚之东》，中华书局 1927 年版，第 29 页。

③ 参见戴季陶演讲，陈以一记述：《东亚之东》，中华书局 1927 年版，第 29—30 页。

住行育乐归于平等"。唯物史观的"阶级斗争"和唯心史观的"无何有之乡求一幻境"皆为"未尝含有仁"的"片面的智"。而孙中山含有"仁"之内容的"智"，乃是"全方面"之"智"。① 三是"仁"。他认为，"仁"即"泛爱众"之谓。"仁"既为民族精神抽象的表现，即"忠孝仁爱信义和平"，它是"占民生上历史之中心"；亦为民族精神具体的表现，即"天下为公"，它是"三民主义之源泉"。② 四是"勇"。他认为，"勇"既表现为"当仁不让"，又表现为"不仁之举，必恐惧不敢行"。"行仁"不可无"勇"。③ 最后，他总结说："智仁勇三者，一言以蔽之曰诚。抱择善固执始终贯彻而不变之决心，始能解决民族问题民权问题民生问题三者，各得其所，不偏不倚，是为孙文主义民生哲学所生之基本观念。由此以推，乃知孙文主义之民生哲学，实继承孔子之思想系统，用诸现代，使不相悖。"④

不过，戴季陶在此文中明确指出："所谓大同者，其目的非马克思主义唯物史观所生之共产主义，乃根据唯心论融会各阶级之思想以成新社会主义。"⑤ 这意味着他将孙中山的民生史观理解为"唯心论"，而与马克思主义的唯物史观相对立。

第四节 "民生哲学"与"民生史观"概念和理论提出后的反响

"民生哲学"和"民生史观"都是戴季陶提出的概念，但由于"民生哲学"的概念和理论出自戴季陶自己的著作中，自然它一出后就引起了思想界和政治界的关注。而"民生史观"是戴季陶在为别人的著作作序中提出的，往往不为人们所留意，所以知道戴季陶提出"民生史观"概念者甚少。

---

① 参见戴季陶演讲，陈以一记述：《东亚之东》，中华书局 1927 年版，第 30—31 页。
② 参见戴季陶演讲，陈以一记述：《东亚之东》，中华书局 1927 年版，第 31—32 页。
③ 参见戴季陶演讲，陈以一记述：《东亚之东》，中华书局 1927 年版，第 34 页。
④ 戴季陶演讲，陈以一记述：《东亚之东》，中华书局 1927 年版，第 34 页。
⑤ 戴季陶演讲，陈以一记述：《东亚之东》，中华书局 1927 年版，第 33 页。

一、"民生哲学"概念与理论的反响

戴季陶最初提出"民生哲学"的概念与理论系统，是针对中国共产党人所持的唯物史观而来的。他曾指出："应用唯物史观，说明社会革命，很容易使劳动阶级的人，生出革命的觉悟来。……但是马克思的唯物史观，能够说明阶级斗争的社会革命，不能说明各阶级为革命而联合的国民革命。中山先生的民生哲学，不但是可以说明各阶级为革命而联合的国民革命，并且把一切的革命历史，都在这一个原则下面解释出来。所以国民革命下面的斗士，决定非信奉民生哲学不可。"① 就是说，唯物史观与民生哲学都是革命哲学，但前者是指导劳动阶级进行阶级斗争的社会革命，而后者则是指导各阶级进行联合革命的国民革命，所以要人们信奉民生哲学。他随即又说："更要切实将总理的民生哲学，何以成为指导国民革命之最高原则的缘故，考究明白，便可以晓得，我们今天在国民革命进程中，为农民工人而奋斗，绝不须用唯物史观做最高原则。争得一个唯物史观，打破了一个国民革命，绝不是革命者所应取的途径。"② 这实际上是将唯物史观与国民革命对立起来，要求人们抛弃唯物史观而以"总理的民生哲学"作为国民革命的最高原则。

戴季陶提出"民生哲学"概念与理论后，邵元冲随即给予了肯定的评价。首先是对《民生哲学系统表及说明》的评价。邵元冲指出："我本人以及许多与孙先生接近而时承训诲的人，都能够承认季陶同志所著的《孙文主义民生哲学系统表》是能够表示孙先生思想系统的。"③ 后来他又在《读〈国民革命与中国国民党〉书后》中不仅认为《表解》（即《民生哲学系统表及说明》）把孙中山的基本思想命名为"民生哲学"尤其适当，希望研究孙文主义、三民主义的人能以《表解》作为"指路碑"，还指出汪精卫、胡汉民也都称道《表解》"确是很忠实的研究成绩"，许崇智印了数万份发给全体士兵官佐。④ 也就是说，至少汪精卫、胡汉民、邵元冲、许崇智等国民党要员对戴季陶的《民生哲学系统表及说明》是持肯定和

① 戴季陶：《孙文主义之哲学基础》，民生书局 1925 年版，第 63 页。

② 戴季陶：《国民革命与中国国民党》（上编），季陶办事处印赠 1925 年版，第 49—50 页。

③ 邵元冲：《我们要做纯粹的孙文主义信徒》，《广州民国日报》1925 年 5 月 23 日第 2 版。

④ 参见戴季陶：《国民革命与中国国民党"附录"》，季陶办事处 1925 年版，第 83 页。

支持态度的。其次是对《孙文主义之哲学的基础》的评价。邵元冲指出：戴季陶的《孙文主义之哲学的基础》把孙中山先生几种重要著作"从思想的系统上作一个很深切而正确的叙述"，更从中国的思想史上说明"孙文主义"的地位，其价值"可以比得上考茨基之于马克思"①。

不过，国民党中也有对《孙文主义之哲学的基础》中的观点持异议者。孙镜亚认为书中值得商榷的观点有：一是"民生主义实在是三民主义的本体"之说，而他主张"民族主义、民权主义、民生主义是并重的、一贯的、相通的"②；二是"三民主义的思想基础是民生哲学"和"三民主义的全部著作可总名之曰民生哲学"之说，而他主张"三民主义的全部著作可总名之曰伦理哲学"，"三民主义的思想基础是博爱"③。茅祖权在 1925 年 12 月 8 日中国国民党中央执行委员会第四次全体会议上所作的对《孙文主义之哲学的基础》审查报告中，虽肯定了该书"与本党主义无违反"，但不认同其中"归咎宋钝初（教仁）"及"诸先烈为盲从"两点，主张"应通知戴同志删改，但不必用本党名义发行"④。

针对包括民生哲学在内的戴季陶主义，中国共产党人如陈独秀、瞿秋白、恽代英等进行了反击。

一是批判戴季陶的"道统论"和"中国文化至上论"。恽代英批判了戴季陶所鼓吹的"不相信中国固有文化的价值，便不能创造文化，便没有民族自信力"的中国文化至上论。而他认为，"中国文化"在世界文化史上犹如"犹太文化""埃及文化"一样有其"存在的意义"，但这与"民族革命的自信力"没有什么必要的关系。而且戴季陶所说的"中国文化"不过是"中国少数圣哲的伦理思想"，而这种思想非全中国人所"共有"和"独有"。正如我们不能说"马克思的学说是德国的文化，列宁的学说是俄国的文化"一样，我们也不能说戴季陶所咬定的所谓"正统"思想是"中国的文化"。他认为，"革命的能力"发源于"主义的信仰与群众的党的组织"，而非先承认"自己文化的价值"才配谈"革命"。⑤ 瞿秋

---

① 戴季陶：《国民革命与中国国民党"附录"》，季陶办事处 1925 年版，第 84—85 页。

② 孙镜亚：《对于〈孙文主义之哲学的基础〉之商榷》，三民公司 1926 年版，第 10 页。

③ 孙镜亚：《对于〈孙文主义之哲学的基础〉之商榷》，三民公司 1926 年版，第 5、32 页。

④ 荣孟源编：《中国国民党历次代表大会及中央全会资料（上册）》，光明日报出版社 1985 年版，第 363 页。

⑤ 恽代英：《读〈孙文主义之哲学的基础〉》，《中国青年》1925 年第 4 卷第 87 期。

白认为，戴季陶所谓"孙中山三民主义的哲学基础"竟只是"仁慈忠孝的伟大人格"和"继承尧舜禹汤周孔的道统"，而戴季陶又"继承孙中山的道统"，这完全是想把"革命"当做"慈善事业"，因而是一种"唯心论的道统说"①。他还指出，用所谓"仁慈主义"诱发资本家的"仁爱"性能，消弭阶级斗争，使世界人类进于大同，"真是空想"②。而他站在唯物史观的立场上指出，"国民革命的三民主义"只是"一般农工民众所切身感觉的政治经济要求"，用不着什么"道统""哲学思想"做"基础"。③ 陈独秀在列举了封建军阀张宗昌、荆嗣佑要以儒家旧道德来"正人伦，明天道"的言论后指出："想用旧的道德文化救国之戴季陶，想把中山先生从被人轻侮的革命党方面拉到被人尊敬的圣贤方面来继承尧舜禹汤文武周孔的道统之戴季陶，……听了张荆二位的议论，定会眉开眼笑地说一声'吾道不孤矣'！"④ 中共北方区委指出，"戴季陶主义"不是"中山主义"，"中山主义"的立足点是"站在中国民族解放革命运动观点之上"，而不是"继孔孟之道发挥中国固有文明"；"中山主义"是孙中山的"革命的战斗理论"，而不是孔子的"和平的道德学说"。⑤

二是批判戴季陶"仁爱论"和"阶级调和论"的资产阶级实质。戴季陶排斥"阶级斗争"，鼓吹只有"生活优裕的人"才能凭其"革命的智识与觉悟"去为"不觉悟的人"革命。恽代英则认为，若想靠少数治者阶级的"士大夫"来包办革命的事，则与戴季陶自己所说"要靠人民自身来解决才是切实正确"之说根本矛盾，亦绝不是"孙（中山）先生的意思"。而他认为，中国虽然还没有"很清楚的两阶级对立"，但仍应该向中国境内的外国资本家"宣战"，向将来不会很爽快地屈服于"国民党节制资本的政策"的中国资本家"预备宣战"。⑥ 陈独秀就戴季陶

---

① 瞿秋白：《中国国民革命与戴季陶主义》，《反戴季陶的——国民革命观（一）》，向导周报社1925年版，第1页。

② 瞿秋白：《中国国民革命与戴季陶主义》，《反戴季陶的——国民革命观（一）》，向导周报社1925年版，第14页。

③ 瞿秋白：《中国国民革命与戴季陶主义》，《反戴季陶的——国民革命观（一）》，向导周报社1925年版，第8页。

④ 陈独秀：《戴季陶之道不孤矣》，《向导》1925年第134期。

⑤ 柏尉：《我们最近在北方国民党工作中应取的态度（1925年11月25日）》，《中共中央北方局——北方区委时期卷》，中共党史出版社2000年版，第193页。

⑥ 恽代英：《读〈孙文主义之哲学的基础〉》，《中国青年》1925年第4卷第87期。

"争得一个唯物史观，打破了一个国民革命"之说提出了尖锐的批评。他指出："你及你们的根本错误，乃是只看见民族争斗的需要而看不见阶级争斗的需要。"他认为，唯物史观论者并不否认"中国民族争斗的需要"，但不能抹杀"阶级争斗的需要"。若要拥护工农群众的利益，而不取"争斗"的形式，以为"可以仁爱之心感动资产阶级使之尊重工农群众的利益"，这"简直是欺骗工农群众的鬼话"！他指出："以国家和民族的需要为中心，一面排斥官僚买办阶级派之反革命，一面排斥无产阶级派之阶级争斗说，代以劳资调协说，以仁爱说欺骗工农群众，使他们安心尽那无权利的义务，为资产阶级的民族运动牺牲"，这显然是"各国民族的资产阶级政党之共同的理论"，并不是戴季陶所"特创"。[①] 瞿秋白指出："中国的工人阶级本来是因为受外国资本家的侵略剥削而参加国民革命的，当然同时也要反抗本国资本家的剥削"。中国的各被压迫阶级"反对国际资产阶级的阶级斗争"里就包含着"对内的阶级斗争"。而且中国工人农民阶级的觉悟愈高，阶级的斗争就愈有力量，他们参加国民革命的力量和反对世界的资产阶级（帝国主义者）的政治觉悟也愈高。所以中国工人农民的阶级斗争是"中国国民革命的先锋队、领导者"。所谓"纯正的三民主义"，却专以"反对阶级斗争"为宗旨，而以"民族文化""国家利益"做假面具。这样撇开"大多数农工民众利益"而说什么"国家民族利益"，实际上便是"资产阶级蒙蔽愚弄农工阶级的政策"。[②]

可见，戴季陶的民生哲学抛出后，就遭到国民党党内人士的批评和共产党人士的批判，国民党右派嫌他的反共思想还不够彻底，国民党左派和共产党又恨他的思想违背孙中山三民主义的革命精神和破坏国共合作。所以戴季陶曾感慨地说："十四年一年，为了想要从满地疮痍，人人迷醉的当中，把国民党从虚伪的共产病里面救起来。在孙总理逝世后，决心从思想上，阐扬孙总理很确实的中庸之道，和一切恶劣的环境决战。——左搅右搅，不单是共产党把我当仇敌，而在国民党当中，也受着大多数的反对。搅来搅去，我更衰败下去。"[③] 这是戴季陶1926年7月所表达的心情。当时正值国共合作北伐时期，掌握兵权的蒋介石觉得仍然要借用共产党的力量来完成北伐事业，故未公开支持国民党右派的反共清

---

①　陈独秀：《给戴季陶的一封信》，《向导》1925年第129期。

②　瞿秋白：《中国国民革命与戴季陶主义》，《反戴季陶的——国民革命观（一）》，向导周报社1925年版，第9页。

③　戴季陶：《八觉》，《新生命》1928年第1卷第1号。

党主张。但随着北伐战争取得了决定性的胜利，蒋介石便将"戴季陶主义"迅速转化为对共产党进行大屠杀大清洗以图实现国民党一党专政的理论依据。

二、"民生史观"概念及理论的反响

戴季陶先后提出了"民生史观"和"民生哲学"两个与"唯物史观"相对立的概念和理论，但表达两者对立的程度是有区别的。他对待"民生哲学"与"唯物史观"的关系时，是持"非此即彼"的态度。他说："我们今天在国民革命进程中，为农民工人而奋斗，绝不须用唯物史观做最高原则。"[①] 这实际上是将唯物史观与国民革命对立起来。故他主张"国民革命下面的斗士，决定非信奉民生哲学不可"[②]，实即要求人们抛弃唯物史观而以"总理的民生哲学"作为国民革命的最高原则。但他对待"民生史观"与"唯物史观"的关联时，是持兼容态度的，指出"（孙中山）先生的思想和马克思的思想是相关连的，不是相对立的。……中山先生的民生史观是第一原则，马克思的经济史观是第二原则，用马克思的经济史观可以更证明中山先生民生史观的真确，而不能减少中山先生思想的价值"[③]。这段话肯定了民生史观与唯物史观之间虽有差异，但还是相容的。

戴季陶提出"民生史观"概念和理论后，在第一次国共合作期间有恽代英、巫启圣、黄季陆等人采用过。恽代英基本赞同戴季陶"用马克思的经济史观可以更证明中山先生民生史观的正确，而不能减少中山先生思想的价值"的说法，但他反对戴季陶"争得一个唯物史观，打破一个国民革命，断不是革命者应取的途径"的说法，批评戴季陶"为什么自己矛盾到这步田地？"[④] 他认为，"孙文主义便是完全由唯物史观出发，应乎今日中国底经济的客观需要而来的"，因此反对"唯物史观"，便无异于"反对国民党，反对孙文主义"。[⑤] 这实际上是将孙中山

---

① 戴季陶：《国民革命与中国国民党》（上编），季陶办事处印赠 1925 年版，第 49 页。

② 戴季陶：《孙文主义之哲学基础》，民生书局 1925 年版，第 63 页。

③ 戴季陶：《再版序言（1925 年 8 月 4 日）》，载周佛海：《中山先生思想概观》，民智书局 1925 年版，第 2 页。

④ 恽代英：《唯物史观与国民革命》，《中国青年》1925 年第 4 卷第 95 期。

⑤ 恽代英：《唯物史观与国民革命》，《中国青年》1925 年第 4 卷第 95 期。

的民生史观作唯物史观的理解。黄季陆曾在孙文主义学会主办的讲演会上作了以"民生史观"为主题的演讲，对于民生史观与唯物史观之异点解释綦详，主张人类的幸福并非来自"阶级斗争"，而是来自"互相调和"；"民生史观"强调联络"全民众"而非"某一阶级"能"打倒帝国主义"。①

相对说来，戴季陶提出的"民生哲学"概念比"民生史观"概念在第一次国共合作期间知晓和采用的人更多，这是因为：

第一，戴季陶提出的"民生哲学"在当时有着强烈的反响，赞同者和批评者大都是冲着他的"民生哲学"而来的，而他提出的"民生史观"概念却很少有人去关注。因此，他提出的"民生哲学"概念远比他提出的"民生史观"概念给人的印象深刻。

第二，戴季陶尽管提出"民生史观"之名，但却将整理孙中山的民生史观的贡献归之于周佛海，他要人们关注的是他的民生哲学，而不是他提出的民生史观之名。

第三，戴季陶是在周佛海的《中山先生思想概观》中而不是在自己的著作中提出"民生史观"概念的，若未留意其中的《再版序言》，也就无从知晓他提出过"民生史观"概念。例如，王去病可能未睹《再版序言》，于是推测"民生史观"的字样大概是依着孙中山"民生为历史重心"的说法和受了戴季陶"民生哲学"的暗示而提出的，而戴季陶未尝示人以"民生史观"之说。②

第四，后人研究民生史观时，常将戴季陶的"民生哲学"当作"民生史观"来看待。例如，瞿辉伯认为孙中山的《三民主义》完成以后，因有戴季陶"民生哲学"的阐演而有了"民生史观"的主张③；高承元将戴季陶的民生哲学当做民生史观而将其民生史观称为"伦理史观"，并归入"唯理史观"一派④；赵剑华在介绍民生史观流派时，将戴季陶"偏于唯心论"的"民生哲学观"视为其中的一派。⑤

① 《孙文主义学会讲演会之第三日》，《申报》1926年2月25日第11版。
② 参见王去病：《"民生史观"论评》，《先导》1928年第1卷第5期。
③ 参见瞿辉伯：《民生史观论战》，《新广西旬报》第3卷第9期，1929年2月11日。
④ 参见高承元：《孙文主义之唯物的哲学基础（未完）》，《青天白日半月刊》1929年3月创刊号。
⑤ 参见赵剑华：《反唯心论的民生史观》，《新中国》1933年第1卷第1期。

三、"民生哲学"与"民生史观"概念提出的历史影响

戴季陶提出的"民生哲学"概念及其理论对国民党的官方哲学的建立具有重要的地位，这得益于蒋介石对戴季陶的"民生哲学"的推崇和宣扬。同时，也有一些国民党学者也对戴季陶的"民生哲学"持肯定态度。不过，随着"民生史观"和"唯生论"的先后登场热论，"民生哲学"的概念和理论一度遇冷。而"民生史观"的概念和理论基本在国民党和共产党中都被"接纳"（但不代表"接受"）而成为了一个公共的话语。所以，"民生史观"的历史影响会更大些，主要表现在以下两个方面。

（一）学术影响：它使孙中山的社会历史观有了统一的称谓

孙中山生前没有给自己的社会历史观独立命名，而是包藏在混沌的"民生主义"名下。他去世后不久，思想界对他的社会历史观的总结可谓五花八门。例如，曾琦称孙中山的社会历史观"极端相信人心能力"，与"谓人类之精神随经济为转移"的唯物史观信仰者大异其趣。① 朱经农仍以"民生主义"称谓孙中山的社会历史观，认为它与威廉的社会史观若合符节。② 直到戴季陶，才将孙中山的社会历史观冠以"民生史观"之名。因此，"民生史观"概念的产生，为后世探讨和理解孙中山的社会历史观创造了公共的话语。

（二）思想影响：它使国共两党的意识形态有了清晰的界线

20 世纪 20 年代初，孙中山领导的资产阶级革命在经受了北伐"护法"失败、陈炯明叛变等严重打击而陷入绝望之际，采取了"联俄、联共、扶助农工"的三大政策，以共同完成"反帝反军阀"的革命目标。但他又不愿将中国共产党所信奉的唯物史观作为国共合作的思想基础，而是在威廉的"社会史观"的启发下创立了"民生史观"理论，以与唯物史观相抗衡。而在整个国民革命时期，"唯物史观"占了极重要的地位，辩证唯物论在青年中颇为流行，迫使三民主义者成立

---

① 参见曾琦：《悼孙中山先生并勖海内外革命同志》，《醒狮》1925 年第 24 期。

② 参见朱经农：《孙中山先生学说的研究》，《东方杂志》1925 年第 22 卷第 7 期。

"民生史观"来谋求"理论的自立与对抗"①。"民生史观"概念的提出，标志着国民党右派理论家意图构建国民党独立的哲学形态来抗衡中国共产党所信奉的马克思主义哲学形态的开始，同时也反映出国共两党从合作到分裂的嬗变过程。自从国民党内部结束"民生史观"争议而确立"民生史观"信仰后，是坚持"民生史观"还是坚持"唯物史观"，便成了国共两党意识形态领域的分水岭。例如，胡汉民曾建议童行白将《唯物史观与民生史观析论》书名改为"民生史观之析论与唯物史观之批评"②，以彰显两者的对立。陈立夫将"民生史观"视为"新生活"的哲学基础，主张"确立民生史观的信仰"③。蒋介石认为"唯物史观"与"唯心史观"都是一偏，唯有以"民生哲学"为基础的"民生史观"才能说明"人生的全部与历史的真实意义"。④ 毛泽东认为国共两党信仰的三民主义与共产主义有着相反的宇宙观，前者是"民生史观或唯生论"，后者是"辩证唯物论与历史唯物论"。⑤

---

① 青锋：《"民生史观"论评》，《科学思想》1929 年第 14—15 期合刊。
② 童行白：《唯物史观与民生史观析论》，南华图书馆 1929 年版，"代序"第 1 页。
③ 陈立夫：《新生活与民生史观》，正中书局 1934 年版，第 67 页。
④ 蒋介石：《三民主义之体系及其实行程序》，《青年中国季刊》1939 年第 1 卷第 1 期。
⑤ 毛泽东：《新民主主义论》，《解放》1940 年第 98—99 期合刊。

第五章　近代民生哲学的历史发展（三）

——国共分裂后民生史观的大讨论

（1928—1933）

自 1927 年"七一五"反革命政变彻底终结国共合作以后，国民党开始独立地为反动统治寻找理论基础，由此展开了数年（1928 年 1 月至 1933 年 11 月[①]）的"民生史观"问题大讨论，也使近代民生哲学的发展进入第三阶段。

第一节　民生史观大讨论的时代背景

大革命失败后，中国革命处于低潮。国民党反动派为了摧毁中国共产党的理论基础，极力鼓吹以他们歪曲的三民主义作为中国唯一的指导思想。然而，国民党内部的权力争斗和派系混乱，又使国民党的哲学无法统一，围绕"民生史观"问题展开了声势浩大的大讨论。而西方最近自然科学和哲学的输入，也使各派对"民生史观"的解读呈现出五花八门的现象。

一、思想统一与内部纷争

由国共两党合作于 1924 年至 1927 年间开展的反帝反封建的大革命被以蒋介

[①] 随着陈立夫的《唯生论（上）》的专著 1933 年 11 月由中央政治学校印刷，1934 年 7 月由南京正中书局首次公开出版，国民党的官方哲学才进入一个新的发展阶段。

石、汪精卫所代表的地主豪绅、买办阶级结成的反革命联合阵线共同绞杀后，迫使中国共产党人走向了武装夺取政权的革命道路。国民党反动派"清党"结束后，便立即着手意识形态的大调整。南京国民政府成立伊始，国民党就公开宣称："唯三民主义为适合于中国之革命主义，唯国民党之主义，能使革命趋于民众化，亦唯国民党之主义，能使民众归于革命化"①；还声言"惟三民主义为救中国之唯一途径，亦惟三民主义为造成新世界之唯一工具，本政府所行政策，惟求三民主义之贯彻，凡反对三民主义者即反革命，反对国民革命而有阶级独裁者即反革命"。②1928 年 2 月，蒋介石在中国国民党二届四中全会上所致的"开幕词"中要求国民党人共同一致反对共产党，不仅反对共产党的"主义"，而且要反对共产党的"理论与方法"。③本会的《宣言》秉承了蒋介石的意旨，提出"不特从组织和理论上绝对肃清共产党和共产主义，尤必须从组织与理论上建设真正的三民主义的中国国民党。"④1928 年 7 月，蒋介石在北平演讲时，强调"思想之统一，比什么事情都要紧"，主张"中国要在二十世纪的世界谋生存，没有第二个适合的主义，只有依照总理的遗教，拿三民主义来做中心思想，才能统一中国，建设中国。"⑤1929 年 3 月，胡汉民在国民党"三大"上所致"开幕词"中认为"总理的全部遗教"是以"三民主义的实现"为依归，要求全党同志对于"总理给我们的遗教"，"只要去奉行，只要摸着纲领，遵循着做，不要在总理所给的遗教之外，自己再有什么创作"。⑥本会的《宣言》又以胡汉民的"三民主义连环论"为依据，强调"三民主义为国民革命唯一之准则"⑦。本会通过的"决议"还确定

---

① 《国民政府定都南京宣言》，《广东青年》1927 年第 6 期。
② 《民国政府贯彻三民主义之宣言与通电》，《护党求国重要文件汇编》，淞沪警察厅政治部 1927 年版，第 41—42 页。
③ 参见荣孟源主编：《中国国民党历次代表大会及中央全会资料》（上册），光明日报出版社 1985 年版，第 507 页。
④ 荣孟源主编：《中国国民党历次代表大会及中央全会资料》（上册），光明日报出版社 1985 年版，第 516 页。
⑤ 蒋介石：《中国建设之途径》（1928 年 7 月 18 日），《三民主义历史文献选编》，中共中央党校科研办公室 1987 年版，第 298 页。
⑥ 荣孟源主编：《中国国民党历次代表大会及中央全会资料》（上册），光明日报出版社 1985 年版，第 617、619 页。
⑦ 荣孟源主编：《中国国民党历次代表大会及中央全会资料》（上册），光明日报出版社 1985 年版，第 621—622 页。

了包括《三民主义》等在内的"总理主要遗教"为"训政时期中华民国最高之根本法"①。因此，尽管国民党内派系林立，但都坚持以"三民主义"为最高指导原则，他们所持的"三民主义"，完全斩断了与中国共产党所提倡的而为孙中山所包容的"共产主义"之间的联系。

然而，国民党叛变革命以后，不仅没有使中国走向统一，连国民党内部也没有实现统一。整个中国在新旧军阀的统治下，仍是派系林立，各霸一方，各自为政。一是奉系军阀张作霖于 1927 年 6 月在北京就任"中华民国军政府大元帅"。二是汪精卫等人于 1927 年 3 月在武汉成立武汉国民政府。三是蒋介石发动"四一二"政变后在南京建立南京国民政府。四是早在 1926 年 3—4 月间由西山会议派在上海成立伪中央委员会。于是在国民党背叛革命的初期，中国同时存在着宁（南京）、汉（武汉）、京（北京）、沪（上海）四个新旧反革命政权，其中宁、汉、沪是三个分裂的国民党中央。南京政府内部的桂系李宗仁、白崇禧自恃桂系战斗力强、势力大，形成介乎蒋、汪之间的第三种势力。冯玉祥派与国民联军占据以洛阳为中心的河南、陕西等地。晋系军阀阎锡山以山西为地盘。于是又在国民党内形成了蒋、冯、阎、桂四大新军阀集团。② 在 1928 年至 1931 年间，先后发生了北伐奉张（1928 年）、蒋桂战争（1929 年）、蒋冯战争（1929 年）、"护党救国大同盟"举兵反蒋（1929 年）、中原大战（1930 年）、粤桂军北伐讨蒋（1931 年）等纷争与混战。各新军阀集团内部构成成分也相当复杂，各势力时常在投靠与背叛之间游动以获取利益的最大化。1931 年 11 月至 12 月间国民党"四大"居然分别在拥蒋派所在的南京和反蒋派所在的广州和上海几乎同时召开，随即国民党四届一中全会对国民政府进行了改组，选林森为国民政府主席，孙科为行政院院长，蒋介石下野。但到 1932 年 1 月，广州的国民政府宣布取消，国民党内部由蒋、汪、胡的对立又演变为蒋介石、汪精卫与胡汉民、孙科的对立。③

此外，宋庆龄、邓演达等国民党左派人士于 1927 年 11 月在莫斯科以"中国国民党临时行动委员会"的名义发表《对中国及世界革命民众宣言》，该组织于

---

① 荣孟源主编：《中国国民党历次代表大会及中央全会资料》（下册），光明日报出版社 1985 年版，第 654 页。

② 参见李友仁等：《中国国民党简史（1894—1949）》，档案出版社 1988 年版，第 95 页。

③ 参见李友仁等：《中国国民党简史（1894—1949）》，档案出版社 1988 年版，第 176 页。

1930 年 8 月在上海正式成立。国民党十九路军将领蒋光鼐、蔡廷锴等联合国民
党内李济深、陈友仁和第三党领袖黄琪翔等反蒋势力，于 1933 年 11 月在福州成
立"中华共和国人民革命政府"。

国民党内部派系林立互相对立、纷争与混战，国民党领袖人物（如蒋介
石、汪精卫、胡汉民等）之间为争夺国民党的最高权力而明争暗斗，也使各
派及其理论代表对三民主义理论的解读和运用呈现出五花八门、相互批判的
混乱景象。

二、最近自然科学的输入

近代中国人了解西方最新自然科学成果常通过日本学者的论著来获取。早在
1926 年，日本学者田边元的《最近自然科学》一书就在中国翻译出版。该书内
容包括："自然科学的特色""近世机械的自然观"（涉及伽利略和牛顿的物理学、
化学中的原子说、光电理论和机械的自然观、能常住原则和机械的自然观）、"电
磁的物质观"（涉及真空放电和电子、放射性和物质的蜕变、物质的电磁构造）、
"新力学"（涉及电磁的实量、罗伦彻的假说、绝对和相对运动的理论、相对性原
理、运动定律和宇宙引力新理论）、"不连续的自然观"（涉及电磁的自然观的不
连续性、量子论）、"现代自然观的哲学的批判"[涉及时空的相对性、实体的能
（附能的一元论）、连续观和原子观、机械观和电磁观]、"自然科学认识的意义"
（涉及定律、假说、自然科学和实在、自然科学和理想主义）。[①] 由于该书是作者
对自然科学的哲学考察，因而也表达了作者基于"最近自然科学"而提出的哲学
观。作者将旧的机械的自然观与现时的电力学的自然观相比较，即："一方以物
质为实体，以机械的运动为一切现象的基础；一方以能为实体，以电磁的现象为
一切现象的基础"[②]。他将前者与唯物论相联系，而将后者与唯能论相联系。他指
出："唯物论欲以物质现象的理论去解释精神现象，或以物质为一切的终极要素，
均不能谓为正当。……我们不能经验物质，所能经验的是由感觉和外界的能差而

---

① 参见 [日] 田边元：《最近自然科学》，周昌寿译，商务印书馆 1926 年版，"目录"。
② [日] 田边元：《最近自然科学》，周昌寿译，商务印书馆 1926 年版，第 115 页。

起的感官的反应，除能外不能认知何物，能方是唯一的实在。所谓生活现象，是能的一态变化成为另一态的定常的作用，可以称为定常的能流。意识也是神经能的特殊状态，一切现象，均可以能作为终极实在来说明，成为能的一元论。"①这就是说，他在唯物论与唯能论之间选择了后者。但他又认为，"能"本是科学上设来理解"自然界"的概念，不能完全适用于"精神界"。②在认识论上，他对马赫主义和实用主义都持批评态度，但他又主张"客观的对象，不能离开经验，只能在经验中现出"③，这又走向主观唯心主义。由于他是从哲学的视野来审视"最近自然科学"的价值的，所以所宣扬的唯能论对中国近代的唯能论以及借用电磁、能、量子等概念和相对论、波粒二象性等理论来解析本体论和宇宙论具有一定的启发作用。

与此同时，日本学者大町文卫的《最近自然科学十讲》（刘文艺译为《最近自然科学概观》）一书也随即译介到中国。该书内容包括"宇宙进化论""放射能论""电子论""相对性理论""量子论""胶质化学""遗传学""进化论""内分泌说""免疫血清学"十个方面。④作者对最近自然科学的介绍也有其哲学的思考，故他称"本书之目的，即欲选择最近科学界之代表的重要论说，而略述其大要，以明其及于吾人对于自然界的宇宙、物质、能、生命等之概念或思想上之影响。"⑤而中国学者之所以引入此书，一方面在于通过自然科学以"探求真理"；另一方面在于应用自然科学之原理以增进"物质文明"。⑥

田边元的《最近自然科学》和大町文卫的《最近自然科学概观》二书于1926年在中国相继出版后，又分别于1934和1931年在中国再版。它们对一些中国学者在这一时期乃至40年代从自然科学的层面解读民生史观及其形上基础时有一定的参考价值。

---

① ［日］田边元：《最近自然科学》，周昌寿译，商务印书馆1926年版，第125—126页。
② 参见［日］田边元：《最近自然科学》，周昌寿译，商务印书馆1926年版，第126页。
③ ［日］田边元：《最近自然科学》，周昌寿译，商务印书馆1926年版，第149页。
④ 参见［日］大町文卫：《最近自然科学概观》，刘文艺译，郑贞文校，商务印书馆1931年版，目录。
⑤ ［日］大町文卫：《最近自然科学概观》，刘文艺译，郑贞文校，商务印书馆1931年版，第3页。
⑥ 参见［日］大町文卫：《最近自然科学概观》，刘文艺译，郑贞文校，商务印书馆1931年版，"序"。

三、近代西方哲学的输入

近代中国学者在构建自己的民生哲学理论时，也离不开对近代西方哲学的借鉴与吸收。这一时期，西方各种哲学思潮开始系统地传入中国，瞿世英的《现代哲学》、李石岑的《现代哲学小引》等著作就是其中的代表。

瞿世英在《现代哲学》一书中将他所处的哲学时代形势称为"过渡时代"，认为当时的"科学信仰""现世主义""反主知主义新浪漫主义"等复杂的思想产生了丰富的哲学，出现了"唯心论""实验主义"和"实在论"三大派别。[①] 他还分别介绍了德国、法国、意大利、英国和美国的现代哲学以及怀悌黑（怀特海）的"科学的哲学"和步定的"宇宙进化论"。[②]

李石岑在《现代哲学小引》一书中介绍了"法意哲学"（包括拉维逊的"新唯心论"、勒努费的"新批判论"、傅叶的"观念力论"、居约的"生命主义"、布特鲁的"偶然性论"、柏格森的"直觉主义"、克洛杰的"精神哲学"）、"德奥哲学"（包括陆宰的"新观念论"、冯德的"意志本位论"、倭铿的"精神生活论"、李普士的"人格价值论"、史迪讷的"个人主义"、尼采的"超人哲学"、基尔克哥德的"体验哲学"、文德尔斑、李克特的"价值哲学"、柯亨的"系统理性哲学"、莆塞尔的"现象学"）、"英美哲学"（包括格林的"批评的唯心论"、布拉得勒的"纯感的唯心论"、鲍山葵的"具体的普遍论"、罗以斯的"忠义哲学"、詹姆士和杜威的"实用主义"、罗素、摩尔、柏雷的"新实在论"）。[③]

李石岑又分别对现代哲学的"形上学""认识论"和"价值论"三个组成部分的不同观点作了一一介绍。一是形上学，可分为："创造进化说的形上学"（柏格森为代表）、"心理学的形上学"（冯德为代表）、"精神科学的形上学"（倭铿为代表）、"价值学的形上学"（文德尔斑、李克特为代表）、"新有神论的形上学"（陆宰、莆塞尔、屈尔白、弗尔克特为代表）。二是认识论，可分为："实用主义派的认识论"（詹姆士、杜威、失勒为代表）、"马尔布兰学派的认识论"（柯亨为代表）、"西南学派的认识论"（文德尔斑、李克特为代表）、"德奥学派的认识论"（波尔

---

① 　参见李超杰、边立新：《20 世纪中国哲学著作大辞典》，警官教育出版社 1994 年版，第 20 页。

② 　参见瞿世英：《现代哲学》，文化学社 1928 年版，"目录"。

③ 　参见李石岑：《现代哲学小引》，商务印书馆 1931 年版，"目录"。

查诺、布霖塔诺、莪塞尔、迈农为代表）、"新实在论派的认识论"（罗素、柏雷为代表）。三是价值论（伦理学），可分为："生命本位的伦理说"（居约为代表）、"人格价值的伦理说"（李普士为代表）、"超人哲学的伦理说"（尼采为代表）、"纯粹意志的伦理说"（柯亨为代表）、"科学本位的伦理说"（罗素、摩尔为代表）。①李石岑对西方现代哲学思潮的介绍和评述，对于当时人们构筑民生哲学体系提供了各种思想资源。

不过，这一时期人们对民生哲学的大讨论，主要是围绕民生史观的主题展开的，瞿世英的《现代哲学》和李石岑的《现代哲学小引》等著作所提供的丰富资料大部分还用不上，因而影响还不大，而其主要影响还是自30年代的唯生论到40年代的三民主义哲学盛行时期。

四、国民党"清党"后的哲学选择

大革命失败后，国民党内部派系之争的背后又包含了哲学派别之争。而蒋介石最为感兴趣的仍然是戴季陶的民生哲学。

（一）国民党派系之争与哲学派别之争

大革命失败后，国民党的派系之争背后的哲学派别之争主要有以下表现形态：

一是新生命派中的"生观"。1927 年底，蒋介石经受短暂下野后回到上海时，想在上海办一份刊物，作为反映他所代表的国民党派别的利益和主张的宣传工具。于是他指定陈布雷、戴季陶、邵力子、陈果夫和周佛海五人为委员，由周佛海总负责。随后，他们决定将刊物定名为《新生命月刊》，并于 1928 年 1 月创刊。②而蒋介石也在该刊发表了《中国国民党与日本》（1928 年 4 月 1 日）、《革命与不革命》（1929 年 3 月 1 日）、《中国国民党国民革命和俄国共产党共产革命的区别》（1929 年 5 月 1 日）三文，表达了自己的政治立场和主义信仰。不过，随着萨孟武接任主编和陶希圣参与创办新生命书局，该刊物和书局所出作品的内

① 参见李石岑：《现代哲学小引》，商务印书馆 1931 年版，第 190—197 页。
② 参见周佛海：《往矣集》，古今出版社 1943 年版，第 47 页。

容更偏重于"学术性"，于是，"国民党左派的思想，甚至共产党的一些理论，也便一同裹挟而至。虽然他们一般仍然保有国民党的党性，但思想与蒋介石等人倡导的意识形态之间存在着差别"①。于是后人将主办《新生命月刊》、创办新生命书局，并在本刊本局发表作品的核心人物归入新生命派。而在哲学上，新生命派主要围绕戴季陶先前开启的"民生哲学""民生史观"和"三民主义的本体"等话题展开讨论，周佛海、萨孟武、梅思平、章天浪、金鸣盛、闫伯伦等人参与了讨论，目的是要确立三民主义的哲学基础（包括本体论），以对抗共产党信奉的马克思主义哲学，因他们的话题离不开"民生"（历史观）或"生"（世界观），我们可以将他们的哲学简称为"生观"。

二是改组派的"物观"。汪精卫在 1928 年 2 月召开的国民党二届四中全会上争夺南京国民政府大位失败后，一向追随汪精卫的国民党中央执行委员陈公博随即于 3—4 月间在上海《贡献》旬刊连续发表《国民革命的危机和我们的错误》长文，公开提出"中国国民党今日只有一条出路，就是'党的改组'"② 的号召；接着陈公博与顾孟余于 5—6 月间分别在上海创办《革命评论》（5 月 7 日创刊）和《前进》（6 月 1 日创刊）杂志，鼓吹改组国民党。1928 年冬，以汪精卫为领袖的国民党改组派在上海宣告成立。1929 年 2 月发表了《中国国民党改组同志会第一次全国代表大会宣言》，号召"继承孙总理的三民主义"，"重新改组中国国民党"③。而在哲学上，陈公博有个神逻辑，就是中国共产党放弃了马克思的唯物史观立场，而他要站在中国国民党改组派的立场来捍卫和运用唯物史观，也就是他所谓的"物观"。当时施存统在大革命失败后，既反对国民党屠杀政策，也不满共产党暴动，故在《中央日报》副刊上公开声明脱党，并跟随陈公博加入国民党改组派。他不仅在再造派的刊物《革命评论》上发表《对于今后革命的意见》（第 1 期）、《自信和共信》（第 2 期）和《城市小资产阶级与民主革命：答复迪可先生》（第 9 期）等文，且在《现代中国》杂志上提出"恢复（民国）十三年总理改组的国民党"④，在《民众先锋》刊物上提出"采用革命的手段"来对国民党"根

① 贺渊：《新生命研究》，社会科学文献出版社 2011 年版，第 4 页。
② 陈公博：《国民革命的危机和我们的错误（续）》，《贡献》1928 年第 2 卷第 5 期。
③ 荣孟源主编，孙彩霞编：《中国国民党历次代表大会及中央全会资料》（上），光明日报出版社 1985 年版，第 554 页。
④ 施存统：《第三党问题》，《现代中国》1928 年第 1 卷第 4 期。

本改组"①，表明他当时站队于改组派阵营。所以，陆定一就指斥谭平山（实被误批）、施存统、陈公博等人以"马克思主义者""列宁主义者""物观派""史观派"的头衔自称自赞，却完全不懂"世界革命"和"现在是什么时代"，还极无理地造出"民族阶级""劳动平民阶级"等名词来做他们的"马克思主义""列宁主义""物观""史观"的基础，真所谓"混天下之大蛋"！②

三是再造派的"心观"。胡汉民、孙科在 1928 年初国民党内争权斗争中失利后，王昆仑、钟天心、谌小岑、梁寒操、程元斟等一批国民党学者在上海集结，成立了以胡汉民、孙科为首的国民党再造派，并由李济深资助在上海创办了以王昆仑为主编的《再造旬刊》和以程元斟为主编的《民众日报》。因王昆仑在 1925 年加入由国民党右派邹鲁、谢持、林森等人为首的西山会议派，又是再造派的发起人，并得到西山会议派和孙文主义学会的支持，故当时就有人将再造派与西山会议派合成一派。如刘泽说："西山会议派倡的再造国民党论。他们的首领邹鲁早已在留美部分国民党人欢迎会上公然发表出来。"③ 因邹鲁被误判为 1927 年南京"一一二二惨案"的主犯（实为蒋介石幕后策划），故当他1928 年 8 月从海外回国将抵广州时，就被人嘲讽为是不是要拿"环龙路的中央"来实行"再造中国国民党"的运动呢？④ 这也可看出邹鲁为代表的西山会议派与再造派的关联性。而从哲学上说，再造派的哲学具有"心观"（即唯心论或唯心史观）的倾向。所以，陈公博曾指出："我的理论只是代表一部分同志的思想，或不足代表全体同志的思想，不但只以'心观'来解释三民主义的同志们不赞同我的主张，恐怕就以'物观'来解释三民主义的同志们，也和我立场上有点差异。"⑤ 他所说的"心观"，是就再造派的哲学而言的。随后，典琦在批评陈公博的"物观"论时，就指出"他能比西山会议派《再造》旬刊的'心观'论者更巧妙地反对阶级斗争"⑥。再造派代表人物的哲学思想也确实多与"心观"有关。王昆仑就提出"党的再造"需要有"彻底的觉悟和决心""理论的指导

① 参见施存统：《怎样改组国民党》，《民众先锋》1929 年第 3 期。

② 陆定一：《中国革命的前途（三续）》，《列宁青年》1928 年第 1 卷第 4 期。

③ 刘泽：《评各派救党论》，《星期》1928 年第 3 期。

④ 参见涛：《中央委员邹鲁许崇智》，《青年呼声》1928 年第 15 期。

⑤ 陈公博：《中国国民党所代表的是什么》，复旦书店 1928 年版，第 1 页。

⑥ 典琦：《国民党的新理论家——陈公博》，《布尔塞维克》1928 年第 1 卷第 22 期。

者""具体的方案"和"艰苦卓绝聪明才智的中坚人才"。[①] 这些因素多与"精神"
有关。梁寒操提出"心理的再造"说，将"热烈的情感和坚强的意志"作为推
动三民主义创造成功的"原动力"[②]，更彰显"心观"色彩。而邹鲁 1928 年底在《最
近对于党政意见》[③] 文中指出："哀莫大于心死。国民之失自信力，为心死之最
大表现，亡国灭种之征也。"故他批评当时的解释者对"三民主义之真谛、国
民革命之精神"的解释，必妄附以"外来之说"，不是"援物质以立言"，即谓"国
民革命代表农工或小资产"，也就是采用"物观"论。而他主张禀遵孙中山"恢
复我们固有之道德智识能力"之言，以图"恢复国民自信力，完成国民革命"。[④]
这自然属于"心观"论。

　　四是"第三党"的"物观"。谭平山本是中共八一南昌起义的领导者之一，
但党内一些领导人却要他承担南昌起义失败的全部责任，还在 1927 年 11 月召
开的中共临时中央政治局扩大会议上错误地将他开除党籍。他在要求恢复党籍
和去苏联学习也被党中央"左"倾领导者拒绝的情况下，就联络国内一些既反
对蒋介石的国民党又不满共产党现行路线的人士，于 1927 年 12 月在上海成立
国民党左派联合办事处，开始筹备建立新党。而当宋庆龄、邓演达等人在莫斯
科发表的关于成立中国国民党临时行动委员会的宣言和意见传到国内时，他便
出面联络邓演达并得到赞同。1928 年春，他与章伯钧等人在上海成立曾由孙
中山组织过的"中华革命党"（称"第三党"），推举邓演达为首领，并在上海
创办了《突击》（5 月创刊）、《灯塔》及《星》等刊物。1930 年春，他和刚回
国的邓演达将中华革命党改组为中国国民党临时行动委员会（即第三党），于 8
月在上海召开成立大会，通过了邓演达起草的政治纲领——《我们的政治主张》
（即《中国国民党临时行动委员会的政治主张》）。在哲学上，第三党也是持"物
观"说的。谭平山当时被迫脱离中共，但仍持"物观"说。他在商议组建新党

---

① 参见王昆仑：《中国国民党的再造运动》，《再造》1928 年第 1 期。
② 参见梁寒操：《三民主义之理论的基础（五）》，《再造》1928 年第 10 期。
③ 该文提到"十五年春沪、粤各产第二届中央执监委员。……粤方执监照粤方大会决定，任期只
　有一年……今逾二年"（《邹鲁文存》第 3 集，中华书局 1930 年版，第 90 页），说明该文作于
　1929 年前。该文又提到"目前南京政府组织，五院之上有政府，政府之上有主席"（《邹鲁文存》
　第 3 集，中华书局 1930 年版，第 91 页），而南京国民政府 1928 年 10 月 10 日设立五院，受命
　于国民政府委员会，蒋介石选任国民政府委员会主席，说明该文作于"五院"设立之后。
④ 邹鲁：《邹鲁文存》第 3 集，中华书局 1930 年版，第 92—93 页。

的过程中，以"科学的三民主义"为号召，"主张用辩证唯物主义和历史唯物主义解释三民主义"①。故他运用唯物史观的阶级分析方法指出"中国革命，充满了阶级性，就是说，中国革命的斗争，就是一种阶级斗争"；批评孙中山的三民主义"没有确定在某个阶级的立场"②。因他与施存统都脱共后转投或转立他党，故为一些共产党人士所厌恶。又因二人都认同"孟塞维克"的革命性和历史作用，故陆定一痛骂说："这就是'列宁主义者''马克思主义者''物观派'……谭平山施存统的真面目，他们是强盗的一伙！"③ 这从反面说明他在哲学上属于"物观派"。而邓演达的哲学思想也基本上是"物观"论。他在《南京统治的前途及我们今后的任务》（1930 年 11 月 10 日）中指出："经济生活是社会存在的基础，社会意识也由社会存在的反映所派生。……遗传的历史力量所产生的意识，其转变与消替往往比现存的社会关系底转变与消替为迟；而先觉的——由较进步的历史认识所产生的意识与意志，往往在社会的先头，为推进历史的动力，不但不会被现存的落后的社会关系所障碍窒塞，而且必然要清除了那些落后的社会关系的障碍窒塞，向着理想前进，才能产生新的社会，尽到先觉者的历史任务。反之，落后残存的意识形态也可以阻碍历史的前进。"④ 这里明确揭示了社会存在决定社会意识、社会意识往往落后于社会存在、社会意识对社会存在有反作用（阻碍和促进）的唯物史观基本原理，属于"物观"论。他还在《中国国民党临时行动委员会的政治主张》（1930 年 9 月 1 日）中提出："推测一个社会的历史变迁，应着眼于下述的事件：第一，一般的经济条件；第二，各阶级的力量。我们现在应用这个观点去推测中国社会的历史前程。"⑤ 这也是典型的"物观"论。故陈卓凡、杨逸棠在 1949 年作的《重印邓演达先生遗著序言》中指出："邓先生的思想根源是出发于历史唯物论，这点在一九三〇年夏在上海举行结党式时候，特别提出的主要信条第一项，标明：'我们哲学根据是历史唯物论'。……对于中国社会分析完全用历史唯物论的观点——唯物

① 薛启亮、张磊主编：《中国民主党派史丛书——中国农工民主党卷》，河北人民出版社 2001 年版，第 28 页。
② 谭平山：《中华革命党宣言草案（一九二八年夏）》，陈竹筠、陈起城编选：《中国民主党派历史资料选编》，华东师范大学出版社 1985 年版，第 125、149 页。
③ 陆定一：《中国革命的前途（三续）》，《列宁青年》1928 年第 1 卷第 4 期。
④ 曾宪林、万云主编：《邓演达历史资料》，华中理工大学出版社 1988 年版，第 260 页。
⑤ 曾宪林、万云主编：《邓演达历史资料》，华中理工大学出版社 1988 年版，第 195 页。

史观去断定。"① 而从邓演达对蒋介石群、胡汉民群、戴季陶群、李石曾群、"名流"群（蔡元培为中心）、基督教徒群（孙科、孔祥熙、张静江等）等南京统治的主要意识形态的分析和对第三党与共产党及改组派的分界的分析，说明他的"物观"论与别的学派和党派的哲学信仰之不同。②

（二）戴季陶民生哲学的支持者

戴季陶在国共合作时期建立的以鼓吹唯心主义的道统论、反对马克思主义的阶级斗争理论、反对国共合作为内核的"戴季陶主义"及其"民生哲学"曾在共产党人和国民党左派的抨击下受到了沉重打击。但戴季陶主义却又成为资产阶级右翼和国民党右派反对无产阶级及其政党的理论武器，并为蒋介石发动反革命政变作了思想上的准备。以蒋介石为首的国民党反动派通过发动反革命政变取得中央政权后，表面上将三民主义及"总理遗训"当做国民党的理论纲领，但孙中山思想的革命内容却尽被偷换、阉割，并继续为三民主义寻找哲学基础。而戴季陶的民生哲学随着戴季陶本人成为蒋介石巩固其反动政权的得力干将而仍然在思想界发生重要的影响。他所发明的"民生哲学"和"民生史观"概念和他提出的哲学观点仍然是陈立夫的唯生论诞生前最为人们所关注的哲学概念和哲学观点，无论是赞成还是批评，都表现出它们在思想界的影响力。不过，一段时期对戴季陶的哲学思想持肯定态度的要数朱谦之和蒋介石。

朱谦之一生对大同社会情有独钟。他早年引《礼运·大同》为证，希望建立一个"真情之流"的"大同世界"，他又唤作"宇宙民国"。③ 他在国民党叛变革命前作的《大同共产主义》一书中引戴季陶的"三民主义之终结目的，在以全人类之共同努力，建设新共产社会，完成真正民有民治民享的大同主义，就是要造成'均无贫，和无寡，安无倾'的世界"之说来说明孙中山是一个"大同共产主义者"，并声称"我是大同共产主义者"④。同时，他又不自觉地接受了戴季陶的"民生史观"概念，并从新生机主义的视角指出孙中山的"民生史观"就是广

---

① 邓演达：《邓演达先生遗著》，永发印务有限公司 1949 年版，第 7 页（"序言"页）。

② 参见曾宪林、万云主编：《邓演达历史资料》，华中理工大学出版社 1988 年版，第 260—267、218 页。

③ 朱谦之：《一个唯情论者的宇宙观及人生观》，泰东图书局 1924 年版，第 142 页。

④ 参见朱谦之：《大同共产主义》，泰东图书局 1927 年版，第 184—185、195 页。

义的"生物史观"①。戴季陶指出孙中山的基本思想"完全渊源于中国正统思想的中庸之道"②，而朱谦之也主张从"中国传统的政治思想"中寻找建设"大同社会"的"历史的基础"③。当他大力宣扬大同共产主义时，已站到国民党一边，并把实现大同主义的方法寄托于"国民党革命派"，只是他当时倾向于"革命左派"④。《到大同的路》是他在国民党叛变革命后所作，他用"社会史观"概念来表达孙中山自创的历史观，认为孙中山的三民主义是以社会史观的历史进化定律为总枢纽，还断定孙中山的"社会史观"来自美国威廉氏。⑤ 该书总是以赞赏的话语来评述戴季陶及其著作。他特举戴季陶和甘乃光为真正的三民主义信徒，因为二人"都以大同主义为旨归"⑥。他又指出戴季陶的《孙文主义之哲学的基础》一书在研究三民主义之历史的哲学的基础上的贡献，认为它指出了孙中山的三民主义继承了民族文化的"正统"或孔子的"道统"。⑦ 他也认同戴季陶提出的"（孙中山）先生的三民主义原理，全部都包含在民生主义之内，其全部著作，可总名之为'民生哲学'"之说，主张"民生主义却是三民主义的全目的所在"⑧。他赞成国民党的"单纯的三民主义的国民革命"，并认为戴季陶的《国民革命与中国国民党》一书虽然没有提出"民族阶级斗争"这一个口号，但其所说的"道理"很多是"透辟无遗"，《反戴季陶的国民革命观》并没有驳倒戴季陶的"中心理论"。⑨ 可见，朱谦之对戴季陶的哲学理论基本上是全盘接受。

蒋介石在戴季陶刚发表《孙文主义之哲学基础》一书时还只是黄埔军校的校长，并没有掌握国民党最高权力。因为自 1924 年 9 月 12 日到 1925 年 7 月 1 日国民政府成立前，胡汉民为代理大元帅，国民政府正式成立时，汪精卫为主席，戴季陶为委员之一，蒋介石连委员都不是。⑩ 而蒋介石对戴季陶民生哲学的宣传

① 朱谦之：《大同共产主义》，泰东图书局 1927 年版，第 189 页。

② 参见戴季陶：《孙文主义之哲学的基础》，民智书局 1925 年版，第 65—66 页。

③ 参见朱谦之：《大同共产主义》，泰东图书局 1927 年版，第 1—2 页（"序"页）。

④ 参见朱谦之：《朱谦之文集》第 1 卷，福建教育出版社 2002 年版，第 133—134 页。

⑤ 参见朱谦之：《到大同的路》，泰东图书局 1928 年版，第 61、78—79 页。

⑥ 朱谦之：《到大同的路》，泰东图书局 1928 年版，第 8—9 页。

⑦ 参见朱谦之：《到大同的路》，泰东图书局 1928 年版，第 37—40 页。

⑧ 朱谦之：《到大同的路》，泰东图书局 1928 年版，第 115 页。

⑨ 参见朱谦之：《到大同的路》，泰东图书局 1928 年版，第 137 页。

⑩ 参见须立求：《近代史人物评传：胡汉民评传》，河南教育出版社 1990 年版，第 165 页。

是很晚的。1931 年 1 月 12 日，蒋介石先出席军官学校纪念周，作题为《革命军人应为党国牺牲》的演讲，特介绍戴季陶的《孙文主义之哲学的基础》一书，指出"这本书虽是薄薄一本，但总理全部思想都包括在内。戴先生对于总理的思想学问、总理的讲演谈话，他是听得最多、研究最明白的人，所以大家研究总理主义和看总理全集的时候，就是先要看这部书"；他还称"总理思想的精华，可以具体的实际讲出来的，或者说是总理的中心思想，就是三民主义。为什么叫'孙文主义之哲学的基础'呢？便是将总理的思想言论行动著作，实际而具体的简括起来，得到最高一个观念，就是叫做哲学的基础。这部书就是讲此东西"[1]。接着当天又在中央政治学校训话，指出"民生哲学是总理思想的中心，求学做事，均不可不知民生哲学，革命事业尤其要有哲学基础"[2]。1932 年 6 月 6 日，他作《要抵抗日本帝国主义先要抵抗日本武士道的精神》，称戴季陶的《民生哲学系统表》和《孙文主义哲学基础》"是对于总理遗教，最有体系的说明"。他称"孙文主义的哲学基础，可以说是三民主义最中心、最基本的一个基础"；"民生哲学系统表，就是从博大的三民主义中，把它约而精之，成为一个简明的系统"。他特别强调这个"表"的重要性，认为"表"中无论政治方面和伦理方面，"从总理起以至于几千几万年后，亦不能离开这个道理的"。他相信"古今最完美的哲学，莫过于此，所以要大家格外的努力研究与实行"[3]。可见，蒋介石作为国民党的领袖人物，在此期间不遗余力地推介戴季陶的"民生哲学"，力图将它提升到国民党官方哲学的高度。

第二节　以民生史观为中心的哲学大讨论

国民党理论界在 1928 年至 1933 年间所持续开展的以民生史观为中心的哲学大讨论，主要涉及"民生史观与唯物史观的关系如何""三民主义有无本体""民生史

---

[1] 蒋介石：《军人应为党国牺牲（续）——蒋在军校纪念周演词》，《大公报（天津版）》1931 年 2 月 1 日第 3 版。

[2] 《十二日中央社南京电》，《大公报（天津版）》1931 年 1 月 13 日第 3 版。

[3] 力行要览编辑社编：《力行要览》第二辑（八），力行要览发行所 1933 年版，第 1—3 页。

观概念是否恰当”“民生史观与社会史观之争”“民生史观的性质如何”五大主题。

一、民生史观与唯物史观的关系的争议

孙中山刚去世，周佛海、戴季陶等人就开始对孙中山的民生史观进行总结，并开始比较民生史观与唯物史观之异同。周佛海认为，孙中山的民生史观以民生为社会进化的原动力，视人类的历史为斗争的历史；马克思的唯物史观以生产力为社会进化的原动力，视人类的历史为阶级斗争的历史。两者似乎很像，其实有些不同，即孙中山的民生史观较马克思的唯物史观为深刻和广博。[1] 戴季陶当时对周佛海的说法表示赞同，但又强调孙中山的民生史观和马克思的唯物史观是相关联的，即民生史观是第一原则，经济史观是第二原则，用经济史观可以更证明民生史观的真确。[2] 这似乎肯定了民生史观与唯物史观具有相容性。但他同时又主张指导国民革命的“最高原则”，必须是孙中山的“民生哲学”，而绝不须用“唯物史观”[3]。这又将民生史观与唯物史观对立起来了。自 1928 年始，民生史观与唯物史观异同说的讨论进入了活跃期，出现了三种不同的观点。

（一）完全不同说

梅思平认为民生史观与唯物史观的不同表现为：本体论上，分别主“生的世界观”和“唯物论”；社会起源上，分别主“家庭”与“生产方法”；社会进化手段上，分别主“人类互助合作”与“阶级斗争”。[4] 邓绍先认为民生史观与唯物史观的不同表现在五个方面：在内容上，分别主“民生是历史的重心”“民生是历史进化的原因”与“物质是历史的重心”“物质条件是社会进化的推进机”；在渊源上，分别主“中国的正统思想”与“唯物的个人主义经济学、欧洲的唯物观哲学”；在背景上，分别主“中国社会无贫富之别而无阶级之争”和“孙中山与

---

① 参见周佛海：《中山先生思想的概要》，《新民国》1925 年第 2 卷第 2 期。

② 参见戴季陶：《再版序言（1925 年 8 月 4 日）》，载周佛海：《中山先生思想概观》，民智书局 1925 年版，第 2 页。

③ 戴季陶：《国民革命与中国国民党》，季陶办事处 1925 年版，第 49 页。

④ 梅思平：《民生史观概论》，《新生命》1928 年第 1 卷第 5 号。

疏财仗义者结缘"与"欧洲社会因贫富差距而不安"和"马克思个人贫困"；在扩张上，分别主"大同之治""全民政治"和"人尽其才、地尽其利、物尽其用、货畅其通的四大纲领"与"阶级斗争""无产专政"和"剩余价值"；在归宿上，分别主"以民生史观为中心的三民主义，实现三民主义的全民政治，渐次达到大同"与"以唯物史观为中心的共产主义，用阶级斗争手段达到无产专政的终极目的"。① 因此，他断定民生史观和唯物史观是"根本不相同，并且不相容"②。阳叔保将民生史观与唯物史观的不同归结为四个方面：在社会进化原动力方面，分别主"人类的生存欲望"与"物质条件"；在社会变迁与人力方面，分别主"意志自由"与"必然论"；在社会进化手段方面，分别主"互助"与"阶级争斗"；在推论方面，分别主"阶级斗争可以避免"，通过提倡"民生主义"以"渐进于理想的共产社会"与主"阶级斗争以实现共产社会"。③ 半生认为，民生史观与唯物史观的不同表现在：在基本观念方面，分别主"民生"与"物质"；在解决社会问题方法方面，分别主"社会上大多数的利益相调和"与"阶级斗争"。因此，两者不是"相成"，乃是"相反"；不是"彼此互相作用"，却是"彼此互相冲突"。他还强调两者的"绝对不相容"：容得了唯物史观以物质为历史的重心，就容不了民生史观以民生为历史的重心；容得了唯物史观阶级斗争的方法，就容不了民生史观利益调和的方法。④

朱谦之曾因散布革命传单而入狱时读过《孙文学说》⑤，但对他的虚无主义历史哲学的构建并没有什么影响；他在厦大讲演和撰写《历史哲学》时可能未读到孙中山的《三民主义》，故未提及孙中山的民生史观。但随着《三民主义》的出版以及戴季陶等人的解读，孙中山的民生史观也就进入了他的研究视线。以往戴季陶、周佛海等人对孙中山的民生史观如何解读，都直接引《三民主义》（主要是《民生主义》）中的原话为依据，而朱谦之开始从本体论层面引入新生机主义哲学来解读。在《大同共产主义》中，他指出孙中山的民生史观就是广义的"生物史观"，孙中山提出的"人类求生存是社会进化的原因和定律"的见解，与自

---

① 邓绍先：《民生史观和唯物史观底比较研究（续）》，《致力》1928 年第 2—3 期合刊。
② 邓绍先：《民生史观和唯物史观底比较研究（未完）》，《致力》1928 年创刊号。
③ 阳叔保：《民生史观与唯物史观》，《三民半月刊》1929 年第 2 卷第 2 期。
④ 参见半生：《民生史观是不是唯物史观?》，《新路》1932 年第 6 期。
⑤ 参见朱谦之、杨没累：《荷心》，新中国丛书社 1924 年版，第 29 页。

己的"历史哲学"最相符合。① 在《国民革命与世界大同》中，他指出孙中山特别提出"民生史观"作为国民革命的旗帜，认为孙中山主义的哲学基础是"生机主义"（生元说）、"心理主义"和"互助主义"②。在《到大同的路》中，他又指出孙中山因看到"生元动力"才是人类历史的真因，故是一个很彻底的"新生机主义者"。③ 不过，若仅从朱谦之在上述著作中所持"新生机主义"世界观上看，似乎他仍停留在历史哲学的第二阶段④。但实际上他所关注的不是"生机主义"世界观，而是如何阐释孙中山的历史哲学。对此，他宣称自己"不得不极力为革命的三民主义，找到学理上的正当解释"⑤。这个"学理"当然指孙中山的历史哲学。他也宣称孙中山不单有"政治哲学"的理想，还有最深的"历史哲学"的思想。⑥ 朱谦之对孙中山的历史哲学的探索，将他的历史哲学研究推向了一个新的阶段。他欣赏威廉在《马克思主义与社会史观》中所提出的"社会史观"。他将威廉的"社会史观"与孙中山的"民生史观"在解释"社会进化"问题上的基本观点相对照，发现两者"互相发明"，而且都异口同声地批评马克思是一个"社会病理学家"而不是一个"社会生理学家"。于是他就将孙中山的"民生史观"和威廉的"社会史观"合称为"二氏所提倡的'社会史观'"而与马克思派的"唯物史观"进行比较，以显示两者的根本不同（见图表6-1⑦）。

（二）有同有异说

李达在《现代中国》第1卷第1期发表了《民生史观》一文后，立即遭到学界的两种批评。一种是批评该文的"民生史观"与"唯物史观"相同；另一种是批评该文将孙中山的"民生"解作"经济"而不是"生存"。于是他又作《民生史观和唯物史观》一文来揭示民生史观与唯物史观之异同。从意义来说：两者

---

① 参见朱谦之：《大同共产主义》，泰东图书局1927年版，第189—190页。

② 参见朱谦之：《国民革命与世界大同》，泰东图书局1927年版，第96—98页。

③ 参见朱谦之：《到大同的路》，泰东图书局1928年版，第74页。

④ 朱谦之研究历史哲学，大致经历了虚无主义历史哲学、新生机主义历史哲学、三民主义历史哲学和马克思主义历史哲学四个阶段。（参见程潮：《朱谦之历史哲学探索的心路历程》，《广州大学学报（社会科学版）》2020年第1期。）

⑤ 朱谦之：《到大同的路》，泰东图书局1928年版，"卷头语"。

⑥ 参见朱谦之：《到大同的路》，泰东图书局1928年版，第61页。

⑦ 参见朱谦之：《到大同的路》，泰东图书局1928年版，第79—80页。

分别以民生为中心和以唯物论来说明社会组织和进化的原理。从相同点来说：因"经济"与"生存"是"表里一致"的关系，故"以民生为社会的中心"和"以经济为社会的基础"大体有些相同。从不同点来说：前者以"人类的生存"为起点并适用于"一切社会"，后者以"物质的生产力"为起点并仅适用于"有阶级的社会"。[1] 他的"结论"是：两者在"革命性"和"最后目的"上相同，而在"出发点""革命的方法"和"阶级性的注重程度"上不同。[2] 不过，他并不强调两者的对立，而是主张两者"各有适应的社会"，在解释功能上具有互补作用。随后，陆机对民生史观与唯物史观的异同作了更为具体的阐发。不同点表现在五个方面：在环境上，一为亚洲农业社会，一为西欧工业发达社会；在时代上，一为现代的金融资本主义和钢铁资本主义时代，一为19世纪中华工业资本主义时代；在观察程度上，一为物观，一为民生；在归纳结论上，一为东西文明的总汇，一为西方文明局部的产物；在解决问题办法上，一为阶级斗争，一为和平方法。相同处表现在三个方面：一是"观察方法都是科学的"；二是"都站在推翻资本主义立场来革命"；三是"出发目的相同"，都以"解决社会问题"为出发点。[3]

图表 6-1

社会史观	唯物史观
（1）社会进化产生过经济进化	（1）经济进化产生社会进化
（2）以生存（求生意志）为历史重心	（2）以物质（生产方法）为历史重心
（3）为适应在消费者地位的利益而进化	（3）为适应在生产者地位的利益而进化
（4）社会进化由于社会上消费者的利益相调和	（4）社会进化由于生产上掠夺者和被掠夺者的利益相冲突
（5）以消费者的利益为主的	（5）以生产者的利益为主的
（6）注重消费的财富	（6）注重生产的资本
（7）以社会利益调和为原则	（7）以阶级斗争为原则
（8）资本制度所侵占的是社会全体的剩余价值	（8）资本制度所侵占的是工人的剩余价值
（9）消费上的社会斗争	（9）生产上的阶级斗争
（10）取消商人分配的盈余制	（10）取消资本家生产的盈余制
（11）资本家与商人的利益冲突	（11）资本家与工人的利益冲突
（12）提倡消费合作社运动	（12）提倡生产合作社运动

[1]　参见李平凡（李达）：《民生史观和唯物史观》，《现代中国》1928年第1卷第4期。

[2]　参见李平凡（李达）：《民生史观和唯物史观》，《现代中国》1928年第1卷第4期。

[3]　参见陆机：《唯物史观与民生史观异同论》，《血路》1928年第1卷第7期。

苏渊雷认为，孙中山并没有完全否认唯物史观的价值，其"马克思是社会病理学家，非社会生理学家"一语道出了唯物史观的"优点与弱点"，也给它以一"历史的合理的存在"。① 而唯物史观的"特长"在"解释病理的变革期之历史"，却欠缺"解释离经济关系较远之一切精神活动"的说明能力。② 他从四个方面对唯物史观与民生史观作了综合比较：其一，前者因处理的史实是部分的而只能说明部分的历史，后者因处理的史实是全体的而能说明全体的历史；其二，前者只能解释变革期之病理的社会现象，后者兼能说明发展时之生理的社会现象；其三，前者因物质本位而有机械的倾向，后者是人间本位，"求生存"概念包含"物质"而赋有"新的意义"；其四，前者是"过渡义"而不能包容后者，后者是"究竟义"而可兼有前者。故他主张以"扬弃"的态度对待"唯物史观"，并将从黑格尔的历史哲学到马克思的唯物史观再到孙中山的民生史观看做是一个辩证的否定的历史过程。③

在这一阶段持"民生即经济"论者也多属"有同有异说"之列。因为从"民生即经济"的观点出发，可以得出"民生史观即经济史观"的结论。周佛海称"狭义的民生，是指经济而言"④；萨孟武称"民生史观"就是"用'经济'说明社会进化的原因"⑤；叶青称"生计就是经济"⑥，都包含了"民生史观即经济史观"的意思。不过，他们多将唯物史观的"阶级斗争说"排除在外，以示民生史观与唯物史观的本质区别。

（三）完全一致说

谈吼白将学界持民生史观与唯物史观不同的各种观点归结为四条：一是因时空不同而不同；二是研究的出发点不同；三是研究的方法不同；四是理论各不相同。而他觉得第一条没有意义，故只关注后三条。一是研究出发点之同否。两者虽有"注重因"（阶级调和）与"注重果"（阶级斗争）之异，但"出发点"（生

① 苏中常（苏渊雷）：《唯物史观之扬弃与民生史观之阐明（续）》，《政治评论》1933 年第 48 期。
② 苏中常：《唯物史观之扬弃与民生史观之阐明》，《政治评论》1933 年第 47 期。
③ 参见苏中常：《唯物史观之扬弃与民生史观之阐明（续）》，《政治评论》1933 年第 48 期。
④ 参见周佛海：《三民主义的基本问题（全一册）》，新生命书局 1929 年版，第 43 页。
⑤ 萨孟武：《三民主义政治学》，新生命书局 1929 年版，第 6 页。
⑥ 叶青：《国父哲学言论辑解》，江西省三民主义文化运动委员会 1942 年版，第 62 页。

活方法）同一。二是研究方法之同否。两者虽有研究"生存问题"与"生活条件"之异，但采用的都是"实验的方法"。三是理论的异同。两者虽有以"民生问题"与"经济组织"为"历史的中心"之异，但都属"生活底生产方法"；两者虽有以"阶级斗争"为"社会进化"的"病态"与"条件"之异，但"病态"为必经阶段时又为"正当"。因此，两者是"一而二二而一"的关系。故他既反对"民生史观较唯物史观宽泛"之说，也反对"唯物史观较民生史观窄狭"之说。① 而他所要表达的是，两者之异是研究内容之异，而不是本质之异；研究的方法和研究的目的是相通的，也可以说是完全一致。杨汉辉对唯物史观高度赞赏，认为它既以"生产力和生产关系的矛盾"为理解历史之钥匙，也重视"人类的理性"。而孙中山的民生史观也是"用经济说明社会进化的原因"，因而它既不是"社会史观"，又不是"唯心史观"，而是一种"唯物史观"，亦即"唯物的民生史观"。②

笑天认为，唯生史观以唯物论为出发点和理论根据，主张人的物质生活决定精神生活。民生史观认为"生命是万物之先"，人因"求生"才发生"物质的欲望"，但只有"物质的生活资料"才能"维持生命"。③ 因此，民生史观与唯物史观"没有什么意见或主张上的差异"，两者都是以"唯物的哲学"做基础，故可称为"唯物的民生史观"。而且社会上许多问题的解释都不能离开唯物论或唯物史观。④

二、"三民主义本体"的大讨论

"三民主义本体"的大讨论因对"本体"的理解不同而实际上表现为两个不同的话题。一个是从政治的层面来使用"本体"，讨论的是"三民主义"中的三个主义哪一个居于中心地位。另一个是从哲学的层面来使用"本体"，讨论的是"三民主义"之上的哲学基础是什么。

---

① 参见谈吼白：《唯物史观与民生史观的异同》，《血路》1928 年第 1 卷第 8 期。
② 参见杨汉辉：《现代中国政治教育》，人文书店 1932 年版，第 3—6 页。
③ 参见笑天：《唯物史观与民生史观的再检讨》，《新陆》1933 年第 39 期。
④ 参见笑天：《唯物史观与民生史观的再检讨（续）》，《新陆》1933 年第 40 期。

（一）"本体即中心"下的"三民主义本体"大讨论

周佛海在国共分裂后就跟随戴季陶充当国民党的御用文人，曾对萨孟武的《布尔什维克主义马克思主义与孙文主义之比较》一文点评道："我们很希望孟武和一般读者，要以民生史观为根据，说明唯物史观的不完全，以三民主义的革命论做基础，说明阶级斗争的革命论的错误，才能引国内的思想界，上正确的道路。"① 不久，该点评又随着该文在《新生命》创刊号上的再次发表② 而在该刊打开聚焦"民生史观"大讨论的话匣子。随后，他自己也加入民生史观大讨论的队伍中，一方面指出"民生史观是主张人类底求生存，乃是社会进化底原动"③；另一方面指出"民生主义就是解决人类求生存问题的主义，所以民生主义是三民主义的中心，是三民主义的本体"④，从而为戴季陶的"民生主义是三民主义本体"之说申辩。他曾将以"三民主义的主体"为题的论文收入《三民主义的基本问题》的著作中时改成了"三民主义的中心"的章名，就显示出"主体"即"中心"之义。而接着周佛海的话题展开的"三民主义本体"大讨论，其"本体"也就有了"中心"的意味。

戴季陶在建构"民生哲学"时，就提出了"本体"说。他说："民生主义，实在是三民主义的本体。三民主义并不是三个部分，就本体上看，只有一个民生主义，就方法上看，才有民族、民权、民生三个主义。"⑤ 这里的"本体"，是指在"民族主义""民权主义"和"民生主义"三个"主义"中，哪一个"主义"居于"统摄"和"中心"的地位。此即"本体即中心"的意思。随后，孙镜亚对戴季陶的说法提出了异议，主张"救国主义"才是三民主义的本体；而弘士对戴季陶"民生主义为三民主义的本体"的主张表示支持，认为"单言民生主义，就是以民族主义做它实现的基础，民权主义做它实现的权力，有连带的系统，包括在内了"⑥。

经过近两年的沉寂后，周佛海在其主编《新生命》月刊时，重新对"三民主

---

① 萨孟武：《布尔什维克主义马克思主义与孙文主义之比较》，《雁门旬刊》1928 年第 3 期。

② 参见萨孟武：《布尔什维克主义马克思主义与孙文主义之比较》，《新生命》1928 年第 1 卷第 1 期。

③ 周佛海：《三民主义的本体》，《新生命》1928 年第 1 卷第 11 号。

④ 周佛海：《三民主义的本体》，《新生命》1928 年第 1 卷第 11 号。

⑤ 戴季陶：《孙文主义之哲学的基础》，民智书局 1925 年版，第 17 页。

⑥ 弘士：《民生主义为三民主义的本体》，《觉悟》（《上海民国日报副刊》）1926 年 11 月 26 日。

义本体"的话题进行了大讨论。1928 年至 1933 年间，有周佛海、含章、章天浪、金鸣盛、闫伯伦、松节等学者参与到这场讨论中。金鸣盛、闫伯伦等人先后都对这场讨论作过专文总结。

金鸣盛就指出："对于'三民主义是否有一个本体'及'三民主义的本体是否民生主义'的两个问题，引起了本党同志中一个激烈的论争。"他把这个论争归结为三个不同的答案。

第一，正面答案。以戴季陶、周佛海为代表，认为三民主义有一个"本体"，即"民生主义"。其"理由"有二：其一，三民主义只有一个出发点和归宿点，只解决一个问题，因而只有一个主义，这个主义就是三民主义的本体。其二，有五点：世界上一切问题归根到底只是一个"民生问题"；世界上一切现象的动力归根到底只是一个"民生"；孙中山的根本思想只是一个"民生思想"；民族、政治、经济等一切现象的根本动因为"民生"；"民生"指广义上的"人类的生存"。其"结论"是：三民主义的出发点在解决民生问题，三民主义的归宿点在保障民生。归根到底，"本体"只是一个"广义作用的民生主义"，民族主义和民权主义都是民生主义的"手段"。

第二，反面答案之一。以孙镜亚为代表，认为三民主义有一个"体质"，即"救国主义"而非"民生主义"。其"理由"也有二：其一，三民主义的体质究竟怎样须有更明了的解释；其二，三民主义从差别上说是并重的，从次序上说是一贯的，从关系上说是相通的。其"结论"是：三民主义仿佛是一个"三棱角的水晶体"，这个水晶体之全体积的符号就是"救国主义"。

第三，反面答案之二。以章天浪为代表，认为三民主义无"本体"。其"理由"也有二：其一，三民主义虽可以"平等的精神"一贯起来，但具体的作用仍然"各有各的特性"。其二，有五点："民生"一语虽可解作"人类的生存"，而"民生主义"却只在"解决社会上的经济问题"；孙中山对于"三个主义"是一视同仁等量齐观的，并没有偏重民生主义的趋向；思想和主义不同，以"民生思想"推研出来的"主义"不一定只是"民生主义"；问题和主义不同，解决"问题"的"主义"因"问题"分化为几个不同的方面而个别的独立；主义和方法不同，根本没有"民族民权民生三个主义"做实行"广义是民生主义"的"方法"。其"结论"是：三民主义无所谓"本体"，三民主义的本体更无所谓只是一个"广义的民生主义"。

金鸣盛将"问题"归结为"三民主义要不要一个本体"和"三民主义的本体

是否民生主义"两个方面，而三派的论争似乎都集中在"第二个问题"上，"第一个问题"是由"第二个问题"的结论引申出来的。要解决这两个问题并批评三派的论见，应先从"第二个问题"着手。"民生"的观念是各派辩论都很重视的话题，因而才是本"问题"的"关键"。①

金鸣盛认为，"民生的三民主义观者"（戴、周）有两种错误：一在因有广义的民生问题而认为有"广义作用的民生主义"，二在认为三民主义所要解决的问题是一个"广义的民生问题"，故才误认为三民主义有一个"本体"——"广义作用的民生主义"。其错误的"来源"在于混淆了"民生史观"与"三民主义"两个观念，即把"民生史观"当做"三民主义"这两件绝不相同的事情牵合在一起，陷入极普通的逻辑谬误。"反对论者"（孙、章）仍不能出"民生的三民主义观者"的"错误来源"，甚至矫枉过正，怀疑于"民生史观"的理论。而他认为，三民主义没有什么"本体"，也不能拿"救国主义"来做"体质"。如果以"救国主义"做三民主义全体积的"符号"，则任何时代、任何地方、任何主义的"体质"都可叫做"救国主义"。而"救国主义"四个字决不足以表示三民主义的特性。如果要有一个"本体"，那么三民主义的本体就是一个"三民主义"。三民主义不是"三棱角的水晶体"，不能用三个面来表示民族、民权、民生三个主义；三民主义好比是一个"正方的立体"，从上面到下面看是一个民族主义，从前面到后面看是一个民权主义，从左面到右面看是一个民生主义，而从这个"正方形的立体"的全体看是一个"整个的三民主义"。②

闫伯伦又接着金鸣盛的总结与观点而对"三民主义本体"话题的讨论作了新的总结并提出了自己的看法。他将学界有关讨论的观点分为"肯定派""否定派"和"折中派"三类。"肯定派"因对三民主义本体指向的不同理解又分为三种：一指"仁爱"，以戴季陶为代表，主张"仁爱"是民生的基础，因而其"民生主义本体"指民生主义的"精神方面"。二指"救国主义"，以孙镜亚为代表，其主张如金鸣盛所述。三指"民生主义"，以周佛海为代表，其主张如金鸣盛所述。"否定派"的观点又分为两种：一是"三位一体论"，以章天浪为代表，主张"三民主义"在表面上为"三"，而在根本上为"一"，"一"的精神是"平等的精神"

---

① 参见金鸣盛：《民生史观及三民主义的本体问题》，《新生命》1930 年第 2 卷第 1 期。

② 参见金鸣盛：《民生史观及三民主义的本体问题》，《新生命》1930 年第 2 卷第 1 期。

而不是"民生主义"，"一"的作用是"贯通的作用"而不是"本体的性质"，故"本体"在事实上"不必要"、根本上"要不得"。二是"正方立体说"，以金鸣盛为代表，其主张如金鸣盛自述。"折中派"的观点也分为两种：一是"多主义论"，以梅思平为代表，主张三民主义不是"一个主义"或"三个主义"，而是"无数主义的组合"，民族主义、民权主义和民生主义分别是国民党政纲中之"民族组""民权组"和"民生组"。二是"连环论"，以胡汉民为代表，主张三民主义如同三个"小环扣"合起来的"大连环"，以"民有"为目的，则民治、民享是手段，以"民治"为目的，则民有、民享是手段，以"民享"为目的，则民有、民治是手段。而闫伯伦是主张三民主义要有"本体"的，理由有三：其一，三民主义是整个的而非各自独立的，这个"整个性"就是"本体"（似调和孙、金的观点）；其二，在同一时空下的许多问题中总有一个问题为其中心，解决这个中心问题的主义便是各种主义的"本体"（似调和周、胡的观点）；其三，"主义"有"本体"，力量才能集中。①

但金鸣盛、闫伯伦二人的总结，并未将当时所有参与讨论者都包括进来。围绕"三民主义本体是什么"的问题还有两种观点：一是"经济基础"说，以含章为代表，针对的是周佛海的"民生主义"说。他以孙中山的"民生才是历史的重心"为依据，认为过去和现在的社会不过是由这"重心"出发的"现实界"，这个"现实界"又不过是这"重心"（民生）外面的现象。他认同周佛海的"三民主义的本体便是民生"的理论，而他要补充的理论是："民生的现实界……便是社会的经济基础"。②他以戴季陶的"中山的思想与马克思的思想是相关联的，不是对立的"的说法为依据，将孙中山的民生史观称为"唯物的民生史观"。他又将"唯物史观"所见到的社会进化的"毛病"在肯定的意义上理解为"外面的变化现象"，而将"民生史观"所见到的社会进化的"原理"理解为"内部的基本原因（民生）"。合而言之，"唯物的民生史观"既把握得社会进化的"基本原因"，又见到社会进化的"变化现象"，因而是"民生史观伟大的完成"。③作为"社会的经济基础"的"民生的现实界"，便是"人类的谋生或营生的物质行为（生存技术）的现实客观化、集团化、社会化而成为一切的实际的基础"。"社会的经济基础"随着"民生"的变动而变动，而"社会的上层结构"又随着"社会的经济基础"的变动而

---

① 参见闫伯伦：《三民主义的本体论（附图）》，《新生命》1930年第3卷第4期。
② 含章：《与周佛海先生讨论三民主义的本体是什么》，《新评论》1929年第2卷第3期。
③ 含章：《与周佛海先生讨论三民主义的本体是什么》，《新评论》1929年第2卷第3期。

变动。总而言之，"民生的现实界，便是社会的经济基础；民族民权民生，便是依这种经济基础所表现的三个形式"。① 因此，三民主义的本体是指"民生的现实界"，亦即"社会的经济基础"。二是松节的"社会主义"说。他曾将"主义的本体"界定为"一种主义的最高理想或实在理想"和"为实现一种主义时所悬的最终目的"。他认为，三民主义的各个主义都有各自的最高理想和最终目的，从这三个主义中找出"三民主义的本体"，就是要找出统属和联系三民主义的最高理想和最终目的。他也承认"民生主义"是"三民主义的中心"，亦即"三民主义的本体"；但他以孙中山的"民生主义就是时下底社会主义"之说为由，主张"三民主义的本体"是"社会主义"。②

（二）"本体即基础"下的"三民主义本体"大讨论

陈绍贤对"三民主义本体"大讨论的总结先于金鸣盛、闫伯伦二人，他对"本体"的理解也有别于金鸣盛、闫伯伦二人，结论也有别于他人。他是从哲学和科学两方面去研究"三民主义的本体"问题，即"三民主义的基础"问题。

首先，陈绍贤揭示了研究"三民主义本体"问题的必要性。他认为，为求"三民主义有真知力行之效"，故须从学术上研究发扬三民主义，尤须先从哲学上研究三民主义的基础，从科学上研究三民主义的根据。而研究"三民主义的本体"，可以"阐扬三民主义是博大精深的革命理论"和"证明三民主义是具有实际效能的社会进化指导原则"。③

其次，陈绍贤介绍了研究"三民主义本体"问题的正反两方面的见解。"正面见解"即肯定"三民主义有本体"。一是从哲学方面的肯定。戴季陶从唯心论立场出发研究孙文主义的哲学基础，主张三民主义的本体是"民生主义"；梅思平从唯物论立场出发研究民生哲学的系统，主张三民主义的本体是"民生史观"；林伯生、邓长虹、杨杏佛、蔡元培分别根据"新唯实论""实验哲学""唯生哲学""唯生史观"的研究而都得出"总理的哲学是心物相辅的二元论"的类似结论。二是从科学方面的肯定。周佛海和李平凡都本着社会科学的观点，将三民主义本体分别指向"民生主义"和"民生史观"。"反面见解"即否定"三民主义的

---

① 含章：《与周佛海先生讨论三民主义的本体是什么》，《新评论》1929 年第 2 卷第 3 期。

② 松节：《三民主义的本体》，《民众三日刊》1931 年第 1 卷第 7—8 期合刊。

③ 陈绍贤：《三民主义之本体的研究（十续）》，《四中周刊》1929 年第 60 期。

本体论"。孙镜亚以"三民主义是并重的、一贯的、相通的"的道理，否定"民生主义是三民主义的本体"之说，这也正是后来反对研究三民主义本体者所持的主要理由。王去病的《〈民生史观〉论评》一文差不多是直接间接地对"正面论据"的"总反驳"，驳论的主要理由是胡汉民的"三民主义是整个的、连环的"之说。①

最后，陈绍贤不仅对"三民主义有本体"持肯定态度，而且还得出了"民生史观是三民主义的本体"的结论。对此，他提出了四个方面的理由：一是从三民主义发生的程序及其原因来论证。既然孙中山的"三民主义"是为解决中国人民以至世界人类求生存——完成社会进化的思想，而"民生史观"是为说明过去的社会进化、指导现在的社会进化和断定将来的社会进化的，故孙中山思想的中心是"民生史观"，亦即"民生史观是三民主义的本体"。二是从三民主义演进的途径及其重心来论证。既然"三民主义"是社会进化的指导原则，而"民生"是社会进化的重心，故"三民主义"演进的重心在"民生"。而"民生史观"是以"民生"解答全部历史的进化、指导现在社会的进化和预断将来时代的进化，则"指导和完成社会进化"的三民主义的"根据"（即"本体"）就是"民生史观"。三是从民生史观是三民主义的哲学基础来论证。既然民生之"生"的本质是仁爱，"生"的原则是互助，"生"的表现是进化，而"进化"是三民主义的标的，"仁爱"是三民主义的基本，"互助"是三民主义的本位，则三民主义的哲学是"民生哲学"，"民生哲学"的出发点是"实在的历史观"，亦即"以民生为骨子的民生史观"。四是从民生史观是三民主义的科学根据来论证。既然三民主义是解决民族、政治和经济三个问题的科学，又证明民族、政治、经济进化的重心和三个问题的实质是"民生"，并从社会进化的理论和事实证明民生史观的确立，故"三民主义的科学根据是民生史观"。所以，他不仅肯定"民生史观是三民主义的本体"，而且认为以"民生史观"为"三民主义的本体"，不但不致"破坏三民主义的连环性"，并且能"坚实三民主义的整个性"。②

可见，陈绍贤对"三民主义本体"问题的研究和总结，完全区别于后来金鸣盛、闫伯伦二人的总结，无论在研究的视角、引证的人物和得出的结论方面都有所不同。

---

① 参见陈绍贤：《三民主义之本体的研究（十续）》，《四中周刊》1929 年第 60 期。
② 参见陈绍贤：《三民主义之本体的研究（十续）》，《四中周刊》1929 年第 60 期。

三、"民生史观"概念的恰当性大讨论

"民生史观"概念自问世到《新生命月刊》创刊前，使用者寥寥无几，而将"民生史观"作为专题来探讨者更未之见。但在 1928 年至 1933 年间，"民生史观"成了思想界的热门话题，而围绕以"民生史观"概念能否反映孙中山的社会历史观的问题，亦即使用"民生史观"概念是否恰当的问题，当时就存在着不同的态度。

（一）认同"民生史观"概念的一方

"民生史观"的大讨论首先是以对"民生史观"的概念和理论持正面肯定的一方登场的。透过在 1928 年至 1933 年间发表的下列论著，就可以反映出肯定"民生史观"的概念和理论的一方的强势。1928 年，萨孟武的《民生史观》、梅思平的《民生史观概论》、李达的《民生史观》和《民生史观和唯物史观》、周佛海的《三民主义的本体》和《再论三民主义的本体》、竞成的《历史之重心》等；1929年，瞿辉伯的《民生史观论战》、德斋的《论民生史观》、张廷休的《民生史观》、文公直的《民生史观之研究》、童行白的《唯物史观与民生史观析论》、臧玉海的《唯物史观和民生史观》、陆机的《唯物史观与民生史观异同论》、吼白的《唯物史观与民生史观的异同》、邓绍先的《民生史观和唯物史观底比较研究》、李毓珍的《民生史观概论》、阳叔葆的《民生史观与唯物史观》、陈绍贤的《三民主义之本体的研究》等；1930 年，金鸣盛的《民生史观及三民主义的本体问题》、闫伯伦的《三民主义的本体论》、龙椿龄的《民生史观与社会进化》、半生的《民生史观的检讨》、高承元的《孙文主义之唯物的哲学基础》、一德的《民生史观（孙文主义的最高原则社会进化的规律）》等；1931 年，艾毓英的《民生史观》、李怀清的《民生史观之研究》、薛剑光的《民生史观》、张聿飞的《民生史观中人类进化的讨究》、萨孟武的《三民主义政治学》等；1932 年，杨汉辉的《现代中国政治教育》；1933 年，任觉五的《唯生论与民生史观》等。这些论著都是在认同"民生史观"概念和"肯定民生史观之存在"[①] 的前提下来探讨民生史观的研究对象、民生史观与唯物史观的关系等话题的。

[①] 青锋：《"民生史观"论评》，《科学思想》1929 年第 14—15 期合刊。

（二）反对"民生史观"概念的一方

反对"民生史观"的概念和理论的一方主要有王去病、叶青和雁行等人。

王去病反对以"民生史观"的概念来指称孙中山的社会历史观。其理由是：其一，"民生史观"只能说明"人类进化"阶段而不能说明"物种进化"阶段的"民生史"①。其二，用"民生史观"之名可以为"民生主义"的根据，但不可以为"三民主义"的根据。他说："我们不能说三民主义只是民族史观或民权史观，亦犹之我们不能说三民主义只是民生史观。"② 即是说，"民生史观"不能解答民族民权问题。其三，若将"民生"限于"经济"或将"民生主义"等同于"社会主义"，则"民生史观"会与"唯物史观""社会史观"相混。③ 故他认为"民生史观"之名不必用。

自王去病的观点问世后，学界就有了"主张民生史观"和"反对民生史观"两种对立的观点，叶青则宣称自己"很鲜明地站在反对民生史观那一方面"，除了同意王去病在《〈民生史观〉论评》中的"意见"外，还有"大加补充底地方"。他认为，孙中山并没有"民生史观"一名词，也并没有"民生史观"之系统说明，其"历史底重心是民生不是物质"的话也是反对"唯物史观"的驳语，从未自动有关于"民生史观"的意见。④ 他列了七篇"建设民生史观"的文章，觉得竟成的《历史之重心》和萨孟武的《民生史观》"非常粗浅、简单，不值得驳议"；梅思平的《民生史观概论》的理论"很复古，很守旧"，没有批评的必要；李达的《民生史观》和《民生史观和唯物史观》"很露骨地模仿唯物史观"，须另作批评。故他专选周佛海的《三民主义的本体》和《再论三民主义的本体》作为评判的对象。周佛海以"民生"为社会进化的"原动"，又以"人类求生存的欲望或意志"来界定"民生"⑤。而他认为，"一切主观的意欲"无不取决于"客观的环境"（即一定时空中的一定生产情形），这就没有"欲望史观""意志史观"可言了，"民生史观"也就不能成立。⑥

---

① 参见王去病：《"民生史观"论评》，《先导月刊》1928 年第 1 卷第 5 期。
② 王去病：《"民生史观"论评》，《先导月刊》1928 年第 1 卷第 5 期。
③ 参见王去病：《"民生史观"论评》，《先导月刊》1928 年第 1 卷第 5 期。
④ 参见青锋：《"民生史观"论评》，《科学思想》1929 年第 14—15 期合刊。
⑤ 参见青锋：《"民生史观"论评》，《科学思想》1929 年第 14—15 期合刊。
⑥ 参见青锋：《"民生史观"论评》，《科学思想》1929 年第 14—15 期合刊。

叶青在《〈民生史观〉论评》中对周佛海的"民生史观"之说的批评，又得到雁行的赞同与支持。①

（三）用异名替代"民生史观"概念的一方

由于学界对以"民生史观"概念表达孙中山的社会历史观是否恰当存在争议，于是一些学者开始以其他概念来替代"民生史观"概念。

一是朱谦之的"社会史观"说。他指出：孙中山自创历史观，从古今中外的历史事实里面寻出一种根本发展和进化的原理，这个学说就叫作"社会史观"②。

二是蔡元培的"唯生史观"说。蔡元培认为，马克思以物质为历史的重心而谓之"唯物史观"，孙中山以民生为历史重心而可名为"唯生史观"。③ 随后，邝摩汉和胡一贯就为何要将"民生史观"改为"唯生史观"阐明了具体的理由。

三是林林的"唯民生史观"说。林林认为，在"历史进化的中心是什么"的问题上，马克思的主张是"物质"，故称"唯物史观"；黑格尔的主张是"意识"，故称"唯心史观"；孙中山的主张是"民生"，故称"唯民生史观"。唯物派与唯心派都只看见"历史进化的一部"，唯民生的历史观才看见"历史的全部"。④

四是胡汉民的"生的史观"说。胡汉民指出：孙中山的历史哲学不是唯心史观，也不是唯物史观，而是一个"以心物为用"的"生的史观"。他还在将马克思主义与孙中山主义列表比较中，专将"生的史观"与"唯物史观"相对。⑤

五是赖晖的"史的唯生论"。赖晖介绍了表达孙中山的"历史重心生存说"的几个概念，最先是戴季陶的"民生史观"，其次是蔡元培的"唯生史观"，后有胡汉民的"生的史观"，而他根据孙中山的"生存为历史的重心"之说提出"史的唯生论"，即以唯生的观点来分析历史的事象、考察三民主义的科学根据。⑥他认为，孙中山的"史的唯生论"异于戴季陶的"依附孔孟的民生哲学"和孙镜

---

① 参见雁行：《读过"'民生史观'论评"以后》，《科学思想》1929 年第 24—25 期合刊。

② 参见朱谦之：《到大同的路》，泰东图书局 1928 年版，第 61 页。

③ 参见蔡元培：《说总理的惟生史观》，《河南建设月刊》1929 年第 2 卷第 1 期。

④ 参见林林：《唯物史观与唯民生史观（二）》，《革命新声》1929 年第 22 期。

⑤ 参见胡汉民：《三民主义的心物观》，《三民主义月刊》1933 年第 1 卷第 4 期。

⑥ 参见赖晖：《史的唯生论》，《同文学生》1933 年第 2 期。该文次年却以"刘美昌"之名发表在《新大声杂志》第 1 卷第 3—4 合期上，不知何故。

亚的"依附唯心的伦理哲学"，更与西洋的唯心、唯物、二元论"有天壤之别"。①

（四）"民生史观"的概念与理论的定型

按照叶青的说法，直到 1929 年，"民生史观"仍不是"已成的定论"，而是"完全在讨论时代"。② 到了 1931 年，国民党"四大"通过了《党义教育案》，将河北省党部提出的"确定民生史观案"建议③ 纳入其中，让"民生史观"理论进教材，"民生史观"概念获得了官方的认同。尽管后续还有一些"民生史观"的替代概念的出现，但也无法动摇"民生史观"概念的正统位置。从此，"民生史观"概念就变成了指代孙中山社会历史观的专门用语以及后世学界研究孙中山社会历史观的公共话语。

四、民生史观与社会史观之争

朱谦之断定孙中山的民生史观来自威廉的社会史观。④ 而高承元和杨汉辉都反对将孙中山的民生史观等同于社会史观。高承元认为，威廉氏说"社会进化指挥经济进化"，是无异于"以全部社会生活为历史重心"，那便是根本取消了"历史重心问题"。威廉氏说"求生意志乃是历史重心"，但若没有"生存技术"与"共同生存相互关系"，就决不能维持或改良生存。威廉氏接受了马克思的唯物史观，使得他的社会史观变成了"唯物史观的附属品"。⑤ 杨汉辉认为，如果把"民生"解作"人类社会生活的全部"，则"民生史观"就是"社会史观"了，但"社会史观"是不能成立的，所以"民生史观"绝对不是"社会史观"。⑥ 他们二人都不是针对朱谦之的社会史观说而来的，但他们都认为民生史观与社会史观不是一回事。

---

① 参见赖晖：《史的唯生论》，《同文学生》1933 年第 2 期。
② 青锋：《"民生史观"论评》，《科学思想》1929 年第 14—15 期。
③ 参见中国国民党中央执行委员会宣传委员会编：《中国国民党第一二三四次全国代表大会汇刊》，中国国民党中央执行委员会宣传委员会 1934 年版，第 186—187 页。
④ 参见朱谦之：《到大同的路》，泰东图书局 1928 年版，第 75 页。
⑤ 参见高承元：《孙文主义之唯物的哲学基础》，平民书局 1930 年版，第 6—10 页。
⑥ 参见杨汉辉：《现代中国政治教育》，人文书店 1932 年版，第 4 页（"第二章"页）。

第三节　民生史观的性质之争

1928 年至 1933 年间的民生史观性质大讨论，也基本参照了西方引进的标准，即如何处理物质与精神的关系、社会存在和社会意识的关系问题，亦即物质和精神谁决定谁和谁是世界的本源和本体的问题，社会存在和社会意识谁决定谁和谁是社会进化的原动力的问题。对这一哲学的基本问题和社会历史观的基本问题的不同回答，就有了唯物论和唯心论、唯物史观和唯心史观的不同派别。而这一时期出现的唯生论和唯生史观似乎要跳出唯物论与唯心论、唯物史观与唯心史观的对立圈子，但归根到底还是不是滑入唯物论和唯物史观，就是滑入唯心论和唯心史观。

一、民生史观的唯心论解读

这一阶段将民生史观作唯心论解读的，以戴季陶、梁寒操、周佛海、王斐荪、杨周熙等为代表。

（一）戴季陶"唯心论"的民生哲学

在戴季陶的民生哲学中，虽然认同孙中山的"民生是历史的中心"说，但又提出"仁爱是民生的基础"[①]"民生为宇宙大德之表现，仁爱即民生哲学之基础"[②]之说；将"诚"置于"民生哲学系统表"的制高点；将"民生"的内容在孙中山厘定的"食衣住行"四项之外又加入"育乐"二项[③]；将"食欲"和"性欲"视为生物（包括人类）的两个最大的"基本欲望"[④]，又将为"生存"而形成的"独占性"和"排他性"的"欲望"视为"能生所生的根源"[⑤]；称孙中山的基本思想

---

① 戴季陶：《孙文主义之哲学的基础》，民智书局 1925 年版，第 34 页。

② 戴季陶：《孙文主义之哲学的基础》，民智书局 1925 年版，第 66 页。

③ 参见戴季陶：《孙文主义之哲学的基础》，民智书局 1925 年版，第 13—14 页。

④ 参见戴季陶：《国民革命与中国国民党》，季陶办事处 1925 年版，第 67 页。

⑤ 戴季陶：《国民革命与中国国民党》，季陶办事处 1925 年版，第 1 页（"导言"页）。

完全渊源于"中国正统思想的中庸之道"，孙中山是"孔子以后中国道德文化上继往开来的大圣"①。而他将"诚""仁爱""生存欲望"等精神因素置于民生和民生哲学的顶层、基础或根源的地位，将偏于精神因素的"育乐"纳入"民生"内容中作为"历史的中心"，这就难免会落入"唯心史观"。

而在近代国共学者中，确实普遍将戴季陶的民生哲学的性质定位为"唯心论"或"唯心史观"。戴季陶的"民生哲学"的理论发表以后，不仅一般的中国共产党理论家"到处宣传戴季陶同志是唯心论者"②，国共分裂后，国民党学者也基本倾向于给戴季陶的民生哲学定性为"唯心论"。梅思平不仅抱怨戴季陶没有把民生哲学的系统说明白，还特别指出戴季陶将民生哲学的精神内核归结到"仁爱"的道德观念上，拿一个"诚"字作民生哲学系统的总出发点，所以引起"唯心论"的误会。③ 杨汉辉站在唯物主义立场上指出："我们如果把民生解作人类社会生活中的精神生活，那末'民生史观'就是'唯心史观'了。戴季陶便是这一派的代表。"④ 赵剑华以戴季陶在《孙文主义哲学基础》中"首先树起唯心论的旗帜"，而将他称作"纯唯心论者"⑤。何行之批评戴季陶以"伦理的观点（仁爱）"来解说中山主义的哲学基础，却把中山主义的哲学变成为"唯心论的哲学"⑥。王晋伯指出戴季陶对于三民主义的哲学基础的解释是"站在唯心论——唯理史观的观点上"⑦。刘以文认为，戴季陶将"民生"理解为"民生是历史的中心，仁爱是民生的基础"，也就意味着"三民主义的哲学基础是唯心的"，故他将戴季陶的民生哲学归入"唯心论说"。⑧

"唯诚论"最先是由罗霞天提出来的，他曾著有《唯诚论》。但后世有人因戴季陶在《三民主义之哲学基础》中将"诚"置于民生哲学系统的最高位置而称其民生哲学为"唯诚论"或"唯诚主义"，并因此而批评戴季陶是"唯心论者"。张

① 戴季陶：《孙文主义之哲学的基础》，民智书局 1925 年版，第 65 页。
② 梅思平：《民生史观概论》，《新生命》1928 年第 1 卷第 5 号。
③ 参见梅思平：《民生史观概论》，《新生命》1928 年第 1 卷第 5 号。
④ 杨汉辉：《现代中国政治教育》，人文书店 1932 年版，第 4—5 页（"第二章"页）。
⑤ 参见赵剑华：《反唯心论的民生史观：从唯心史观唯物史观社会史观到民生史观（附图表）》，《新中国》1933 年第 1 卷第 1 期。
⑥ 参见何行之：《唯生论哲学理论之基础》，正中书局 1935 年版，第 10—11 页。
⑦ 王晋伯：《唯生史观与法律进化》，《政治月刊》1935 年第 3 卷第 6 期。
⑧ 刘以文：《谈孙中山先生的哲学思想》，《中坚》1946 年第 2 卷第 1 期。

太风认为，对"唯诚主义"的这种批评是"很中肯的"，因"唯诚主义"必具有"目的性"，是一种"精神"支配的意义，而国父是反对"唯心论"的，则研究三民主义哲学自不能将"诚"作为哲学之全般的或基本的原理看待。①

（二）余井塘以"仁"为基础的"民生主义之哲学"

余井塘在《民生主义之哲学方面的研究》一文中，以孙中山的《民生主义》为主要依据，以戴季陶的《民生哲学系统表说明》为参考，提出了"民生主义之哲学"的概念和理论。他将孙中山的民生主义哲学中的"民生为历史的重心"的原理解析为包含三个连带的哲理：一是民生的进化是有机和谐的进化；二是民生的进化是物质和精神并进的进化；三是民生的进化是生产和消费水乳交融的进化。而在第二条哲理中，他分析指出："中山先生知道，民生的进化是要靠物质和精神两方面的东西做滋养料的。所以他讲足食之道，讲实业计划，口口声声离不了物质，以治民生的物质贫困之病，以救人们物质垂亡的生命；而同时又大讲忠孝仁爱信义之道，以救民生的精神贫困之病，以救人们精神方面奄奄一息的生命。精神和物质相调洽以后，方是真正民生的进化。"②这似乎是物质与精神两手都要抓的意思，但他并没有直接回答物质与精神在社会进化中谁更为根本的问题。所以，张廷休就认为，余井塘将精神与物质并行，"物质走的是一条路，精神走的又是另一条路"，则使他对孙中山的民生史观的理解"陷入二元论的危险"③。不过，余井塘的民生主义哲学不仅有二元论之嫌，而且他还指出："民生主义之哲学，是中山先生全人格的表现。其哲学的基础完全建筑在'仁'字上面。"④这是受戴季陶的民生哲学的影响，而使他的民生主义哲学陷入唯心论。

（三）周佛海的"欲望史观"

周佛海早在《中山先生思想概观》一文中就开始将孙中山的"民生史观"朝着"欲望史观"的方向去理解。他指出："（孙中山）以为社会进化的原动为民生，民生，乃是使生产力发展的原动。原来人类有两种欲望：一为要求生存的欲望，

---

① 参见张太风：《三民主义哲学》，新潮出版社 1943 年版，第 35—36 页。

② 余愉：《民生主义之哲学方面的研究》，《中央半月刊》1927 年第 1 卷第 3 期。

③ 张廷休：《民生史观》，民智书局 1929 年版，第 17—18 页。

④ 余愉：《民生主义之哲学方面的研究》，《中央半月刊》1927 年第 1 卷第 3 期。

一为要求较好的生活的欲望。世界的人口逐渐增加，只就第一种欲望说，现存的生产力也不能满足人类的要求，何况人类还有第二个欲望。所以人类要生存，就不得不发展生产力。……人类的生活问题，乃是社会进化的原动。"[1] 在这里，他将"民生"与"生存欲望"相联系，将孙中山的"求生存"变成了"生存欲望"，这就很容易将"民生史观"引向"欲望史观"。不过，他又把"发展生产力"作为人类满足"生存欲望"的基础，说明他又保留了唯物史观的成分。后来，他又开始将"生存欲望"与"生存技术"联系起来，指出："单纯的生存欲望，不能够维持和改良生存，生存的维持和改良，一定要倚靠生存技术。不能说，因为有了生存欲望，才发生生存技术。如果人类根本就没有生存欲望，根本就不要求生存，生存技术自然没有发生的可能。"[2] 意即有"生存欲望"才有产生"生存技术"去维持和改良生存的必要；但仅有"生存欲望"而没有"生存技术"，就无法维持和改良生存。他的结论是：第一，"生存欲望"要有"生存技术"才能有效地实现；第二，"生存欲望"必须依靠"物质的环境"才能产生"生存技术"。因此，社会进化的决定动因之中，"生存技术"的作用比"生存欲望"要强烈，"生存技术"的地位比"生存欲望"要重要。[3] 他又进而得出"民生是社会进化的重心，生存技术又为民生的重心"[4] 的结论。故闫伯伦将周佛海这一结论归结为："生存技术为社会进化的主要动因"，并定性为"唯物论"。[5] 但周佛海接着又说："生存技术不过是人类求生存的手段。人类不是为生存技术的本身而发展生存技术，乃是为生存而发展生存技术。如果以生存技术他本身为目的，而忘却生存技术所欲达的目的——人类的生存，那便陷于唯物史观以生产力本身为目的，以生产力本身能自动的发展的错误。"[6] 可见，周佛海虽然在社会进化的动因上强调"生存技术"

---

[1]　新觉编：《中山先生思想概要》，爱知社 1925 年版，第 22 页。

[2]　周佛海：《社会现象的交互作用及其根本动因——再论三民主义的本体》，《新生命》1928 年第 1 卷第 12 号。

[3]　参见周佛海：《社会现象的交互作用及其根本动因——再论三民主义的本体》，《新生命》1928 年第 1 卷第 12 号。

[4]　周佛海：《社会现象的交互作用及其根本动因——再论三民主义的本体》，《新生命》1928 年第 1 卷第 12 号。

[5]　闫伯伦：《三民主义的本体论》，《新生命月刊》1930 年第 3 卷第 4 号。

[6]　参见周佛海：《社会现象的交互作用及其根本动因——再论三民主义的本体》，《新生命》1928 年第 1 卷第 12 号。

的"重心"作用，却又主张"生存欲望"派生"生存技术"，并将"人类的生存"置于"生存技术"之上，而"人类的生存"又被他指向"人类的生存欲望"，因而最终落入"欲望史观"（亦即唯心史观）。所以，叶青就指出：普通的"唯心史观"是以"思想"为创造历史的动力，而周佛海不过是以"求生存的欲望"代替"思想"的作用，因而是"唯心史观底变相——欲望史观"。而且，按照周佛海的哲学逻辑，"民生史观即唯心史观"。①

后来，周佛海又发表《唯物的社会观唯心的人生观》一文，指出孙中山的"社会观"是唯物的，"人生观"是唯心的，"唯物的社会观"和"唯心的人生观"乃是"三民主义的基本理论"。"唯物的社会观"有两个基本原则：一是"改造社会，须先由改造人类的物质环境着手，进而改造人类的思想"；二是"革命的主张和方案，要根据当时当地的物质环境"。"唯心的人生观"有两个要点：一是"一个革命党员要以服务为目的，不要以夺取为目的"；二是"一个革命党员，要有支配环境，而不为环境所屈服的精神"。"唯物的社会观"的价值在"指示我们观察社会改革社会的原则"，据此，"我们的革命运动才能成功"；"唯心的人生观"的价值在"指示我们个人做人的道理"，守此，"我们个人革命的责任才能完成"。②这里将"社会观"与"人生观"作哲学性质上的区分显然是不确切的，一个唯物一个唯心，又怎能建立在统一的"世界观"的基础上；"人生观"离开了"唯物"又怎能体现科学性，这实际上是对哲学意义上的"唯心"之误用。由于他主张"总理的社会建设是唯物的，人生观是唯心的"，故有学者将他的哲学归入"心物并行一派"③，亦即二元论。

（四）梁寒操"三元论"的历史观

国民党窃取大革命的胜利果实后，却又出现内部各派系的权力之争。梁寒操出于增强国民党的内部团结、构建统一的国民党政权的目的，提出"三元论"的历史观，作为他所倡导的国民党的"心理的再造"的理论基础。

梁寒操在《心理的再造》一文中指出："要说明一个国家或社会的变迁，而真实能够寻出其根本原因之所在，如果单用一元论来解释，则纵使不至陷于谬

---

① 青锋：《"民生史观"论评》，《科学思想》1929 年第 14—15 期合刊。
② 周佛海：《唯物的社会观唯心的人生观》，《中央周报》1931 年第 184 期。
③ 王晋伯：《唯生史观与法律进化》，《政治月刊》1935 年第 3 卷第 6 期。

误，亦必不能臻于圆满。……因为国家社会的构成，其中都包含有许多的元素，如物质的、制度的、心理的，都各要占一个重要的位置。"① 即是说，国家和社会的进化，不是由单一的原因造成的，故不能用一元论来解释，而是由物质、制度和心理等许多因素造成的，故须用多元论来解释。而他在《三民主义之理论的基础》一文中将多元论直接归结为"三元论"。他认为，人类的生活不外乎"精神"（或心理、心）、"权力"（力）和"物质"（物）三方面的生活。在人类文化中，精神方面的生活表现为宗教、道德、哲学、艺术、科学等，权力方面的生活表现为制度、组织、法律等，物质方面的生活表现为衣、食、住、行、娱乐等。这三方面的生活又是交互影响、不能绝对分离的连带关系。在他看来，孙中山就是持"人类生活三元论"，并将它运用于建国方略中，主张从精神、权力和物质三方面同时着手。② 他还认为，孙中山将其"人类生活三元论"与"三民主义""建国方略"密切联系起来，形成了一个"一贯的思想系统"③（见图表6-2）。

图表6-2

人类生活之三元	建国方略	与三民主义之关系
精神方面（思想）	心理建设	教人以知难行易，造成民族的精神力量，实行民族主义。
权力方面（制度）	社会、国家建设	教人以集合结社的实践方法，及民有民治民享三大原则，造成民主的社会国家，实行民权主义。
物质方面（经济）	物质建设	示人以大规模的物质改造的方略，造成丰足安适的衣食住行，实行民生主义。

不过，梁寒操在"物质"（经济）、"权力"（制度）和"精神"（心理、思想）之间，更强调"精神"的作用。他引用孙中山的《孙文学说》中"建国之基当肇端于心理"和《军人精神教育》中"革命在乎精神，革命精神者，革命事业之所由产出也"之说为依据，说明在革命党人和民众革命中应该注重"精神"，而不应为"物质的生活"所拘牵，更不能为"物质的环境"所压伏。④ 而在"精神"

① 梁寒操：《心理的再造》，《再造》1928年第2期。
② 梁寒操：《三民主义之理论的基础（七）》，《再造》1928年第13期。
③ 梁寒操：《三民主义之理论的基础（七）》，《再造》1928年第13期。
④ 参见梁寒操：《三民主义之理论的基础（七）》，《再造》1928年第13期。

的作用方面，他又特别强调"大人物的心理"的作用，认为要想解释中国社会的或政治的变动，绝不能忽视了"少数所谓大人物的心理"。故他呼唤国民党的领袖们和同志们注意两个方面的"心理的改造"：一是在党务和政治上力求"表现自己的人格"而不单求"表现自己的才能"；二是在道德上笃守"有利于小己而有害于群者不为也，有利于小群而有害于大群者不为也"的道德原则。①

梁寒操又运用"三元论"的历史观来解读孙中山的三民主义的理论基础。他指出："主义的产生，乃是由历史、环境和大哲的智慧三者合拢而成的。"② 三民主义的产生，自然也离不开这三个条件。而在探寻三民主义的成因方面，他又将这三个条件简约为客观成因与主观成因二种。三民主义的客观成因包括"时代背景"（即环境）和"历史的因袭"两个方面，主观成因是指三民主义的创作者孙中山个人的"思想基础"（即"大哲的智慧"）。他将孙中山创造三民主义的主观成因分为三个方面：一是"以热烈的情感做发端"，即怀有"博爱的观念"（仁爱）、"同胞的观念"（同情），亦即"大慈大悲的新观念"；二是"以坚强的意志做骨干"，即具有自强不息、日进无疆的"革命意志"；三是"以真实的知识来完成"，即拥有"科学的真知"。③ 这三个主观成因又是"一贯"的，即由"情感"生"意志"，由"意志"生"思想"（即知识），由"深切的思想"生出"更坚强的意志"（即信仰），由这"坚强的意志"生出"伟大的力量"。而在这三个主观成因中，"情意"更为重要，因为推究三民主义所以创造成功的"原动力"，实在于"热烈的情感和坚强的意志"。④

梁寒操在推重"精神"（心理）在社会进化和理论创造中的突出作用的同时，对陈公博等人的"物观"论提出了批评。⑤ 正因如此，他所提倡的"心理的再造"论以及连同他在内的《再造》旬刊创建群体由于特别强调"心理"和"伦理"的作用，而被时人称为"心观论者"⑥。

---

① 参见梁寒操：《心理的再造》，《再造》1928 年第 2 期。
② 梁寒操：《三民主义之理论的基础（续）》，《再造》1928 年第 6 期。
③ 参见梁寒操：《三民主义之理论的基础（五）》，《再造》1928 年第 10 期。
④ 参见梁寒操：《三民主义之理论的基础（五）》，《再造》1928 年第 10 期。
⑤ 参见梁寒操：《三民主义之理论的基础（七）》，《再造》1928 年第 13 期。
⑥ 参见典琦：《国民党的新理论家——陈公博》，《布尔塞维克》1928 年第 1 卷第 22 期。

（五）王斐荪的"欲望增进"说

王斐荪（原名王蛟池）是从社会学视角运用民生史观（"人类求生存"）来说明社会的起源、发达、变革、进化、结构、本质及社会意识形态等问题。当时的社会学与社会哲学是相通的，自然离不开社会论史观。他指出："动物由求食、御侮和生殖三种作用，便形成了群的组织。动物求食的作用，为的是要维持生存；御侮的作用，为的是要保护生存；生殖的作用，为的是要继续生存。所以动物群发生的总原因，是人类求生存。"[1] 不过，他又将孙中山的"人类求生存"之说曲解为"人类生存的欲望"。他说："人类生存的欲望，是时时向前发达的，所以人类时时感到不满足，往往得到了这方面的满足，又发现他方面的不满足。因时时不满足，于是人类才有新的发明，新的创造，新的建设，以求比较的满足。……所以人类生存欲望的发达，可以说是社会发达的根本原理。"[2] 这是将"生存欲望"作为"社会发达"的驱动力。他还将人类的生存欲望与生产方式的发展联系起来。他说："人类的生存欲望，只是日进无已的发达，那么，人类为满足此日进无已的生存欲望起见，最先的要求，便是扩大生产范围，增加生产力，使人类能得到比较丰满的物质之享受。"[3] 正是"生存欲望"的驱使，促进了生产方式的变革和人类生活的改进。他还将生存欲望与社会变革联系起来。他说："人类生存的欲望，原来是时常增进，无有间断的，所以社会的组织也应时常演进，换言之，就是要时常改革，使它适合于人类的生存。如果它演进到相当时期，忽然滞迟不能进展，反足以障碍人类的生存，社会必然要发生变革。"[4] 最后他得出的结论是："人类生存的欲望愈增进，社会便愈进化，所以人类求生存，是社会进化的最正确的主要原动力。"[5] 闫伯伦将王斐荪的主张归结为"人类求生存的欲望为社会进化的原动力"，并定性为"唯心论"[6]。

---

[1]　王斐荪：《三民主义社会学》，新生命书局 1929 年版，第 19 页。
[2]　王斐荪：《三民主义社会学》，新生命书局 1929 年版，第 20 页。
[3]　王斐荪：《三民主义社会学》，新生命书局 1929 年版，第 20 页。
[4]　王斐荪：《三民主义社会学》，新生命书局 1929 年版，第 27 页。
[5]　王斐荪：《三民主义社会学》，新生命书局 1929 年版，第 33 页。
[6]　闫伯伦：《三民主义的本体论》，《新生命月刊》1930 年第 3 卷第 4 号。

（六）杨周熙的唯能论

杨周熙主张他所持的宇宙观是"生的宇宙观"。他将"生的宇宙观"概括为五个方面：其一，宇宙是指时空而言，时空是连续体，故宇宙有限但无边际，宇宙之外或另有宇宙；其二，森罗万象的宇宙均由能力不等的阳电核与围绕核周围的阴电子演变而成；其三，由阳电子对阳电核产生有力的中和作用所形成的循环的动而表见出"生"；其四，宇宙能力的变动是循环不息的，由循环不息的"永动"而表现"永生"；其五，"生死"是宇宙的能力循环不息的"动"的必然阶段，由此永恒循环的"动"才有"永生"。概而言之，宇宙的内容是不生不灭的"能"的永恒的循环不息的"动"，由永恒的"动"表见"永生"。[①] 他又从本体论上提出世界一切皆由具有"能力"（简称"能"）的"电子"构成的，所谓"精神""物质"，即是电子所具之"能力"错综反复变化之表征而已！[②] 故他将自己的本体论称为"唯能论"。

杨周熙是反唯心主义的。他指出叔本华以"伊代"为"生活意志"表现为"万物之本质"的永恒的"原型"，并把"现象"看成是由高等"伊代"征服劣等"伊代"而占领其"物质"产生的这种"本体论"是"唯心的，似是而非的"[③]。他批评戴季陶只从儒家《大学》中"比较唯心"的、"缺乏科学系统"的"片段知识"去寻找对"知之见解"[④]。但他是否为唯物论者呢？就他赞同赫脱曼的"'宇宙的本体'为'无意识者'，'意志和理性'等均为此'无意识'的宇宙本体之'属性'"之说而提出"宇宙本体能为无意识之'能'"[⑤]之说，说明他的"唯能论"似乎有唯物主义的因素。但他又主张"宇宙的本体为能，能的表现为物质精神，物质与精神即能之本身，不过因吾人感官不同而认其为物质精神耳"[⑥]。这意味着"能"具有"物质"和"精神"两种属性。这就使他的"唯能论"看似"一元论"但实则陷入了二元论。因此，赵剑华称他的唯能论为"准唯心论"是比较恰当的。他又指出："孙文主义的出发点在本宇宙能之动的法则以'求民生'。故孙文主义的

---

① 参见杨周熙：《孙文主义的哲学系统》，大陆印书馆 1930 年版，第 62—63 页。

② 参见杨周熙：《孙文主义的哲学系统》，大陆印书馆 1930 年版，第 1 页。

③ 杨周熙：《孙文主义的哲学系统》，大陆印书馆 1930 年版，第 139 页。

④ 杨周熙：《孙文主义的哲学系统》，大陆印书馆 1930 年版，第 322 页。

⑤ 杨周熙：《孙文主义的哲学系统》，大陆印书馆 1930 年版，第 140 页。

⑥ 杨周熙：《孙文主义的哲学系统》，大陆印书馆 1930 年版，第 139 页。

宇宙观是：'生的宇宙观'。"① 这实际上是将孙中山的本体论归结为"唯能论"，亦即"生的宇宙观"。同时，他又将他的"唯能论"用来解释孙中山的"民生史观"，亦即他所称的"唯生辩证法"。他指出：人类作为"能"之一部分，本着"自然的动的过程"以"充实生命力"经"陶冶生命力"以达"发扬生命力"，以图"认识自然"以"推进自然"就是"求生"。社会的进化是人类的"充实生命力""陶冶生命力"和"发扬生命力"的表现，亦即"求生"之表现。故曰"人类求生是社会进化的原动力"。以"人类求生为社会进化的原动力"为原则来研究历史就是"民生史观"或"唯生史观"。他将人类"求生"的"充实生命力，陶冶生命力和发扬生命力"之内容用下列公式来表达：一是"食 × 衣 × 住 × 行 × 动 $=K_1$ 充实生命力"；二是"艺术 × 情爱 × 信仰 $=K_2$ 陶冶生命力"；三是"求知 × 创造 × 支配 × 生殖 $=K_3$ 发扬生命力"。② 他又把这"唯生辩证法"的三公式整合为一个图表（见图表 6-3）。③

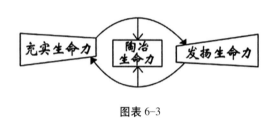

图表 6-3

二、民生史观的唯物论解读

这一阶段将民生史观作唯物论解读的，以陈公博、萨孟武、李达、高承元、杨汉辉、陈树林、笑天、赵剑华等为代表。

（一）陈公博的"物观"说

陈公博的"物观"说是他在大革命失败后向国民党反动派献忠的第一部理论专著——《中国国民党所代表的是什么》（1927 年版）中提出来的。他指出："无论哪一个国家或民族，他的生存条件，除了武力和经济之外，还有文化这一个重要条件。"这意味着"武力""经济"和"文化"都是国家或民族的生存条件。但

① 杨周熙：《孙文主义的哲学系统》，大陆印书馆 1930 年版，第 147 页。
② 杨周熙：《孙文主义的哲学系统》，大陆印书馆 1930 年版，第 288—289 页。
③ 参见杨周熙：《孙文主义的哲学系统》，大陆印书馆 1930 年版，第 300 页。

他又指出："文化"是从"物观"产生出来。从"物观"方面解释，"文化"只是"习惯的结晶品"，是各民族或国家"特殊的环境"的产物，而不是"独立"存在的。①这意味着"文化"（精神）是"物"（环境）的产物。这显然符合唯物史观的看法，说明他的"物观"说是从他早年信奉的马克思主义唯物史观那里延续过来的。不过，该书出版后，其中的"物观"说遭到了国民党保守人士的批评。于是他在《再版的卷头语》中指出：他的理论"只是代表一部分同志的思想"，不但以"心观"解释三民主义者不会赞同，恐怕连以"物观"解释三民主义者也有立场差异。但他声称自己是一个"历史派"，即以"历史的立场"来研究经济和政治，从未试过"以唯心派的心灵感应作讨论革命的大前提"和"以乌托邦派的玄虚构造作研究社会的出发点"②。即是说，他现在仍是一个"物观"论者。不过，他此时是站在国民党阵营来提倡"物观"说，所以在国民党和共产党的两头都不讨好。共产党学者典琦就曾向他喊话说："陈公博！你应当拥护贵总理的民生史观，不应当戴起不合尊头的唯物史观帽子！"③意思是说，你既然投靠了国民党反动派，就不能再讲什么"物观"了。而一位笔名"振"的国民党学者针对他在《今后的国民党》一文中提出的"第三国际最大的谬误……放弃元祖马克思唯物史观（即物观）的立场"④之说而批评道："我们之反对共产党，尤其要反对共产党的理论——唯物史观，我们的立场便是民生史观。这样我们可以明白：公博先生确是反对共产党的，是站在唯物史观的立场反对共产党，不是站在民生史观的立场反对共产党，尤其不是站在国民党的立场反对共产党。"⑤陈公博针对这种对他"身在国民党阵营而心在唯物史观"的指责，他不得不做出妥协，便在随后的《党的改组原则》一文中将"相信以民生史观解释三民主义是最正确的解释，反对唯心派及其他似是而非的解释"⑥立为一项"信条"。尽管如此，他仍然无法摆脱国民党保守人士在理论上的围攻。惺厂就批评陈公博的理论"既不是马克思主义的理论，也不是孙文主义的理论，乃是在马克思和孙文两个主义以外，造出一种新发明的理论，

---

① 参见陈公博：《中国国民党所代表的是什么》，复旦书店 1928 年版，第 81 页。
② 陈公博：《中国国民党所代表的是什么》，复旦书店 1928 年版，第 1—2 页（"卷头语"页）。
③ 典琦（曹伯韩）：《国民党的新理论家——陈公博》，《布尔塞维克》1928 年第 1 卷第 22 期。
④ 陈公博：《今后的国民党》，《革命评论》1928 年第 1 期。
⑤ 振：《党的立场和革命的立场：再质陈公博》，《再造》1928 年第 9 期。
⑥ 陈公博：《党的改组原则》，《革命评论》1928 年第 10 期。

总脱不了总理批评过的唯物史观的见解"①。缪斌批评陈公博"尽可把孙总理批评唯物史观的话置之脑后，尽可根据唯物史观来分析国民党的阶级"，认为国民党的民生主义是以"民生"而不是以"经济"做背景，主张对陈公博这种"既要做国民党党员又是信仰共产主义唯物史观"的"国民党的共产主义者"实有"肃清的必要"！② 而他仍辩解说："我承认民生最大问题就是经济。衣食住行是民生的四大要素，然而衣食住行，就是经济。如果缪先生说'我们只说民生不谈经济'，无异乎叫人民'只许你们生存，不许你们食饭穿衣住屋行路'。缪先生要这样办，除非像神仙的描绘，喊声急急如律令，把四万万人都变了神仙。"③ 这说明，他仍然坚持唯物史观的观点，并认为孙中山民生史观的"民生"与唯物史观的"经济"是一致的。后来，他仍坚持自己是"主唯物的"，并声称"我既相信物的，所以我便以物作我的思想出发点了"④。不过他更喜欢用"物观"代替"唯物"，因为"观"是包含"推理"和"解释"两个意义。⑤ 他还有一种说法，就是"唯物史观并不是马克思发明的，马克思发明的只拿唯物史观来说明阶级斗争，但唯物史观不过是研究学问的利器，马克思可以用来说明阶级斗争，我就可用来说明不能有阶级斗争"⑥。而这种打着"唯物史观"反"唯物史观"的做法，暴露了陈公博"物观"说的机会主义性质。

（二）萨孟武的"技术史观"

萨孟武与周佛海二人因《新生命》杂志而结思想之缘。周佛海在《新生命》杂志问世时担任了前八期主编，他到南京任政治部主任后，便由萨孟武负责。而在周佛海任主编期间，就在思想理论上给了萨孟武一点指点，他曾肯定了萨孟武确定的"俄国布尔什维克是背叛马克思的"的观点，但他又指出萨孟武对马克思主义和孙文主义的比较有些"缺陷"，并希望他能补上"民生史观和唯物史观""三民主义的革命论和阶级斗争的革命论"的比较研究。⑦ 萨孟武受到周佛海的点拨

---

① 惺厂：《异哉陈公博所谓党的改组》，《革命论坛》1928 年第 1 期。
② 缪斌：《我们要认清国民党的共产主义者》，《革命论坛》1928 年第 1 期。
③ 孟明编：《吴稚晖陈公博辩论集》，复旦书店 1928 年版，第 96 页。
④ 陈公博：《物的根据和解释》，《三民半月刊》1930 年第 4 卷第 5 期。
⑤ 参见陈公博：《物的根据和解释》，《三民半月刊》1930 年第 4 卷第 5 期。
⑥ 陈公博：《物的根据和解释》，《三民半月刊》1930 年第 4 卷第 5 期。
⑦ 参见萨孟武：《布尔什维克主义马克思主义与孙文主义之比较》，《雁门旬刊》1928 年第 3 期。

后，在《新生命》月刊上又连续发表了《中山先生之国民革命与马克思之社会革命之比较》《民生史观》二文。而周佛海哲学中涉及"生存欲望"与"生存技术"的关系的话题也引起萨孟武的兴趣，并给予了自己的理解。

萨孟武在《民生史观》一文中将孙中山的"人类求生存才是社会进化的原因"之说曲解为"人类之生存欲望常为社会进化之原因"，指出"因为有生存欲望，故需设立各种经济组织"[①]，意即各种经济组织是适应"生存欲望"的需要而产生的。他又指出："生存欲望既为社会进化之原因，故一切制度，能增进人类之生存者，皆有价值。但人类生存之法，乃由时由地而异，故维持人类生存之制度，亦当随时变更。"[②] 意即一切制度的形成、价值和变更都是由"生存欲望"所决定的。从其将"生存欲望"作为"社会进化"的原因，说明他当时所持的民生史观是唯心主义的，或者说是一种唯心史观。不过，萨孟武在周佛海的"生存技术说"的影响下重新解读民生史观。一方面，他把"民生"解作专指"经济"。他从孙中山有关"民生问题"的文句总结出"民生问题完全是经济问题"，"民生二字自然是指经济"[③] 的结论。所以，闫伯伦从萨孟武将"民生"解作"经济"，称他"简直将民生史观解作是经济史观"，并指出"这位先生大约是信仰唯物论的"[④]。

萨孟武接着又把经济关系分为两个方面的关系：一是人对自然的关系，是技术问题；二是人对人的关系，是组织问题。他说："一切制度，都是适应于一定技术而组织的"；"经济技术也是经济组织变更的根本原因"，于是"技术"就为"社会进化的原因"。[⑤] 他还说："社会的进化，不过是民生的进化；民生的进化，不过是技术的进化。"[⑥] 这是将"技术"看成了社会进化的原动力。萨孟武又指出："经济组织完全是依存技术的，然其他社会现象又是依存于经济组织，所以经济政治是甚么形式、法制伦理以及一切思想，一定也与这个经济组织相适应。"[⑦] 这实际上是与唯物史观所宣扬的"生产关系要与一定的生产力相适应，上层建筑要与一定的经济基础相适应"的原理相一致。他还指出："只惟技术在旧经济组织之

① 萨孟武：《民生史观》，《新生命月刊》1928 年第 1 卷第 5 号。
② 萨孟武：《民生史观》，《新生命月刊》1928 年第 1 卷第 5 号。
③ 萨孟武：《三民主义政治学》，新生命书局 1931 年版，第 4 页。
④ 闫伯伦：《三民主义的本体论》，《新生命月刊》1930 年第 3 卷第 4 号。
⑤ 萨孟武：《三民主义政治学》，新生命书局 1931 年版，第 8—9 页。
⑥ 萨孟武：《三民主义政治学》，新生命书局 1931 年版，第 10 页。
⑦ 萨孟武：《三民主义政治学》，新生命书局 1931 年版，第 15 页。

内，已没有发展的余地的时候，才能够发生革命"；"技术与经济组织的矛盾，而引起了革命之后，其结果自然可引起一切规范的改编"①。这是将技术与革命联系起来，即当社会关系严重阻碍"技术"（生产力）的发展要求时，就会发生革命；革命建立了新的社会关系后，又会引起上层建筑（如法律）的变革。这也是唯物史观的重要原理。

萨孟武也已不再将"生存欲望"作为社会进化的原因，因为他发现"生存欲望"不是人类才有，连飞禽走兽也有。因此。人类社会的进化不是专靠"求生存的欲望"。他也将"求生存"的"欲望"分为求"最低度的生存欲望"与求"更好的生存的欲望"两种，前者每成为"本能或习惯"，后者是依靠"生存技术"。其他动物因没有"生存技术"而只有"最低度的生存欲望"，惟人类有"生存技术"而有"求更好的生存欲望"。而人类要"求更好的生存欲望"，则完全依存于"生存技术"。②因此，他得出结论说："欲望不能视为社会进化的根本动因，社会进化的根本动因乃是技术。"③

（三）李达的"唯物史观与民生史观互补"说

李达早年翻译了《唯物史观解说》，1926年出版了集唯物史观学说之大成的著作《现代社会学》。1928年，他以"著名共首""宣传赤化甚力"④的罪名而遭国民党反动当局通缉，逃亡上海后开始在由已退党的包惠僧主编的《现代中国》杂志⑤上撰文，从唯物史观的立场解读"民生史观"。

李达是从社会学的视角来分析民生史观的。他在《民生史观》中指出："三民主义各部门，都包含着一种根本的见解，这个根本的见解就是民生史观。民生史观是以民生为中心说明社会组织和进化的，就是中山先生所说的'民生为历史的中心'的说明。"⑥他通过对民生与社会、社会发达、社会组织、社会变革和社会进化的关系的阐释，展示了他所理解的民生史观的基本内涵。他指出："社会

---

① 萨孟武：《三民主义政治学》，新生命书局1931年版，第17页。
② 萨孟武：《三民主义政治学》，新生命书局1931年版，第18—19页。
③ 萨孟武：《三民主义政治学》，新生命书局1931年版，第20页。
④ 《湖南全省清乡总报告书》卷3（中），1928年版。该件存湖南博物馆。
⑤ 参见王爱枝主编：《江天水一泓　毛泽东与文化名人的交往》，山西人民出版社2014年版，第32页。
⑥ 平凡（李达）：《民生史观》，《现代中国》1928年第1卷第1期。

要维持生存，首先要从自然界取得生活资料。要向自然界取得生活资料，那人类在民生的经济范畴内的经常相互关系便成立起来，其他政治的法律的道德的等经常相互关系，才得有中心去维系。"① 这实际上反映了唯物史观中的"物质资料的生产方式决定政治生活以及精神生活的一般过程，物质资料的生产是人类生存的基础，是各种社会现象的基本根源"的原理。他又将社会与自然界看成是对立统一的关系。一方面，"食衣住行"的享受皆须以"物质资料"为前提，而物质资料皆须取之于自然界，故社会以自然界为"营养环境"；另一方面，人类只有运用生理的能力向自然界取得物质的资料，社会方能存在。② 这实际上表达了人类社会的生存既要依赖自然又要征服自然的矛盾关系。他还从静态和动态两个方面解释"民生为社会的中心"的道理。一方面，"民生是社会组织的中心"。社会的政治组织、道德、宗教、科学艺术、哲学都是以"民生"为中心而发生③；另一方面，"民生是社会进化的中心"。社会进化是通过"社会变革"来实现的，"社会变革"包括"政治变革"和"经济变革"，两者只有"相并而行"才能将"社会组织"完全变化到高级的形态。"社会变革"的根本原因就是因为"社会组织"出了毛病，发生了"民生问题"。④ 政治、法律、民族关系、道德、宗教科学艺术哲学等项的进化，都是"以民生为中心"而进化。而社会进化的"极致"是归着于"人人皆能生存，人人皆能善其生存"的"大同世界"。⑤

李达的《民生史观》发表后，立马招来了两种批评：第一种是批评他的"民生史观"与"唯物史观"相同；第二种是批评他把"民生"解作"经济"，似与孙中山的"民生是指生存而言"的原意略有出入。于是他又写下《民生史观和唯物史观》一文为自己的观点辩护。关于民生的概念，他指出，"民生两字的意义，若从抽象的解释，可以说是'人类的生存'，若从具体的解释，可以说是'经济的生活'。"具体言之，抽象的民生是指"人类的生存"，即涵括人民的生活、社会的生存、国民的生计、群众的生命等，属于生存范畴；具体的民生是指"经济的生活"，即维持生存的衣食住行需要、充实生存的教育娱乐需要，大体上属于

---

① 平凡：《民生史观》，《现代中国》1928 年第 1 卷第 1 期。

② 平凡：《民生史观》，《现代中国》1928 年第 1 卷第 1 期。

③ 平凡：《民生史观》，《现代中国》1928 年第 1 卷第 1 期。

④ 平凡：《民生史观》，《现代中国》1928 年第 1 卷第 1 期。

⑤ 平凡：《民生史观》，《现代中国》1928 年第 1 卷第 1 期。

经济范畴。① 他还指出："人类要维持生存，就必须协力从事经济活动，向自然界取得食衣住行四种需要；人类要充实生存，就必须满足食衣住行的四种需要，再进而取得育乐两种需要。……育乐的需要，虽不属于经济的范畴，却是要以经济条件为前提"，因此"经济和生存实是表里一致的"。② 有学者认为，李达的"经济和生存表里一致"的原理"和认为民生史观即唯物史观差不多"③。

李达还特别探讨了民生史观与唯物史观的异同问题。他指出：民生史观"以民生为社会的中心"，唯物史观"以经济为社会的基础"，两者大体上有些相同。但民生史观所说的"民生的根本要素"是"人类的生存"，唯物史观所说的"物质的根本要素"是"物质的生产力"，两者在构成的起点上不同。而且唯物史观有大部分只能适用于"有阶级的社会"，民生史观以"历史的中心是民生不是物质"而可以适用于一切社会。④ 他还从"社会组织""社会变革"和"社会进化"三个方面具体阐释了民生史观与唯物史观的异同之处。他的结论是：民生史观和唯物史观在"革命性"和"最后目的"上是相同的，而在"出发点""革命的方法"和"阶级性的注重程度"上是不同的。但他反对将两者对立起来，指出两者同是"说明社会组织和进化的原理"，只是民生史观以"纵的社会观念"为着眼，唯物史观以"横的社会观念"为着眼，所以两者"也有可以互相补充的地方"。⑤

（四）高承元的"新唯物史观"

高承元自 1927 年在广州各种讲习所、高校、黄埔军官学校演讲期间，就对于"民生史观是否唯物史观"等问题进行了思考。后来他在《孙文主义之唯物的哲学基础》一文的《内容提要》中标出了"民生史观即唯物史观""民生史观之矛盾——唯物主义与王道的文化""总理主张发扬中国固有道德，不足证明其为反唯物论，反足证明其为唯物论"⑥ 等观点。1930 年 7 月，他将《孙文主义之唯物的哲学基础》论文结集成书，由北平尚志书屋出版，同年 10 月又由北平平民

---

① 参见李平凡（李达）：《民生史观和唯物史观》，《现代中国》1928 年第 1 卷第 4 期。
② 李平凡：《民生史观和唯物史观》，《现代中国》1928 年第 1 卷第 4 期。
③ 杨周熙：《孙文主义的哲学系统》，大陆印书馆 1930 年版，第 327 页。
④ 参见李平凡：《民生史观和唯物史观》，《现代中国》1928 年第 1 卷第 4 期。
⑤ 李平凡：《民生史观和唯物史观》，《现代中国》1928 年第 1 卷第 4 期。
⑥ 高承元：《孙文主义之唯物的哲学基础（未完）》，《青天白日》1929 年创刊号。

书局校正再版。

高承元根据辩证法的"正反合"原理将各种历史观分为三类：一是"唯理史观"（或"唯心史观"），前有黑格尔等，后有戴季陶的"伦理史观"；二是"唯物史观"（或"经济史观"），前有马克思、恩格斯等，后有本人的"新唯物史观"；三是"社会史观"，前有威廉氏，后有杨杏佛的"唯生哲学说"。他将"民生史观"分别与"社会史观""唯理史观"和"唯物史观"作比较，说明它与前二者是不相容的，而与后者是相容的，故他提出"民生史观是唯物史观"之说。① 不过他将"唯物史观"的派别分为"狭义派""广义派"和"最广义派"三派（见图表 6-4）。② 他认为，孙中山的民生史观与马克思的唯物史观的根本不同在于：马克思以一切社会生活变化之原因归到"生产关系"；孙中山则以"消费关系与生产关系"同为社会生活的中心。③ "民生史观"不是"物质说的唯物史观"④，而是"消费与生产关系说的唯物史观——新唯物史观"⑤，属于"唯物史观的最高层次"⑥。由于高承元把民生史观解说为"新唯物史观"，故何行之批评他"要把中山主义的哲学当作唯物论的哲学"⑦。

图表 6-4

唯物史观的派别	代表学者	关于历史原动力见解
狭义派	客列士客楼茨	生产技术（物质的）
广义派	马克思 恩格斯 古奴 列德勒	生产技术 生产方法　生产关系 阶级关系
最广义派（民生史观派）	孙中山	生产关系 消费关系

（五）杨汉辉、陈树林、笑天的"唯物的民生史观"

杨汉辉从历史哲学的视野来解读孙中山的民生史观。他认为，孙中山创立革

---

① 参见高承元：《孙文主义之唯物的哲学基础》，平民书局 1930 年版，第 3—5、16—26 页。

② 参见高承元：《孙文主义之唯物的哲学基础》，平民书局 1930 年版，第 33 页。

③ 参见高承元：《孙文主义之唯物的哲学基础》，平民书局 1930 年版，第 31 页。

④ 高承元：《孙文主义之唯物的哲学基础》，平民书局 1930 年版，第 26 页。

⑤ 高承元：《孙文主义之唯物的哲学基础》，平民书局 1930 年版，第 31 页。

⑥ 蒋俊：《中国史学近代化进程》，齐鲁书社 1995 年版，第 264 页。

⑦ 何行之：《唯生论哲学理论之基础》，正中书局 1935 年版，第 11 页。

命的主义，自然是根据客观环境的需要，而孙中山能够把握社会进化的规律和阶段，还是其"历史哲学"——"民生史观"。孙中山从人类各种生活当中认定"生存"为社会进化的原动力，创立以"生存"为历史重心的历史哲学。

杨汉辉认为，"民生史观"既不是把"民生"理作"人类社会生活"的"社会史观"，也不是把"民生"解作人类社会生活中的"精神生活"的"唯心史观"，而是一种"唯物史观"。针对有人以"人类是理性的动物"为由而斥责唯物史观"蔑视了人类理性作用，把人类生活看得机械一样"的批评，杨承元则给予了反驳。他认为这种批评"根本没有认识'唯物史观'的内容"，因为唯物史观"除以生产力和生产关系的矛盾为理解历史之钥匙外，同时又何尝忽视人类的理性"，并引恩格斯的"现象界之支配人类，乃借着人类的脑子做他的舞台；他反射到人类的脑子里面，而成为感情，思想，意志，简单一句说，就是思潮，由思潮的形态而成为理想的势力"这段话为证。①

杨汉辉又从孙中山自己所说的话来证明"民生史观就是唯物史观"的合理性。他认为，孙中山称"民生"就是"人类的生存"，生存的基本条件是"经济"，"经济生活"是"人类的基础生活"，说明"人类的生存问题就是经济问题"，"民生是指经济"，"民生史观是用经济说明社会进化的原因"。他由此推断"孙先生是何等鲜明的一个唯物论者"！他还指出："生存"是目的，"物质"是解决生存问题的手段，这是"一件事情之两方面"。故他得出"孙先生的民生史观是唯物的民生史观"的结论。② 因此，他对戴季陶的"仁爱是民生的基础"之说不以为然，认为唯物主义者也承认"革命"必须有一个"伦理观念"做"发动力"，但"伦理观念"没有物质条件做它的背景，便是一种空想。③

杨汉辉还从"革命哲学"与"反革命哲学"相对立的立场上来揭示提倡"唯物的民生史观"的必要性。他指出："站在科学的立场来解释'民生史观'就是'唯物史视'。同时站在革命的立场，尤其是应该如此。革命是需要唯物，而不需要唯心的。因为革命的目的，是为解除一般被压迫民众的痛苦，但被压迫民众的直接要求，是经济生活的改善，只有用唯物的方法，才能吸引广大的痛苦民众参加革命运动。在从前资产阶级对封建阶级革命的时候，资产阶级的哲学是唯物

---

① 参见杨汉辉：《现代中国政治教育》，人文书店 1932 年版，第 3—4 页（"第二章"页）。

② 参见杨汉辉：《现代中国政治教育》，人文书店 1932 年版，第 5—6 页（"第二章"页）。

③ 参见杨汉辉：《现代中国政治教育》，人文书店 1932 年版，第 4—5 页（"第二章"页）。

的，封建阶级的哲学是唯心的。及至资产阶级的革命成功，他们自己做了统治阶级，就是他们的哲学就变成唯心的，而在他们统治之下的无产阶级，却是唯物的。所以唯心哲学是统治阶级的哲学，唯物哲学是被统治阶级的哲学。也可以说，唯心是反革命的哲学；唯物是革命的哲学。孙中山先生是一个革命的领袖，他创立的主义是革命的主义，推翻全世界统治阶级的工具，他的哲学自然是唯物的了。"①

杨汉辉不仅认为孙中山的革命哲学是"唯物的民生史观"，而且还断定孙中山主义是"科学的社会主义"。他解释道："孙先生的社会主义，既有其唯物的历史哲学作最高的指导，又为资本主义进展到现阶段的产物，不仅有其人类平等的远大目的，且有其达到目的的方法，特别有其在这个特殊的中国社会结构上所适用的特殊方法，决非空想社会主义无疑。然则是改良社会主义吗？依照孙先生的主张，是平均地权，节制资本，但这是只是初步的一种手段，要由这种手段，进而实行耕者有其田，建立国家资本，最后达到大同共产社会为止境。因此，我们可以断定孙先生的社会主义是科学的社会主义了。"②

杨汉辉作为一位国民党学者，也有反共意识，但相对说来还比较理性。正如他主张对青年思想教育应"以理智克服感情，以事实判别是非"；对待国民党以外的其他各党派的"主张"也应"把它公开出来，以真凭实据来加以相当的批判"。③ 所以，他对唯物史观和科学社会主义的推崇，并将民生史观与唯物史观、民生主义与科学社会主义联系起来，反映了他的思想的开放性。

陈树林围绕"三民主义的哲学基础"问题将当时的各种哲学流派分为唯心论、唯物论、多元论、二元论等类型。④ 而他得出的结论是："民生史观是总理的哲学基础；民生唯一的内容只是物质；因此，三民主义的哲学基础是唯物的民生史观。"⑤ 他又从三民主义的哲学基础考察三民主义的社会基础，认为三民主义的哲学是"以民生为社会历史的中心"，因此，三民主义的最大目的在于"解决社会的民生问题"。三民主义不能代表"掠夺阶级"，只有代表"农工阶级"，因此，

① 杨汉辉:《现代中国政治教育》，人文书店 1932 年版，第 6—7 页（"第二章"页）。
② 杨汉辉:《现代中国政治教育》，人文书店 1932 年版，第 11 页（"第二章"页）。
③ 杨汉辉:《现代中国政治教育》，人文书店 1932 年版，第 1—2 页（"自序"页）。
④ 参见陈树林:《三民主义的哲学基础是什么（一）》，《人民评论》1932 年第 31 期。
⑤ 陈树林:《三民主义的哲学基础是什么（三）》，《人民评论》1932 年第 37 期。

"农工为三民主义的社会基础"。[1]

　　笑天自称是一个唯物论者，对唯物史观也高度肯定，认为"关于社会上许多问题的解释，事实上都不能离开唯物论或唯物史观"。即是说，所有的社会变动和政治变革的最终原因，不是求之于"在人类头脑中造成的永远的真理或永劫的正义"，而要求之于"生产关系"中，换言之，不应该求之于"哲学"中，而应该求之于"那个时代的经济"中，方可避免形式逻辑的错误。[2] 不过，他又认为"民生史观第一个比唯物史观说得正确的地方，就是它用'民生'两字代替'唯物'两字"。唯物史观当然不否认人的生活，但民生史观将"生命"置于"万物之先"。在他看来，人是因为"求生""求继续不断的生"才发生"物质的欲望"，又只有"物质的生活资料"才能"维持生命"。人间的物质欲望不断地增进，便使人间将生产力不断地发展；新的生产机关（生产资料与生产机械）和生产方法的应用不绝，促使生产关系的变动；随着生产关系的变动，社会组织也随之变革。这是民生史观对于"革命"的解释。[3] 显然，在他阐发的民生史观中，包含了唯物史观的观点（如强调"物质的生活资料"的基础作用），但也容易滑向唯心史观（因将"物质欲望"作为生产力发展的驱动力）。这说明他在处理民生史观与唯物史观的关系方面还是有矛盾的。但不管怎样，他还是认定唯物论和唯物史观的正价值的，主张民生史观与唯物史观都以"唯物的哲学"做基础，故可称为"唯物的民生史观"[4]。

（六）黄闲道的"唯生的唯物论"

　　黄闲道在《几种似是而非的认识》一文中，分别对戴季陶、胡汉民和顾梦余三家的哲学观点进行了批判。

　　第一，对戴季陶育乐观的批判。一方面，他不仅觉得戴季陶发现孙中山亲笔记录的"民生问题"目录中除了"衣食住行"外还有"养生"和"送死"两个题目的说法不可靠，还认为这也不符合逻辑，因为"养生"就是以"衣食住行"为条件，"送死"也是"养生"的最后一关。另一方面，他觉得将"乐"与"育"

---

① 陈树林：《三民主义的社会基础是什么（二）》，《人民评论》1932 年第 29 期。
② 参见笑天：《唯物史观与民生史观的再检讨（续）》，《新陆》（北平）1933 年第 40 期。
③ 参见笑天：《唯物史观与民生史观的再检讨》，《新陆》1933 年第 39 期。
④ 参见笑天：《唯物史观与民生史观的再检讨（续）》，《新陆》（北平）1933 年第 40 期。

放在"衣食住行"四大问题之后也不妥，无法说清"养生"和"送死"到底是"乐"的问题还是"育"的问题，还认为"乐育"并非"历史重心条件"，因为"衣食住行"不存在，"乐育"乌乎存在？中国人民的物质生活不解决，何"乐"可言？而且戴季陶将"育"字分析为生育、养育、教育，那么"乐"字也可分析为念佛乐、跳舞乐、鸦片公卖乐、卖国协定乐、不抵抗乐，这种"乐"的价值何在？因此，他对戴季陶的"育乐"说不以为然。①

第二，对胡汉民心物观的批判。一方面，他认为胡一贯虽反对戴季陶把中山哲学思想正统化，却和他一个鼻孔出气关心人类的乐育问题。另一方面，他认为胡汉民的"生可以概括心物，而心物却不能概括生"之说十分不对，而他主张"生包括物，物包括心；生决定物，物决定心"，还认为孙中山是"把心放在物之后再研究其成立与变化"，而胡汉民把精神教育与实业计划并重且更宣传精神教育，几乎要把孙中山变成"一个唯心论者"。②

第三，对顾孟余哲学口号的批判。他认为，顾孟余和陈公博都是汪精卫的吼舌（即改组派），顾孟余的口号包括："唯物主义与唯心主义与革命或反革命无关"；"唯物论并非共产党的勾当，唯物论者也不一定是共产党"；"唯心唯物的见解实与政治主张无这样机械式的关系"③。他对顾孟余的三个口号一一作了点评。对于第一个口号，他是完全持反对意见的，他认为，"革命"和"反革命"分别以"唯物"（"民族革命"则以"唯生的唯物"）和"唯心"或"机械的唯物"为各自理论之轮轴。对于第二个口号，他不赞成"唯物论并非共产党的勾当"，而认同"唯物论者也不一定是共产党"，因为他自己就是站在国民党的立场上支持唯物论的。对于第三个口号，他也是不赞成的，因为他认为唯心唯物的见解可以与政治主张有"非机械的变动关系"，表现在政治体制上就有："唯心见解决定了法西斯蒂政治，新唯物见解决定布尔什维克政治，唯生的唯物论的见解决定了民权政治"。④

为了系统地表达他的"唯生的唯物论"，黄闲道还专门制作了《孙文主义的哲学的表解》（见图表 6-5）。在这份表解的主要观点是：唯生的唯物（自然环境和经济环境）决定人类行为；人类行为（生殖、经济、政治、学习发现发明）决

---

① 参见黄闲道：《几种似是而非的认识》，《广西青年》1933 年第 27 期。

② 黄参见闲道：《几种似是而非的认识》，《广西青年》1933 年第 27 期。

③ 顾孟余：《论唯物史观》，《革命战线》1930 年第 8 期。

④ 黄闲道：《几种似是而非的认识》，《广西青年》1933 年第 27 期。

定人类意识的表现；人类意识（文化）适应人类行为（人类行为胜利为乐，否则为悲）。他还将不同的哲学与不同的社会制度相对应：资本主义重视自然环境或褊狭的人类意识——"多元论"；社会主义重视经济环境——"经济一元论"；民生主义并重自然环境及经济环境——"唯生的唯物论"。[1]

（七）赵剑华的"反唯心的民生史观"

赵剑华将社会历史观分为四种形态：一是"唯心史观"，黑格尔为集大成者，它是合唯心论和辩证法来解释整个历史；二是"唯物史观"（即"经济史观"），马克思为代表，它合唯物论和辩证法来解释一切历史、一切社会现象；三是"社会史观"，

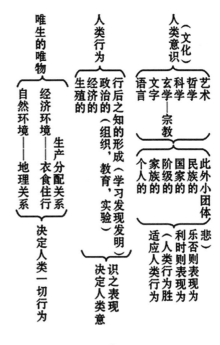

图表 6-5

威廉为代表，它以马克思的精神为骨干来洞彻实际社会问题和社会行程；四是"民生史观"，孙中山所创。[2] 这四者之间存在着渊源关系，即：唯物史观渊源于唯心史观，而颠倒其上层与下层的关系和哲学的立场；社会史观又渊源于唯物史观，立场和方法相同，而结论各异（见图表 6-6）；民生史观受社会史观的影响和因唯物史观的反响。[3]

图表 6-6　社会史观与唯物史观比较表

唯物史观要旨	社会史观要旨
经济进化产生社会进化	社会进化指挥经济进化
以经济（生产力）为历史重心	以生存（求生意志）为历史重心

---

[1]　参见黄闲道：《几种似是而非的认识》，《广西青年》1933 年第 27 期。

[2]　参见赵剑华：《反唯心论的民生史观：从唯心史观唯物史观社会史观到民生史观（附图表）》，《新中国》1933 年第 1 卷第 1 期。

[3]　参见赵剑华：《反唯心论的民生史观：从唯心史观唯物史观社会史观到民生史观（附图表）》，《新中国》1933 年第 1 卷第 1 期。

续表

唯物史观要旨	社会史观要旨
社会进化由于劳资阶级斗争以取消阻碍生产力发展的制度，故以顾全生产者利益为主的	社会进化由于社会上消费者利益相调和，故以适应消费者利益为主的
阶级斗争为社会进化之动因	阶级斗争为社会进化之病症
取消资本家剥削剩余价值使生产工具归生产者所有	提倡消费合作运动以取消商人分配之盈余制

但赵剑华经过分析，发现"民生史观哲学立场是唯物论"。对此，他提出了四个方面的理由：其一，孙中山释"生元"为"生物之始"，意即"物始"，也就是"物"为本原；其二，"生元"即"细胞"，亦即实体性的"原子"；其三，在以"质力合体说"为立场的唯生论和柏格森的生命哲学没有得到充分科学论证之前，仍当根据"科学真理的时间性"的原则而以"唯物论"为"现在"的真理；其四，从陈立夫也引用的"基本能力之存在"附丽于"万物本体之存在"的"学理"而言，无论科学上将"物质"分至如何小（如电子、量子等），但"终究是一物质"。[1]他提出了"民生史观"与"唯物论"能够兼容的一个重要理由，就是体现"科学的精神"的"唯物论"并非由马克思所创，而是前人留下的哲学财富，马克思可以使用，我们也可以使用，不能因为马克思"僭据唯物史观或僭据唯物论"就忌而不用，而应该本着"科学"的态度将"民生史观"的"唯生之本体"建立在科学的基础上，并采取"以子之矛，攻子之盾"的对策，"取而献给攻击民生史观的马克思主义者"。[2]

当时，陈立夫的唯生论正兴，而陈立夫等人创建唯生论的目的，就是要急于对抗共产党人所信奉的唯物论和唯物史观，但又慌不择路地赋予作为宇宙本体的"生"以"精神"属性，从而将孙中山的民生哲学和民生史观引向唯心论和唯心史观。所以，赵剑华提出"反唯心论的民生史观"，以防国民党的哲学因反唯物论而陷入反科学的泥潭。

---

[1] 参见赵剑华：《反唯心论的民生史观：从唯心史观唯物史观社会史观到民生史观（附图表）》，《新中国》1933 年第 1 卷第 1 期。

[2] 赵剑华：《反唯心论的民生史观：从唯心史观唯物史观社会史观到民生史观（附图表）》，《新中国》1933 年第 1 卷第 1 期。

三、民生史观的唯生论解读

这一阶段将民生史观作唯物生解读的，以梅思平、童行白、蔡元培、邝摩汉、胡一贯等为代表。

（一）梅思平的"生的世界观"

国民党窃取大革命的胜利果实后，梅思平却发现国民党虽然在政治上居于绝对优势地位，但共产党却在思想上仍具有强大的影响力，这是因为共产党已建立起一套严密的马克思主义理论系统，表现在哲学上就是其"唯物史观"之上有"唯物论"的世界观（本体论）为基础。故他批评胡汉民的"三民主义的连环性"之说没能为三民主义说出一个"共同的立足点"——本体论；批评戴季陶把民生哲学的中心思想归结到"仁爱"上，而在"仁爱"之上同样少了一个出发点——"本体论"，且"仁爱"属于"精神"，自然少不了"唯心论"之嫌。① 而他认为民生史观所根据的"本体论"绝不是唯心的，儒家哲学也绝不是以唯心论而完全是以"物的观察"为"出发点"。② 梅思平将"生的世界观"的内容概括为两点：第一，世界是不断地动，也就是不断地变化，不断地变化就是"生"；第二，"生"的唯一原则，就是"各遂其生""各自不断的前进"③。而他又将"生的世界观"建立在传统儒家宇宙观的基础上。他认为，儒家对宇宙的认识，第一步是认得一个"动"的宇宙，第二步的认识就是"变化"亦即"生"。因"动"而生出"变化"，由"变化"而生出一切的"物类"。万物的各个体又跟着整个宇宙继续不断地"动"，而呈现出"生生"之状态。④ 因此，整个宇宙就是一个"生的世界"。不过在他看来，"生"并不是抽象的、精神性的东西，而是有其客观的、物质的载体。"生"的物质载体是宇宙万物，包括"有生物"和"无生物"，它们都是由"原子"构成的。他说："非但有生物是'生'，无生物也是'生'，因为都不过是无数原子

---

① 参见梅思平：《民生史观概论》，《新生命》1928 年第 1 卷第 5 号。

② 参见梅思平：《民生史观概论》，《新生命》1928 年第 1 卷第 5 号。

③ 张军民：《对接与冲突：三民主义在孙中山身后的流变 1925—1945》，天津古籍出版社 2005 年版，第 46 页。

④ 参见梅思平：《民生史观概论》，《新生命》1928 年第 1 卷第 5 号。

继续不断的变动。"① 因此，他的"生的世界观"属于唯物论的世界观。

不过，叶青对梅思平从儒家那里为民生哲学寻找"生的世界观"不以为然。他指出："现在的民生哲学不是这样。因为一切思想、学说、主义，都建筑在民生——人类底生存之上的，换一句话说，都是在为生存、求生存、解决生存、发展生存，并且任何一种思想、学说、主义，都是先肯定人类底生存的，它们根本是人类生存后才有的。所以民生并非三民主义底特殊的出发点、归宿点、哲学基础，生的社会观、生的历史观以及生的世界观，实在是过去现在一切思想、学说、主义之意识的或无意识的哲学基础。在这相同哲学基础上，可以产生不同的思想、学说、主义，因为时代和阶级底相异，使生存底问题、形式、方法等不能一样，造成了各种求生存底观念和理论。"② 就是说，"生的世界观"不是儒家所独有，而是古今各家哲学所共有的，而将儒家的"生的世界观"作为民生哲学的渊源和基础是不对的。

（二）童行白对"生的世界观"的虚设

自《新生命月刊》发起"民生史观"的大讨论后，各种观点经过一年多的展示与较量，使得民生哲学理论结构的探索也逐渐完善起来，特别是梅思平对民生哲学的本体论的探讨，给民生哲学理论结构的完善带来了实质性的影响。童行白就是接着梅思平的话题而提出了自己的民生史观理论体系结构的构想。他指出："季陶同志替总理主义找出哲学的基础是'仁爱'，这当然是错误的。因为'仁爱'是伦理哲学，伦理哲学是在民生史观应用上是一种工具，在民生史观系统上是一种下位概念，不是孙文主义的哲学基础。梅思平同志说的生的世界观，才是民生史观的哲学基础。可惜梅同志说的是中国古代儒家的世界观，不是总理的世界观。"③ 在这里，他否定了戴季陶以"仁爱"（伦理哲学）为基础的民生史观理论结构。

童行白接受了梅思平关于"民生史观以生的世界观为根据"的观点，但他又认为孙中山的"生的世界观"不是出自儒家哲学，而是为孙中山所自创。因为，从客观上说，世界有生的原理，故历史有生的定律；从主观上说，历史观与世界

---

① 梅思平：《民生史观概论》，《新生命》1928 年第 1 卷第 5 号。

② 青锋：《"民生史观"论评》，《科学思想》1929 年第 14—15 期合刊。

③ 童行白：《唯物史观与民生史观析论》，南华图书局 1929 年版，第 58 页。

观是表里关系，孙中山既然有生的历史观，就应有生的世界观，只是目前还没有发现孙中山的论证，但不能因此就否认孙中山的"生的历史观"是以"生的世界观"为根据的。因为同样的道理：孙中山没有去世以前，谁识他的三民主义是出于"民生史观"？必待学理不断地发明，"唯物史观"随处的旁证，才确立"民生史观"的基础来。因此，对孙中山的"生的世界观"，不妨如科学家虚悬一个"学理"，再逐渐地去求证明，将来说不定也同"民生史观"一样地成为"坚实不摇的真理"。他认为，世界的一切无一不有"存在之性"，也无不有"求生之性"，这便是"生的世界观"。①

童行白还探讨了从"生的世界观"到"生的历史观"（即民生史观）的逻辑推衍过程。他认为，"生"有物类的"斗争"和人类的"互助"两种方法，而"生"的原力是"生元"；"生"又有"解除物种的斗争"的"革命"和"创造人类的互助"的"建设"两种作用。而从兽的世界里创造出人的世界，从兽的生活中回复到人的生活，合于"天地之大德为生"的"生的世界观"。②因童行白和陈立夫都为孙中山的民生史观建一"生的世界观"，故有学者将他们对民生史观的理论解释归入同一类型，且将童行白置于陈立夫之前。③

（三）蔡元培、邝摩汉、胡一贯的"唯生史观"

自戴季陶以"民生史观"命名孙中山的社会历史观后，已为很多学者所接受，但也遭到王去病等学者的反对。王去病认为，"民生史观"只能说明"人类进化"阶段而不能说明"物种进化"阶段的"民生史"④；用"民生史观"之名可以为"民生主义"的根据，但不可以为"三民主义"的根据；若将"民生"限于"经济"或将"民生主义"等同于"社会主义"，则"民生史观"会与"唯物史观""社会史观"相混。⑤故他认为"民生史观"之名不必用。不久，时任中央研究院院长的蔡元培就将"民生史观"改为"唯生史观"。他提出的理由是：马克思以物质为历史的重心，谓之唯物史观；孙中山以民生为历史重心，当然可名为唯生史

---

① 参见童行白：《唯物史观与民生史观析论》，南华图书局 1929 年版，第 44—48 页。
② 参见童行白：《唯物史观与民生史观析论》，南华图书局 1929 年版，第 60—64 页。
③ 参见赵剑华：《反唯心论的民生史观》，《新中国》1933 年第 1 卷第 1 期。
④ 参见王去病：《"民生史观"论评》，《先导月刊》1928 年第 1 卷第 5 期。
⑤ 参见王去病：《"民生史观"论评》，《先导月刊》1928 年第 1 卷第 5 期。

观。而且，唯生史观既不像唯物史观末流要"打倒知识阶级"，又不类唯心史观要"排斥物质文明"，而是"唯物与唯心的折中"。① 他还特别指出，唯生史观"要求民族生存、全民族的快乐"，而与"只注重精神"的唯心史观不同。②

随后，邝摩汉接过蔡元培的"唯生史观"之说并作了自己的发挥。他列出了采用"唯生史观"名词的三种理由：其一，"唯生"与"唯物""唯心"的"唯"字都是"唯一"的意思，"唯物""唯心"和"唯生"的意思分别指唯有这个"物""心"和"生"才为社会进化的原动力。其二，用"唯生"替代"民生"，是因为"唯生"这个原动力不但适用于人类社会，而且适合于宇宙间一切动物的社会。这实际上是要解决王去病提出的"民生史观不能说明物种进化阶段的民生史"的问题。其三，用"唯生"这个名词，可与社会上流行很久很普遍的"唯心""唯物"两名词鼎足而三。他主张"生"包含"生命""生活""生存"，统摄"物"（物质）与"心"（精神）。③ 他还分析了唯生史观的哲学基础（包括人生哲学和历史哲学）、科学根据（包括政治学、经济学、社会学及其他一切自然科学）和历史事实（历史上的氏族、部落、国家和世界都是为生存而竞争和互助结合的团体）。④

接着，胡一贯也就邝摩汉提出的为何要将"民生史观"改为"唯生史观"的话题阐述了两种类似的理由：一是"唯生"可以应用到整个的宇宙方面，"民生"仅可应用到社会方面；二是"唯生"指示一元的思想，表示宇宙的发展除了"生"的动因外别无第二动因。⑤ 他将其唯生史观体系分为两个组成部分：一是"唯生论"，包括"生的本体""生的现象"和"生的问题"三个内容；二是"辩证法"，包括"进化的目的"和"进化的方式"两个内容。⑥ 与梅思平从儒家那里寻找民生哲学的理论来源、童行白只把"孙中山的民生史观根据生的世界观而来"当做

---

① 参见蔡元培：《说总理的惟生史观》，《河南建设月刊》1929 年第 2 卷第 1 期。

② 参见蔡元培：《唯物史观唯心史观与唯生史观的比较》，载中央陆军军官学校政训处编辑委员会编：《政治讲演集》，中央陆军军官学校政训处编辑委员会 1929 年版，第 22 页。

③ 参见邝摩汉：《唯生史观》，载中央陆军军官学校政训处编辑委员会编：《政治讲演集》，中央陆军军官学校政训处编辑委员会 1929 年版，第 131—133 页。

④ 参见中央陆军军官学校政训处编辑委员会编：《政治讲演集》，中央陆军军官学校政训处编辑委员会 1929 年版，第 139—141 页。

⑤ 参见胡一贯：《社会科学概论》，中央陆军军官学校政治训练处 1930 年版，第 51—52 页。

⑥ 参见胡一贯：《社会科学概论》，中央陆军军官学校政治训练处 1930 年版，第 56—73 页。

"一种假设"① 不同，胡一贯主要是以孙中山本人的说法为依据来阐述其唯生史观体系。而他将"唯生史观"置于唯生论之上，显然存在着哲学逻辑上的混乱，说明这一体系的设计还不圆满。

---

① 胡汉民：《代序》；载童行白：《唯物史观与民生史观析论》，南华图书局 1929 年版，第 2 页（"序"页）。

第六章　近代民生哲学的历史发展（四）

——唯生论的突起（1933—1939）

唯生论在近代民生哲学发展的第二、三阶段已开始出现，但有的唯生论只处在历史观的层面上，没有上升到本体论的高度；有的唯生论虽置于本体论的高度，却又找不到合适的本体论基础。陈立夫的唯生论的创立，使孙中山的民生史观有了较为统一、较为权威的本体论基础，也使近代民生哲学的发展进到第四阶段。

第一节　唯生论产生的时代背景

随着蒋介石结束了国民党内派别的争斗与混战，建立了统一的中央政权，迫切需要思想上的统一。特别是蒋介石推行"新生活运动"，又急需为之提供有力的哲学依据，于是以陈立夫、任觉五为代表的唯生论哲学应运而生。

一、蒋家独裁与思想统一

蒋介石自发动反革命政变以后，一心要将国民党变成代表大地主大资产阶级利益的政党，并通过各种手段要将国民党变成了他个人独裁的工具。蒋介石集团为了巩固其已得的政权，于是对内制定了强化国家机器的措施。一是大肆强化反革命武装（包括中央军和地方保安队），实行法西斯军事专政；二是建立庞大的特务组织（包括"中统"和"军统"），实行恐怖的特务统治；制定名目繁多的反动法律和统治制度，对革命人民实行严厉的镇压政策；对国民实行封建道德和法西斯主义的"党化教育"，以欺骗麻痹人民。同时，蒋介石集团出于大地主大资产阶级的利益，把共产党领导的革命人民斗争视为"心腹之患"，把"围剿"看成是蒋介石集团生死存亡的关键；而把日本帝国主义的侵略仅仅看成是"皮肤之患"，于是奉行"安内攘外"政策，把主要精力用来对中国工农红军和革命根据地进行反革命围剿，但又迫于全国民众和爱国将士的抗日呼声而不得不主张在确保"安内"的前提下"抵御外侮"。

在推行法西斯主义的过程中，蒋介石在文化教育上开展了一个"新生活运动"，于 1934 年 2 月在江西南昌成立"新生活运动促进会"，自任会长，陈立夫、康泽、邓文仪、杨永泰、熊式辉、蒋孝先等为总干事。他把"新生活运动"视为"目前救国建国与复兴民族一个最基本亦最有效的革命运动"[①]，要求把新生活运动的中心准则——礼、义、廉、耻，推行于人民的衣食住行之中。

然而无论是国民党所奉行的三民主义还是国民党所实行的"党化教育"和"新生活运动"，都必须以一定的哲学为理论基础。经过 1928 年至 1933 年间的民生史观大讨论，在国民党学者和官方中大致形成了以民生史观为三民主义的哲学基础的共识，国民党的"民生史观"成了与共产党信奉的"唯物史观"相抗衡的思想工具。不过，这一时期的学者发现，共产党的"唯物史观"还有"唯物论"的本体论依据，他们也在为"民生史观"寻找本体论的依据，并将这个本体论称为"生的世界观"，但"生的世界观"还只是一种"虚悬"，而无法得到"确证"。因此，为国民党的民生史观寻找可靠、稳定的本体论，就成了蒋介石集团及其理论团队的迫切任务。直到 1933 年陈立夫的"唯生论"的问世，国民党的"民生史观"才有较为统一的形上依据。而且，蒋介石推行的"新生活运动"也获得了"唯生论"哲学理论的支持。

---

① 蒋中正：《新生活运动之要义——在南昌行营扩大纪念周演词（1934 年 2 月 19 日）》，丘汉平、蒋建白编辑：《新生活须知》，文华美术图书公司 1934 年版，第 43 页。

二、建立"唯生论"哲学的必要性

何行之曾指出:"中国国民革命之理论的哲学基础,就是唯生论哲学,这也就是中山主义的中心。"① 不过,他从"中国国民革命"中的意识形态斗争的高度来审视"唯生论哲学"的价值。他指出:"在一切社会斗争上,哲学是个最锐利的斗争的精神武器,也是最锐利的领导斗争的先锋。你要使一般人能信从国民革命所抱的主义,使他们的一切活动与革命的实践行动一致起来,以增厚革命的力量,就必得先夺取他们的意识,改换他们的观念,影响他们来到革命中心力的周围。"②

然而令他忧虑的是:国民党在国民革命实践斗争的过程中由于对"意识斗争"的忽视,亦即对作为官方哲学的"唯生论哲学"的发挥与宣扬的忽视,导致"唯生论哲学"隐晦不彰,而其他反对派的哲学理论乃得以其"斗争的姿态"在一般国民的意识领域中尽其"积极的影响",从而形成"二力相互消长的必然的趋势"。他发现当时凡书店出版的和一般人所读的关于哲学理论的书籍大都是反对派的东西,尤其是"无产阶级革命哲学理论"居多,而关于"唯生论"的著作则寥若晨星,导致其他反对派的哲学理论(尤其是无产阶级革命哲学理论)"在一般人民的意识上逐渐扩大其影响的作用",从而"阻碍了国民革命的发展","削弱了国民革命的力量"。故他提出"唯生论哲学的阐发与宣扬,当属非常的必要"。他还为此提出了五点理由:第一,欲阐明中山主义的真实的意义与价值,使一般人确信中山主义是有"哲学基础"的,必须先阐明唯生论的哲学理论;第二,欲反对唯物论或唯心论,就得拿出"真实理论"给人家看,故须巩固唯生论的真实理论的基础;第三,欲与一切反对派中间派斗争,把他们夺取过来,则必须先夺取他们的意识,就得让他们正确认识和了解唯生论哲学的特质与价值;第四,仅建筑在对中山主义内容的"表面的认识"上的"信仰"是不能"巩固"的,必使他们彻底了解唯生论哲学的特质,才能使他们对于中山主义的信仰基础发生巩固;第五,只有把唯生论哲学观念的斗争影响扩大,以灌入国民的意识中,才能改变国

---

① 何行之:《唯生论哲学理论之基础》,正中书局 1935 年版,第 5 页。

② 何行之:《唯生论哲学理论之基础》,正中书局 1935 年版,第 7 页。

民人生日趋"无目的的或颓落"的状态，庶能使"民族的生命"健全丰富起来。①
而在这提倡阐发和宣扬"唯生论哲学"的五个理由中，最根本的理由是为了对抗
中国共产党所宣扬的"无产阶级革命哲学理论"（包括辩证唯物论和唯物史观），
最根本的目的是为了与中国共产党争夺信众，让更多的人放弃马克思主义哲学信
仰，转而投向对国民党的唯生论哲学的信仰。

何行之也列举了周佛海、戴季陶、蔡元培、杨杏佛、高承元、张廷休、梁寒
操等人在阐扬中山主义哲学基础方面所做的工作，但又批评他们不但在量的方面
没有把中山主义的哲学基础形成一个完整体系的著作，在质的方面也没有把中山
主义哲学基础之真实的意义与价值之特质完全具体地阐明出来。而且他们"各自
为说，意见相左，甚至相反"，唯心论、唯物论、折中论和三元论都有。② 不过，
何行之又肯定了陈立夫对中山主义哲学的阐明所作出的积极贡献。

第二节　唯生论的建构历程

唯生论并非陈立夫最早提出，但后世却常将它归入他的名下。其实在他之
前，已有一批学者作了理论上的铺垫。陈立夫的唯生论以其通过权力的运作和体
系的相对完备而成为当时国统区内的显学和官方哲学。

一、陈立夫的唯生论诞生前的理论铺垫

陈立夫并非近代唯生论的创始者，而是近代唯生论的集大成者。在他的唯生
论产生之前，就有不少人对唯生论的概念与理论探讨过，而且经历了"概念与理
论的提出""哲学派别的树立""民生史观语境下的探讨""专题性的探讨"等阶段，
从而为陈立夫唯生论的创立提供了理论上的准备。

---

① 参见何行之：《唯生论哲学理论之基础》，正中书局 1935 年版，第 7—9 页。

② 参见何行之：《唯生论哲学理论之基础》，正中书局 1935 年版，第 10—13 页。

（一）"唯生论"概念与理论的初次提出

近代"唯生论"的概念与理论诞生于五四新文化运动期间，主要以方东美的"生之哲学"和李石岑的"唯生论"为代表。

方东美在南京金陵大学求学期间，1918 年任本校中国哲学会主席，1919年加入全国少年中国学会，并通过该学会出版的《少年中国》刊物来宣扬西方的"生之哲学"。一方面，他将柏格森的哲学定性为"生之哲学"。在他之前，钱智修引入美国学者阿博德的说法，将柏格森的哲学称为"进步哲学"而与神学派和科学派的"宿命论"相对立，"进步哲学"主张"有生命斯有变化，有变化斯有生长，有生长斯有进步"①。而方东美对柏格森哲学的命名，既不取钱智修之"进步哲学"，也不取柏格森之"易之哲学"，而称为"生之哲学"，其要点是："生活"是各种动作的烧点；顽钝的"物质"是支持与实现生命的资料；"智慧"是人生创造适合的环境的利器；"直觉"是了解生命真义的慧钥。② 另一方面，他将唯实主义和实验主义也归入"生之哲学"。他通过研读柏锐（Perry）等人的著作，而称唯实派哲学为"纯正生之哲学"，认为它含有"善或价值之本性"和"善之实现的境地"两层要义，前者为伦理学的要旨，后者为宗教哲学的要旨。③ 他欣赏唯实派哲学在遇到一切物事时能兼顾"实际"和"理想"两面，最终经过高明的行动而把实际物事逐渐改善至理想的境地。他通过聆听杜威的演讲而感到实验主义与唯实主义对于"生命"持有很相同的态度，因为杜威认定世界是流动的、变化无穷的，生命应在这多变的世界上抱着"进步"和"团结、博爱及互助的精神"的质素前进，世界之变好变坏要由东方人自己完全负责。杜威的言论，给他的心灵带来很大的触动。而当他将唯实主义和实验主义贴上"生之哲学"的标签时，也就使"生之哲学"打上了自己的烙印。

李石岑（1892—1934）早年留学日本，积极投身救亡运动。1918 年回国后，大力介绍和研究现代西方哲学人物、流派及思潮，并在现代西方哲学（特别是生命哲学）的影响下转向以"生"（人生）为主题的哲学思考。他在《学灯之光》中指出："吾辈有'生'，则有意识有我；有意识有我，则宇宙万法之存在，可得

---

① 钱智修：《现今两大哲学家学说概略》，《东方杂志》1913 年第 10 卷第 1 号。

② 参见方珣（方东美）：《柏格森"生之哲学"》，《少年中国》1920 年第 1 卷第 7 期。

③ 参见方珣：《唯实主义的生之哲学》，《少年中国》1920 年第 1 卷第 11 期。

而立言。'生'也者，统摄'存在''意识'与'我'诸事实以为言者也。"① 从本体论来说，有宇宙万物之"存在"才有"生"，有"生"才有"我"与"意识"；即使"意识"消灭，肉体还可残存；即使肉体不在，还会有元素、原子、电子之"存在"。这显然是唯物论的观点。从认识论来说，只有人的"意识"才能感知宇宙万物的"存在"，一旦意识绝灭，则万象之有无也就无从诠议，故"宇宙"存于"意识"以内。这看似唯心，但实则反映了意识是人类特有的现象。他又认为，自"存在"达于"意识"，乃是自无机界至有机界、自动植物至人类的演进过程，也是自下而上、自基点到顶点的发展过程。而"顶点"就是"人类"，其特征为"生"或"意识的生活"。②"生"不仅是人类的存在状态和特有属性，还是人类"如何以生"的价值所在。在"生"之上，宗教和道德分别教人以"神"和"善"为目的，"善"所以增益吾生，"神"足以完成吾生。但神和善不是"生"之目的，而是"生"之途中。"生"之目的在于趋向"生"之"增进"与"持续"之途，以同熔于"无限"。"生之无限"是人类最高之需求，但这种需求要受"外围""精力"和"年限"之限制。欲达"生之无限"之需求，就不得不抗拒固有的道德宗教，以使"新思想"日进不已。③ 这显然受尼采的"价值之破坏"④ 的主张的影响。李石岑在《学灯之光》中将"生"仅限于人类"意识的生活"，也就否定了"生"的本体论价值，这说明他此时的哲学还不是严格意义上的唯生论，只能称之为"生的哲学"，或者说是他的唯生论的前奏。后来他在山东讲演"教育哲学"⑤ 时，里面有一篇"唯生论"，讲明"'生'有五个意思"⑥。随后，他在《人生哲学大要》一文中指出，"人"字虽不可忽视，但"生"却是一个根本问题和先决问题，并中从"人生哲学"的视野将"唯生论"的内涵与内容复述了一遍。具体说来，"生"的五个意思包括：一是"动"，即世间万象（包括文明人）都处在"盲目的动"之中；二是"变"，即动中含变，动和变不相离；三是"顿起顿灭"，即宇宙万物无数刹那间生灭不

---

① 李石岑：《学灯之光》，《学生》第 1920 年 7 卷第 7 期。

② 参见李石岑：《学灯之光》，《学生》1920 年第 7 卷第 7 期。

③ 参见李石岑：《学灯之光》，《学生》1920 年第 7 卷第 7 期。

④ 李石岑：《尼采思想之批判》，《民铎杂志》1920 年第 2 卷第 1 期。

⑤ 李石岑于 1922 年 3 月 20 日在《教育杂志》第 14 卷第 3 号发表了《教育哲学》一文，也许是他在山东讲演教育哲学的部分内容，里面虽没有"唯生论"的内容，但至少可说明他在发此文之前就已提出了唯生论。

⑥ 李石岑：《人生哲学大要》，《教育杂志》1922 年第 14 卷第 12 期。

已，非断非常。四是"扩大"，即因宇宙万物刹那间之相续而成寸寸节节之扩大；五是"交遍"，即因扩大而使宇宙万物相互交遍的机会增多，由此产生的整体功能更为放大。合此五义，才成一"生"。这是目前国内发现的"唯生论"的概念与理论的最早记录。

而最能反映李石岑的唯生论思想的是他将"生"提高到宇宙本体的高度。他指出，将宇宙万物区分为有生物和无生物，只不过是"科学家的武断"，却不是"哲学家的定评"。因为普通叫有生物，因其能"生长"；能"生长"，因其能"动"；能"动"，因"力"之作用。而无生物亦由电子构成，电子因有电磁力之作用而生"动"，故无生物推其究竟，实与有生物无异。所谓"唯生"，是指"宇宙间动、植、矿三界之中无一处不是生机，生可以赅万有"①。因此，"生"是宇宙万物的存在状态和普遍属性，世界统一于"生"。他又以唯生论为基础而提出了"表现生命"的人生观。②

李石岑在《学灯之光》中提出的"'生'统摄'存在''意识'与'我'的观点，使人联想到陈立夫的唯生论的"生＝物质＋精神"③公式；李石岑在《人生哲学大要》中提出的"无生物亦有生"的观点，又使人联想到陈立夫提出的"矿物也可以生长，能生长当然有生机，有生机当然有精神"④的"矿物也有精神"说。故有学者称李石岑的"唯生论"理论"到四十年代便发展成蒋介石、陈立夫的唯生论"⑤。

方东美的"生之哲学"和李石岑的"唯生论"都是五四新文化运动的产物，也都是为了发挥唯生哲学在五四新文化运动中的价值而提出来的。方东美提出柏格森的"生之哲学"能"使我们鼓舞兴趣"，号召全国同胞都要加入"创造新生活及新文化"的运动中。⑥他称中国发生的五四运动及新文化运动是"唯实主义的真觉哲学给我们一个好暗示"，并在杜威演讲的影响下而发出"我们誓死不复古，不退化，努力向好的途径走"⑦的誓言。李石岑指出，五四新文化运动的最

① 李石岑：《人生哲学大要》，《教育杂志》1922 年第 14 卷第 12 期。
② 参见李石岑：《人生哲学大要》，《教育杂志》1922 年第 14 卷第 12 期。
③ 陈立夫：《唯生论（上）》，正中书局 1934 年版，第 45 页。
④ 陈立夫：《唯生论（上）》，正中书局 1934 年版，第 37 页。
⑤ 田伏隆：《李石岑及其哲学思想的转变》，《船山学报》1987 年第 2 期。
⑥ 参见方珣：《柏格森"生之哲学"》，《少年中国》1920 年第 1 卷第 7 期。
⑦ 方珣：《唯实主义的生之哲学》，《少年中国》1920 年第 1 卷第 11 期。

显著成绩"莫过于换新国人之头脑，转移国人之视线"①。而他构建唯生论，就是以叔本华的"生活意志"、尼采的"权力意志"、柏格森的"创造进化""生之冲动"、詹姆士的"实用主义"、倭伊铿的"精神生活"、托尔斯泰的"理性"等理念为立论背景的。不过，他们都没有要将自己的唯生哲学打造成与唯物哲学和唯心哲学相并列的第三派哲学。

李石岑自首次提出唯生论后，并没有停止对"生"的探索，但在一段时期对佛学的"生"论颇为钟情，与太虚法师在思想上有过交集，两人都曾在《东方杂志》和《海潮音》上发文宣扬佛学。他曾指出，世界上并没有真实的"人"（"我"）和"生"，人生其实只是"相续的幻相"而已，但人又不应为"迷惘的幻生活"，而应为"觉悟的幻生活"。故他推崇"自悟悟他"的人生观，主张通过发菩提心，为菩提行，以助益于众生。② 不过，他后来又重新思考"生"的问题，将"生"界定为"生生不已""自强不息"的活动，特别强调要尊重和发展"生"，关注现实的生活，把"生"的"意志"用在救济自己与救济人类，即"己立立人""己达达人"上，以实现人生的意义与价值。③ 故他在生命的尾声发生了重大的学术转向，从而"使唯心论的阵营里失去了一个健将，而在新唯物论的旗帜下却增加了一个战士"④。他学贯中西，但始终保持学术的独立性，没有与国民党的官方哲学（如民生哲学、唯生论）有任何直接的瓜葛。

（二）唯生论作为哲学派别的初次亮相

如前所述，方东美和李石岑虽然分别提出"生之哲学"和"唯生论"的概念与理论，但并没有将其作为与唯物论和唯心论相并列的哲学派别概念来使用。较早将唯生论作为哲学派别的第三派来使用的是杨杏佛和太虚法师。

杨杏佛是在第一次国共合作时期任国民党上海特别市党部执行委员期间，在上海孙文主义学会出版的《革命导报》上发表《孙文主义的两大基础》一文，首次从民生哲学的视角提出了"唯生哲学"概念。他指出：孙文主义有东方的"大同博爱精神"和西方的"科学实验精神"两大基础。近代的资本主义和共产主义

① 李石岑：《学灯之光》，《学生》1920 年第 7 卷第 7 期。
② 参见李石岑：《佛学与人生》，《海潮音》1924 年第 5 卷第 8 期。
③ 参见李石岑：《人生之意义与价值》，《教育周刊》1931 年第 84 期。
④ 郭一岑：《李石岑在中国学术上的影响》，《行素》1934 年第 1 卷第 4 期。

都以"物质"为中心，都失却了科学的根据；孙文主义既非以"物质"为中心，也非以"精神"为中心，而是以"整个的生活"为中心，因而可以说是"唯生哲学"。孙文主义以"全生活"来解释"社会现象"，反映了近来科学和哲学的趋向，因而是"最合科学"的。① 这里，"整个的生活"似指"民生"，因为孙中山曾提出"民生就是人民的生活"②。而"人民的生活"似乎指"整个的生活"，包括物质生活与精神生活。这也反映出杨杏佛的"唯生哲学"是以孙中山的"民生为社会历史的中心"③之说为依据。所以，他所说的"唯生哲学"与戴季陶所讲的"民生哲学"或"民生史观"处同一层次，明显含有与唯物史观、唯心史观相并列之义。也就是说，他的"唯生哲学"仅属于历史观范畴，不具有本体论的意义。不过，后世一些国民党学者对杨氏以"唯生哲学"命名孙中山的社会哲学持批评意见。高承元认为，杨杏佛以"全部社会生活"解释"民生"，实将孙中山的民生史观等同于威廉氏的社会史观，故他将杨杏佛对孙文主义哲学的理解称为"杨杏佛之唯生哲学说"。④ 何行之认为，杨杏佛所言"整个生活"明显有包含"物质"与"精神"二者，这是把孙中山的唯生哲学当做"二元论哲学"，而他主张中山主义的哲学是"唯生一元论的哲学"⑤。

太虚是中国近代倡导佛教改革和人间佛教的一代宗师，但在思想上基本站在国民党（包括前身的革命党）一边。不过在孙中山去世当年，他还是发文指出包括"赤俄之劳农专政""孙文之三民五权"和"戴季陶之勾践主义"⑥ 等在内的种种办法"皆不能准之以援救中国"，故欲救中国，唯在"中国人之努力自救"而已。⑦ 国共分裂后，他便从佛学的视角批评马克思"专物质而遗心德"的唯物史观，宣扬孙中山"历史重心在民生而不在物质"的民生史观⑧，诠释"三民主义"与"民国"的合理性⑨。

---

① 参见杨杏佛：《孙文主义的两大基础》，《革命导报》1926 年第 2 期。

② 孙文：《三民主义·民生主义》，民智书局 1925 年版，第 1 页。

③ 孙文：《三民主义·民生主义》，民智书局 1925 年版，第 44 页。

④ 参见高承元：《孙文主义之唯物的哲学基础》，平民书局 1930 年版，第 16 页。

⑤ 参见何行之：《唯生论哲学理论之基础》，正中书局 1935 年版，第 11 页（"导言"页）。

⑥ 戴季陶曾在《现代青年（广州）》第 16 期（1920 年 5 月 25 日）发表《雪耻救国的根本义》一文，故太虚将戴季陶的"雪耻救国的根本义"称为"勾践主义"。

⑦ 参见太虚：《中国人用中国法之自救》，《海潮音》1925 年第 6 卷第 10 期。

⑧ 参见太虚：《佛学批评马克思社会主义》，《三民周报（上海）》1927 年第 10 期。

⑨ 参见太虚：《三民主义与中华民国》，《进攻周刊》1927 年第 11 期。

在中国近代学者中，喜欢将哲学进行分类的要数太虚法师。他在 1920 年作的《唯性论书后》一文中就将佛教哲学分为唯性论、唯心论和唯智论三种（见图表 7-1）。唯性论主张"一切法自在平等之本体以真如为主"；唯心论主张"一切法缘起差别之事以心意识为主"；唯智论主张"一切法常乐我净之妙德以般若为主"。他认为，唯性论"顿剿情识，直发佛智，……为功宏矣"，但又主张三者"各有殊胜之处"且"互摄无余"。① 后来，随着李石岑的"唯生论"概念和理论的提出，他便于 1927 年冬在杭州灵隐寺撰写的《现实主义》（后改名为《真现实论宗依论》）一文中阐发了他的"唯生论"②。他从佛教视角将世间万物分为"有情"（动物）与"无情"（器界）二类，"有情"又分为旁生（畜生）与人，"器界"又分为植、矿、日、星。③ 他又从"情生"视角将世间万物分为矿、动、植三类：动物（包括人类）有情，植、矿无情；植、动同有生死、能繁殖，矿物为无生死物。简言之，矿物只是"物"，植、动物有"生"、动物、人有"心"。④ 他根据人们以矿、生、心何者为世界本体而将当时的哲学分为"以矿物为本"的唯物论（唯境论）、"依生物为本"的唯生论（唯根论）和"以心为本"的唯心论（唯识论）。他认为，唯物、唯生、唯心论皆偏于一元论，而他更倾向于多元论，因为无论依人间现实而"动植矿应分别"还是极佛智境而"以一切种起一切现，由一切现互互增上"，皆"为多元而非一元"。⑤ 太虚当初对哲学派别的分类，并没有将它上升到意识形态斗争的高度，而是作为一名出家人对世俗的哲学派别带些价值中立的心理。他所理解的"唯生论"与李石岑的"唯生论"相近，但并不代表他当时的哲学倾向。

图表 7-1

---

① 太虚：《太虚法师文钞初集》第 3 编，中华书局 1927 年版，第 112 页。

② 周贯仁在《太虚大师十五年来关于唯生论的提示》（《觉音》1941 年第 29 期）中称太虚在《现实主义》中使用的"唯生论"一名当为"最早见于世间文字者"，实则非也。

③ 参见太虚：《现实主义（续第六期）》，《海潮音》1929 年第 10 年第 7 期。

④ 参见太虚：《现实主义（续第六期）》，《海潮音》1929 年第 10 年第 7 期。

⑤ 参见太虚：《现实主义（续第六期）》，《海潮音》1929 年第 10 年第 7 期。

（三）作为民生史观语境下的唯生论

民生史观语境下的唯生论的出现，主要是一些国民党学者针对戴季陶的民生哲学缺乏本体论的基础而无法与有唯物论为形上基础的唯物史观相抗衡的缺陷而发的。如前所述，梅思平开始以"生的世界观"为"民生史观"的本体。童行白也认为孙中山"生的历史观"应有"生的世界观"为本体，只是还没有找到孙中山的论证。胡一贯随后又在"唯生史观"的体系下设置了"唯生论"和"辩证法"两项内容。

（四）作为专题探讨的唯生论

唯生论虽在民生史观的语境下讨论过，但还没有学者将唯生论作为专题来探讨。沈毅和周容算是较早将唯生论作为专题探讨的学者。

沈毅在其创办的《唯生汇刊》中发表《唯生论》一文，从医学角度系统阐发了研究"生"的必经门径和最高目的以及"生"的定义、现象和原始三个难题，并作出结论。他认为，世间一切的"物"都在向"生物"这一条道上发展，只是处在"进化线"上的不同部位而已，并无绝对的区别。①"进化线"一词是杜里舒在《历史的意义》②一文中的说法，这似乎受生机主义历史观的影响。他又强调各级生物个体都以追求"生存"为最高目的，"社会"乃是生物达到"生存"的最高理想的最适宜的手段。不过，现有的"社会组织"也许是"病理"，而不是"生理"的。故近代人类生物学家应尽量地把人类应有的"生理的社会组织"发现出来，好让人类"早日达到最高、最安全又最美满的目的地"。③ 这似乎又受孙中山的民生史观的影响。他将"生"的有关论点约分为"宗教说"（上帝赋予的"灵"）、"生气说"（生物体中的"力"）和"机械说"（"生活现象的总合"）三种，而他倾向于后者，主张"生就是个体特种理化学作用的总合"。④ 他认为，所有的生物都由最低级向最高级进展，其间因个体内外生活条件的变换和刺激而演成为今日纷纭万类的生物世界。至于转变的"中心力量"或"倾向性"到底是"追目的性"或是"合目的性"，现代智力还不能圆满答复。但他深信"生物界各种

---

① 参见沈毅：《唯生论》，《唯生汇刊》1931 年第 1 集。
② 参见杜里舒：《杜里舒讲演录》第 5 期，商务印书馆 1923 年版，第 9 页。
③ 沈毅：《唯生论》，《唯生汇刊》1931 年第 1 集。
④ 沈毅：《唯生论》，《唯生汇刊》1931 年第 1 集。

活动的原理"就是"唯生"。无论是"追"还是"合"，都不能不以"唯一有利于生"为"各种活动进退去取的标准"。① 这显然不是本体论意义上的"唯生"，因为它没有与"唯物""唯心"等体现哲学派别意义上的词相并列。

沈毅将宇宙的进化看成是一个从"生的构成"到"人生的创造"的过程。"人生的创造"要维持现有的个体和永续的要求，就需有持续个体（个体生活）和持续种族（种族生活）两个条件。而要达到这两种生活的目的，就需要同类的互助合作以成"人生的社会生活"，"人生的社会生活"乃是"人生最高的生活"。宇宙内一切现象都是以"生物社会"为变化的中心，体现"物的向生性"。"人生社会"为"生物社会"的中心，"人生"又是"人生社会"的中心。故人类的行为当以"人生"为中心，凡有利于"人生"的事物努力求之，反乎此者去之。他认为，人类和自然界苦斗的原力是"生"，"相互扶助的社会"是人类的利器，"自由联合、平等协调的社会"是人类达到最高的"生存目的"的理想新利器。他希望这种"唯生"普遍于人间，成为各处人类的福音。② 由于沈毅所宣扬的唯生论只局限于医学界，因而对构筑国民党的官方哲学不会有什么影响。

周容于1925年在北京大学参与成立中国少年卫国团，在《新少年旬刊》上多次发文宣扬爱国思想。30年代初，他在上海对唯生哲学作了零散的探讨，所涉及的主要有两大主题：一是"生"与"无生"的关系问题；二是善恶之绝对标准问题。他提倡严分"生"与"无生"界限的唯生论，推崇杜里舒的生机主义，反对以"物质"解释生命的唯物的机械论。在他看来，生物与无生物之不同在于：一是生物能饮食、生殖；二是生物有复原（即恢复损伤）的能力；三是生物能发出有意识的行为支配物质。③ 他特别指出，人与物虽都在大自然的物理定律之下，但人会了解和利用自然的定律；低等动物（如水螅）以复原能力为其生存竞争的唯一能力，而高等动物则凭借其经过进化而变得复杂的器官而生存竞争。他也承认生与无生界限的相对性：生物的生活赖无生物而得充实，无生物的能力赖生物而得变化；生物死后复归于无生物，无生物也可化为原生质。正因为生与无生的相互转化，才使生物的生命得以生生不息。④ 他对善恶标准的理解也颇有见地，

① 沈毅：《唯生论》，《唯生汇刊》1931年第1集。
② 参见沈毅：《唯生论》，《唯生汇刊》1931年第1集。
③ 参见周容：《"生"与"无生"：唯生哲学之一章》，《活力》1932年第1卷第12期。
④ 参见周容：《"生"与"无生"（续）：唯生哲学之一章》，《活力》1932年第1卷第13期。

主张"人性是无善恶可分的，只有求生的方法有善恶"。他认为，仅凭某时某地所作的某件恶事或某件善事就称某人为"恶人"或"善人"，都不符合真理。社会的舆论、国家的法律、教徒的宗教和哲人的理想也都不能作善恶的标准，因为社会舆论太感情化，国家法律太成文化，教徒宗教太迷信化。若要人们对于人生的真善真恶有正确的了解，就需要人们对于人生有极正确的认识和自觉，而这需要从哲学的范围里探讨。这是人生哲学的立场所在，也是唯生哲学所以成立的根源，唯生哲学就是以"人"且以"人性"为研究的对象。他主张善恶的绝对标准是"生"，从"生"的绝对标准又分出两个原则：凡是危害人生的一切行为、事实、物质都属于恶；凡是有益人生的一切行为、事实、物质都属于善。"生"具有绝对的不可侵犯的价值，对于"生"的一切阻碍都是罪过。① 所以，他的唯生哲学着眼于人生哲学，与陈立夫等所倡导的体现哲学派别性的唯生论哲学大相径庭。

（五）胡石青的"动之宇宙观"与"唯生论"

近代学者郭湛波曾指出："唯生主义一辞，创始于胡石青先生，陈绍贤盖由彭某之媒介，而始获得此概念也。"② 即是说，陈立夫的"唯生论"概念是由胡石青的"唯生主义"概念借鉴而来的。但现有的文献尚未发现胡石青有"唯生主义"之说，倒是发现他的哲学理论可称为"唯动主义"。

胡石青在《差度之宇宙观》中提出"宇宙之为物，即有即动即觉""有动觉三者浑一"③ 的宇宙观。在他那里，"有"是宇宙万物的物质属性，是宇宙的"自在自存"状态，"有生于有，有与有连"；"动"是宇宙万物的根本属性，"宇宙，动而已矣"；"觉"是宇宙万物的精神属性，宇宙万物"各有其灵觉发动之波"，非独人类有"灵觉"，动物、植物与矿物（无生物）亦皆有"觉"。因此，宇宙万物都是"有""动""觉"的统一体，只是不同物类在"动、觉、有"的"质量"上均有"差度"。而"有""觉"皆"动"，故他提出"动之宇宙观"。④ 他批评庸俗之流以"觉"为人类所独具而分"心"与"物"或"精神"与"物质"为不相容之二物，主张"心物交被，物质与精神镕为一流"才有"活动之作用，生机之

---

① 参见周容：《善恶之绝对标准：唯生哲学之一章》，《活力》1932 年第 1 卷第 15 期。

② 郭湛波：《近五十年中国思想史》，人文书店 1936 年版，第 405 页。

③ 胡石青：《差度之宇宙观》，《东北大学周刊》1929 年第 81 期。

④ 参见胡石青：《差度之宇宙观》，《东北大学周刊》1929 年第 81 期。

流播"。① 他又在《我们必须立在唯心唯物论外》中，以量子力学、相对论等新科学为依据，主张宇宙万物的本源和宇宙的终极"只有一个'动'字"②，要求站在唯物、唯心论之外，树立一种"无物质的运动"的"唯动论"的"新宇宙观"③。从李石岑以"动""变"释"生"（"生机"），以"生"统摄"存在"与"意识"，到胡石青以"动"统摄"有"与"觉""有矿物之觉"，到陈立夫的"生＝物质＋精神""矿物也有精神"，表明胡石青的"动的宇宙观"与陈立夫的"唯生论的宇宙观"确有相通之处。

以上学者提出的"生的世界观"和"唯生论"为任觉五、陈立夫构建系统的唯生论理论提供了理论上的准备。

二、任觉五与陈立夫的唯生论的确立过程

任觉五于 1928 年在日本明治大学留学期间，经过对有关生物的理论和民生史观的研究，提出了唯生论以反对唯物论和唯心论，又把唯生论应用到人类而形成民生史观以对抗唯物史观和唯心史观。他将自己研究的有关"唯生论与民生史观"理论的绪论及第 1、2 章的内容于 1930 年 12 月前先后登载于他在日本创办的《东声月刊》之第 7、8、9 号中。1931 年夏，以"生的宇宙论与民生历史观"之绪论初稿（日文译本）为论文，获明治大学政学士学位。④ 他于 1932 年 3 月在南京完成了他的《唯生论与民生史观》一书后几章的写作⑤，并于 1933 年 1 月由南京拔提书店出版。任觉五推出"唯生论"的目的是为"民生史观"提供形而上的"思想基础"⑥。《唯生论与民生史观》出版后，就得到了很高的评价。《中国革命》杂志称"本书奠定本党主义的哲学基础，建立本党中心理论"⑦。梅荞天指出："自陈立夫先生的《唯生论》上册出版，任觉五先生的《唯生论与民生史观》

① 胡石青：《差度之宇宙观》，《东北大学周刊》1929 年第 81 期。
② 胡石青：《我们必须立在唯心唯物论外》，《再生杂志》1932 年第 1 卷第 3 期。
③ 参见胡石青：《我们必须立在唯心唯物论外》，《再生杂志》1932 年第 1 卷第 3 期。
④ 参见任学五：《立达文稿（下册）》，大众时代出版社 1992 年版，第 111 页。
⑤ 参见任觉五：《唯生论与民生史观》，拔提书店 1934 年版，第 3—4 页（"序"页）。
⑥ 参见任觉五：《唯生论与民生史观》，拔提书店 1934 年版，第 10—11 页。
⑦ 任觉五：《唯生论与民生史观》广告，《中国革命》1934 年第 3 卷第 19 期。

问世，而唯生论的体系大致确立"①。

陈立夫于 1929 年任国民党中央党部秘书长、中央执行委员会委员，1930 年任中央政治会议委员兼秘书长，1932 年任国民党中央组织部部长。1932 年 12 月 29 日的《国立中央大学日刊》刊登他当日来校演讲《唯生论的社会观》的"校闻"称"中委陈立夫先生，对于唯生史观之研究，极有心得，诸多创见"②。而"唯生史观"是蔡元培、邝摩汉、胡一贯所开辟的研究民生史观的路线，且此三人的研究成果都主要由中央陆军军官学校政训处所印。故陈立夫对唯生史观的研究，应受蔡元培等所倡"唯生史观"的影响。他所讲的"唯生论的人生观和社会观"主要是民生史观的内容，倡导的是"服务的人生观和创造的社会观"，认为它是"人类进化到这时代解决人类共生共存共进的正当道理"。同时，他又指出：要服膺"民生史观"，就应先确认"生是宇宙的中心，民生是人类社会历史的中心"。③本次演讲稿后以题为《唯生论的人生观和社会观》发表在《江西教育行政旬刊》上，这也是他研究唯生论的第一个成果。接着，陈立夫仍以"中委"的身份于 1933 年 3 月 30 日到清华大学讲演"唯生论的宇宙观"④，后以同题将本次演讲稿发表在《时事月报》上。而"生是宇宙的中心"便是他在清华大学讲演"唯生论的宇宙观"这一主题的核心内容。⑤后来，他又将其演讲的《唯生论的新伦理观》《性的究竟》《生命的潜能》等主题分别发表在《新中华》（1933 年 6 月 25 日）、《全球社纪念册》（1933 年 8 月 10 日）、《江西教育旬刊》（1933 年 8 月 21 日）上。而他对唯生论主题最为系统的演讲，是他 1933 年在中央政治学校进行的。该校"直隶于中央执行委员会"⑥，故应是他作为"中央执行委员"参与管理的对象。于是，他在该校的 7 篇演讲稿便由该校合编成册，取名为《唯生论》（上卷），于当年 11 月在校内印刷出版。⑦该书于 1934 年 7 月由南京正中书局首次公开出版。再版时，他又将其 1934 年在中央、金陵等五所大学所作的题为"力"⑧

① 梅养天：《唯生哲学概要——原生子的宇宙观》，《政治月刊》1935 年第 3 卷第 6 期。

② 陈立夫：《陈立夫先生来校讲演》，《国立中央大学日刊》1932 年第 880 号。

③ 陈立夫：《唯生论的人生观和社会观》，《江西教育行政旬刊》1933 年第 4 卷第 4 期。

④ 《中委陈立夫三十日来校讲演"唯生论的宇宙观"》，《清华副刊》1933 年第 39 卷第 4 期。

⑤ 陈立夫：《唯生论的宇宙观》，《时事月报》1933 年第 8 卷第 5 期。

⑥ 之鸿：《介绍中央政治学校（未完）》，《学校生活》1933 年第 13 期。

⑦ 参见《陈立夫先生唯生论上卷出版》，《中央政治学校校刊》1933 年第 67 期。

⑧ 参见陈立夫：《力》，《华侨半月刊》1934 年第 55—56 期合刊。

的演讲改名为"生命之力"作为书中"第八讲"，末页附有"再版唯生论上集勘误表"①。1935 年 4 月出第 3 版时，去了"第八讲"，恢复了原 7 篇，成为稳定的版本。

就在《唯生论（上）》初版之前，陈立夫已先后在复旦大学、南京第九区党部、中央纪念周等诸多场合作题为《生之原理》的演讲。复旦大学演讲的时间是 1934 年 4 月 13 日②，演讲的内容涉及"生是什么""生之过程""生之内容"和"生的理想"，并称《易经》就是"一部明究生之原理的书"③。同年在第九区党部和 4 月 30 日在中央纪念周的演讲，还将"生的原理"与蒋介石推行的"新生活运动"联系起来。④ 陈立夫的《唯生论（上）》是国共对抗的第二次国内革命战争的产物，它是为对抗共产党的唯物论哲学而产生的。抗日战争时期，为了在第二次国共合作共同抗战和世界反法西斯的斗争中为国民党掌握意识形态的主导权，陈立夫决意要将原《唯生论》一书进行改写。但因公务繁忙、能力有限，他便利用其教育部长之权能，于 1939 年将哲学才华横溢的唐君毅聘为重庆中央政府教育部的特约编辑，以协助他完成这一使命。这可从唐君毅在《致廷光书》中提及"我到教部来是陈部长请我为他改写一哲学书，以其名义出版"⑤ 之事得到证实。次年改成后，陈立夫又取早前演讲的题目而将该书改名为《生之原理》，并作为《唯生论》的下册。不过，由于《生之原理》一书到 1944 年 8 月才由正中书局初版，因而它的实际影响不及《唯生论（上）》。

从陈、任二人研究唯生论的时间来看，任觉五比陈立夫要早些。故周世辅说："不久'唯生论'一词，经任觉五、陈立夫诸先生先后提出来了。"⑥ 但任觉五早期的唯生论研究成果是在日本留学期间发表的，其《唯生论与民生史观》比陈立夫的《唯生论的人生观和社会观》晚出。故李雄将陈立夫置任觉五之先而称"陈

---

① 贵州省遵义市绥阳县大禹书室曾收有《唯生论（上）》的再版本，其"自序"前的空页有郑臻华（之明）将该版本赠给詹健伦的签名（手签的"之明"应是"字"，印章的"郑臻华"应是"名"），签名时间是"一九三五"。郑、詹二人都是遵义人。故《唯生论（上）》再版时间应在 1934 年底。
② 参见《陈立夫讲"生之原理"》，《复旦同学会会刊》1934 年第 3 卷第 7 期。
③ 陈立夫：《生之原理》，《新生活周刊》1934 年第 1 卷第 5 期。
④ 参见陈立夫：《生之原理：陈立夫先生首都第九区党部演讲词》，《动力半月刊》1934 年第 1 卷第 10—11 期合刊。
⑤ 唐君毅：《唐君毅全集》第 30 卷，九州出版社 2016 年版，第 104 页。
⑥ 周世辅：《三民主义哲学思想之基础》，正中书局 1941 年版，第 2 页（"自序"页）。

任诸先生"①。而且，当陈立夫将其唯生论的演讲稿一一发表时，任觉五却在1932年12月至1933年5月间赴欧考察。②因此，陈、任二人开展自己的唯生论研究时，基本上各为战，没有从对方那里获得多少信息。但两人最早拿出专著性的唯生论成果，因而两人也是最早对唯生论思想作系统阐述的学者，在近代唯生论研究史上有着重要的学术地位。

三、任觉五与陈立夫的唯生本体论的建构

图表 7-2

任觉五与陈立夫在唯生论上的主要贡献，还是在于他们建立了比较系统的唯生本体论。

（一）任觉五对"生的宇宙观"的系统论证

任觉五是接着童行白的话题要为孙中山的"生的世界观"作理论论证。一方面，他在哲学的层面上以《易》《论语》等中国古书和赫拉克利特、亚里士多德、柏格森、尼采等西洋哲学家的宇宙观为例证，说明"生的宇宙观"是中西哲学史上的主流。③另一方面，他在科学的层面上运用近代科学的材料来说明"宇宙万物皆有生""宇宙的最高法则就是生的法则"的"生的宇宙观"。④他对"生的宇宙观"或"唯生本体论"的论证，没有采用孙中山的"生元"概念，而是运用"宇宙学"（即"生之学"）的理论来解读唯生论思想体系。具体做法是：采用归纳法，运用宇宙法则学以求"生之本体"；采用演绎法，运用宇宙现象学以求"生之现象"；从理论上运用宇宙组织学以求"生之结构"；在实际中运用宇宙生理学以

---

① 参见李雄：《侠庐论著》，中国国民党福建省党部资料室 1946 年版，第 41 页。
② 参见任学五：《立达文稿（下册）》，大众时代出版社 1992 年版，第 4 页。
③ 参见任觉五：《唯生论与民生史观》，拔提书店 1934 年版，第 30—34 页。
④ 任觉五：《唯生论与民生史观》，拔提书店 1934 年版，第 36—37 页。

求"生之成遂"（见图表 7–2）。① 可见，任觉五在总结并综合胡一贯、童行白等人的唯生论思想的基础上，通过哲学和科学的双重论证，从而将唯生论的本体论向前推进了一步。

当然，任觉五基于"质力合体"而倡立"唯生本体论"的目的还是为了更好地"说明民生史观"②。故他明确提出"民生史观的哲学基础是质力合体的生命进化论"③。从"民生"视角看，虽然人类与普通动物的"求生存"都包含了"维持生命、继续生命"，但"发展生命"为人类所特有；虽然宇宙万物皆"生"（包括生命、生活、生存和生计），但"人类社会的事实"一定要用"民生"二字去解释。④从"社会进化"视角看，社会进化是因人类生活之向上，人类生活之向上是因精神生活和物质生活平衡推进，生活的推进是因人类求生存的努力，故社会进化是"以人类求生存为重心"。⑤ 由于他从物质生活和精神生活两个方面来解读民生与社会进化，故他将"民生史观"视为"民生的社会观或综合的社会观"⑥。

（二）陈立夫抛出"生是宇宙的中心"之说

陈立夫曾说过："兄弟之倡唯生论，意在抛砖引玉，借以阐扬总理之民生史观。"⑦ 这意味着他建唯生论的主要使命还是在为民生史观寻找形上基础。为民生史观寻找形上基础从梅思平就开始了。梅思平从儒家那里寻找"生的世界观"，胡一贯将"生的世界观"作为一种"悬设"，任觉五从世界哲学和科学的双重视角来论证"生的宇宙观"的合理性，而陈立夫直接抛出"生是宇宙的中心"作为孙中山的说法来为民生史观作形上依据。陈立夫曾指出："总理从前说过：'生是宇宙的中心，民生是人类历史的中心。'……以民生解释历史，总理自己已经把重要的意思都说过，而最近几年以来，一般同志对于民生史观也比较能留心研讨，所以民生史观的大意，差不多大家都懂得，但是关于唯生的宇宙观，因为总理自己讲得太少，一般同志也很少去注意，就算有人注意到，也往往觉得宇宙观

---

① 参见任觉五：《唯生论与民生史观》，拔提书店 1934 年版，第 87 页。
② 赵剑华：《反唯心论的民生史观》，《新中国》1933 年第 1 卷第 1 期。
③ 任觉五：《唯生论与民生史观》，拔提书店 1934 年版，第 10—11 页。
④ 参见任觉五：《唯生论与民生史观》，拔提书店 1934 年版，第 109—111 页。
⑤ 任觉五：《唯生论与民生史观》，拔提书店 1934 年版，第 127 页。
⑥ 任觉五：《唯生论与民生史观》，拔提书店 1934 年版，第 109 页。
⑦ 《陈立夫在唯生学会演讲》，《读书青年》1937 年第 2 卷第 9 期。

是一种太玄远太空虚而与革命没有什么关系的东西，不必去研究，因此直到现在，还没有人会把总理宇宙观作一系统的阐述。其实民生史观是总理革命理论的基础，而唯生的宇宙观又是民生史观的根源；所以我们要真正懂得总理的主义，就要懂得民生史观，要真正懂得民生史观，就要懂得唯生的宇宙观，唯生论的宇宙观是总理最高远最要紧的哲学思想。"①

能否确认"生是宇宙的中心"是孙中山本人的说法，乃是事关民生史观能否成立的大问题，因而显得特别重要。不过，究竟是谁先确认"生是宇宙的中心"是孙中山的说法呢？这也经历了一个过程。陈立夫早在清华演讲《唯生论的人生观和社会观》时，就提出"我们现在要自救，须先明了中山先生的民生史观，并服膺民生史观。如何能服膺呢？应先确认生是宇宙的中心，民生是人类历史的中心。"② 这里只讲"确认生是宇宙的中心"，并未明说"生是宇宙的中心"是孙中山的说法。但随后在《学校生活》杂志上刊出的《唯生论研究纲领》（可能是刚成立的唯生学社所发）一文，提出"总理在民生主义篇中曾说：'生'是宇宙的重心，民生是'历史'的重心"③。这是首次明示"生是宇宙的中心"是孙中山所说并指出该句话的出处。不久，陈立夫在清华演讲《唯生论的宇宙观》时也指出："中山先生……倡言'生为宇宙的中心，民生为人类历史的中心'以启发吾人对于宇宙真理之认识。"④ 在陈立夫那里，"生为宇宙的中心，民生为人类历史的中心"的命题的并联意义在于从本体论和历史观的双层视角将国民党的哲学与其他哲学派别划清界限。

陈立夫唯生论的一个重要使命，就是要在"心"（"精神"）与"物"（"物质"）之上寻找一个最高的统一体——"生"。而他确立了"生是宇宙的中心"的本体论后，就运用他所擅长的自然科学的方法和例证来研究"党义"，使用各种图表数字或者公式图解来归纳理论。⑤ 最为典型的就是他将唯生宇宙观用四个公式来表达：（1）静 + 动 = 生之象；（2）物质 + 精神 = 生之体；（3）空间 + 时间 = 生之

---

① 陈立夫：《唯生论（上）》，正中书局 1935 年版，第 5 页。

② 《江西教育行政旬刊》1933 年第 4 卷第 4 期首登文中，言"生是宇宙的心"；《华侨半月刊》1933 年第 16 期重载文中，改为"生是宇宙的中心"。

③ 《唯生论研究纲领》，《学校生活》1933 年第 17 期。

④ 陈立夫：《唯生论的宇宙观》，《时事月报》1933 年第 8 卷第 5 期。

⑤ 参见梁芝：《读陈立夫先生唯生论上卷》，《不忘》1933 年第 1 卷第 11 期。

用；（4）生之体＋生之用＝生命。①他又以唯生一元论为基础，建立了包括宇宙论、社会论（民生论）和人生论（道德论）在内的哲学体系，这在《唯生论（上）》和《生之原理》中得到了充分展示。而"社会论"和"人生论"的历史观基础就是"民生是人类历史的中心"，通过这一历史观基础而将国民党的民生史观与唯物史观、唯心史观划清界限。

四、陈立夫唯生论诞生后的跟风之作

陈立夫的唯生论问世后，立即在国民党理论界形成了一种哲学导向，引来了一些学者的迅速转向。

（一）胡汉民从"连环论"转向"生的史观"

陈立夫的唯生论问世后，在思想界迅速产生重大反响。连胡汉民这位国民党的资深理论权威，也一改过去以"三民主义的连环性"为由而反对在三民主义之外去寻求"本体"的态度，思考起本体论的问题。如前所述，陈立夫在1932年国立中央大学演讲"唯生论的社会观"时，就提出了"生是宇宙的中心"；在1933年清华大学讲演"唯生论的宇宙观"时，又提出"物质加精神等于生命"（即"物质＋精神＝生"）。胡汉民在陈立夫的唯生论哲学的影响下，也对"心""物""生"三者关系作出了相似的回答。他说："'生'可以概括'心''物'，而'心''物'却不能概括'生'。"②这实际上将"生"作为凌驾于"心""物"之上的宇宙本体。这与陈立夫的唯生本体论基本一致。

胡汉民又将孙中山的全部遗教精神概括为"以'生'为体，以'心''物'为用"③。他通过对哲学史的分析，发现哲学上的研究不是"唯物"，便是"唯心"，而"宇宙的本质""事理的基点"究竟是"物"抑是"心"，却是"从古以来为一切真理的探讨者争议莫决的问题"④。而他对于"心物"的意见是只注重一个"需

---

① 参见陈立夫：《陈立夫先生言论集》第1辑，出版地不详，1935年版，第3页。
② 胡汉民：《三民主义的心物观》，《三民主义月刊》1933年第1卷第4期。
③ 胡汉民：《三民主义的心物观》，《三民主义月刊》1933年第1卷第4期。
④ 胡汉民：《三民主义的心物观》，《三民主义月刊》1933年第1卷第4期。

要"（"用"），所谓心物，只是人类由"需要"而产生的两个名辞。而人类最根本的问题（需要）只有一个，便是"求生"。① 而三民主义就是这样一种"不偏于心，也不偏于物，在原始的意义上，它只注重一个'需要'，在生的意义上，它只注重一个'因时'之'时'"的革命理论。② 故孙中山既不主张"唯物"，也不主张"唯心"，而是只把握住一个"生"作为"革命的基点"，只是要求"中国的生存和人类的生存"③。

胡汉民还认为，"革命"的基本意义是在"求生"，而"求生"的方略则是注重"心"与"物"的建设。"心的建设"是"精神的培养"，包含"革命的精神""民族的精神""心理的改造""文学艺术的建树"在内；"物的建设"则为"人类经济生活的建置"，即"实业计划"。就孙中山的"民生主义"来说，不但注重到人类经济生活的"食衣住行"，还关心到人类不属于经济范畴的"乐育"的需要，包括唯物史观者称为"社会的最上层建筑"的艺术、文学、哲学、道德、宗教等在内。④ 换句话说，"生"统摄了表现为"乐育"的"心"和表现为"食衣住行"的"物"。

胡汉民从历史哲学的视野来判明孙中山的历史观的派别归属。他指出：孙中山不以"心"解释历史，说历史的堆积是根源于"精神"；又不以"物"去解释历史，说历史的演变是主动于"物质"。孙中山的历史哲学，既不是"唯心史观"，也不是"唯物史观"，而是一个"以心物为用"的"生的史观"。⑤ 耐人寻味的是：胡汉民称孙中山的历史观为"生的史观"，而不称之为"民生史观"或"唯生史观"。"民生史观"概念在胡汉民的论著中目前尚未发现，只是出现在他为童行白的《唯物史观与民生史观析论》一书所作的《代序》中。他在《代序》中指出，该书名不宜将唯物史观与民生史观相提并论，而应改名为《民生史观之析论与唯物史观之批评》，以显示两者的根本区别；孙中山的民生史观包含"民的生活、生存、生计、生命"，范围至广，不能仅拿其中所包含之一部分——经济史观来说明。⑥

---

① 参见胡汉民：《三民主义的心物观》，《三民主义月刊》1933 年第 1 卷第 4 期。
② 胡汉民：《三民主义的心物观》，《三民主义月刊》1933 年第 1 卷第 4 期。
③ 胡汉民：《三民主义的心物观》，《三民主义月刊》1933 年第 1 卷第 4 期。
④ 参见胡汉民：《三民主义的心物观》，《三民主义月刊》1933 年第 1 卷第 4 期。
⑤ 参见胡汉民：《三民主义的心物观》，《三民主义月刊》1933 年第 1 卷第 4 期。
⑥ 参见童行白：《唯物史观与民生史观析论》，南华图书局 1929 年版，第 1—3 页（"代序"页）。

胡汉民之所以不使用"民生史观"一词，可能是因为他的"三民主义之连环性"的理念使然，正如王去非所指出的，"民生史观"只能解释"民生主义"，不能解释"民族主义"和"民权主义"，用孙中山的"人类求生存"的历史观更有统摄性。"唯生史观"一词是蔡元培针对王去非等人对"民生史观"一词的局限性的批评而提出来的，可更好地与"唯物史观""唯心史观"并列为三派。胡汉民之所以不使用"唯生史观"一词，可能与他将"唯"理解为具有独断性偏向有关。既然"唯物""唯心"都是一偏之论，若将"生"冠一"唯"字，那也是一偏。故他将孙中山的历史观称为"生的史观"。他还将"生的史观"与"唯物史观"列表作了比较（见图表7-3）。

图表 7-3

	孙中山先生		马克思
革命哲学	生的史观		唯物史观
革命群众	全民		无产阶级
革命对象	(1) 帝国主义 (2) 军阀政客 (3) 土豪劣绅	封建势力	资产阶级
革命性质	国民革命		社会革命
革命手段	(1) 民族独立 (2) 民权普遍		(1) 阶级斗争 (2) 农工专政

那么，胡汉民的"生的史观"能够避开"唯物""唯心"之嫌吗？其实不能。因为胡汉民受到周佛海的"生存欲望"说的影响，将孙中山的"求生存"之说理解为"人类求生存的意欲"，主张社会一切的演变都以求"生"这个"意欲"做"原动力"，社会的种种变迁都只是"求生存一念"的演变。[①] 胡汉民将"求生存一念"视为历史进化的根本动力，"不自觉地又流露出其唯心的本底"[②]。

不过，由于胡汉民以"需要"（"用"）为价值取向，所以他也从"需要"的视角肯定唯物史观的合理之处。他说："我并不全部否定唯物论者的学说，正如我并不全部否定唯心论者的学说一般，亦正如孙中山先生并未全部否定唯物论者

[①] 参见胡汉民：《三民主义的历史观》，《三民主义月刊》1933年第1卷第3期。

[②] 张军民：《对接与冲突：三民主义在孙中山身后的流变1925—1945》，天津古籍出版社2005年版，第42页。

与唯心论者的学说一般。我以为马克思的学说，未尝不含有部分的真理，如阐明社会的相互关系，说制度的文化会影响及于精神的文化等等；如阐明人类的偏见，说人们重视其自身的利益，在任何场合，都以各个的利益为前提，以此形成所谓阶级的斗争等等。虽然这种见解很简单，可是应用唯物论的方法来解释历史的时候，也往往头头是道。"① 而他对唯物论和唯物史观有所肯定，承认"唯物论是未尝不含有真理的"，也是以认同恩格斯和列宁的"真理本是有限度的，不是绝对的，而是相对的；即使某一时期有其绝对性，但这绝对真理，也是由相对真理而成立的"② 这一真理观为前提的。正是由于胡汉民早年研究、宣传和应用唯物史观，晚年对唯物论和唯物史观仍有所肯定，所以赵剑华在根据人们对民生史观的解读的不同而进行派别分类时，将胡汉民归入"唯物论者"一类。③

（二）太虚对"唯生论"从平视转向高视

太虚与陈立夫的唯生论发生联系是在 1933 年。该年夏天，黄文山与他同休暑庐山大林寺时，读到他所著《真现实论》，见其中以唯生论的中国哲学与唯物论的西洋哲学及唯识论的印度哲学相鼎立，乃告知他的言论与陈立夫在中央政治学校所讲的唯生论"颇多同点"。这就是说，太虚在《真现实论》（包括《现实主义》）中是将唯生论与唯物论和唯识论"平视"的。

自陈立夫的唯生论问世后，他也开始高视起"唯生哲学"来，并于 1934 年秋在武昌东方文化研究院讲"唯生哲学"。他指出，西洋哲学是以"物质"为本质的唯物论，印度哲学（佛学）是以"心识"为本的唯识论，中国哲学是以"生气"为本质的唯生论，中国的唯生论的学术价值高于西方的唯物论，而印度的唯识论又高于中国的唯生论，因为唯有佛法"三学具足，定慧圆明"，比儒家的"持戒的修养"和道家的"修定"具有更深的"修养"。因此，西方的唯物论是浅的唯生论，佛教的唯识论是深的唯生论。但他并没有走向佛教中心主义，而是主张以"唯生论"为本位，以"唯识论""唯物论"为补充，以一切学术为参考，以建成新的"唯生哲学"。④ 陈立夫的《唯生论》出版后，他在其读后感中认同陈

---

① 胡汉民：《三民主义的历史观》，《三民主义月刊》1933 年第 1 卷第 3 期。
② 胡汉民：《三民主义的历史观》，《三民主义月刊》1933 年第 1 卷第 3 期。
③ 参见赵剑华：《反唯心论的民生史观》，《新中国》1933 年第 1 卷第 1 期。
④ 参见太虚：《唯生哲学》，《海潮音》1934 年第 15 卷第 10 期。

立夫以中国文化为"唯生论"，但不赞同陈立夫以中国为唯心的精神文明、以西洋为唯物的物质文明，以孙中山的唯生论因兼包西洋的物质文明而"增高综合东西之价值"，认为将"文明"分为物质的与精神的，原不过是比较其"特胜"方面，而实无绝对之区别。他主张以"唯心"或"唯识"归之印度，以"综合心物之唯生论"置之中国，而将孙中山视为继承唯生的中国文化，融摄唯物的、唯心的文化而充实、发皇、光大之以成现代中国文化或世界新文化者。①

　　而在 1939 年，太虚又特别强调唯生论与佛教的契合之处。他在对张铁君的《唯生论的方法论》的读后感中，从哲学的高度对"生"与"民生"概念进行诠释。他指出："生"不是和"死"对立的"生"，而是"宇宙的中心"的"生""生化不息"的"生"，达此"生性"即得"无生无死而了脱生死"。佛法明"缘生""无生"而成"事事无碍、缘缘无尽的妙生"，而唯心论近"缘生"义，唯物论近"无生"义，唯生论近"妙生"义，故诸哲学皆可融摄于佛法，而"唯生论"尤契中国的佛学思想。"民生"不是与"民族主义""民权主义"并列的"民生主义"，而是"人类历史的中心"的"民生"，是"人民或全人类全民族求生发达生的总动力"，亦是"三民主义之总根本"。在宇宙曰"生"，在人类历史曰"民生"。必辨明"宇宙的生"，乃能认清"人类历史的民生"；必认清"人类历史的民生"，乃能握得"三民主义的根本"。故讲"三民主义"不可不讲为"三民主义根本"的"民生哲学"，讲"民生哲学"不能不探究"宇宙的生"而成立"唯生论"。②太虚又在《唯物唯心唯生哲学与佛学》文中对唯物、唯心和唯生三个哲学派别进行再分类，并揭示这三种哲学派别与佛学的关系。唯物论包括"原子的唯物论""自然的唯物论"和"辩证法的唯物论"；唯心论包括"观念的唯心论""经验的唯心论"和"泛神的唯心论"；唯生论包括"生命的唯生论"（柏格森）、"太极的唯生论"（《易经》、孙中山）和"生元的唯生论"（孙中山、陈立夫）。就佛学与唯物唯心唯生三派哲学的关系来说，法性无生论与唯物论相近，法相缘生论与唯心论相近，法界妙生论与唯生论相近。③当然，用佛教中的"法界妙生论"来说明唯生论，也体现了唯生论高于唯物论和唯心论。太虚对佛经的"生"与孙中山的"生是宇宙的中心"的"生"作了区分，认为佛经之"生"有广狭义之别。狭义的"生"即"众生"，

---

① 参见太虚：《唯生论读后》，《海潮音》1934 年第 15 卷第 11 期。

② 参见太虚：《唯生论的方法论阅后》，《海潮音》1939 年第 20 卷第 2 号。

③ 参见太虚：《唯物唯心唯生哲学与佛学》，《海潮音》1939 年第 20 卷第 7—8 期合刊。

大半指动物及人类而言，有时也指有机物体的生物；广义的"生"是因缘所生的"生"，包括无机物在内。大约"众生"一辞较广于孙中山的"民生"；因缘生的"生"或近孙中山作"宇宙中心"的"生"。但佛学上的"生"是"无我相""不执着"的，一切众生皆由因缘而成，故具有"空性"。他又以佛教的小乘与大乘来区分唯物辩证法与唯生哲学的关系，认为唯物辩证法近于小乘，小乘认宇宙是"无常"的"流动变迁"，宇宙的生灭是由于"矛盾与斗争"，故小乘或唯物辩证法只看到"无常""矛盾斗争"；唯生哲学近于大乘，大乘主"无常即常"，"宇宙无常而有常"。大乘的"常"不是形而上学的本体，"无常"由"常"产生，"常"就在"无常"中。"无常即常"中原有一个"理性的发展"，"矛盾斗争"便会转变为"有理性的互助合作"。故佛学的本质是大乘，唯生哲学以"互助"为中心，最与大乘默契。唯生哲学与佛学都是"入世"的，因此，建立唯生哲学不但对中国文化有裨益，而且对世界文化亦有贡献。①

（三）胡一贯从唯生史观转向唯生哲学

胡一贯先前在唯生史观语境下安放唯生论，其后又在陈立夫的唯生论的影响下而转向具有一元本体论的唯生哲学。他曾将《易》之"天地之大德曰生"今译为"生是自然界的根本大法"，而"社会"为自然的"法界"之一，故"生之大德"遍一切"法界"（包括"社会"）。宇宙的"本体"只是"一"，"一"即"生"，"生"为一切之"原起"，故曰"生元"。"生元"即是宇宙的本体。②"生之本体"是绝对的，故为"一元"（统一性）；"生之现象"是相对的，故为"两级"（矛盾性）。由"一元"生出无限的"相对"，由无限的"对立"可以还原为"一元"，故曰"唯生的一元相对论"。③

胡一贯还在"社会本质论"问题上将不同的社会观进行比较研究。其一，唯名主义的社会观，主张社会非实体，个体才是实体，社会只存在于个体之中。此种社会观有四个缺点：一是以心之现象为社会之本质而陷入唯心论；二是以心之交感为社会之起源而忘记了社会的生物基础；三是以社会行动只在个人行动之内、社会之心只在个人心理之内而忽视了许多相反的事实（如社会形成或非个人

---

①　参见张铁君：《访太虚大师记》，《海潮音》1939 年第 20 卷第 7—8 期合刊。
②　胡一贯：《唯生论社会哲学之研究》，《新中华》1933 年第 1 卷第 24 期。
③　胡一贯：《唯生论社会哲学之研究》，《新中华》1933 年第 1 卷第 24 期。

同意、个人心理或与社会心理不一）；四是断言社会不是客观的存在而忘记了历史的事实（如人类的发明和制作常代表民族的共同心理）。总之，唯名主义派的社会观"知个人而不知社会"。其二，唯实主义的社会观，主张个人非实体，社会才是实体，因为"个体"不时死灭，但"人"（社会）则永存。此种社会观有三个缺点：一是彼等所谓的社会，非"有组织的实体社会"；二是个人既假，社会又何得而真；三是以社会中的个人活动不是实体而忘记历史的事实。其三，唯生主义的社会观，主张社会的本质为民生，人民为生存而联结为社会，社会是个人之创造的综合体。① 胡一贯对这三种社会观的分析比较，无疑是赞同唯生主义的社会观。

（四）何行之在唯生论下对民生史观诸说的批判总结

自陈立夫的唯生论问世后，何行之就站在唯生论的立场对当时的民生史观诸说进行批判总结。他专门分析了学术界对于中山主义的哲学基础的研究存在的四大问题：一是没有把"整个宇宙的历史的中心"（即孙中山的"生是宇宙的中心，民生是人类历史的中心"）放在"一元论"的观点上来理解。如戴季陶既说"民生是历史的中心"（"实然命题"），又说"仁爱是民生的基础"（"当然问题"），乃是根据"当然问题"（仁爱的伦理观）的结论来说明"实然问题"（宇宙历史进化的基本动力），那么所谓历史的中心究竟是民生呢？还是仁爱呢？结果还是归源到"仁爱是历史的中心"。周佛海既说"民生是社会进化的重心，生存技术又为民生的重心"（均为"当然问题"），后又补充说"人类为生存而发展生存技术"，那么社会进化的重心究竟是民生呢？还是生存技术呢？戴、周提出的命题都成了"鸡生卵，卵生鸡，纠缠不清的混乱的命题"。二是将中山主义的哲学当做"心物二元论"来理解。如杨杏佛认中山主义不是以"物质"或"精神"为中心，而是以"整个生活"为中心，而"整个生活"明显包含"物质"与"精神"二者。蔡元培主张"总理的唯生史观，可谓唯物与唯心的折中"。梁寒操只说"心和物都为生命的要素"，二者"相辅为用"，但没有把"生命"对心和物之最终决定的意义特别指明。所以，他们都将孙中山视为"主张物质与精神并重的折中派"，都认中山主义的哲学是"心物二元论"。高承元虽然自

---

① 参见胡一贯：《唯生的社会本质论》，《安徽大学月刊》1934 年第 2 卷第 3 期。

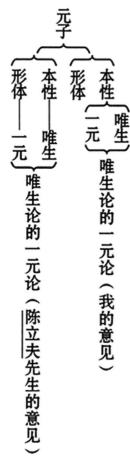

图表 7-4

命"把握住一元论的历史的中心"，然他的一元论系"唯物论的一元论"，并非"中山主义唯生论的一元论"。三是一般讨论的问题以"唯生论的历史观"（即"唯生史观"）方面居多而"唯生论哲学"本身方面偏少。"历史观"的解说属于"讨论当然""建立法则"的工作，是"哲学"本身的"旁枝"；"哲学"本身的研究属于"研究实然""说明法则"的工作，是"哲学"的"根本"。"根本"不立，则"枝叶"当难茂盛。而"唯生论哲学本身"的问题（包括本体论问题、宇宙论问题、认识论问题以及最重要的方法论问题等）都是亟待研究阐明的问题。四是对于中山主义哲学基础的论述大都是属于"零简断篇"而没有一个"较完整的体系"。即便是陈立夫的《唯生论》，也只出版了上卷，其中"建立法则"的部分居多，"说明法则"的部分较少。①

何行之将哲学主要派别分为唯物论、唯心论和唯生论，三者都属哲学上的"一元论"，但三者的"一元"的指向不同。唯物论者以宇宙万象皆导源于"物质"，乃名"唯物论的一元论"；唯心论者以宇宙万象皆导源于"精神"，乃名"唯心论的一元论"；唯生论者以宇宙万象皆导源于"元子"，乃名"唯生论的一元论"。不过，何行之认为自己在"唯生论的一元论"上又与陈立夫的理解有差异。他把"元子"分为"形体"和"本性"两个部分，认为陈立夫的"一元"系指元子的"形体"，而他的"一元"系指元子的"本性——生命"；陈立夫的"一元论"兼赅元子的"形体"（一元）和"本性"（唯生），而他的"一元论"仅含元子的"本性"（唯生——一元）（见图表7-4）。②

---

① 参见何行之：《唯生论哲学理论之基础》，正中书局1935年版，第15—18页。
② 参见何行之：《唯生论哲学理论之基础》，正中书局1935年版，第51—52页。

五、民生史观的公式化建构

民生哲学进入唯生论时期，也是民生史观的原理进入公式化建构的时期，主要以健中、黄文山和杨及玄为代表。

（一）健中的民生史观公式化建构

健中在《民生史观与劳动哲学》一文中率先开展对民生史观公式化的建构。他认为，所谓"史观"，就是"从历史上观察人类生活演进的活动而求其一定的必然的因果法则，并且依这个法则而预知将来社会演进的必然趋势"；所谓"民生史观"，就是"孙总理的历史哲学"。[①]

健中认为，孙中山虽然没有专书著述他的哲学系统，但也可以从其遗留的文献中摘录一部分，作为其独创的民生史观公式。他列举了七条公式：

（1）人类的努力，都是求解决自己的生存问题，人类求解决自己的生存问题，才是社会进化的定律，才是历史的重心。

（2）古今一切人类之所以要努力，就是因为要求生存，人类因为要不间断地生存，社会才会不停止地进化，所以社会进化的定律，是人类求生存，人类要求生存，才是社会进化的原因。

（3）社会的文明发展，经济组织的改良，和道德的进步，都是以什么为重心呢？就是以民生为重心，民生就是社会一切活动中的原动力，……所以社会中的各种变化都是果，民生问题才是因。

（4）民生为社会进化的重心，社会进化，又为历史的重心，归结到历史的重心，是民生，不是物质。

（5）民生就是政治的中心，就是经济的中心，和种种历史活动的中心。

（6）再不可说物质问题是历史的中心，要把历史的政治和种种经济的中心，都归之于民生问题，以民生为社会历史的中心。

（7）社会问题，才是历史的重心，而社会问题又以生存为中心，那才是合理，民生问题，就是生存问题。[②]

---

①　健中：《民生史观与劳动哲学》，《中国与苏俄》1934 年第 3 卷第 1—2 期。

②　参见健中：《民生史观与劳动哲学》，《中国与苏俄》1934 年第 3 卷第 1—2 期合刊。

以上七条公式中，只有第三条引自《民生主义》第二讲，其余六条均引自《民生主义》第一讲。这里对为什么选取这七条，没有做出具体的说明。

（二）黄文山唯生论下的民生史观公式

黄文山与梅思平从中国传统哲学中寻找唯生论的思想渊源不同，他是从西方哲学中找起。他称生机主义者杜里舒、柏格森诸人反对"唯物论机械论"，努力对"唯生哲学"探究，颇多创获，尤以柏格森之"创化论"耸动一时。柏格森认为生物之"生"都有一种"冲动之力"，叫作"生的冲动"，生物有了这种"力"，方能"传种""突变""进化"。史家鲁滨逊则称这种重要的"冲动"可以代表"天然的维新精神"，要求研究历史的人予以"注意"。社会学家李博德用"生命保养"的原则来说明"整部文化进化史"；民俗学家孙末南亦谓"生命的第一种业务就是求生存"；孙末楠的弟子毛尔铎称"求生存的概念是一个确切的概念，……求生的冲动和求对生活条件的适应，是一种明显的不可抗争的事实"；威廉式的《社会史观》更适切地说明"社会问题为历史的中心，而社会问题中盖以生存为中心"，这与国民党的主张若合符节。① 这就是黄文山对西方唯生哲学发展概况的扼要总结。他肯定了包括威廉在内的欧美学者对于"唯生论的历史观"的创获，但把"集其大成者"的荣冠还是戴在了孙中山的头上。

黄文山是在唯生论的基础上来探讨民生史观公式的。他将"民生史观的公式"引述如下：

（1）"生是宇宙的中心，民生是社会的中心。"

（2）"民生为社会进化的重心，社会进化又为历史的重心，归纳到历史的重心是民生不是物质。"

（3）"民生就是政治的中心，就是经济的中心和种种历史活动的中心。"

（4）"再不可说物质问题是历史的中心，要把历史上的政治和社会经济种种的中心都归之于民生问题，以民生为社会历史的中心。"

（5）"社会的文明发达，经济组织的改良和道德进步，都是以什么为重心呢？就是以民生为重心，民生就是社会一切活动的原动力……所以社会各种变态都是果，民生问题才是因。"

---

① 参见黄凌霜：《民生史观论究》，《中山文化教育馆季刊》1934 年第 1 卷第 1 期。

（6）"古今人类的努力，都是求解决自己的生存问题，人类求解决生存问题，才是社会进化的定律，才是历史的重心。"①

只要将黄文山的六条公式与健中的七条公式相对照，就不难发现：两者公式中有五条基本重合，也说明黄文山的民生史观公式的构想是以健中的民生史观公式为参照系的。健中公式中的第二条的内容由于与第一、三条的内容相合，第七条的内容由于与第一、六条的内容相合，故在黄文山公式中就被删去了。而在黄文山公式的第一条中，"民生是社会的中心"在健中公式的第六条中也出现了（原句是"民生为社会历史的中心"）；"生是宇宙的中心"在健中公式中是没有的，而是引述陈立夫的《唯生论（上）》中断为孙中山所说的话。而黄文山之所以能将"民生史观"称为"唯生论的历史观"，也是因为有"生是宇宙的中心"这句话作唯生论（本体论）的根据。相对说来，黄文山的民生史观公式比健中的民生史观公式在逻辑上更加合理，在内容上更加简洁。

黄文山还从上述"民生史观的公式"中引发对"民生史观"说明"人类历史之发展，社会进化之原因"的思考，并提出了以下诸观点：其一，人类求生存是社会进化的原因。一切文化的展开、经济组织的改良和道德的进步都是由人类求生存的努力造成的；其二，民生是历史的中心和动因。"保"和"养"是求生存的两件大事。其三，阶级斗争是因人类不能生存而得的病症，不是社会进化的原因。社会进化是由于大多数的经济利益相调和。其四，人类欲其生之成遂，必需"保"和"养"。其五，人类进化的历史有三个时期：由草昧进文明为不知而行之时期；由文明再进文明为行而后知之时期；自然科学发明后为知而后行之时期。②不过，第二、四条原因还是带有重复性，说明他从民生史观的视角对历史进化原因的归类在逻辑上还是不够严密的。

黄文山在宣扬和运用陈立夫的唯生论的同时，也对其他几种解释民生史观的观点进行了批评性的评价。他批评戴季陶的"仁爱是民生的基础"之说为唯心史观；周佛海的"生存技术又为民生的重心"之说为"有许多缺陷"的"技术史观"；高承元的"民生史观就是唯物史观"之说为"新唯物史观"。③

---

①　黄凌霜：《民生史观论究》，《中山文化教育馆季刊》1934 年第 1 卷第 1 期。

②　参见黄凌霜：《民生史观论究》，《中山文化教育馆季刊》1934 年第 1 卷第 1 期。

③　参见黄凌霜：《民生史观论究》，《中山文化教育馆季刊》1934 年第 1 卷第 1 期。

（三）杨及玄的民生史观公式

继黄文山之后，杨及玄也提出他对民生史观公式的构想，而且他俩用以阐发的民生史观公式的论文——《民生史观论究》和《由历史观的演变说到民生史观》，都发表在同一刊物——《中山文化教育馆季刊》上，说明杨及玄的民生史观公式又是以黄文山的民生史观公式为参照系的。

在宇宙观上，杨及玄和黄文山一样提倡唯生论。他说："中山先生的宇宙观既然是唯生的，结果，他的历史观也就不能不是唯生的。中山先生既然认定生命的终始实在就是万有的终始，结果，他也就不能不认定生命的终始实在就是人类历史的终始。"① 他也从中国传统的"生生不已"说和孙中山"生元"说来说明孙中山的宇宙观——唯生论，并以此作为民生史观的哲学基础。② 接着，他又阐发了与唯生论相关的"生命的原理"，包括"活动与变通""自新与自卫""分立与平衡""绵延与开展"四个方面。③ 接着，他在阐明民生史观的哲学基础后，进到民生史观本身，在实践的层面上来阐发民生史观的公式，并一一做了细致的解说。他将民生史观的公式分为以下六条：

第一公式：民生就是人民的生活，社会的生存，国民的生计，群众的生命。

第二公式：古今一切人类之所以要努力，就是因为求生存。人类因为要有不间断的生存，所以社会才有不停止的进化。所以社会进化的定律是人类求生存。人类求生存，才是社会进化的原因。

第三公式：人类要能够生存，就须有两件最大的事。第一件是保，第二件是养。保和养两件大事是人类天天要做的。保就是自卫，无论个人、团体或国家要有自卫的能力，才能够生存。养就是觅食。

第四公式：阶级战争，不是社会进化的原因。阶级战争，是社会当进化的时候，所发生的一种病症。这种病症的原因，是人类不能生存。因为人类不能生存，所以这种病症的结果，便起战争。马克思研究社会问题的心得，只见到社会

---

① 杨及玄：《由历史观的演变说到民生史观》，《中山文化教育馆季刊》1935 年第 2 卷第 1 期（春季号）。

② 参见杨及玄：《由历史观的演变说到民生史观》，《中山文化教育馆季刊》1935 年第 2 卷第 1 期（春季号）。

③ 参见杨及玄：《由历史观的演变说到民生史观》，《中山文化教育馆季刊》1935 年第 2 卷第 1 期（春季号）。

进化的毛病，没有见到社会进化的原理。所以马克思只可说是一个社会病理家，不能说是一个社会生理家。

第五公式：民生就是政治的中心、经济的中心和种种历史活动的中心，好像天空以内的重心一般。

第六公式：民生是社会进化的重心。社会进化又是历史的重心。归结到历史的重心是民生，不是物质。[①]

以上六条中，第一条是新增的；第二条是引入健中公式的第二条；第三条和第四条是分别引入黄文山说明历史发展、社会进化之原因的第二条和第三条；第五条和第六条引入黄文山公式的第三条和第二条。但杨及玄没有将黄文山公式中的第一条纳入自己的公式中，因为在他那里，"生是宇宙的中心"属于唯生论的宇宙观，是民生史观的哲学基础。"民生是社会的中心"已在第五条中显示出来。若将杨及玄的公式与健中与黄文山的公式相比较，则杨及玄公式在内容上更为完备，在逻辑结构上更为合理。

不过，杨及玄对唯物史观并非全盘否定。他将历史观的演变分为古代的历史观萌芽、中世纪的神学历史观、黑格尔的精神历史观、马克思的唯物史观和孙中山的民生史观五个发展阶段。他称唯物史观是一种"近于科学的历史观"，但又认为它的"最大的缺点"是"没有从生活本身上出发，更没有回到生活本身上去"，因而比不上民生史观。[②] 但他又引戴季陶的"中山先生的民生史观是第一原则，马克思的经济史观是第二原则"之说为依据，主张"民生史观可以把唯物史观融化在内，才是历史上最高的、最后的和彻底的指导原则"[③]。于是，他在阐释完民生史观公式后，接着提出了民生史观的三个原则：

A.历史是人类的生命之流所演变出来的一个大过程，不仅以生命为起点，同时又以生命为终点。或者，更为适当地说来，历史无始无终，总是与生命为缘的。

B.在生命之流中间所有的全部构造，可以称为民生构造的体系，政治构造、

---

① 参见杨及玄：《由历史观的演变说到民生史观》，《中山文化教育馆季刊》1935年第2卷第1期（春季号）。

② 参见杨及玄：《由历史观的演变说到民生史观》，《中山文化教育馆季刊》1935年第2卷第1期（春季号）。

③ 杨及玄：《由历史观的演变说到民生史观》，《中山文化教育馆季刊》1935年第2卷第1期（春季号）。

经济构造以及文化构造只是其中各占有相当地位的一环而已。也许经济构造可以说是占在较前线的一环，与民生的关系最为密切。

C.民生支配社会进化上各种的构造，不是一贯下去的，而且处于顺势的地位，所以影响容易发生，力量也容易表现。至于其他各环呢，除了彼此间可以互相影响外，对于民生，也可以有一种反射作用发生。这种反射作用是与距离的远近成反比的，不过因为处于逆势的地位，颇不容易把力量表现出来，引起一种很大的影响。①

在上述三原则中，A 项原则似乎是生命哲学的观点，这使人联想到朱谦之的"真的历史，是生命的活动"② 的历史观。B 项原则基本参照了唯物史观关于社会结构理论的设计，即社会结构包括经济结构、政治结构和文化结构，其中经济结构居于首位，只是将"社会结构"换成了"民生构造"。C 项原则似乎参照了唯物史观关于社会意识形式之间的相互作用、相互影响和社会意识对社会存在的反作用的原理，说明民生在整个结构中居于支配地位，但经济、政治和文化三结构既相互影响，又对民生有反射作用（即反作用）。

第三节　陈立夫唯生论的折中性及其历史影响

陈立夫的唯生论在学界与政界开始施加影响始于 1933 年，延及 40 年代，成为对抗马克思主义哲学的重要理论工具，但当时国民党一些学者也指出了陈立夫的唯生论存在的缺陷。

一、对唯物史观与唯心史观的折中

陈立夫建立其唯生论理论时，正值国民党反动派对中国共产党领导下的中央

---

① 参见杨及玄：《由历史观的演变说到民生史观》，《中山文化教育馆季刊》1935 年第 2 卷第 1 期（春季号）。

② 朱谦之：《革命哲学》，泰东图书局 1921 年版，第 145 页。

根据地发动第五次"围剿"之时。由于王明"左"倾冒险主义的错误领导，造成第五次反"围剿"的失败，1934 年 10 月红军被迫开始长征，1936 年 10 月红军会师西北，宣告了国民党反动派军事"围剿"政策的彻底破产。当然，中国共产党在第五次"反围剿"过程中的节节败退，也正是国民党反动派春风得意、不可一世之时，使得陈立夫在其唯生论的理论中对中国共产党及其所信奉的马克思主义哲学攻击的火药味反而淡了很多，故而把他的唯生哲学看成是对唯物史观与唯心史观的折中者。

陈立夫虽主张"我们的信仰是总理的唯生论，无论对于宇宙观、人生观、历史观、社会观、道德观、革命观，都是一贯的唯生的"，但又认为唯生论承认"生"的内容是包括"物质"与"精神"，从而承认"心"和"物"都重要，进而承认唯物论和唯心论都有其特殊的价值。故他指出："唯生论应用于人类社会生活时，就分别采取唯心与唯物的见地，于各种不同的场合，以光大人类的生命。"也就是说，要用"偏重于唯物的眼光注重民生问题的解决"，用"偏重于唯心的见地注重精神生活的提高"。而且他还"坚决地认定"："唯生是最高最上最后的'根本义'，而'唯心'与'唯物'是较低较下较浅的'第二义'。根本义是形而上的信仰，第二义是形而下的应用。"①这是他对待"唯物论""唯心论"和"唯生论"三者之间的关系所表明的态度。他对唯物史观的这一包容态度，使他的唯生论在国共联合抗战的时期能够继续施加其理论上的影响力。

二、陈立夫唯生论的显赫地位

陈立夫的唯生论问世后，在国统区有着显赫的地位。

第一，他被奉为唯生论的开创者。陈立夫自称在唯生哲学研究领域"妄开其端，以待续耳"②。随后，赵纪彬称陈立夫"发明了唯生论的哲学体系"③。

第二，他的唯生论被奉为国民党的官方哲学。孙道升指出："唯生论是国民

① 陈立夫：《唯生论》（上），正中书局 1935 年版，第 98—99 页。
② 陈立夫：《唯生论》（上），正中书局再版，第 2 页（"序"页）。
③ 参见赵纪彬（笔名一得）：《唯生论哲学与"中国本位的文化建设"》，《读书季刊》1935 年第 1 卷第 2 期。

党的哲学，创此论者为党国要人陈立夫。……自从有了这部书以后，国民党才算真正有了哲学，三民主义才算有了形而上学的根据。"① 此即肯定了陈立夫的唯生论在国民党官方哲学中的特殊地位。

第三，他的唯生论得到广泛的运用。陈立夫的唯生论伴随着权力的光环而被不少学者奉为权威理论运用到各个领域。如在文化学领域，赵纪彬主张以唯生论哲学所确立的"法则"作为"中国本位的文化建设"的"最高指针"②、黄文山运用"史的唯生论"来分析"文化演进"③；在法学领域，王晋伯主张以唯生史观解释"法律演化"④；在民族学领域，罗香林提出了"民族唯生论"⑤；在政治学领域，蒋静一提出"唯生论政治学体系"⑥。

第四，他所创立的唯生论在学界一时掀起了一股研究的热潮。仅著作类就有黄文山的《唯生论的历史观》（正中书局 1935 年版）、何行之的《唯生论哲学理论之基础》（正中书局 1935 年版）、王龙舆的《唯生哲学的体系（上卷）》（安徽反省院 1936 年版）、袁月楼的《唯生进化论》（正中书局 1936 年版）、蒋静一的《唯生论文选》（政治通讯社 1937 年版）、张铁君的《唯生论的方法论》（贵州晨报社 1938 年版）、张铁君的《唯生论与唯物论》（贵州唯生学会 1939 年版）等。而以唯生论为主题的论文更是不胜枚举。

三、陈立夫唯生论在国统区盛行的原因

陈立夫的唯生论之所以在国统区有如此的影响，主要有两方面的原因：

一方面，他的唯生论与政权力量相结合。陈立夫在 1929—1949 年间先后任中央党部秘书长、中央执行委员、军委机要科主任、中央组织部长、国府委员、中央常委、教育部长、战地党政委员会委员、立法院副院长等要职，他凭借自己

① 孙道升：《现代中国哲学界之解剖》，《国闻周报》1935 年第 12 卷第 45 期。
② 参见赵纪彬：《唯生论哲学与"中国本位的文化建设"》，《读书季刊》1935 年第 1 卷第 2 期。
③ 参见黄文山：《唯生论的历史观》，正中书局 1935 年版，第 43 页。
④ 参见王晋伯：《唯生史观与法律进化》，《政治月刊》1935 年第 3 卷第 6 期。
⑤ 参见罗香林：《民族生存与唯生论》（上），《轴心》1938 年第 2 期。
⑥ 参见蒋静一：《唯生论政治学体系（待续）》，《政治月刊》1934 年创刊号。

的权力和威望在中央大学、清华、复旦、中央政治学校等名校发表演讲，在全国有影响的报刊、出版社发表论著，从而使他的唯生论在国统区思想界的影响力具有明显的优势。仅就《唯生论（上）》一书，在 1934 年 7 月至 1944 年已出 27 版，1945 年始在上海又出了 3 版，其中自 1943 年到 1947 年出的是"修改本"。《生之原理》在 1944 年 8 月至 1945 年 1 月间在重庆出 9 版，1944 年 9 月至 1946 年 10 月间在上海出 6 版。所以，艾思奇当年评价说："陈立夫先生的唯生论……因为是与政权力量相结合的缘故，在中国十年左右的思想战线上，却能够保持了相当的影响。"[1] 而陈立夫的唯生论成为国民党官方哲学后，自然比其他非官方的哲学具有更大的影响。

另一方面，他的唯生论哲学体系较为完备。陈立夫在《唯生论（上）》中将唯生论体系分为宇宙观、人生观、社会观和道德观四个部分。他觉得"民生史观"的大意经孙中山的解释和学者的研讨已为大家所知晓，故着墨不多。而"唯生的宇宙观"因孙中山讲的太少又无人作系统阐述，故他要作更精深、系统的阐述。[2] 他又基于唯生宇宙观而对人生观和道德观作了更为具体的探讨。因此，他的唯生论比其他研究者的体系更为完备。如孙光祖说："关于阐发唯生哲学的著作，本来就不很多，要像陈先生这本书的宏博详尽，那真可谓罕见稀有了。"[3] 段麟郊也说："陈立夫先生'唯生论'的思想体系，就是体用兼赅、闳中肆外的思想体系。"[4]

四、陈立夫唯生论的二重性

陈立夫的唯生论在历史上的价值具有二重性。一方面，陈立夫的《唯生论》主要是为对抗中国共产党所信奉的唯物论哲学而产生的，其所存在的不科学性难免会给国民的世界观带来消极的影响。陈立夫在该书《导言》中毫不掩饰地说："这几年来唯物论之论调，日见其嚣张，唯心论的论调，又失之空寞，结果徒使举世滔滔；既沉沦于物欲的追求，更忧伤于心灵的桎梏。在这唯心与唯物两种偏

① 艾思奇：《抗战以来的几种重要哲学思想评述》，《中国文化》1941 年第 3 卷第 2—3 期合刊。
② 参见陈立夫：《唯生论》（上），正中书局 1935 年版，第 5—6 页。
③ 孙光祖：《读唯生论以后对唯生论的认识（未完）》，《自新》1934 年第 2 卷第 2 期。
④ 段麟郊：《唯生论的道德观》，《政治月刊（南京）》1935 年第 3 卷第 6 期。

见戕贼下之中国人，尤其是一般思想未熟的青年学生，我们不可不有一种新的正确的理论，把他们从断潢绝港中唤回，指示他们一条光明快乐的大道。"① 陈立夫这里所讲的"新的正确的理论"，当然指他所创的与唯物论和唯心论相区别的唯生论。而他所说的唯物论，当然指当时在中国甚为流行的马克思主义的辩证唯物论，但却被他歪曲地理解为"沉沦于物欲追求"的庸俗哲学。而从当时国共对立的历史背景来看，"日见嚣张"的辩证唯物论，理所当然地成为"主要的攻击对象"②，反映了他的唯生论的反共本质。同时，他的唯生论成了国民党对共产党人进行洗脑的思想工具。1927 年蒋介石背叛革命后，对共产党员和革命群众采取惨绝人寰的大屠杀政策，但中国共产党并没有为大屠杀所吓倒，而是发动武装起义，恢复地下活动，而同情、拥护共产党的民众也随之增加，从而削弱了国民党的统治基业。于是蒋介石经由国民党左派人士邵力子、蔡元培等人的劝说，并采纳 CC 系头目二陈（陈果夫与陈立夫）的建议，在全国设立反省院或感化院，将捉到的"赤匪"（共产党人）关进反省院，实行"反省"的感化教育，以图将他们转化为忠实党国的"新人"。③ 而"上课"是反省院对反省人进行"训育"的最主要方式，训育的课程又是以"党义课"为主。"党义"教材除了孙中山的《三民主义》《建国大纲》《五权宪法》等著作外，还有陈立夫的《唯生论》、周佛海的《三民主义之理论的体系》等。④ 安徽反省院院长在《唯生哲学的体系（上卷）》的"序"中指出："近自陈立夫先生之唯生论出，唯生哲学之真奥，大为世所注识。本院同人职司感化，坚信三民主义，服膺唯生哲理，以与反省人商讨者有年，于彼等之沉疴伏毒，确奏刀圭。"⑤ 这也反映了陈立夫的《唯生论》和"唯生哲学"对反省院的"训育"中发挥了重要的洗脑作用。

另一方面，陈立夫的唯生论的道德观对于鼓舞抗日军民保家卫国的士气还是有积极的教育意义的。陈立夫宣扬"人类共生共存共进之道""服务的人生观和创造的社会观"⑥，提倡"诚"之动力、"智仁勇"之三达德、"好学、谦虚、自强、

① 陈立夫：《唯生论》（上），正中书局 1935 年版，第 5—6 页。
② 参见李振霞：《中国现代哲学史纲要》（下册），红旗出版社 1986 年版，第 262 页。
③ 参见朱林林：《"安徽反省院"研究（1927—1938）》，南京大学硕士论文，2014 年，第 1 页。
④ 参见安徽反省院编：《安徽反省院概览》，安徽反省院 1935 年版，第 24 页。
⑤ 王龙舆：《唯生哲学的体系（上卷）》，安徽反省院 1936 年版，第 4 页。
⑥ 陈立夫：《唯生论》（上），正中书局 1935 年版，第 139 页。

创进、服务、进取、牺牲、奋斗"之八大精神，以成就"成己"和"成物"的伟业（见图表7-5），从而"光大自己的生命"并"发扬人类的生命"①，这对于人生的价值、爱国的情感、社会的稳定和人类的和平是具有积极的激励作用的。他提出"三光"与"三信"之说，以彰显"生命的光辉"。也就是要从"过去的光荣"和"未来的光明"中映射出"现在的光辉"，并将"光荣的过去"与"光明的将来"作为"生命活力的源泉"。他将"民族自信力的消失"视为中华民族"最大之危机"，主张"要复兴民族，必须恢复民族的自信"，"发扬至大至刚至中至正的民族精神"。他主张分别以责无旁贷、亲爱精诚和三民主义来实现"互信的增进""自信的恢复"和"共

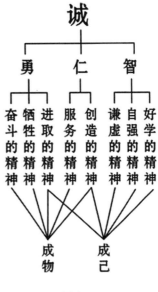

图表7-5

信的坚定"②。这些精神在抗战时期对于激发国民的爱国热情，增强中华民族的凝聚力，树立中华民族必胜的信心是有积极意义的。

五、陈立夫唯生论经受的种种批评

陈立夫的唯生论问世后，也经常传出批评之声，批评的理由主要有：

一是立论依据不可靠。高竹林在科学层面上批评《唯生论》所引证之事实（如冬虫夏草、狐狸、矿物等）多与科学事实不符，甚至将科学已证明为谬误者据为真理。他尖锐指出："我国近年无统一之中心思想，民众无一定之动向，青年徘徊于歧路，狡鄙奔走于权门，真理不明，导师安在！《唯生论》之言夸而理蔽其能胜此任乎？吾人未敢许也。"③意即唯生论的论证违背科学，怎能引导青年追求真理呢？

二是理论倾向太儒化。梁芝虽然赞赏陈立夫尝试解答"党义"的"哲学基础"

---

① 参见陈立夫：《唯生论》（上），正中书局1935年版，第163—164页。
② 参见陈立夫：《唯生论》（上），正中书局1935年版，第189—190页。
③ 高竹林：《读唯生论请教陈立夫先生》，《华风》1936年第1卷第14期。

问题的勇气和将自然科学方法引入哲学研究领域的创新，但又觉得《唯生论(上)》中第四至六讲的内容受戴季陶理论的影响太深，以全部《中庸》《大学》作为唯生论研究的中心，解释的也尽是其中几个抽象名词，"令人疑心，究竟是研究总理的主义，抑或是儒家的学说？"而他认为，孙中山的思想"固然有一部分受儒家学说的影响"，但它"实在创造了新的境域"。①

三是一般特殊相混同。太虚批评陈立夫的唯生论将哲学上的"生元"与科学上的"元子"概念混为一谈。他认为，唯生论的"生元"应为"哲学的万有之生元"，是不受时空限制的形而上的本体，既与唯物论用以说明"万有之生起"的形而下的"元子"不同，也与《孙文学说》中"通俗的生物之生元"相区别。② 即是说，一般性的"生元"与特殊性的"元子"不可等同。

四是思想体系不完整。何行之认为，在陈立夫的唯生论中，"建立法则"的部分居多，而"说明法则"的部分较少；注重"本体论"和"历史观"的探讨，却未讨论"认识论"，而"认识论"在哲学上亦占有很重要的地位。因而陈立夫的唯生论还不是"一个较完整的体系"。故他将唯生论体系分为本体论、认识论、方法论和历史观四个方面。③

不过，当时学者对陈立夫的唯生论的批评基本上还是在小节上，并没有触及到陈立夫引以为傲的唯生本体论，也不能改变陈立夫的唯生论在国统区官方哲学的显赫地位。

① 参见梁芝：《读陈立夫先生唯生论上卷》，《不忘》1933 年第 1 卷第 11 期。
② 参见太虚：《唯生论读后》，《海潮音》1934 年第 15 卷第 11 期。
③ 参见何行之：《唯生论哲学理论之基础》，正中书局 1935 年版，第 18、25—26 页。

第七章　近代民生哲学的历史发展（五）

——三民主义哲学的收官（1939—1949）

西安事变后，国共两党能够重新走到一起，一方面是为了抗日救亡的民族大义；另一方面是通过孙中山的三民主义而建立了共同的思想纽带。但如何为三民主义寻找科学的哲学基础，仍然是国共的理论家争论不休的话题，而在国民党的理论界由此兴起了一股研究三民主义哲学的热潮，直至新中国的成立而终结。

第一节　三民主义哲学兴起的时代背景与形成过程

如前所述，陈立夫所创立的唯生论在道德的层面上对于激发国民的抗日斗志是有一定的积极意义的，但在本体论的层面上还存在着致命的缺陷而遭到一些学者的质疑，于是在蒋介石对"民生哲学"的反复推介下而促成了一种新的民生哲学理论——"三民主义哲学"的产生，并成为 20 世纪 40 年代国民党引导抗战和战后发动内战的重要理论依据。

一、三民主义哲学兴起的时代背景

三民主义哲学的产生，有着浓烈的政治背景和思想背景。

（一）三民主义再次成为国共合作的理论基础

国民党在国共第二次合作开始时，就向中国共产党一方提出一个非常苛刻的条件，要求共产党"精诚悔祸，服从三民主义"①，放弃共产主义，实行国民党解释的孙中山民生主义原则。但为了保存共产党实力并早日促成国共联合抗战之民族大业，中国共产党在国共谈判中不得不作出妥协，承认"拥护三民主义及国民党在中国的领导地位""取消暴动政策及没收地主土地政策，停止赤化运动"② 等事项。而在此前不久，张闻天就为中共中央宣传部起草了一份宣传大纲，明确指出："中国共产党从来就赞助革命的三民主义。在第一次国共合作时代，许多共产党员，为革命的三民主义奋斗、流血和牺牲。为中华民族独立自由解放的民族主义，改善人民生活和发展国民经济的民生主义，是与共产党的主张相容的。"③ 这就向国民党表明中国共产党对孙中山的"革命的三民主义"一直持积极拥护的态度，将国共合作建立在三民主义的基础上是不成问题的。

（二）陈立夫的唯生论遇到了严重的挑战

如前所述，陈立夫的唯生论自问世以后就开始遭到一些国民党学者的批评。但当时的批评还没有触及到陈立夫唯生论的致命伤。但到 20 世纪 40 年代初，国民党一些学者开始将批评的触笔伸向陈立夫曾引以为傲的唯生本体论。

叶青开始公开质疑陈立夫反复强调的"生是宇宙的中心"之说为孙中山所说。他称自己将孙中山的全部著作都读过，也未找到这句话；即便孙中山说过，也不能作为本体论上的生命论之根据，因为"中心"不等于"本体"；而孙中山说过"物质是体，精神是用"，说明其本体哲学与生命哲学无关。④ 如果"生是宇宙的中心"真如叶青所说的那样，非孙中山所说，则唯生论的本体论根基就会动摇，从而影响到民生史观和三民主义的哲学基础问题。而且叶青的说法引起了部分学者的共

① 《中国国民党五届三中全会关于根绝赤祸之决议案》（1937 年 2 月 21 日通过），《第二次国共合作的形成》，中共党史资料出版社 1989 年版，第 314 页。
② 《中央关于同蒋介石谈判经过和我党对各方面策略方针向共产国际的报告》（1937 年 4 月 5 日），《中共中央文件选集》第 1 册，中共中央党校出版社 1991 年版，第 178 页。
③ 《国民党三中全会后我们的任务》（1937 年 4 月 3 日），《中共中央文件选集》第 11 册，中共中央党校出版社 1991 年版，第 172 页。
④ 参见叶青：《国父哲学言论辑解》（一），《大路》1941 年第 6 卷第 2 期。

鸣，张益弘就此直接提出"国父并无唯生论"[1]。于是陈立夫后来在《生之原理》中，将"生是宇宙的重心"改为"人为宇宙之中心"，将"矿物也有精神"改为"无生物与有生物有根本差别"[2]，并引入一些新的科学证据取代原先一些违背科学的证据。同时，注重思想来源的多元化，除了继续突出儒家思想的价值外，还引入叔本华、柏格森、杜里舒等西方哲学的观点与成果。[3] 而且他对《唯生论》中的宇宙观也做了微调。过去的第一讲《导言》开门见山就说："总理从前说过：'生是宇宙的重心，民生是人类历史的重心'。"即将"生是宇宙的重心"直接说成是孙中山本人说的。而 1944 年修改版的第一讲《导言》则开门见山就说："'生生之谓易'；'天地之大德曰生'"，而称"生是宇宙的重心"是"总理宇宙观的结论"。[4] 这意味着"生是宇宙的重心"不是孙中山直接说的，而是陈立夫根据孙中山"生元构造人类及万物"的宇宙观推论出来的。尽管如此，他的唯生宇宙观仍然是一个被人争议的话题，无法令人信服。后来李雄不仅指出"以'生为宇宙的中心'，固嫌于总理遗教及总裁言论缺乏根据"[5]，而且还指出民生史观是一种纯粹的"历史哲学"，总理遗教与总裁言论罕有言及"宇宙观与本体论"，从而否定陈、任诸人为民生史观寻找"唯生本体论"的价值，主张回归到戴季陶以"民生史观"为基础的"民生哲学"。[6]

正是陈立夫所构建的唯生论存在着自身无法克服的矛盾，因而在国民党学者内部的质疑声中和共产党人士的批判声中逐渐失去它的荣光。自 1939 年以后，以唯生论为主题的论著大幅减少，只有詹竞烈的《唯生论与民生史观》（中南印刷所 1947 年版）等少量著作出版，而以"三民主义哲学"为表现形式的民生哲学逐渐成为国民党官方哲学中的显学。

（三）蒋介石仍偏重于戴季陶的"民生哲学"

陈立夫的唯生论虽然自问世后到整个抗战时期都具有重要的学术和政治影

---

① 参见张益弘：《国父并无唯生论：与唯生论同志的商榷》，《抗战与文化》1942 年第 6 卷第 4 期。

② 陈立夫：《生之原理》，正中书局 1944 年版，第 107、105 页。

③ 参见陈立夫：《生之原理》，正中书局 1944 年版，第 74—75、86 页。

④ 陈立夫：《唯生论》，正中书局 1945 年版，第 2—3 页。

⑤ 李雄：《侠庐论著》，中国国民党福建省党部资料室 1946 年版，第 42 页。

⑥ 参见李雄：《侠庐论著》，中国国民党福建省党部资料室 1946 年版，第 40—42 页。

响，但在蒋介石的论著中很少见到"唯生论"的概念，反倒是"民生哲学"的概念使用的频率特别高。如在 1934 年 3 月 12 日，蒋介石在孙中山逝世 9 周年纪念大会上做题为《孙总理思想与人格》的演讲，首次提到戴季陶在孙中山逝世前几个星期曾经请问孙中山"究竟总理的革命主义之哲学的基础何在"，并将自己关于这个问题研究的心得报告孙中山，孙中山便说："你的意思对了，我的革命哲学，就是民生哲学。"随后戴季陶将他自己研究的心得，根据孙中山的意思写了一本《孙文主义之哲学的基础》，并且特别列了一个《民生哲学系统表》，附加《说明》，以为全书的结论。①1935 年 9 月 18 日，他在峨眉军训团作题为《社会建设与民生哲学之要义》的演讲，称"总理的哲学，就是民生哲学。总理主义的思想系统，是以民生为指归。这个道理，在戴季陶先生所著《孙文主义之哲学的基础》一本书中，讲得最为透辟。"②1936 年 2 月 10 日，蒋介石在中央政治学校纪念周讲演《青年为学与立业之道》，特别指出"本校全体师生，无论教师施教，学生求学，必须首先注重《大学》《中庸》之道，和总理的遗教，以及戴季陶先生所著《孙文主义之理论的基础》中所讲的民生哲学"，并提出"生活的目的在增进人类全体的生活，生命的意义在创造宇宙继起的生命"的人生价值观。③1939 年 5 月 7 日，蒋介石在对中训团党政班作题为《三民主义之体系及其实行程序》的训词，再次点出戴季陶在《孙文主义之哲学的基础》中对"三民主义的哲学基础为民生哲学"的道理"阐明得很是详细"，而且参照了戴季陶的《民生哲学系统表》绘制了《三民主义的体系及其实行程序表》。④1939 年 11 月 9 日，蒋介石在对广西政工人员的训词中指出，"哲学"是要阐明"生"的道理、"生的究竟"，所以称之为"民生哲学"。这似乎有"唯生论"的影子，但还是挂在"民生哲学"名下。他认为，"生"的横的方面是"生活"，纵的方面是"生命"。"民生哲学"与"民生主义"的不同在于它的最主要任务是"要将生活的目的和生命的意义认识清楚"。⑤1940 年 7 月 8 日（即三民主义青年团成立二周年纪念日），蒋介石发表《告全国青年书》，称孙中山的三民主义"以民生哲学博爱济众为原理，以世界大

---

① 　参见蒋介石：《孙总理思想与人格》，《申报》1934 年 3 月 18 日第 9 版。

② 　参见蒋中正：《社会建设与民生哲学之要义》，《军事杂志》1937 年第 101 期。

③ 　参见蒋中正：《青年为学与立业之道》，《励志》1936 年第 4 卷第 7 期。

④ 　参见蒋中正：《三民主义之体系及其实行程序（附图）》，《青年中国季刊》1939 年第 1 卷第 1 期。

⑤ 　《蒋委员长对广西政工人员训词》，《大公报》（香港版）1939 年 11 月 18 日第 5 版。

同互助共享为目的"，又称"三民主义之民生哲学，能精神与物质并存，而于革命力行则尤重精神力量之发扬"。[①] 因此，蒋介石一直是戴季陶哲学思想的坚定支持者、宣传者和应用者。

而在 1943 年 9 月 8 日国民党第五届中央执行委员会第十一次全会通过的《文化运动纲领》中，不仅引入戴季陶的"民生为宇宙大德的表现，仁爱即民生哲学的基础"[②] 之说，而且称"民生哲学就是中华民族文化的哲学基础"，还引蒋介石的"民生之外无文化，文化之外亦无民生"之说以说明"文化与民生实为一体"，并将"是否合乎民生哲学"作为是否属于"中华民族文化"的标准，即"合乎民生哲学的文化，才是中华民族的文化，才是中华民族所需要的文化；反乎民生哲学，有害于促进'人民生活'，保障'社会的生存'，发展'国民的生计'，繁衍'群众的生命'的文化，皆非中华民族文化，亦非中华民族所需要的文化"。[③] 这一文化纲领体现了蒋介石推崇下的民生哲学已成为国民党意识形态的主导力量。

二、三民主义哲学的形成过程

戴季陶为三民主义寻找哲学基础，找到的是"民生哲学"；陈立夫为"民生史观"寻找更高的哲学基础，找到的是"唯生论"。但他们都没有直接称"三民主义"为"哲学"。不过，戴季陶因将孙中山的全部著作总称为"民生哲学"，已隐含了"三民主义"也是"哲学"的味道。于是到 1939 年时，一些国民党学者开始顺着戴季陶的思路而将戴季陶的"三民主义的哲学基础"之说直接更改为"三民主义哲学"之说，而且很多学者将"三民主义哲学"与"民生哲学"相等同，似乎有点向戴季陶"民生哲学"的复归。刘炳藜就曾指出："三民主义哲学就是民生哲学，就是行的哲学，也就是心物综合哲学。"[④] 云昌海也说："三民主义哲学，即民生哲学……希望我们能够为民生哲学之建立有所贡献。"[⑤] 这也意味着

---

① 蒋中正：《告全国青年书》，《闽政月刊》1940 年第 5 期。
② 戴季陶：《孙文主义之哲学的基础》，民智书局 1925 年版，第 58 页。
③ 《文化运动纲领》，《文艺先锋》1943 年第 3 卷第 5 期。
④ 刘炳藜：《三民主义之哲学体系》，前途出版社 1941 年版，第 36 页。
⑤ 云昌海：《民生哲学研究提纲》，《童干周刊》1948 年第 3 期。

他在《三民主义之哲学体系》中所讲的"三民主义哲学体系"就是"民生哲学体系"，这是沿用了戴季陶的说法。

"三民主义哲学"一词并非1939年才出现。早在1936年，王龙舆就抛出了"三民主义哲学"的概念，提出"三民主义哲学的地位"和"三民主义哲学的中心"等话题。他所说的"三民主义哲学的地位"，是指三民主义原则的价值，即三民主义原则是"指示人类进化的一个根本定律"。它的理论价值在于它不同于一般只能解决局部的一时的问题的主义，它所揭示的"定律"与物理学上牛顿的"三大定律"、爱因斯坦的"相对论"同样为"宇宙间之真理"；它的实践价值在于它所"新发现的真理"，不仅仅是应用于解决一个国家一个时代所发生的问题，而是能够引导人类文明前进至最高的境地，而且它的价值也随着时代的演进而增高。① 他所说的"三民主义哲学的中心"是指"唯生"，并引陈立夫所认为的孙中山的"生为宇宙的中心，民生为历史的中心"之说为证。② 其后，牛咏宾就提出"三民主义哲学"一词，他称"三民主义哲学"就是"民生史观"。③ 不过，王龙舆与牛咏宾的"三民主义哲学"概念不同于20世纪30年代末至40年代国民党学者所探讨的"三民主义哲学思潮"，因为，在这一新的哲学思潮中，人们认为"三民主义"本身就具有"哲学性"或者说就是"哲学"。

叶青较早提出"三民主义的哲学性"和"三民主义是哲学"的观点。他指出：从其为思想上说，三民主义具有逻辑性，因而具有体系性和派别性，乃至哲学所有的综合性，那怎么不是哲学呢？在他看来，"主义"本身就是一个"哲学"术语，既然"三民主义"是一种"主义"，当然就属于"哲学"了，而且就是"哲学"。④而哲学又分为宇宙论（包括本体论）、人生论和认识论，亦即自然观、社会观和思维观，相当于科学中之自然科学、社会科学和思维科学。故他将"三民主义"划归哲学中"人生论"和科学中的"社会科学"领域，"三民主义"就是"人生论"或"社会观"，亦即"人生哲学"或"社会哲学"。⑤

汤擎民着重探讨了抗战时期建立三民主义哲学体系的必要性。他指出："三

---

① 参见王龙舆：《唯生哲学的体系（上卷）》，安徽反省院1936年版，第1—3页。
② 参见王龙舆：《唯生哲学的体系（上卷）》，安徽反省院1936年版，第9页。
③ 参见牛咏宾：《三民主义哲学论》，《大道》1936年第6卷第1期。
④ 参见叶青：《三民主义底哲学性》，《时代思潮》1939年第7期。
⑤ 参见叶青：《三民主义底哲学性》，《时代思潮》1939年第7期。

民主义是现代中国青年思想与行动底最高指导原则。但仅仅作为党底主义而要求着千万的青年服膺于此种政治信仰而决定其行动，这是不够的！因为这样把握不到青年思想底根本点。政治信仰是被决定于政治观，政治观只是人生观或社会观之一面，而需要宇宙观作为基础。"[1] 而他所讲的"宇宙观"，也就是"哲学"了。他认为，"哲学"是人类认识现实生活、现实世界得来的一个"总结论"，是人们认识或观察现实世界的一种根本的态度或方法，也是"行动的指导"。而他相信"三民主义具有哲学性"，可以用"三民主义的观点"去考察宇宙间一切现象，以建立"三民主义的社会观或人生观"。同时，三民主义的人生观又需要相应的"宇宙观"作为基础，也要求相应的"认识论"以至于"本体论"。不过他又认为，三民主义的"哲学性"在建立中华民国二十多年来还是深藏着，并未由其"逻辑性"展开为"哲学的体系"。但他也肯定了抗战以来所出现的"三民主义由实践的阶段再度转入研究与实践并进的阶段，三民主义被作为纯理论基础而研究"的可喜现象，并祈望国内学者从速建立"三民主义的哲学体系"，作为全国青年的"思想指针"。[2]

周世辅指出："三民主义哲学的体系是唯生论及民生史观。唯生论是就宇宙哲学而言，民生史观是就人生哲学而言。宇宙之万象，可以用唯生论去解释，人类之进化，可以用民生史观去解释。"[3] 这里涉及"民生史观""唯生论"和"三民主义哲学"三个名词，但实际上反映出国民党的民生哲学所经历的由"民生史观"到"唯生论"再到"三民主义哲学"的演变过程。

自从"三民主义哲学"在国民党学界大致达成共识以后，相关的研究也就铺天盖地地兴盛起来。仅就研究的著作成果来看，除了张太凤、崔载阳和姜琦先后推出的以《三民主义哲学》为同一书名的著作外，还有郑元瑞的《三民主义哲学之基本研究》（新中国文化出版社 1940 年版）、叶青的《三民主义之完美》（力学书店 1940 年版）、周世辅的《三民主义哲学思想之基础》（正中书局 1941 年版）、中国国民党广东省执行委员会编的《三民主义哲学选集》（1941 年编）、王铉的《三民主义哲学的几个根本问题》（独立出版社 1944 年版）等著作也都与"三民主义

---

① 汤擎民：《青年当前的迫切要求：期待着作为思想指针的三民主义哲学体系底建立》，《青年》1940 年第 2 卷第 2 期。

② 参见汤擎民：《青年当前的迫切要求：期待着作为思想指针的三民主义哲学体系底建立》，《青年》1940 年第 2 卷第 2 期。

③ 周世辅：《三民主义哲学思想之基础》，正中书局 1941 年 8 月初版，第 12 页。

哲学"主题直接相关。同时，很多学者将"三民主义哲学"与"民生哲学"相联系，从而使一些以"民生哲学"为题的论著也打上了三民主义哲学的色彩，如胡秋原的《民生哲学与民生主义》（中国文化服务社 1940 年版）、万民一的《民生哲学的新认识》（文化供应社 1940 年版）、苏渊雷的《民生哲学引义》（商务印书馆 1942 年版）、张默君的《中国政治与民生哲学》（翼社 1943 年版）、胡一贯的《民生哲学精义》（正中书局 1944 年版）等。

　　国民党学者对"三民主义哲学"的探讨，也引起了国民党官方的重视。在 1943 年召开的国民党"十一中全会"通过的《文化运动纲领》中就提出"建立三民主义的哲学、社会科学及文艺的理论体系"[①]。为了使这一"要项"得到有效实施，国民党中央宣传部于 1945 年 4 月 23 日颁发了《文化运动纲领实施办法》，提出"建设三民主义之哲学、社会科学理论体系事项，由中央宣传部三民主义丛书编纂委员会负责主持，与中山文化教育馆等机关协同办理之"[②]。这就是说，国民党已将建立"三民主义哲学理论体系"变成了一种官方使命。在这一新的哲学氛围下，连陈立夫也对三民主义哲学发表了自己的见解，提出了"三民主义的革命哲学"，由"民生史观""民生哲学"和"孙文学说与力行哲学"三大部分所组成。[③] 新儒家学者贺麟也高度重视"三民主义哲学"。他指出："在中国兴起的新哲学，可以说是中国的民族哲学，……但是这种哲学又一定和三民主义的精神相符合的，这种新的正统哲学也可以说是三民主义哲学。"[④]

第二节　三民主义哲学语境下的哲学流派与命题论证

　　陈立夫构建的唯生论问世后，迅速上升为国民党的官方哲学。一时间，唯生论便成了国民党学者争相探讨和运用的理论，这一势头一直延续到 20 世纪 40 年

---

① 《文化运动纲领》，《文艺先锋》1943 年第 3 卷第 5 期。
② 袁佳红等主编：《中国战时首都档案文献——战时文化》，西南师范大学出版社 2017 年版，第 16 页。
③ 参见陈立夫：《革命哲学》，《复兴关》1945 年第 1 卷第 1 期。
④ 贺麟：《当代中国哲学》，胜利出版公司 1945 年版，第 82 页。

代。但也有学者从三民主义哲学（即民生哲学）的视角来重建本体论，于是形成了以"生"为本体、以"心"或"物"为本体和以"太极"（大有）或"行"为本体的各种哲学流派。

一、以"生""太极""行"为本体的哲学流派

自陈立夫的唯生论作为官方哲学在思想界施加影响后，直到新中国成立前，有些学者以唯生论为指导来建立其民生哲学体系。有的学者还将三民主义哲学与唯生哲学、民生哲学相等同，主张三民主义哲学或三民主义的哲学原理是依据孙中山所指示的"生为宇宙的重心，民生为人类历史的重心"的唯生论，且认为"只有唯生论的发展才能结束心物的争辩"[①]。但以"生"为本体的唯生论也有多种流派。因"太极"即"生元"，"行"即"动"即"生"，因此以"太极"或"行"为本体，实际上是一种变相的唯生论。

（一）辩证法的唯生论

云昌海称何名忠"主辩证唯生论"，但从何名忠现存的论著来看，并没有留下有关"辩证唯生论"的线索。何名忠指出，孙中山发展了"心物合一"的主张，并认为这"心物合一"的"一切变化、发展"悉基于"求生存"而断定"生是宇宙的中心"。[②] 因此，何名忠所持的不是"辩证唯生论"，而是"心物合一"的唯生论。而另一位名叫何汝津的学者倒是有相关的研究论著，可能是云昌海将何名忠与何汝津二人的名字搞混淆了。不过，刘镇涛在何汝津之先就提出了"辩证唯生论"一说，随后得到甘维善、何汝津的积极响应。

刘镇涛认为，"辩证法"不属于某个党派，正如科学染料法和飞机制造法不能断定其属于资产阶级或无产阶级一样。"辩证法"本身是没有不对的地方，不对的地方是在它身上加上"唯物"或"唯心"的观点。"辩证法"第一条法则是"矛盾统一律"。依此法则，"物"与"心"的统一体叫做"生"，故他将这种哲学

---

① 中心出版社编：《三民主义哲学选集》，中心出版社1941年版，第1页（"编者的话"页）。

② 参见何名忠：《三民主义的博大性》，《青年人》1941年第3卷第6—7期合刊。

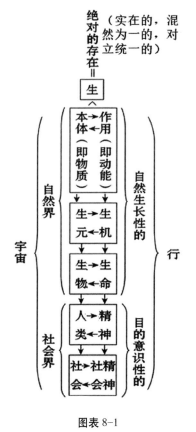

图表 8-1

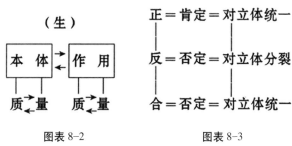

图表 8-2　　　　　　　　　　图表 8-3

称为"物心统一论的辩证唯生论"。① 他还运用辩证法的三大法则来分析"本体"与"作用"的关系，并用图表来展示。一是本体与作用的对立统一。辩证唯生论以体与用为元始的、对立统一的存在，本体与作用相互对立，相互统一，因而构成宇宙之绝对存在（见图表 8-1）。在图表 8-1 所描绘的辩证唯生论体系中，"生"是绝对的存在，"生"以"行"的动态不断自己发展自己、创造自己，在自然生长性的"行"的阶段上，作用、生机和生命辩证地不断提高自己；在目的意识性的"行"的阶段上，生命再把自己提高到精神和社会精神。同时，"生"又以"行"的静态表现自己。它在自然界以物质、生元和生物出现，在社会界又以人类和社会出现。二是本体与作用的质量互变。他认为，本体与作用的对立统一构成了存在的"生"，而质与量的对立统一又同时构成了"本体"与"作用"。质与量的统一不是"同一"，而是两个对立存在的统一。质量互变既是一种渐变，也是一种突变。（见图表 8-2）三是否定之否定。他认为，自然和社会都是依着正、反、合的过程发展的。元始时，绝对的存在——生——因其本身的内在矛盾而统一、分裂、再统一的。绝对的"生"是统一的，这是宇宙的最初形态。以后"生"自己发展、创造自己，于是否定了自己而成新的"生"，新的"生"因其本身的对立与统一，又自己发展，自己创造，于是再否定自己而成更新的"生"（见图表 8-3）。②

---

① 参见刘镇涛：《体用统一论的辩证唯生论》，《革命理论》1942 年第 5—6 期合刊。

② 参见刘镇涛：《革命理论》1942 年第 5—6 期合刊。

甘维善对刘镇涛的上述观点作了积极的响应，也提出了"辩证法不是唯物论的私有物"的观点，并从唯生论的立场出发对"辩证法"的"对立统一""质量互变"和"否定之否定"三大法则做了更为清晰的解读。[①]

何汝津先在《辩证法与中国革命》一书中系统阐发了"怎样认识辩证法""辩证法的意义及其发展""黑格尔辩证法与马克思辩证法""形式逻辑与辩证法""唯物辩证法批判及其运用"等主题。[②] 其所研究的目的，无非是要说明"辩证法"对于中国哲学建设和中国革命都有积极的意义。接着，何汝津开始了他的"辩证唯生论"的理论建构。他以叶青在《辩证法与共产党》一文中提出的"辩证法在中国并不是与共产党有关系，与国民党无关系"的观点为依据，主张三民主义哲学是可以引用辩证法的；又以张铁君在《民生理则学发凡》一文中提出的"我们基于总理心物合一与体用合一的观点；动的逻辑……虽为静逻辑……之对，然实相辅为用"的观点为依据，主张辩证法是民生理则学的主要内容。他认为，"唯生论"早就有陈立夫著论为之阐明，"辩证唯生论"一词也有人提过，只是目前未引起思想界、文化界的注意。从政治上讲，辩证唯生论不仅可以作为三民主义的哲学，而且是历史上"最进步的哲学"，故需把它发扬光大，成为我们民族伟大的哲学思想。从哲学性质上讲，辩证唯生论不是唯物论、唯心论、二元论和多元论，而是一元论。[③] 或者说，唯心论、二元论、三元论、唯物论、辩证唯物论五种哲学思想都不是三民主义的哲学思想，三民主义哲学就是辩证唯生论。[④]

何汝津又从五个方面揭示将辩证法运用于唯生论的合理性：一是根据蒋介石的"行的哲学"。他认为，蒋介石虽未明显指出要运用辩证法，但其将"真正的行"视为"有目的有轨道有系统"，体现了"辩证法的中国化"。二是辩证法是世界哲学史的成果。他以杜威的"没有可以著关于哲学的书而不用辩证法的"之说为依据，说明唯生论的建立也离不开辩证法。三是辩证法不具诡辩性与神秘性。他认为，那些反对辩证法的人是带着"不愿理解"和"根本仇视"的态度来把辩证法诡辩化和神秘化，而非辩证法本身具有诡辩性和神秘性。四是只有辩证法才能把"物质与精神""体与用"做一个综合的解决和把唯生论的理论充实、活泼起来，

① 参见甘维善：《唯物辩证乎唯生辩证乎》，《南路抗建》1942 年第 2 卷第 6—7 期合刊。

② 参见何汝津：《辩证法与中国革命》，新建出版社 1941 年版，"目录"。

③ 参见何汝津：《三民主义的哲学理论：辩证唯生论发凡》，《革命理论》1942 年第 8—9 期合刊。

④ 参见何汝津：《三民主义的哲学》，《新潮》1942 年第 4 期。

"生的法则"与"辩证法"应该"同一"。五是辩证法是我们固有的东西。中国传统的"生活哲学"是"我国民族最可宝贵的独特的哲学",也是"世界上进步的哲学思想",其中就包含了"辩证法的思维"。①

关于怎样创造一种进步的哲学,何汝津提出了"要接受世界哲学之史的成果""要能克服一切哲学的主要流派的缺点"和"要成为哲学最进步之时代产物"三点作为"建立民族哲学的前提"。②他认为,哲学史的发展就是辩证唯生论史的发展,并将哲学史发展的辩证过程用公式(见图表 8-4)来表达。

对立的统一————对立的分裂————对立的统一
生的观念——唯物论与唯心论的斗争——唯生哲学

图表 8-4

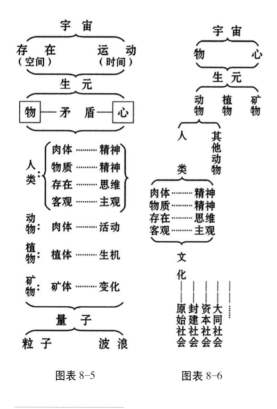

图表 8-5　　　　图表 8-6

何汝津指出:辩证唯生论既是"生元的运动的本体论",也是"生元的活动的法则论";前者说明宇宙是一个生元,是对立的统一和复杂的统一体;从后者说明宇宙是在生元的一定的法则下活动着。③他还认为,无限大的宇宙是存在与运动的统一体,人类社会是存在与思维的统一体,无限少的量子是粒子与波浪的统一体。假定把宇宙的存在、人类的存在、量子的粒子统名为"物",宇宙的运动、人类的思维、量子的波浪统名为"心",则辩证唯生论的本体论是:宇宙无"无心之物",亦无"无物之心",此物

---

① 参见何汝津:《三民主义的哲学》,《新潮》1942 年第 4 期。

② 参见何汝津:《三民主义的哲学理论:辩证唯生论发凡》,《革命理论》1942 年第 8—9 期合刊。

③ 参见何汝津:《三民主义的哲学理论:辩证唯生论发凡》,《革命理论》1942 年第 8—9 期合刊。

心统一体就叫"生元"。这显然是一种变相的二元论，本质上还是唯心论。他还认为，"生元"是存在的、运动的、有力的、自己发展自己、自己创造自己的东西，因而也是"空间与时间的统一体"。[①] 这又合乎辩证法的特性。他还从辩证唯生论的视角分别绘制了宇宙的结构表（见图表 8-5）和宇宙的进化表（见图表 8-6）。[②] 因此，何汝津的辩证唯生论在本质上还是属于辩证唯心论。

（二）易之唯生论

从中国古代易经中寻找唯生论的资源，至少可以追溯到梅思平。梅思平曾称"一部《易经》就是孔子的本体论之所在"[③]，并引"刚柔相推，而生变化""天地感(变化)，而万物化生""生生之谓易"等话语作为其"生的世界观"的理论依据。[④] 潘谷神（原名善庆）对《易经》中的本体论更是情有独钟，认为《易》之道乃是"世间万物、万事的存在、变化、发展之道"，亦即整个自然界与一切社会现象"生生不已"的客观总规律。[⑤] 同时，他特别关注论理学（逻辑学），并将其分为"形式论理学""辩证论理学"和"易论理学"三种形式，三者都有各自的"基本三定律"，其中"形式论理学"有"同一律""矛盾律"和"排中律"，"辩证论理学"有"对立统一律""质量互变律"和"否定之否定律"，"易论理学"有"贞一律"（即"任何事物之变动，必有一而且只有一恰当之点"）、"因二律"（即"有此一事物必有与之对待而相反的彼一事物"）和"得中律"（即"两相对待的事物，必可作而且必须作各称其分的综合"）。[⑥] 从三者出现的时间来说，易论理学也很古老，但从三者的质量来说，辩证论理学比形式论理学更为"进步"，而易论理学又综合两者之"长"而无其"短"，故更为"进步"。[⑦]

潘谷神认为，中国哲学向来不问"心为物之原"或"物为心之原"，而是注重"心、物之间如何交互作用"，所以中国哲学向来无"唯心论"与"唯物论"之别。[⑧]

---

① 参见何汝津：《三民主义的哲学理论：辩证唯生论发凡》，《革命理论》1942 年第 8—9 期合刊。
② 参见何汝津：《三民主义的哲学理论：辩证唯生论发凡》，《革命理论》1942 年第 8—9 期合刊。
③ 梅思平：《民生史观概论》，《新生命》1928 年第 1 卷第 5 号。
④ 参见梅思平：《民生史观概论》，《新生命》1928 年第 1 卷第 5 号。
⑤ 参见洪毅然：《追念易学家潘谷神先生》，《周易研究》1989 年第 2 期。
⑥ 参见潘谷神：《易经的新评价》，《读书通讯》1942 年第 35 期。
⑦ 参见潘谷神：《易经的新评价》，《读书通讯》1942 年第 35 期。
⑧ 参见潘谷神：《易经的新评价》，《读书通讯》1942 年第 35 期。

而在他看来，中国哲学中最具代表性的是易经哲学。易经哲学所说的"变动"，是以"创生"与"更新"为主旨的，《系辞传》以"日新之谓盛德"与"生生之谓易"并举，孔颖达的《周易正义》亦以"新新不停，生生相续"释"易"之名义。他由此发现，易经哲学自有其既不同于西洋一切哲学亦不同于中国其他哲学的独特的观点——"生生"观，即认"生"为宇宙万有活动之原，故他把易经哲学称为"生生论"或"唯生论"。他认为，《易经》之"生生"有两层含义：一是指"宇宙万有，无不为生存而生动，为生动而生存，故有生存即有生动，有生动即有生存，生存不绝，生动也不息，生动不息，生存也不绝"。此层"生生"颇与辩证唯物论者所说的"世界没有一种不运动的物质或物体存在，任何一种物质或物体常在运动中"之意相合；二是指"有生动必有生成，有生成必有求生存，求生存必能生动，能生动则必又有生成，于是乎生生相续"。此层"生生"更含有"新新"之意，这在辩证唯物论中是不见有"相当的明文"。为"正名"计，他主张将易之辩证法称作"生生论的辩证法"或"唯生论的辩证法"，并提议将"唯物辩证法"或"辩证唯物论"改称作"主物辩证法"或"辩证主物论"，是因其认为"物"为"心物间之交互作用"中的"主导者"。[1] 不过，潘谷神没有将"生生"赋予精神性，而是突出"生生"的辩证发展性，因而更具有唯物主义的色彩。

潘谷神还将"易论理学"和"生生唯生论"与国民党的三民主义和民生史观联系起来。他将三种论理学作为区分三种社会制度的不同武器，即认为形式论理学、辩证论理学和易论理学分别作资本主义、共产主义和三民主义之武器。民权主义等于资本主义之反封建，民族主义等于共产主义之反侵略，而反封建、反侵略的原因在于"受压迫与剥削而民生不遂"。而易论理学之所以能作为三民主义之武器，就在于它具有综合资本主义和共产主义所用的武器的"能力"。他认为，《易经》之"生生观"尤与明白地"揭出民生"的"三民主义"相合。而"揭出资本"的资本主义和"揭出共产"的共产主义均系揭出民生所需的"物质"，却非"民生"本身。虽然"唯生观"和"易之生生观"与"三民主义"的范围未必切合，但已将"三民主义"包含于其中，所以"三民主义"尤当利用"唯生观"与"易之生生观"为其"武器"。[2]

---

① 参见潘谷神：《易经的新评价》，《读书通讯》1942 年第 35 期。

② 参见潘谷神：《易经的新评价》，《读书通讯》1942 年第 35 期。

（三）"生统心物"的唯生论

"生统心物"的唯生论又分为"生控心物"的唯生论、"理统心物"的唯生论、"心物统一"的唯生论、"心物并重"的唯生论、"心物综合"的唯生论、"生主心物"的唯生论等形式。

1."生控心物"的唯生论

茹春浦将孙中山的"人身结构精妙神奇者，生元为主也。人之聪明知觉者，生元发之也"之说称为"生元能支配个人的生命的原理"。但他又沿着陈立夫的思路将"生元"换成"生"，作为自然、社会和精神的支配者。他指出："民生哲学在社会问题的实用上，一定不是反唯物论，反唯心论，而是唯生论。一个生的作用控制了心物，创造了一切。唯心、唯物都只是看到生的一面，生的全体本身就是生，它不是借着心和物，和其他的条件才能发生作用，而是一切能发生作用的东西的一个根本原理。"[①] 不过，他所说的"生控心物"，不是在宇宙观层面上，而是在社会历史观层面上说的。

2."理统心物"的唯生论

田乃钊在对待"心物关系"的态度上，主张"必须心以御物，物以养心，两方面互助合作"，要求对"心物"应"主客并重，互相影响"[②]。不过，他并没有在心物的层面来揭示宇宙的本体，而是在心物之上悬着一个"生"。他说："物质和精神还不是最根本的东西，它们的背后尚有一个主要的动力在，这就是'生'。物质的致用，为了生；精神的表现，也为了生。离了生，没有精神，也没有物质。生是合精神与物质为一的'实在'，是精神与物质之'体'；精神与物质是生之'用'。……宇宙的本体是生，宇宙的法则也是生，'生是宇宙的中心！'"[③]（见图表8-7）这是典型的唯生论立场。同时，他又在心物之上悬着一个"理"（即"法则"），主张"理所以统一心物"。他引宋代理学家之言来揭示"理"与"心物"的关系，认为"人同此心，心同此理"（陆九渊语）意味着"心与理一"，"万物莫不有理"（朱熹语）意味着"物与理一"。所以，"心"与"物"在"理"之法则下达到统一。他又将同处最高层次的"生"与"理"联系起来，主张"生"是"宇宙之至理"，而"心物"

① 茹春浦：《民生哲学之初步认识》，《中央周刊》1939年第1卷第45期。
② 田乃钊：《心物关系简论》，《新认识》1940年第2卷第1期。
③ 田乃钊：《服务的人生观》，《中国青年》1939年第1卷第1期。

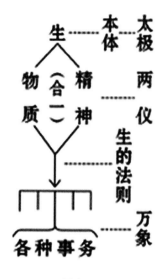

图表 8-7

为"生"的"有机体"。① 于是，他将"心""物""理"和"生"四者的关系概括为"心物并重，而以'生'之法则为其统一之'理'"。根据这一原理，他认为"空谈心性"和"专重外物"都不对，应该在"生"的理则之下，以"精诚所至金石为开"的"精神"适应、征服、创造和制御"物质"，并通过以"精神"陶铸"物质"，以"物质"表现"精神"，以实现"生的意义和价值"。②

陈立夫主张"生是宇宙的中心，民生是历史的中心"，这意味着"生"与"民生"分别对应于"宇宙"与"历史"，而没有将"生"与"历史"直接打通。但田乃钊认为，"生"不仅是宇宙的中心，也是历史的中心。他说："我们的历史观与社会观仍然离不了'生'字，这是民生哲学的中心思想、一贯理论。宇宙的重心既然是生，社会的进化、历史的演变，当然也是以生为重心。"③ 而历史观与人生观又密切相关，于是田乃钊又通过"生"来打通本体论与历史观、人生观的关系。在本体论与人生观的关系上，他也喜欢引宋代理学家之言为证。他将程颢的"天只是以生为道，继此生理者即是善也。……万物皆有春意，便是继之者善也"之说理解为"一切万有莫不活动于宇宙生生之机中，而生机又复涵于万有。天地万物同秉此生机以为自性，且顺此生理以发育进展，这就叫做善"。他指出，程氏从"生就是性""生就是善"的前提谈到"仁的最高标准"。假如我们能了解"物我同存于生生之流中"，本着"生生之理"，推我"好生之心"，不独能"民胞物与"，且能"视天下无一物非我"，则"天人无间，物我合一"，那我们的人生观是个什么样子？我们还会自私、残暴、悲观颓惰、目光短小、胸襟狭隘吗？窗前的绿草不忍除去，为的是"常见造物生意"（周敦颐）；池中的游鱼时往观之，为的是"欲观万物自得"（程颢）。有了这样的见地，自然能有"先天下之忧而忧，后天下之乐而乐"，"天下有饥者犹己饥之，天下有溺者犹己溺之"的情怀去努力奔走，以求"兼善天下"。他将这种"恢宏

---

① 参见田乃钊：《心物关系简论》，《新认识》1940 年第 2 卷第 1 期。
② 参见田乃钊：《心物关系简论》，《新认识》1940 年第 2 卷第 1 期。
③ 田乃钊：《服务的人生观》，《中国青年》1939 年第 1 卷第 1 期。

磅礴的伟大精神"名之曰"服务的人生观"。①

而田乃钊在阐发其服务的人生观时，在修养和实践方面提倡戴季陶的民生哲学，主张"用智仁勇的达德行三民主义的达道"；引入蒋介石的《三民主义之体系与其实行程序表》，以提倡蒋介石的力行哲学。② 这也反映了这一阶段的三民主义哲学与戴季陶的民生哲学之间的密切关系。

3."心物统一"的唯生论

20 世纪 40 年代初，不少国民党学者站在唯生论的立场上提出"心物统一论"。

张羽将民生哲学分为"生的宇宙观""民生的伦理观社会观"和"仁的道德观"三部分。③ 在宇宙观上，他从柏格森的"生命哲学"中获取灵感，认同柏格森的"宇宙为一大生命"之说，但又指出柏格森是以"调和心物"为动机，其立足点是"偏重于心"。而他认为，现代科学许多新的发现都证明了"宇宙之原"不是"心""物"，而是"生"。宇宙的"运行"就是"生"，万有的"引力"也是"生"，宇宙的"运行"和"引力"现象绝不是"心"和"物"所能说明的。"生"才是一切的核心。"心"和"物"乃是"生"的"两面"，它们都不过为了"生"而存在。"生"的动机是"心"，"生"的资料是"物"，"心"和"物"互补其不足才完成了"生"。④ 他不仅将"生"视为宇宙的本体，也视为人类社会进化的原动力。他说："'生'是宇宙人类进化的原动力，所以'生'是历史的重心。史前宇宙进化和史后人类进化的一部大历史，只是一部生的纪录而已。历史不是心的创造，不是物的创造，而是生的创造。"他把以"生"为统摄宇宙和人类社会的本体的哲学称为"生之哲学"，而把出发于"生之哲学"的历史观称为"唯生史观"。他认为，"生之哲学"是"纯一元论"，而不是"调和"或"综合"的"二元论"。⑤ 同时，他也注意"生之现象"，认为"生之现象"是极端错综复杂的，其间最主要的两种现象便是"吸引"与"排斥"，其中"吸引"是"生"之"正常现象"，而"排斥"是由于"偶然的机会"而产生的"反常现象"。这"吸引和排斥"两种现象，

---

① 参见田乃钊：《服务的人生观》，《中国青年》1939 年第 1 卷第 1 期。
② 参见田乃钊：《服务的人生观》，《中国青年》1939 年第 1 卷第 1 期。
③ 参见张羽：《民生哲学阐义》，《中央周刊》1940 年第 3 卷第 21 期。
④ 参见张羽：《民生哲学阐义》，《中央周刊》1940 年第 3 卷第 21 期。
⑤ 参见张羽：《民生哲学阐义》，《中央周刊》1940 年第 3 卷第 21 期。

在宇宙或物质界便是"吸引和拒斥",在生物界(尤其是人类)便是"爱与憎"。社会中的"生的现象"是起于"爱",经过或然的"憎"的阶段而仍归于"爱",体现了"正—反—合"的辩证过程。"爱"在中国语汇中最适当的一个字便是"仁","仁"是"民生最合理的现象",是"民生哲学归宿"。[①] 张羽似乎还将生之"吸引"与"排斥"现象与社会进化中的"互助"与"斗争"联系起来。他认为,生之进化是基于"互助"的,阶级间的"斗争"只是"生"的进展中一个变态的阶段而已。未来的大同或共产社会理想的实现,也是需要"互助"而不是需要"斗争"的。[②] 这显然是民生史观的论调。

穆超在《唯生论与民生史观简述》中首先阐发了中国传统的唯生论和民生史观的关系。他通过传统的"生生之谓易""天地之大德曰生"等说法来说明中国古代就有"生"是"宇宙的本体"和"宇宙的中心"的"唯生论的一元哲学"。而传统的唯生论又是传统的民生史观的本体论依据。因为"生"是"天地的大德",故人应效法"天地好生的大德"以为"仁"。他又从中国传统的"生是宇宙的本体和中心"之说,推出中国古圣先贤都共认"生"是万物的"最高欲望","养生"是"道德的极则",中国的政治思想都以"解决民生问题"为"最主要的目的"。而孙中山的革命哲学仍然以"唯生论"为基础,提出了"生是宇宙的中心,民生是人类历史的中心"的唯生宇宙观和民生史观。[③]

不过,穆超又通过孙中山的"元子"和"生元"说来进一步揭示唯生论的宇宙观。他认为,"生"虽然是宇宙的中心,"宇宙"虽然是由时间和空间构成,但宇宙还有"实质的本体"——"元子"的存在。"元子"是宇宙的本体和万物的元始,是构成一切物质的本体和本位,宇宙万物都是"元子"的不同组合和排列,宇宙万物的生灭都不过是"元子"的改组,而"元子"本身不增不灭,故物质和能力也不灭。而构成人类及一切动植物的"元子"就是"生元"。同时,他又借助陈立夫的唯生论提出"宇宙万物都有生命,整个宇宙都充满着生意。宇宙间一切现象都是生命的表征,都是万物求生活的结果"的唯生宇宙观。他又通过引入孙中山、蒋介石和陈立夫关于"生""心""物"三者关系的论述,并以自然科学关于物质与能力(即质量与能量)关系的新发现为依据,来揭示其"心物统

---

① 参见张羽:《民生哲学阐义(续)》,《中央周刊》1940 年第 3 卷第 22 期。

② 参见张羽:《民生哲学阐义》,《中央周刊》1940 年第 3 卷第 21 期。

③ 参见穆超:《唯生论与民生史观简述》,《中央周刊》1940 年第 3 卷第 24 期。

一的唯生论"①。他认为，宇宙间一切"生"的存在都包含"物质"和"精神"两种，宇宙万物都是"精神"和"物质"的"配合"，有"物质"必有"物质的能力"（精神），有"精神"必有"精神的本体"（物质），"精神"和"物质"不可分离。②有学者将"心物统一的唯生论"视为陈立夫首先依照国父的哲学思想阐扬出来的，并专门点出穆超在探索"心物统一的唯生论"方面的贡献，并称"心物综合的唯生论的发展，对于全世界的哲学史上开了一个新的纪元，开展了人类对于真理的了悟"③。

张太风以陈立夫提出的"生是宇宙的中心"的依据，提出"生元"是宇宙万有的本体。"生元"是"唯生的""一元的""相对的"，具有"以爱力为重心"的"均衡（生存）"局势，有"变化"而无"消灭"。④"生元"同时具有"物质作用"（即"感觉"和"动作"）和"精神作用"（即"灵明"和"思维"），是"元始的质能动能的统一生命体"。孙中山所言的"（物质）为体、（精神）为用"都统摄于"生"。即是说，宇宙万有的"根本义"为"生"，"精神与物质"不过是万有的"第二义"。⑤他引张羽的"心与物乃是生之两面""生之哲学是纯一元论"等说法为依据，主张"心物统一论"，反对视"物质""生命""精神"为"分离的独立体"的"物心综合论"，认为孙中山的"精神与物质……本合为一"的"一"即是"生"。在他看来，"精神物质"为宇宙万有存在之"生命统一体"，宇宙万有既无独立的"能力"或"精神"，亦无独立的"物质"或"存在"。他根据陈立夫的唯生论，认为动物、植物和矿物也有"精神"，只是"精神"之"强弱不同"而已。为此，他还采用百分比制定一个从客观的物到主观的人在"精神"（能力、自动）方面的强弱差异表（见图表8-8）。⑥这明显是唯心主义观点。此外，他强调在意识和存在之间，"意识决定存在，存在亦影响意识"⑦，更是表达了主观唯心主义的倾向。

詹竞烈指出："唯生论与民生史观为三民主义的哲学原理。依据总理之启示：'生为宇宙之重心，民生为人类历史之重心'而建立了整个的哲学体系。这一哲

---

① 参见中心出版社编：《三民主义哲学选集》，中心出版社1941年版，第2—3页（"编者的话"页）。

② 参见穆超：《唯生论与民生史观简述》，《中央周刊》1940年第3卷第24期。

③ 中心出版社编：《三民主义哲学选集》，中心出版社1941年版，第3页（"编者的话"页）。

④ 参见张太风：《三民主义哲学》，新潮出版社1943年版，第81页。

⑤ 参见张太风：《三民主义哲学》，新潮出版社1943年版，第115页。

⑥ 参见张太风：《物心综合论批判》，《中央周刊》1941年第4卷第13期。

⑦ 张太风：《三民主义哲学》，新潮出版社1943年版，第122页。

	各级不同的生存局势	物质结构级数	能力反映级数	被动的成份百分比	自动的成份百分比
	X	= B	+ A	= 1	+ 99
主观的人的境界	x8（神　经）	= b8	+ a8	= 10	+ 90
	x7（生　殖）	= b7	+ a7	= 20	+ 80
	x6（营　养）	= b6	+ a6	= 30	+ 70
	x5（运　动）	= b5	+ a5	= 40	+ 60
	x4（生　元）	= b4	+ a4	= 50	+ 50
客观的物的境界	x3（原生质）	= b3	+ a3	= 60	+ 40
	x2（分　子）	= b2	+ a2	= 70	+ 30
	x1（原　子）	= b1	+ a1	= 80	+ 20
	x（电　子）	= b	+ a	= 90	+ 10
	0（元　子）	= b	+ a	= 99	+ 1

图表 8-8

学理论之建立，在世界的哲学史上创下新纪元，开展了人类对真理的了悟。"[1] 这段话展示了国民党的三民主义哲学是建立在"生为宇宙之重心"的"唯生论"和"民生为人类历史之重心"的"民生史观"的基础上，从而与其他哲学派别有着本质的区别。他提倡"心物统一的唯生论"，认为它是"目前二十世纪最科学的最正确的主张"[2]。他认为，宇宙的本体是"元子"（即"生元"），"元子"统摄着"物质"和"能力"两个基因，亦即内含着控制时间的"精神"（即能力）和占领空间的"物质"。[3] 他还说："力与物质的结合是生的低级形态，精神与物质的结合是生的高级形态。"[4] 这表达了"生统能质""生统心物"的唯生本体论。他称这种唯生本体论为"唯生的一元论"[5]，它认定"整个宇宙为一生命的巨流，万物皆有生命，整个宇宙为一不灭的精神与物质，空间与时间之一切配合，同时一切质、能、动、静都是根源于'元子'一物，且宇宙之生命，皆循环无端，川流不息"[6]。这基本上是一套生命哲学的观点。

詹竞烈的唯生论理论体系相对于以往的唯生论，更具有综合性，内容包括

[1] 詹竞烈：《唯生论与民生史观》，中南印刷所 1947 年版，第 1 页（"序言"页）。

[2] 詹竞烈：《唯生论与民生史观》，中南印刷所 1947 年版，第 7 页。

[3] 参见詹竞烈：《唯生论与民生史观》，中南印刷所 1947 年版，第 30—31 页。

[4] 詹竞烈：《唯生论与民生史观》，中南印刷所 1947 年版，第 34 页。

[5] 参见詹竞烈：《唯生论与民生史观》，中南印刷所 1947 年版，第 107 页。

[6] 詹竞烈：《唯生论与民生史观》，中南印刷所 1947 年版，第 107 页。

"唯生论的宇宙观"（心物统一的唯生一元宇宙观）、"唯生论的人生观"（服务的人生观）、"民生史观"（民生一元历史观）和"唯生论的方法论"（唯生理则学）。而这四者之间又有着内在的逻辑关系。从宇宙观与历史观的关系来看，"唯生的宇宙观却为民生史观的根源"[①]；从人生观与宇宙观、历史观的关系来看，"服务的人生观"是基于宇宙"生"的原则和人类"求生"的原则确立的；从人生观与方法论的关系来看，唯生理则学是以"内生的互助"为基点，以"名实兼具"为内容。[②]

此外，曾松友提出"心物同一的唯生论"，并从科学上的"物质与能力同一性与同质性"之理论和哲学上引孙中山的"精神与物质……本合为一"和蒋介石的"精神与物质原属一体之两面、同物之异象"之说法加以论证。[③]

4."心物并重"的唯生论

周世辅分别从宇宙观和历史观两个层面来划分哲学的派别。从宇宙观（即宇宙哲学）讲，唯心论、唯物论和唯生论分别是以"物质""精神"（心）和"生元"为研究宇宙万事万物之出发点的哲学。从历史观（即人生哲学及社会哲学）讲，唯心史观、唯物史观和民生史观分别是以"精神""物质"和"民生"为历史社会的重心及以"人的意志""物质"（生产力及生产工具）和"争生存"为社会进化之原动力的哲学。[④] 他还将唯心论及唯心史观者、唯物论及唯物史观者和唯生论及民生史观者的主张专门列了一个表进行比较（见图表 8-9）[⑤]。

图表 8-9

	唯心论及唯心史观者的主张	唯物论及唯物史观者的主张	唯生论及民生史观者的主张	内容归属
一	宇宙万物为精神所构成	宇宙万物为物质所构成	宇宙万物为生元构成	宇宙哲学
二	物质为精神所产生	精神为物质所产生	精神物质同产于一体（心物一元论）	
三	重视精神轻视物质	重视物质轻视精神	精神物质同时并重（心物并重论）	

① 詹竞烈：《唯生论与民生史观》，中南印刷所 1947 年版，第 2 页。
② 参见詹竞烈：《唯生论与民生史观》，中南印刷所 1947 年版，第 107—108 页。
③ 参见曾松友：《心物同一的唯生论》，《文化先锋》1944 年第 3 卷第 15 期。
④ 参见周世辅：《三民主义哲学思想之基础》，正中书局 1941 年版，第 12 页。
⑤ 参见周世辅：《三民主义哲学思想之基础》，正中书局 1941 年版，第 13 页。

续表

	唯心论及唯心史观者的主张	唯物论及唯物史观者的主张	唯生论及民生史观者的主张	内容归属
四	历史社会的重心为精神	历史社会的重心为物质	历史社会的重心为民生	人生哲学与社会哲学
五	以精神（人的意志）为社会进化的原动力	以物质（生产力生产工具）为社会进化的原动力	以争生存为社会进化的原动力	
六	知识之来源纯靠先天的理性	知识之来源纯靠后天的经验	知识之来源有三：一为天生、二为学问、三为经验	认识论（知识论）

周世辅也以"生元"作为宇宙万物的本体。"生元"具有四种特性：它是宇宙间最精微最神妙最基本且不可分的东西；它是宇宙众生的最初的种子；它具有生命、知觉，能活动，能发展；它构成了精妙神奇之人身和聪明知觉之人性。宇宙万物及人类皆为"生元"所构成，精神与物质同为"生元"所产生。[1] 这都表达了他的唯生本体论。他又站在"唯生论"的立场上主张"心物一元论"和"心物并重论"[2]，并从中国的国民党人士孙中山、蒋介石、陈立夫、任觉五以及西方的创化论者柏格森、司马慈和唯物论者狄德禄、德慈肯等人的哲学言论中寻找"心物合一论"与"心物并重论"的理论依据。[3]

5."心物综合"的唯生论

张济时熔"唯生论""唯行论"和"心物综合论"于一炉来解读孙中山的宇宙哲学。

（1）"宇宙唯生论"。张济时认为，"生元"是宇宙万物的本体，宇宙万象都是由"生元"之各种配合而成。宇宙除"生元"外，别无所有，亦别无所存在，故曰"唯生一元论"。"生元"能"生长"，故有"生命"，物质与精神均由"生元"而出。"物质"是"空间"的存在，为"生元"之"体"；"精神"是由"时间"而发生，为"生元"之"用"。因组成宇宙万有的"生元"不灭，故"能力"（精神）和"物质"皆不灭，宇宙只有"生"而无"死"。[4] 这基本上是复

---

[1] 参见周世辅：《三民主义哲学思想之基础》，正中书局 1941 年版，第 18 页。

[2] 周世辅：《三民主义哲学思想之基础》，正中书局 1941 年版，第 23 页。

[3] 参见周世辅：《三民主义哲学思想之基础》，正中书局 1941 年版，第 23—27 页。

[4] 参见张济时：《总理之一贯哲学》，华美印书馆 1946 年版，第 14—15 页。

述了陈立夫的唯生本体论。张济时又认为，因"生元"可以构造人类和万物，故"生"为"宇宙的重心"，由此而推知"民生"为"历史社会的重心"。在他看来，孙中山所述的世界三大时期的"进化之迹"（即物质进化、物种进化和人类进化）同"发端于生元"，故孙中山的宇宙进化论实为"生元之逐层进化论"。孙中山是从"唯生论"的宇宙哲学演绎出"唯生史观"的历史哲学，又演绎出"共生的世界观"和"唯生的人生观"，从而显示孙中山的哲学系统之"一贯"。①

（2）"宇宙唯行论"。一方面，张济时将"生"与"物"相联系，主张"生"为万物之"体"，"行"为万物之"用"。他所说的"行"并非仅指人类的"行"，举凡宇宙间纤介之物，无不具有能动之能力，此能动之能力即是物质"行"的表现。万物因"行"而见其"生动"，宇宙因"行"而成其"伟大"，人类文化的推进更有赖于"行"；另一方面，张济时将"行"与"生"相联系，主张"生"是"行"之"体"，"行"是"生"之"用"。有"生"无"行"，则万物悉变"机械"；有"行"无"生"，则宇宙立成"虚无"。故他将孙中山的宇宙论又称为"生行合一论"。② 他把孙中山对"行"的观点归纳为"行为进化之动力""人类如图富强则当行""行是人类所皆能""行为人类所当行"和"行为求生存之所必要"五个方面。③ 在他看来，孙中山不仅认为"民生"为人类历史的重心，还认为促进人类历史社会进化和求生存的"原动力"在乎"行"。故他推论说："行"为"民生"的重心，亦为"生"的重心。④

（3）"心物综合论"。张济时是在宇宙观和历史观的双重层面来思考心物关系的。他认为，唯心论者主张思维决定存在，以为历史和宇宙为人类意识精神所创造；唯物论者主张存在决定思维，以为宇宙和历史的变迁演进完全是以物质与经济生产方式为转移，人类的活动完全受经济的支配。而孙中山的宇宙本体论是主张精神与物质为"合一"或"化合"的、"综合不分"的关系，可称为"心物综合一元论"。⑤

---

① 参见张济时：《总理之一贯哲学》，华美印书馆 1946 年版，第 16 页。
② 参见张济时：《总理之一贯哲学》，华美印书馆 1946 年版，第 18 页。
③ 参见张济时：《总理之一贯哲学》，华美印书馆 1946 年版，第 16—18 页。
④ 参见张济时：《总理之一贯哲学》，华美印书馆 1946 年版，第 18 页。
⑤ 参见张济时：《总理之一贯哲学》，华美印书馆 1946 年版，第 19—20 页。

但张济时并没有止步于"心物综合论",而是将它与唯生论挂钩。他根据孙中山的"生元可以构造人类及万物"之说推知"生元"既可形成精妙神奇的人身（物），又可发为聪明知觉的人性（心），进而推知"物、心皆备于生元",亦即"物、心综合于生元",因而"生元固有物质与精神二种属性，为物心综合之单一体"。①这样说来，"生元"相对于"心""物"而成了宇宙中最高的、终极的本体。不过，张济时还是像陈立夫一样，在本体论上将"生元"的概念偷换成了"生"的概念，而不去令人信服地解释"生元"何以就是"生"的工作。

6．"生主心物"的唯生论

姜琦专门列出近代民生哲学从第三阶段到第五阶段的演变历程，即第三阶段的蔡子民、胡展堂、高承元、张廷休诸先生对于三民主义哲学的本体论，有唯心论、唯物论和心物并行论三种论断，这些论断已经属于"过去的言论",现在可以"不必援引";第四阶段（近来）流行的关于三民主义哲学的本体论，在大体上有刘炳藜为代表的心物综合论、陈立夫为代表的唯生论和叶青为代表的物心综合论三种，就这三派之关系而论，第一派与第二派可以接近，第三派与第二派绝不相容，因第三派指谪第二派是"生命论"且"非科学的",第二派指谪第三派是"唯物论"尤其是"辩证的唯物论"。而姜琦认为，我们也可以照样指谪第一派似乎有"唯心论"尤其有"辩证的唯心论"之嫌疑。他将这三派分别制成公式：

第一派——心物综合论：心—物—合；第二派——唯生论：精神＋物质＝1（生命）；第三派——物心综合论：物—心—合。他认为，这三派都有一种"是"处存在着，彼此之间可以"相互综合"。于是，他把三民主义哲学体系上所固有的本体论绘成图（见图表 8-10）。在此图表中，"心"与"物"或"物"与"心"二者循环不已，互为其根，而"生"为之主。但"心物"并非

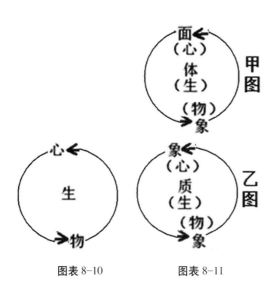

图表 8-10　　　图表 8-11

① 张济时：《总理之一贯哲学》，华美印书馆 1946 年版，第 22 页。

两物，"生"亦非在"心物"之外。"生"虽不可以"心物"言，然舍"心物"便无"生"。他又根据蒋介石对心物关系的说法，将三民主义哲学的本体论称为"一体两面论""同质异象论"或"一物二象论"，只有这样表达，才可以包括"心物综合论""唯生论"及"物心综合论"三派主张的共同点。为了更清楚地显示"心物生"三者的关系，他又绘制了甲乙两图（见图表8-11）。该图表显示："心"与"物"或"物"与"心"不啻是"一体（生）之两面""同质（生）之异象"或"一物（生）之二象"，不啻就是"一阴一阳之谓道"的意思。① 姜琦所追求的三民主义本体论，正好反映了民生哲学第五阶段的存在与特征。由于他主张"生"为"心物"之主，所以仍属于唯生论阵营。

（四）以（大有）或"行"为本体的哲学流派

蒋介石早在1932年就提出"行的哲学"，强调"行"才能"实现良知"，"创造一切"。② 1939年，他又提出"行的道理"，强调"真正的'行'是天地间自然之理，是人生本然的天性，有目的，有轨道，有系统"③。胡一贯和黄光学都在蒋介石"力行哲学"的引导下将"行"放在哲学中的突出位置，并分别建立了以"太极"和"行"为本体的哲学理论。

1. 胡一贯"太极（大有）"下的心物同一论

胡一贯在40年代初还在宣扬唯生哲学。他将唯生论的哲学称为"中国哲学的哲学"，并以陈立夫所提出的"生是宇宙的中心，民生是历史的中心"说明从宇宙到历史，而以"生"字一以贯之，这就是孙中山的"唯生论的根本精神"。④ 他还提出了唯生哲学的研究法，包括："一般科学方法"（主要指"归纳法"，也指"演绎法"）、"评判法"和"辩证法"三种。⑤ 但随着三民主义哲学（民生哲学）的盛行，他也转向民生哲学，并重构本体论，形成新的哲学流派。早在他丢开唯生哲学前夕，他在《总理哲学系统管窥》一文中就发出了与过去不一样的观点。

---

① 参见姜琦：《如何解决三民主义哲学本体论问题的分歧》，《中国青年》第11卷第5期，1944年11月15日，第29—31页。

② 参见蒋中正：《自述研究革命哲学经过的阶段（1932年5月16日讲）》，《力行哲学》，正中书局1940年版，第67页。

③ 蒋中正：《行的道理》（1939年3月15日讲），《力行哲学》，正中书局1940年版，第93页。

④ 参见胡一贯：《中国哲学的哲学：唯生哲学管测之一》，《文化先锋》1942年第1卷第2期。

⑤ 参见胡一贯：《唯生哲学的研究法：唯生哲学管测之二》，《文化先锋》1942年第1卷第4期。

他指出："总理的哲学系统，是可以拿行字做中心的。他在认识论方面，是行以致知，在宇宙论方面，是天行健，在人生论方面，是人生在行。"① 他将"行"作为孙中山哲学系统的中心，明显受蒋介石的"力行哲学"的影响。但蒋介石注重"行"与"动"的区别，主张"动"是临时的、偶然的、他发的、有善有恶的，"行"是经常的、必然的、自发的、无不善的。② 而他却在宇宙论的层面上解读"行"的意义，以传统的"天行健"来作为宇宙论的重要基础。这也改变了他对"本体"的看法。他开始不赞成讲"本体"，而是用"实在"代之。于是他将宇宙论分为二部：一是"宇宙生成论"；二是"实在论"。③ 他根据孙中山的"太极动而生电子"之说，说明宇宙是以"动"而生成的，并称孙中山的哲学就是"主动的哲学"④。他认为，"动"有广狭二义，广义的"动"包括"物理作用的运动""生物作用的动作""本能作用的作为"和"目的作用的力行"四种，则"力行"也就是"动"。故他指出："动的宇宙观，也就是行的宇宙观。拿西洋的话说，就是动的一元论；拿古典的话说，就是天行健的宇宙观。"⑤

胡一贯又从"动的宇宙观"出发，将孙中山的"精神与物质……本合为一"说理解为"心物同一论"。他提出了"心物同一"的三种理由：一是自"来源"言之，心物都是源于一"动"的，"动"之"强而散"者为"光"，即"精神"；"动"之"弱而凝"者为"渣滓"，即"物质"。二是自"理论"言之，平常为方便计而将"强而散"者较多之物名为"精神"，将"弱而凝"者较多之物名为"物质"，实则精神之中有物质成分。物质之中亦有精神成分。三是自"事实"言之，万物所占空间的大小和所经时间的长短都是程度上的不同，而不是有与无的性质上的不同，故天下无无精神之物质，亦无无物质之精神。⑥

但胡一贯并没有止步于"动的宇宙观"及其用以支撑"心物同一论"的理据，而是更换着他的宇宙观及"心物同一论"的理据。他在《宇宙新论——心物同一新论》中开门见山就说："宇宙的本质，到底是物质呢？还是精神呢？唯物论和

① 参见胡一贯：《总理哲学系统管窥》，《军事与政治》第 1942 年 3 卷第 1 期。

② 蒋中正：《行的道理》（1939 年 3 月 15 日讲）》，《力行哲学》，正中书局 1940 年版，第 93 页。

③ 参见胡一贯：《总理哲学系统管窥》，《军事与政治》1942 年第 3 卷第 1 期。

④ 参见胡一贯：《总理哲学系统管窥》，《军事与政治》1942 年第 3 卷第 1 期。

⑤ 胡一贯：《总理哲学系统管窥》，《军事与政治》第 1942 年 3 卷第 1 期。

⑥ 参见胡一贯：《总理哲学系统管窥》，《军事与政治》1942 年第 3 卷第 1 期。

唯心论底论战，已经闹了很久的时间，然而愈闹愈糊涂，愈闹愈没有结果。"① 他认为，唯心论者"把物心化"，以为"物就是心"，唯物论者"把心物化"，以为"心亦是物"，"心"和"物"的界限混淆了，则唯物论与唯心论就可互换其名而无区别了，那么二者的论辩就成了"无意义的戏论"。② 而他认为，心物二者既可分又不可分，既"毕异"又"毕同"。从"迹象"来说，"心"是"可思维""绵延于时间""以自反而得之"，"物"是"可延展""扩张于空间""以外感而得之"，故二者毕异、可分；从"本源"来说，心物是"一体""整个"，"大有动而分心物"，故二者毕同、不可分。③

与先前从"动的宇宙观"出发来论证"心物同一"不同，胡一贯又为"动"寻找"大有"这一载体，并从"宇宙是大有""大有是至动的""动而后有心物之分"三个层面来证明"心物同原于大有"与"心物同一"。④ 所谓"大有"，就是"大全"与"本有"的合称。"有"分为"实有"与"本有"。"实有"是"现实的有"，是只限于"有这个有那个"的有；"本有"是"本然可能的有"，是不限于"有这个有那个"的有。"大有"是完全包括"现实的有"和"可能的有"的总称。"现有"离不开"本有"，"本有"离不开"宇宙"，故曰"宇宙是大有"。"宇宙是大有"就是"无极而太极""理想即现实"。有"太极"而后"无极"乃见，故"大有"亦是见于"实有"。⑤ "大有"包括"现实的有"和"可能的有"，而"现实的有"和"可能的有"都是"动"的，故"大有是至动的"。"动"有"力"有"势"，"力"动而势顺者为"阳"，"阳之极"者为"精神"；"力"凝而势逆者为"阴"，"阴之极"者为"物质"，故"动"后而有"心物之分"。⑥ 心与物"同时而有，并无先后"；"同为太极，并无主从"。"太极"兼摄"心物"，而"太极"是"主"，"心物"是"从"。就"心物"言，二者是同一于"太极"，互为体用；就"太极"言，"心物"均以"太极"为"体"，均是"太极"之"用"。因此，"心物本属同一，体用本为一元。"⑦

---

① 参见胡一贯：《宇宙新论——心物同一新论》，《文化先锋》1943 年第 2 卷第 17 期。
② 参见胡一贯：《宇宙新论——心物同一新论》，《文化先锋》1943 年第 2 卷第 17 期。
③ 参见胡一贯：《民生哲学精义》，中央文化运动委员会 1944 年版，第 115 页。
④ 参见胡一贯：《民生哲学精义》，中央文化运动委员会 1944 年版，第 115 页。
⑤ 参见胡一贯：《民生哲学精义》，中央文化运动委员会 1944 年版，第 117—119 页。
⑥ 参见胡一贯：《民生哲学精义》，中央文化运动委员会 1944 年版，第 121—126 页。
⑦ 参见胡一贯：《民生哲学精义》，中央文化运动委员会 1944 年版，第 127—128 页。

2. 黄光学唯行论下的心物合一论

黄光学的唯行论是对蒋介石的"行的原理"的重要解读。一方面,他发挥蒋介石的"行是天地自然之理"之说,主张自然现象(如四时的运行、百物的生长)都是因"不息的行"才有不绝的"生";① 另

图表 8-12

一方面,他发挥蒋介石的"宇宙皆为行的范围"之说,主张万有是体积(物质)和能力(精神)的配合与变动的结果。从时空纵横交错的"行"的表现中,空间存在着物质,物质占领着空间,时间支配着精神,精神控制着时间,空间扩充了时间,时间延续了空间,物质表现了精神,精神运用了物质,宇宙不过一个精神物质、空间时间组合而活动的"行"的范围而已(见图表 8-12)。②

但黄光学并未停留在对蒋介石"行的哲学"的单纯阐发,而是将"行"上升到本体论的高度。他承认孙中山的"生元论"是"本体论的重要创获",主张"生元"具有"物质的特质"和"精神的特性",更具有"动作的本能",也就肯定了"生元"是宇宙的本体。故他称"生元论"为"心物合一"的"行的一元论"的理论根据,简言之,"生元论为行的本体论"。③ 但若将"行"定格在"生元"的属性下,也就谈不上"唯行论"。故他接下来开始撇开"生元"而专论"行"与"心物"的关系。他指出:"我们正确地用'行'来统摄物质和精神的二元。物质是行存在的体,精神是行表现的用,宇宙不是纯物质的宇宙,也不是纯精神的宇宙,它是心物交融的'行'的一元。"④ 这就意味着"行"对"心物"具有统摄地位,是"行"使"心物合一"。因此,他主张用"行"来综合心物的矛盾,用"唯行的一元论"来批判唯心论、唯物论和心物二元论的谬误。⑤

① 参见黄光学:《唯行论》,江西三民主义文化运动委员会,1942 年版,第 3—4 页。
② 参见黄光学:《唯行论》,江西三民主义文化运动委员会,1942 年版,第 5—6 页。
③ 参见黄光学:《唯行论》,江西三民主义文化运动委员会,1942 年版,第 12—13 页。
④ 参见黄光学:《唯行论》,江西三民主义文化运动委员会,1942 年版,第 14 页。
⑤ 参见黄光学:《唯行论》,江西三民主义文化运动委员会,1942 年版,第 14 页。

　　黄光学还将唯行论运用到历史观中。他指出，"生"（求生存）是人类"行"的动机，"行"是人类"生"的手段；为了"生"才去"行"，有了"行"才能"生"；"生"引导了"行"，"行"提挈了"生"。因而，"行"是"持续人类生存的动力"，也是"社会进化的重心"。[①] 他还将唯行论运用到人生观中，主张确立"力行人生观"。"力行人生观"就是要取法宇宙的"行的法则"，顺应人类的"行的本能"，而表现以"不断的力行"，以促进宇宙的进化和国家民族的进步发展，增进人生的幸福。"力行人生观"的内涵是孙中山的"服务人生观"和蒋介石的"革命人生观"的"综合"。[②]

二、以"心"（"能"）或"物"为本体的哲学流派

　　由于国民党学者在心物层面上揭示民生哲学的本体时，普遍以孙中山的"本合为一"说为依据而立论的，因而他们的本体论都可以归结为"心物合一论"。同时，由于国民党学者大都反对二元论，提倡一元论，因而他们的本体论又都可以归结为"心物一元论"。不过，根据国民党学者在本体论上的自我派别定位，就有了物心综合论、心物综合论、心物一元论、物心本一论、心物合一论、体能一元论等流派。

（一）物心综合论

　　"物心综合论"是由叶青最早提出来的，后来吴曼君、张益弘等也支持这一说法。

1. 叶青的物心综合论

　　叶青叛党后，在政治上投靠国民党，但在哲学上仍有一份马克思主义哲学的"情结"。"物心综合论"是他在 1936 年所著的《哲学问题》一书中最早提出的。他指出，"物心综合论"即是综合"物质论"与"观念论"而归纳出的一个"物质——观念——物质"的公式。[③] 很显然，这是属于唯物论的观点。后来他运用"物心综合论"来解读孙中山和蒋介石的本体论，并与陈立夫为代表的烜赫一时

---

①　参见黄光学：《唯行论》，江西三民主义文化运动委员会 1942 年版，第 29 页。

②　参见黄光学：《唯行论》，江西三民主义文化运动委员会 1942 年版，第 43 页。

③　参见叶青：《哲学问题》，辛垦书店 1936 年版，第 338 页。

的唯生论展开了论战。他从孙中山的"总括宇宙现象，要不外物质与精神二者"和蒋介石的"精神与物质并存"之说，说明孙、蒋都将"物质和精神"作为宇宙及其一切现象的最后的"本体"，此外"没有别的"再作"本体"了。① 因孙中山主张物质和精神既为两个"对立物"又是"相辅为用……本合为一"，则将这种"物质与精神'相辅'和'合一'"的"理论"命名为"物心综合论"或"物心合一论"为"最适宜"，故其本体论即是物心综合论。因蒋介石主张精神与物质"相因而生，相需而成"，"心物并重"，"不偏于精神，亦不偏于物质"，故其本体论（"哲学的基础"）也是物心综合论。②

叶青将物心综合论与三民主义哲学相联系，提出"三民主义底哲学就是物心综合论"③。他认为，"民族"是以"血统"为基础的"人口集团"，而"血统"是"物质"，故民族主义的哲学就是"自然的物质论"；"民权"是"无质象可求的思想"，故民权主义的哲学就是"观念论"；"民生"就是"经济"或"生产"，而"经济"为"社会的物质"，故民生主义的哲学就是"社会的物质论"。换句话说，"民族主义"是以"自然的物质论"为基础；"民权主义"是以"观念论"为基础，"民生主义"是以"社会的物质论"为基础。合而言之，三民主义的哲学是由"民族主义"的"自然的物质论""民权主义"的"观念论"和"民生主义"的"社会的物质论"综合而成的"物心综合论"。因此，三民主义的哲学不是"简单的物质论或观念论"，而是"综合的物质论或观念论"，是"物质论"与"观念论"的"统一"。④ 实际上，无论民族民权民生，都可能有涵盖物质和观念（精神）的因素。关于"民族"，孙中山在《民族主义》演讲（1924 年 1 月）中指出："我们研究许多不相同的人种，所以能结合成种种相同民族的道理，自然不能不归功于血统、生活、语言、宗教和风俗习惯这五种力。"⑤ 斯大林也在《民族问题和列宁主义》（1929 年 3 月）中指出："民族是人们在历史上形成的有共同语言、共同地域、共同经济生活以及表现在共同文化上的共同心理素质的稳定的共同体。"⑥ 其

---

① 参见叶青：《三民主义底哲学基础（五）》，《时代思潮》1941 年第 35—36 期合刊。

② 参见叶青：《三民主义底哲学基础（五）》，《时代思潮》1941 年第 35—36 期合刊。

③ 叶青：《三民主义之完美》，力学书店 1940 年版，第 94 页。

④ 参见叶青：《三民主义之完美》，力学书店 1940 年版，第 92—92 页。

⑤ 孟庆鹏编：《孙中山文集》（上），团结出版社 1997 年版，第 64—65 页。

⑥ 《斯大林选集》上卷，人民出版社 1979 年版，第 64 页。

中"血统""地域"和"经济生活"属于物质因素，"语言""宗教""风俗习惯"和"心理素质"属于精神因素。关于"民权"，许涤新曾指出："民权主义不仅在形式上在法律上规定人民的自由平等，而且在实质上在经济方面奠定实现这些权利的条件。换句话说，民权主义是以主张一切人民在经济上都立于平等的地位之民生主义作为它的第二个特点。"① 这就是说，"民权"离不开经济上的平等。而在当代中国，国家宪法规定公民依法享有人身、政治、经济、文化等方面的基本权益，其中就包括劳动权、退休生活保障权、物质帮助权等物质权益。这更直接地说明"民权"中包含物质权益。关于"民生"，孙中山将它界定为"人民的生活、社会的生存、国民的生计和群众的生命"，就有一些国民党学者将"生活"和"生命"从"物质"和"精神"两个方面来解读。而在当代中国，党的十九大报告在民生领域就涉及教育、就业、住房、分配、医疗、社保、稳定、安全等内容，其中"教育"一般划入精神领域。因此，将民族民权民生问题机械地以"物质""观念"来定性未必妥当。

由于叶青建立其"物心综合论"的基本方法主要是曾在共产党那里学到的辩证唯物论，其理论倾向仍然是唯物论。故有学者称其为"主辩证唯物论者"② 。不过，他到台湾以后，就将"物心综合论"改成了"心物合一论"（本体论：综合哲学）③ ，基本解释大致未变。

2. 吴曼君的"物心综合论"

吴曼君将民生史观的哲学基础称为"宇宙哲学"，这与陈立夫称之为"唯生论"不同。他将孙中山的"宇宙哲学"分为"宇宙本体论"和"宇宙进化论"，称孙中山的本体论是以"物质为本体，精神为现象，物质可离开精神而存在，精神不能离开物质而存在，物质与精神二者相辅为用"的"物质的宇宙本体论"。④

吴曼君又采用了叶青的"物心综合论"之说，作为说明自然、社会、思维三界的"共同原则"或"总论"，形成了"自然的物心综合论""社会的物心综合论"和"思维的物心综合论"⑤ （见图表8-13）。"自然的物心综合论"就是孙中山的宇

---

① 许涤新：《三民主义读本（4）》，生活书店1938年版，第84页。

② 参见云昌海：《民生哲学研究提纲》，《童干周刊》1948年第3期。

③ 参见任卓宣：《孙中山哲学原理》，帕米尔书店1970年版，第222页。

④ 参见吴曼君：《民生史观研究》，时代思潮社1941年版，第10、15页。

⑤ 参见吴曼君：《孙中山底哲学》，时代思潮社1940年版，第91—92页。

心物综合论 { 自然的物心综合论 社会的物心综合论 思维的物心综合论

图表 8-13

宙论（包括本体论），它的基本原则就是认定自然界的东西都是"物质与精神的综合"。吴曼君主张一切"物质"都是有"精神"的，都是"物质与精神的合一体"，只是具有"高级的精神"的"人"（身体）可以离开"精神"而独立存在，这可从"死人有身体而无知觉"得到证明。"社会的物心综合论"就是孙中山的人生论或社会论，它的基本原则就是认为社会界的事物是"自然物质和人类精神之综合"的结果。孙中山主张"人类求生存"（即"民生"）为"社会进化的原动力"，而"人类求生存"离不开"物质"（物质生活——经济）和"精神"（精神生活——理性或意志）两方面。社会的进化便是由于"物质的经济"和"人类的意志"的"交互影响、交互作用"而形成的。所以民生史观是综合了唯物史观和唯心史观而形成的一种新的高级的历史观，可用"唯物史观—唯心史观—民生史观"的公式来表达。① "思维的物心综合论"就是孙中山的认识论，它的基本原则就是认为认识是"存在与思维之综合"，即"统一存在与思维"。具体言之：在认识的来源方面，主张认识起源于"经验与理性之综合"；在认识的本质方面，主张认识是"事实与观念的综合"；在认识的方法、标准、作用方面，主张"综合实践与伦理而作统一的观察"。②

吴曼君还将孙中山的哲学作了一个更为简练的总结。在宇宙论方面是"自然的物心综合论"，主张"物质产生精神，精神也产生物质，但归根结底，产生物质的精神仍为物质所产生"，其公式为："物质—精神—物质"。在人生论方面是"社会的物心综合论"，主张"环境决定人类，人类也决定环境，但归根结底，决定环境的人类仍为环境所决定"，其公式为："环境—人类—环境"。在认识论方面，是"思维的物心综合论"，主张"存在规定思维，思维也规定存在，但归根结底，规定存在的思维仍为存在所规定"，其公式为："存在—思维—存在"。而在这三个公式内容中，"物质产生精神""环境决定人类""存在规定思维"是"唯物论"的见解；"精神产生物质""人类决定环境""思维规定存在"是"唯心

---

① 参见吴曼君：《孙中山底哲学》，时代思潮社 1940 年版，第 91—95 页。
② 参见吴曼君：《孙中山底哲学》，时代思潮社 1940 年版，第 98 页。

论"的见解；"产生物质的精神仍为物质所产生""决定环境的人类仍为环境所决定""规定存在的思维仍为存在所规定"是"物心综合论"的创新意见。所以，"物心综合论是唯物论与唯心论的综合"，其公式为："唯物论—唯心论—物心综合论"。①

吴曼君的"物心综合论"在揭示物质与精神的关系方面具有一定的辩证性，即既重物质对精神的决定作用，又重精神对物质的反作用。但他所讲的"唯物论"，实际上是一种机械唯物论，而非马克思主义的辩证唯物论和历史唯物论。

3. 张益弘的唯物宇宙观与唯心历史观

叶青提倡"物心综合论"而反对"唯生论"，引起了部分学者的共鸣，张益弘就此直接提出："今天，我敢于提出这一问题，说'国父并无唯生论'，是经过了相当长久的研究，认为无论是从文献上或理论上，都找不出国父主张唯生论的证据，因而欲将自己的意见写出，以与唯生论的同志作一公开的讨论。"② 他认为，将国父学说中隐藏的奥义阐扬出来以构成一个系统，与在国父学说之外另立一个新的理论（即唯生论），其使用的方法完全不同。他主张用以下三种方法：一是根据文献。从国父文献里实在找不出"唯生论"的证据；二是注意事实。唯生论者在国父文献中找不着"坚固的基础"，却从《易经》上或科学中引出许多材料作为唯生论的证据，这是将唯生论强加在国父头上；三是推广逻辑。唯生论者不是以文献作根据，也就无法阐扬国父学说。③

孙中山将世界进化分为物质进化、物种进化和人类进化三个时期，但张益弘对这三个时期做了独到的解析。第一，"人类"来于"物种"，"物种"始于"物质"，故唯有"物质"才是宇宙最后的根源。第二，"物质"之中包含有"太极""电子"等，故"太极"也是"物质"，且为宇宙元始的本体。第三，"物质"本身就有"运动"，并无待于外加"生命"。第四，三个时期的进化各有其特殊的内容。"物质"属于"死物"（矿物），以构成"地球"；"物种"属于"生物"，以"竞争"为原则；"人类"以"人性"为特征，讲求"互助"，属"社会的高等动物"。它们之间"性质各别，不能平等"。第五，进化第二期在"物质之后"，故不得谓之宇宙的本体。第六，精神是人类特有的性质，为"物质"与"物种"所无。由此观之，孙中山

① 吴曼君：《孙中山底哲学》，时代思潮社 1940 年版，第 99 页。
② 张益弘：《国父并无唯生论：与唯生论同志的商榷》，《抗战与文化》1942 年第 6 卷第 4 期。
③ 参见张益弘：《国父并无唯生论：与唯生论同志的商榷》，《抗战与文化》1942 年第 6 卷第 4 期。

是以"物质"为宇宙的根源，以"太极"（伊太）作万物的本体。由"物质"进化为"物种"以至"人类"，可以说是一种"物质进化论""科学的物质论"。因此，孙中山的哲学不是"唯生论"，而是"唯物论"。①

张益弘指出，那些主张唯生论者的原因不外乎两个：一是因为反对唯物史观，要在自然界替民生史观找"生"的理论根据；二是不明白自然界与社会界的区别，而要视同一律。后者亦即将自然界的"唯物论"推广到社会界，而不懂得自然哲学与社会哲学的区别。他认为，自然界的现象主要是由无"精神之用"的"物"造成；社会界的现象是由看重"精神之用"的"人"造成。在自然哲学方面，主张"唯物论"，而在社会哲学方面，反对"唯物史观"，提倡"进步"的"民生史观"。② 言外之意，"民生史观"即是"唯心史观"。他将"民生史观"解读为"唯心史观"，实际上是受到了吴曼君的高扬"人类的精神作用"的"社会的物心综合论"的影响。

合而言之，张益弘所提倡的是唯物论的自然哲学与唯心论的社会哲学。他的"物心综合论"与叶青的唯物宇宙观相一致，他的唯心历史观又与吴曼君的"社会的物心综合论"有一致之处。

张太风曾评价说："物心综合论"既非"唯物"，亦非"唯心"，而是"物心并行"地去观察宇宙万象，去解释宇宙万有的道理。但就总的倾向来说，则"物心综合论实际便是物质论的变相"。③ 即是说，物心综合论是一种变相的唯物论。

（二）心物综合论

艾思奇曾用"心物综合论"指称叶青哲学，并批评叶青哲学从"物质论"走向"心物综合论"④。但叶青实际上使用和倡导的是"物心综合论"，而非"心物综合论"。后来，刘炳藜于20世纪30年代末解读孙中山的哲学时采用"心物综合论"之说，得到一些学者的响应，并与以陈立夫为代表的唯生论展开论战。当时重庆师范学校学生王俊民向《学生之友》编辑部提出"唯生论与唯心物综合论之优劣"的问题时，就指出了当时"唯生与唯心物之综合，论

① 参见张益弘：《国父并无唯生论：与唯生论同志的商榷》，《抗战与文化》1942年第6卷第4期。

② 参见张益弘：《国父并无唯生论：与唯生论同志的商榷》，《抗战与文化》1942年第6卷第4期。

③ 参见张太风：《物心综合论批判》，《中央周刊》1941年第4卷第13期。

④ 参见艾生（艾思奇）：《叶青哲学批判》，思想出版社1937年版，第15页。

战甚烈"① 的状况。

　　1. 刘炳藜的心物综合论

　　刘炳藜将世界思想分为唯心论、唯物论和心物调和论三种形态，认为这三种形态的产生约有三个条件：一是地理条件。热带人类易获食物，无须费心于"求生"一途，又处沙漠或森林之地，见沙漠或森林浩瀚无垠，容易发生超然缥缈的玄妙或唯心思想（如印度文明）；寒带人类求食难，须终岁劳动，容易产生唯食或唯物是求的唯物思想；温带人类因气候温和，不甚冷热，获取食物不难不易，故兼有寒热二带人类求生的长处，容易产生既不唯心亦不唯物，而是心物调和思想。② 寒热温三带人类容易产生包含心、物及心物并行或心物调和思想在其中的"心物综合"思想。而中国地大物博，湿热寒三带的气候及其物产无所不包，而以温带的气候及其物产为主体，故易产生"心物综合思想"③。二是历史条件。一个民族的思想文化传递得太长久，则其后代子孙的思想多承先代祖宗思想文化。如意大利的思想文化因袭罗马思想文化的余韵，罗马文化传自希腊，希腊文化部分来自东方的巴比伦与南方的埃及，则其根源仍带有一些热带"唯心"思想的遗留。三是人为条件。"饱暖思淫欲，饥寒起盗心"，可作唯心唯物或心物调和思想产生的说明。富裕的人容易发生空洞的求娱乐的思想，饥寒的人容易发生现实的求食的思想，不甚饱暖或饥寒的人容易发生调和的思想。④ 在这三个条件中，第一、第二个条件都是属于"地理环境决定论"，第三个条件属于"物质决定论"，这看起来合乎唯物论，但属于机械唯物论，而非历史唯物论。

　　刘炳藜认为，中国传统思想一方面以"天即人，人即天"的天人合一之说为基础，另一方面以"心即物，物即心"的"心物综合思想"为基础。⑤ 而孙中山的思想就是以"天人合一"为本体的"心物综合"的思想。⑥ 从宇宙哲学来说，宇宙间的事物，均是物质与精神互相配合或互相化合而成的"配合物"或"化合

①　王俊民：《唯生论与唯心物综合论之优劣》，《学生之友》1942 年第 5 卷第 4 期。
②　刘炳藜：《三民主义方法论发凡：心物综合法的研究》，《中央周刊》第 1 卷第 39—40 期合刊，1939 年 5 月 21 日，第 8—9 页。
③　刘炳黎：《心物综合论与中国革命》，《中央周刊》第 1 卷第 45 期，1939 年 6 月 24 日，第 2 页。
④　刘炳藜：《三民主义方法论发凡：心物综合法的研究》，《中央周刊》第 1 卷第 39—40 期合刊，1939 年 5 月 21 日，第 9 页。
⑤　刘炳藜：《国父思想体系述要》，独立出版社 1943 年版，第 6—7 页。
⑥　刘炳藜：《国父思想体系述要》，独立出版社 1943 年版，第 11 页。

物",只是精神成分存在多少之异。因此,动植矿物的存在,不是"唯心"或"唯物"的存在,而是"心物配合"即"心物化合"亦即"心物综合"式的存在。①概而言之,"宇宙整体的存在不是纯精神的或纯物质的存在,而是精神与物质相合为一即心物综合的存在。"②刘炳藜还运用现代科学中的"质量不灭""能量不灭"及"物体与光可以互变"原理来说明"物质"(物)与"能力"(心)可以"互变"的道理。既然"心"与"物"可以"互变",则宇宙间的心物便是"一元化"的存在,亦即"心物综合"的存在。③他不仅提出"宇宙的存在就是心物综合的存在",还提出"宇宙的进化就是心物综合的进化"④。这种"心物综合论"由于混淆了"心"与"物"之间的界限,其所追求的"一元论"实属"二元论"。

刘炳藜又以"心物综合论"作为"三民主义的思想方法"而与世界其他思想政治类型相区别。他将不同的思想方法与不同的政治相对应,即唯心思想方法——法西主义;唯物思想方法——共产主义;心物调和思想说法——民主主义。而中国的思想不是唯心论、唯物论和心物调和论,而是心物综合论;中国的政治不是法西主义、共产主义和民主主义,而是法西、共产、民主综合主义。⑤这种熔不同哲学和不同政体于一炉的哲学形态和政治形态的建构,实际上是一个东拼西凑的大杂烩。

2. 陶国铸的心物综合论

陶国铸认为,唯物论和唯心论都有"一面性"的缺点,心物调和论因将心物裂开而陷入二元论的深渊。而他主张宇宙本是整个的,不是"心"的宇宙或"物"的宇宙,而是"心物并存,互不偏废"。"物"与"心"既对立又统一,这种"矛盾之统一的一元化"的解释,就是心物综合论的基本要点。他认为,孙中山的宇宙观是"心物综合论"的"科学的宇宙观",而非"心物分离"的"二元论";"心物综合论"是"哲学发展的最高综合",是"三民主义的哲学基础"。"心物综合论"是一个"完备的哲学体系",是"研究世界(包括自然、社会及人类意识)的总

---

① 刘炳藜:《国父思想体系述要》,独立出版社 1943 年版,第 8 页。

② 刘炳藜:《国父思想体系述要》,独立出版社 1943 年版,第 14 页。

③ 刘炳藜:《国父思想体系述要》,独立出版社 1943 年版,第 9—10 页。

④ 参见刘炳藜:《国父思想体系述要》,独立出版社 1943 年版,第 18 页。

⑤ 参见刘炳藜:《三民主义方法论发凡:心物综合法的研究》,《中央周刊》1939 年第 1 卷第 39—40 期。

法则的学问"，不仅是"研究客观世界的法则"，而且是"研究人类思维发展的法则"。在"心物综合论"中，本体论、方法论与认识论三者是完全一致的。①

陶国铸对"心物综合论"的阐释与推崇，实际上是对刘炳藜提倡的"心物综合论"的积极响应。故刘炳藜在陶国铸该文的"编者按"中指出："心物综合论是三民主义的哲学基础，是全人类智识的最高点与综合，是现世界哲学的最高的综合，是数千年来唯心与唯物斗争的统一。"②

（三）心物一元论

心物一元论的代表人物主要有崔载阳、麦参史。

1. 崔载阳的心物一元论

崔载阳从"并皆存在""合而为一""一同进化"和"互为因果"四个方面来揭示精神与物质之间的关系，而贯穿四者之中的就是"心物一元论"。

一是"并皆存在"。崔载阳和其他国民党学者一样，在阐发物质与精神的关系时，也是从孙中山对"宇宙现象"和"精神物质关系"的论述着手。他称"宇宙现象"有"物质"与"精神"两个体系。物质体系表现为由"物质""物种"到"人类"，是"可以感觉"和"有质象可求"的；精神体系表现为由"运动""生命"到"精神"，是"不可感觉"和"没有质象可求"的。两者都是"宇宙的存在"和"宇宙的本体"。他还主张"精神"与"物质"都是"存在"，而且"精神"是与"物质"并存的"存在"。为此，他提出四点理由：第一，"精神"是一种"主动力"。一则"心"是"万事之本源"，社会事业是"心"的产品；二则自然的"物质"的重量、大小、坚性与形态，都是其内部的原子"运动"的结果与表现。第二，"精神"是一种"思想力""改造力"。"精神"为了适应环境，常用"思想力"把外面的材料与能力加以改造或利用而使其实力得到格外增进。此种"改造力"是精神的最大力量的表现，而不是有机体的放射能力所能限制。第三，没有"精神"就没有"身体"。"死物"虽没有"生命"，但还有"低级的精神"（"运动"）。而"身体"是有生命、能思维的"物质"，是我们的生命与精神向外表现的"符号"，没有"精神"就没有"生命"和"身体"（生机体）。

---

①　参见陶国铸：《三民主义的哲学基础与心物综合论》，《中央周刊》1940 年第 2 卷第 38 期。

②　参见陶国铸：《三民主义的哲学基础与心物综合论》，《中央周刊》1940 年第 2 卷第 38 期。

第四,"求生的动力"是产生身体各器官的"主要因子"。人类身体的每一条筋肉与每一根神经都是"求生的动力"所陶铸成功的工具,而"求生的动力"即是"生命与精神"。"精神"不是由"身体"产生,反而是"创造身体形态的一种力量",人类的器官、神经以及大脑等都是由"精神"为求适应外部环境而制成。① 从崔载阳视"物质"与"精神"为"并存"的"存在",说明他是二元论者;而从崔载阳将"身体"视为"精神"的创造物,又说明他是唯心论者。

二是"合而为一"。崔氏认为,既然孙中山视精神与物质"本合为一",那么两者既不是二元论主张的"相互平行"关系,也不是中立一元论提倡的"瞬息间的交错"关系,而是体与用、外形与内容的关系,即物质是精神的形体,精神是物质的内容。在人类社会,人类是精神与物质的合一体;在自然界,机体与生命、物质与运动都是彼此合一。只有承认物质具有生命与精神,才能将一切心物的论争和有机体无机体的对立全都打消。② 崔载阳在前面讲物质与精神是"并存"的存在,现在又否定二者是"平行"关系,岂不自相矛盾?

三是"一同进化"。崔载阳运用近代哲学家常说的"人类是天生的物质论者,因为他们习惯于使用物质,所以一切思维观念都要物质化、具体化,然后能容易了解"这一思维来揭示孙中山为何在说明宇宙进化三时期时不说"运动、生命、精神"而说"物质、物种、人类"的问题,认为这样立论是为了"力求通俗"。但他又告诫人们不能因此忽略孙中山所说的"人类是身心之合一体,物种是生命与机体之合一体,而物质即是物质与运动之合一体"的原意。他认为,"物质与运动一同进化",是因为物质与运动绝不可分,物质是运动的外形,运动是物质的内容;"物种与生命一同进化",是因为物种由植物、动物进到人类,生命亦从单纯的机械运动进到人性和心灵的产生;"身与心一同进化",是因为人类的心灵与神经系统在进化的历程中互为因果。他批评唯物论者认为精神由物质产生,不是心物"一同存在",自谈不到"一齐进化";唯生论者解释没有指出"生命的根源在于运动"以及"生命与机体一同进化"。③

四是"互为因果"。艾思奇曾说:"事物内部的矛盾是事物变化发展的根本动

① 崔载阳:《三民主义哲学(上)》,《民族文化》1942 年第 2 卷第 8—9 期合刊。
② 参见崔载阳:《三民主义哲学(上)》,《民族文化》1942 年第 2 卷第 8—9 期合刊。
③ 参见崔载阳:《三民主义哲学(上)》,《民族文化》1942 年第 2 卷第 8—9 期合刊。

力。有了这原动力，事物就能够自己运动变化。"① 不过，崔载阳称"宇宙进化的原动力是矛盾，矛盾产生运动，运动产生进化"的说法只得"一半真理"。他也承认"不平衡、不平等、不调和"是一种"矛盾"，但又认为只有"矛盾"还不能产生"进化"，或许反而会阻碍进化，甚至毁灭进化。在他看来，孙中山是认为矛盾为宇宙进化的原因、矛盾产生进化，主张进化产生矛盾、矛盾只是进化中的一种病状的。因此，"由不平衡到平衡、由不平等到平等、由不调和到调和、由矛盾到不矛盾"才是"宇宙进化的原动力"。② 他还认为，心物不断地从相对到合一导致宇宙不断地进化。"相对"并不意味着"相反"或"矛盾"，而是意味着"相差""相异"，最主要的还是"相依而存，相辅为用"或"相因而生，相需而成"之意。"进化"并不意味着"均衡"或"循环"，而是"向前""创造"，未来阶段是"更高阶段"。宇宙既因心物不断地相对与合一而进化，则这种"进化"或起因于"心"，而"物"为其果；或起因于"物"，而"心"为其果。换句话说，在宇宙进化的最高原因上，心物是"互为因果"的，绝不是"由谁决定谁"，而是"彼此互为决定"。③ 这实际上是一种心物关系上的二元论。

崔载阳还特别提到当时的"民生史观与唯物论并用"说，可能是指张益弘等人"在自然哲学方面主张'唯物论'，而在社会哲学方面提倡'民生史观'"的说法，即用唯物论解释自然的现象与进化，用民生史观解释社会的现象与进化。他对这种谋求民生哲学与唯物哲学"并存"且"平分天下"的见解基本持否定的态度。他认为，民生史观与唯物论"难以并用"，因为民生史观以"心物一元论"为根据，主张"心物并重""心物并存"；而唯物论"先物后心""重物轻心"，认为"物质产生精神""存在决定意识"，而非"心物一体"。他还认为，民生史观与唯物论并用的主张在"方法论"上只注意到"把握特殊"，却忽视了"把握一般"，不懂得自然界和社会界也有共同性质，需要有一般的方法论来解释。④

2. 麦参史对"心物一元论"的反证

麦参史在《心物一元哲学引论》一文中，称孙中山的主张诚如崔载阳在《三民主义哲学》一书中所言的"国父的哲学是心物一元论的哲学，国父的哲学是心

---

① 艾思奇：《实践与理论》，读书出版社1939年版，第26页。
② 崔载阳：《三民主义哲学（上）》，《民族文化》1942年第2卷第8—9期合刊。
③ 参见崔载阳：《三民主义哲学（上）》，《民族文化》1942年第2卷第8—9期合刊。
④ 参见崔载阳：《三民主义哲学（上）》，《民族文化》1942年第2卷第8—9期合刊。

物合一论",并以崔载阳的这一定位而称孙中山的哲学"无疑是一个簇新而伟大的哲学,确实值得我们遵循崇敬,以教后代"①。麦参史论证"心物一元论"的特别之处,在于他采用反证法,通过对唯物论、唯心论、二元论、心轻身重论各自的内在矛盾的分析,来说明只有"心物一元论"才能消解它们的内在矛盾,因而"心物一元论"才是最正确的理论。

其一,从唯物论来看。唯物论者认为先有"原始的物质形态",后才由之演化为种种"精神的形态",那便该说明"最初的物质"后来演化出种种"精神"的理由。"原始的物质"既存有这种"精神的潜能",则这种"精神的潜能"又在"物质"的什么地方?如"原始的物质"中同时有"精神"存在,则该"精神"应与"物质"同时表现,而不应待"原始物质"进化到某一阶段后才显示出来或为其所派生。如"物质"同时有"精神"存在,则这种"精神"又何尝不可以为"根源"以产生"物质"而为"唯心论"主张的根据呢?这样一来,"唯物"与"唯心"便可随便颠倒过来,把"彻底的唯物论"变成"唯心论"或"心物二元论"了。这样演变的过程,无异于显示"宇宙的本体"实非只为"物质"或"精神",而实为"物质与精神合一"的存在,亦即为"心物一元"的东西。②

其二,从唯心论来看。唯心论者以为宇宙万有的本体是"心",无论什么"微细的存在",都是这"心的本质"之实在的表现。唯心论者虽然也免不了要说明"被认识的物质"为何是"精神发展物"的理由,因其通过"抽象的途径"假定的"心之本体"实乃"思维上的假定",而且"认识"乃属一种"精神作用",就可避开"物质如何化为精神作用"这一"理论困难",因而"可以闭着眼睛说话",从而避免了许多"理论上的矛盾",这似乎比唯物论"高明"一点。唯心论认为"心"为一切现象的"本质",若要说明如何由"心"演变为"物质"的种种事象,则比唯物论者的主张更难自圆其说。若认为人类认识的"外界"和"自身精神现象"都是一种"心理上或精神上的事件",以为宇宙一切是由"心质"的造成,则唯心论与唯物论之争仅是对"心物"二名词解释的不同而已,一经离开"名词"的争论,通过"认识"和"体认"所观察的"外界"实为"心物合一"的"实在"。心物既属"合一存在",就无"谁先谁后"之分,也就无"谁为根源谁为派生"

① 麦参史:《心物一元哲学引论》,《民主时代》1948 年第 2 卷第 3 期。

② 参见麦参史:《心物一元哲学引论》,《民主时代》1948 年第 2 卷第 3 期。

的问题，从而变为"绝对一致的存在"。因由唯心论主张所引起的"困难"，也在引导人们走向"心物合一"的途径。①

其三，从二元论来看。心物二元论者以为宇宙乃由心物二体所成，两者性质互异，各自独立，是"神"从中干涉而使二者发生关系。哲学上的二元论必演进为心理学上的"心身平行论""心身交感论"或"身心互用论"。心身平行论者（麦独孤等）认为，心灵与身体为两个不同的实体，心灵乃精神的实体，身体为物质的实体，两者可以互相作用、互相影响，且在变化关系上彼此平行，在影响作用上同时并起。而麦参史认为，心（精神）与身（身体）的活动既可相互影响、互相干涉，则在作用的时间上一定有先后之分，也就无法"合理"说明"意识是心灵的实体作用，行为是身体的物质作用"的二者关系。因此，心理学上这种"平行与互用"的二元论不能成立，则哲学上的心物二元论便无讨论的必要。②

其四，从心轻身重论来看。心轻身重论③在心理学上根源于某派唯物论④所主张的"心理及精神的现象是由于物质的反映"的见解。而麦参史认为，"物质"实在是不断进化发展的，但它应该在原始状态时就可构成"心"或"精神现象"这一"反映"自己的能力，而不必等待它进化为生物机体或神经系统的阶段后才会反映自己。假如说"物质"在原始状态便有"心"或"精神"的存在，却又说"精神现象"与"物质"二者的进化程度相当，则又与主张"心物并存"的二元论无异。他又指出，唯物史观论者以为物质进化的结果可以产生"精神副产物"，"精神副产物"反之又足以支配"物质的世界"以实现其"精神"。但按照科学的原理，凡是一种存在足以改变或支配另一种存在，则彼此间便非同受自然规律支配的同性质的东西不可。心物如果同受自然规律支配，则它们便非"合一"不可。⑤

---

① 参见麦参史：《心物一元哲学引论》，《民主时代》1948 年第 2 卷第 3 期。

② 参见麦参史：《心物一元哲学引论》，《民主时代》第 2 卷第 3 期，1948 年 6 月 1 日，第 14—15 页。

③ 麦参史可能参考了雷斯德的解释。雷斯德著："心轻身重论的理论为第三种轻视心灵的二元论，认心灵只是身体活动的副产物或附随的状态；当神经活动时发现，而无特殊的重要性，其情形与机器转动时的声音相同。一般无训练的观察者，每误认心灵为活动的主要。究之，心灵实只为其所根据的更重要更基本的活动副产物而已。"（[美] 雷斯德：《现代心理学与教育》，钟鲁齐、张俊玕译，商务印书馆 1927 年版，第 20 页）

④ 麦参史所提"某一派唯物论"可能指"机械唯物论"或"庸俗唯物论"。郭一岑曾说："机械唯物论的根本思想有两点：一、完全否认精神甚至意识的存在；二、人类一切行为都可还原为物理化学的作用。"（郭一岑：《现代心理学概观》，商务印书馆 1937 年版，第 123 页）

⑤ 参见麦参史：《心物一元哲学引论》，《民主时代》1948 年第 2 卷第 3 期。

麦参史从进步的心理学者跳出"一元二元、唯心唯物"的窠臼，而跑向"心物合一"的坦途，甚至认为"心身是同一的存在"，说明"心物一元论"的正确性。他还认为"心物合一"的主张，乃是"哲学与科学思想发展上必然之趋向"，唯有用"心物合一"的主张才能解释宇宙的发展。故他极度赞同崔载阳的"心物合一论"。①

（四）物心本一论

物心本一论以李素心为代表。李素心在20世纪40年代初是赞同唯生论的。他曾指出："三民主义的哲学既不是唯心论也不是唯物论，而是扬弃了唯心与唯物的唯生论。唯生论者认定宇宙万物都具有生命，精神与物质是生命一体二面的表现，心与物皆统一于生命，因为生命有其'动能'，故有精神之表现，因为生命有其'静质'，故有物质之表现，精神与物质实二而为一，一而为二的东西，不能独立存在，与截然分离，在其对自然与社会的作用而言，物质固决定精神，精神也决定物质，是相辅为用，形成相对的统一。"② 他还将以"生"为本体的心物相对统一论列成表式（见图表8-14），认为这样设计出来的唯生论，不仅解决了哲学上心与物之争论，并且对于唯心论与唯物论有"综合"之作用。也就是说，通过"正—反—合"的公式，形成"唯心论（黑格尔）——唯物论（马克思）——唯生论（孙中山）"的哲学演进历程，唯生论通过对唯心论与唯物论的"否定之否定"的作用，而成为高级的哲学理论。③

生——生命 $\begin{cases} 精神（心）——（生命的能动） \\ 物质（物）——（生命的静质） \end{cases}$ 无穷的宇宙——（相对的统一）

图表 8-14

不过，李素心后来在思想界出现一片反唯生论的声浪中对先前的观点也有所动摇。他就此指出："这种精神与物质本合二为一的本体说，国父没有明白揭示其名称。有人名之为唯生论，已往我曾表示赞同；但经仔细研究，觉得也不甚妥

---

① 参见麦参史：《心物一元哲学引论》，《民主时代》1948年第2卷第3期。

② 李素心：《确立三民主义的思想体系论》，群力出版社1941年版，第22页。

③ 参见李素心：《确立三民主义的思想体系论》，群力出版社1941年版，第22—23页。

当，现姑名曰'物心本一说'。"①而他提出"物心本一论"，并非完全针对"唯生论"，主要是针对叶青等人为代表的"物心综合论"。他是从四个条件来判断孙中山的本体哲学不是"物心综合论"：一是根据孙中山的全部遗教；二是要看清孙中山言论的时空性；三是对孙中山言论的解释不能带有成见；四是要有科学的根据。他从孙中山的有关物质与精神的关系的言论中得出了两个命题：第一，宇宙有物质与精神二种基本现象（不是本质）的存在；第二，物质与精神本合为一，不能分离。②他又根据这两个命题说明了"物心本一论"的成立。

（五）心物合一论

近代学者梁启超曾将王阳明的本体论称为"心物合一说"，意即"心外无理，心外无事，心外无物，物外无心"。他称王阳明的"知行合一说"是由"心物合一说"而出，其"致良知"功夫是以哲学上的"心物合一说"为根据。③如前所述，唯生论者何名忠、张铁君、周世辅也赞同孙中山的本体论是"心物合一论"。反唯生论者崔载阳称孙中山的哲学既是"心物一元论"，又是"心物合一论"；麦参史将"心物一元论"等同"心物合一论"。由于"心物合一"可以看作是孙中山的"精神与物质……本合为一"的略语，不易挑出什么毛病，所以不少人持这一说法。

王铉曾指出："共产主义是以唯物论作基础，一般资本主义以唯心论作基础，我们三民主义则以心物一致论作基础。"④他似乎不认同陈立夫以唯生论作为三民主义的基础，觉得当以孙中山的"精神与物质本合为一"为根据。随后，他将三民主义哲学的"本体论"由先前的"心物一致论"改为"心物合一观"⑤。

杨虞夫在分析了各种"史观"的哲学基础时，提出了"民生史观"的哲学基础为"心物合一论"。他承续了黄文山的"史观"分类法，将"史观"的演进分为神学史观、个人史观或精神史观、社会史观或经济史观、民生史观四种发展形态。同时，他又分析了唯心史观、唯物史观和民生史观的各自哲学基础，认为三

---

① 李素心：《物心本一论发凡：中山先生哲学思想研究之一》，《新思潮》1946 年第 1 卷第 2 期。

② 参见李素心：《物心本一论发凡：中山先生哲学思想研究之一》，《新思潮》1946 年第 1 卷第 2 期。

③ 参见梁启超讲，周传儒记：《儒家哲学》，中华书局 1936 年版，第 102 页。

④ 王铉：《三民主义人生哲学底研究》，《新认识》1943 年第 7 卷第 3—4 期合刊。

⑤ 参见王铉：《三民主义哲学的几个根本问题》，独立出版社 1944 年版，"目录"。

者分别以观念论、物质论和民生论为哲学基础的。对于民生史观而言，也就是以"民生哲学"为其哲学基础的。① 不过，他在总结民生史观的公式时，却又提出"民生史观的哲学基础，是一种心物合一论"②。同时，他又直接采用蒋介石以"行"统摄宇宙全体与历史全部，以"民生"为历史之重心的观点。因此，他不赞同陈立夫"以生为宇宙本体"的唯生本体论，认为孙中山仅称"民生"，未尝"以生为宇宙历史中心"。而且，他认为陈立夫"以生为宇宙之本体"的论断，实出于主张"宇宙为一个有机体"的"有生原论"，就其性质，"已无形中陷入于唯心论"③。杨虞夫在回答何者是民生史观的哲学基础时，时而归结为"民生哲学"（认为"人类全部历史，即是人类为生存而活动的记载；人类继续不断地求生存，才有社会继续不断地求进化"④），时而归结为"心物合一论"，出现了逻辑层次上的混乱与矛盾。

袁公为列举了当时三民主义的学者对"本体论"的解释，除了全属"唯物"或"唯心"之解释外，还有"唯生论"和"物心综合论"二种比较重要的解释。而他虽肯定"唯生论"而批评"物心综合论"，但他自己则主张"国父哲学思想之本体论，乃为'心物合一论'，或'心物一元论'"。⑤

刘源森从孙中山的"精神物质……二者相辅，不可分离"之说推出孙中山的本体论为"心物合一论"或"心物一元论"⑥。一方面，他运用现代科学来证明"心物合一论"的科学性。爱因斯坦的相对论说明了"光是粒子与波浪之统一"，也证明了"物质为质量与能量之统一"；心理学家认为"脑是电子的波动作用"，说明了"物质精神都包含在电子之中"。若说"粒子是物质，波浪是精神"，则就证明了"电子"就是"物质与精神的统一体"，从而在科学上证明了"心物合一论"的科学性。另一方面，他运用辩证法来解释"心物合一论"的合理性。辩证法中的对立统一律为"甲是甲，又是非甲；甲是非甲，又是甲"。其公式为："是—否，否—是"。孙中山的"物质精神合一论"是非常符合这个对立统一律的，它意味着"物质是物质，又是非物质"，而"非物质"即是"精神"。不过，物质与精神

① 参见杨虞夫：《民生史观公式之研究》，《新使命》1944 年第 1 卷第 4 期。
② 参见杨虞夫：《民生史观公式之研究》，《新使命》1944 年第 1 卷第 4 期。
③ 杨虞夫：《民生史观公式之研究》，《新使命》1944 年第 1 卷第 4 期。
④ 杨虞夫：《由主义之真谛说到总理遗教之体系（附图）》，《新使命》1944 年第 1 卷第 1 期。
⑤ 参见袁公为：《三民主义教育哲学概论》，独立出版社 1947 年版，第 3—6 页。
⑥ 参见刘源森：《试论中山先生的心物合一论》，《革新月刊》1947 年第 12 期。

在统一体中并非均量等分，而是"精神被含于物质之中"。[1]

（六）体能一元论

云昌海说："本来体与能即物与心实在是构成宇宙和社会的同一而不可分的东西。"[2] 这里明确指出"体与能"即是"物与心"，而他更提倡以"体能"来揭示宇宙的本体论，故他的本体论可称为"体能同一论"。他认为，以往"重体"的唯物论与"重心"的唯心论这两个阵营都无法消除"体"与"心"的矛盾，结果康德陷入不可知论的泥沼中。辩证唯物论者仍不能充分认识"能"在宇宙中应占的位置，只看作对于"体"的"作用"而已，始终否认"能"对于"体"之决定性。民生哲学却认为"体"与"能"同为构成一切存在之基础，而且是不可分的，"没有无能之体，亦无无体之能，宇宙间之万有事像就是体与能的函数"。故他认同恩格斯的"没有运动的物质和没有物质的运动是同样不可思议的"之说。但他又觉得唯物论者只抓着物质运动的现象，殊不知运动并非物质之属性，因而找不着物质运动的动因。而他认为，"能"是推动万物运动变化的唯一力量，物质运动是"能"之结果。"体"与"能"都不灭，因而"物质永远在运动着变化着"。在他那里，"体"不是指"本体"，而是与"质"同义。故又称一切存在都由"质"与"能"所成。因"质""能"组合形式不同，故其存在的形式不同，因而"能"或"运动"的表现亦不同。无生物的"能"表现为"运动、变化"，有生物的"能"表现为"生命现象的意识活动"。所谓"精神"或"意识"，亦不过是"能"而已，是"能"的结果。当人死去时，便消失了"生命之能"，由意识活动之"能"转变为物质变化之"能"，于是个体也就化蚀腐烂。故他又将民生哲学的宇宙论称为"体能一元论"。[3]

三、"三民主义哲学"的命题论证

在国民党哲学进入三民主义哲学的发展阶段时，实际上同时存在着孙中山的

---

[1]　参见刘源森：《试论中山先生的心物合一论》，《革新月刊》1947 年第 12 期。

[2]　云昌海：《民生哲学研究提纲（二、范围）》，《童干周刊》1948 年第 5 期。

[3]　云昌海：《民生哲学研究提纲（二、范围）》，《童干周刊》1948 年第 5 期。

民生哲学文本、蒋介石的哲学（本体哲学与力行哲学）、戴季陶的民生哲学和陈立夫的唯生论等具有官方性质的哲学，而戴季陶和陈立夫在发挥孙中山的民生哲学文本中提出的核心观点在此阶段得到了具体的论证，最为典型的是张太风和胡一贯等人对戴季陶和陈立夫的主要哲学命题的论证。

（一）"生是宇宙的中心"

陈立夫曾将孙中山的"生元构成万物与人类"之生元本源说改为"生是宇宙的中心"的生元本体说。后来，简世埙和张太风分别对"生是宇宙的中心"说作了专门的论证。

简世埙指出："生是宇宙的中心"是"民生哲学"的"第一个重要命题"和"基本论纲"。他主要从两个方面来论证这一命题：一方面，从国民党领袖人物的言论中找依据。简世埙引入陈立夫的说法，认为该命题是由孙中山提出的；又引蒋介石的"我们生在世界上所做的事情很多，但是包括起来，就是生字"[1] 之说来印证，因其中的"世界"就是"宇宙"，故说"宇宙以生为中心"。[2] 另一方面，从科学上找依据。简世埙又从两点上加以说明：其一，"生"是无所不居的"实有"，是"宇宙的本质"，宇宙万象以"生"为皈依。其二，宇宙一切历史都是从"必然"逐渐进于"自由"的事变过程，即从"低级的生"不断向"高级的生"发展的过程，而在宇宙中居于绝对自觉地位而主宰一切的就是"高级的生"。[3]

张太风将孙中山的生元本源说改为"生元重心说"，这与其说是孙中山的观点，不如说是陈立夫的观点。他根据"生元重心说"进行归纳、演绎推理，提出了一组有关"宇宙本体"的基本观点（称之为"概念"）。孙中山当年是分开提出"生元"说和"物质精神"说的，而陈立夫将"生"（"生元"）置于"物质精神"之上来构建唯生本体论。张大风也基本沿着陈立夫的理路来阐发"宇宙本体"论。他认为，宇宙万有是以"生元"为基点，以"爱力"为重心而形成的。在"本体"为"唯生"的前提下，他提出"精神与物质并存""生命为质能统一体"和"万有皆有生命"之说。他又认为宇宙万有的"生存"局势皆在"爱力"与"摄力"的"相对支配"下形成的，并皆以"爱力"为重心作不断的"创化"，故宇宙万

---

[1] 孙天民编：《中正革命语录》，军事编译社 1934 年版，第 160 页。

[2] 参见简世埙：《"生是宇宙的中心"真铨："生"的本质论（附图）》，《新认识》1941 年第 3 卷第 3 期。

[3] 参见简世埙：《"生是宇宙的中心"真铨："生"的本质论（附图）》，《新认识》1941 年第 3 卷第 3 期。

有以"生存"为进化的"原动力"。他虽主张精神与物质同时存在，爱力与摄力相对支配，却在主观与客观的关系上主张"精神支配物质，物质亦影响精神"的唯心论。①

（二）"民生是历史的中心"

"民生是历史的中心"是孙中山的说法，也是戴季陶和陈立夫所强调的，张太风将它视为"民生哲学"的一个基本命题，并从两个方面来揭示其中的道理。一是历史科学和历史哲学之区别方面。他认为，历史哲学是要发现那些现实历史中无数错综的偶然性里面的必然、本质的一般法则；历史科学则是根据社会现象的因果究竟去描出那些必然本质的东西。三民主义历史哲学是从"唯生论辩证法"的发展见地去考察历史，以发现社会进化、历史发展的认识指针；而历史科学只能根据史的唯生论——民生史观才能确立它的独立地位。他还认为，"社会"以人类生命为基点，故将以人类生命活动的一般发展法则为研究对象的"历史哲学"命名为"民生哲学"或"民生史观"，并与"史的唯生论"通用，自是很有理由的。② 二是社会意识与社会存在的关系方面。他指出："人类的生命就是在不断进化中的'民生'，'社会的意识'和'社会的存在'乃是人类生命活动——民生的主体和客体，故认为人类的社会意识可以规定社会的存在，同样，社会的存在也可以影响社会的意识。"这一观点正好与唯物史观的"社会存在决定社会意识，社会意识反作用（影响）社会存在"的观点相反，是典型的唯心史观。他虽承认"离开了人类生活的实践，意识便无从发生"；却又强调"意识"在人类历史过程中的"决定作用"，认为只有"先经意识之决定"，才有"生产力之进展、生产技术之创造"。他主张建立"民生是历史的中心"这一命题，应以认识"民生"这一概念为前提。但他却将孙中山的"民生""人类求生存"理解为：不只是"客观的事"，更是"主观的事"；"起于心意"而"著于事物"的意识诱导作用；"主观的力量"克服困难，以推动社会的不断进化。③ 这实际上将"民生"变成了主观的"意识"，"民生是历史的中心"也就变成了"意识（精神）是历史的中心"，这就淡化了孙中山对"衣食住行"的物质因素在"民生"中的核心地位。

---

① 参见张太风：《三民主义哲学》，新潮出版社 1943 年版，第 79—80 页。
② 参见张太风：《三民主义哲学》，新潮出版社 1943 年版，第 120—121 页。
③ 参见张太风：《三民主义哲学》，新潮出版社 1943 年版，第 121—123 页。

（三）"仁爱是民生的中心"

"仁爱是民生的中心"是戴季陶提出的，也是蒋介石常说的"革命哲学"的一个论调。[①] 张太风认为，"仁爱是民生的中心"这句话把孙中山终身孜孜不倦奔波于革命大业作了一个"总的提示"，将其从事革命的"出发点"和"终结目的"表明无遗。他指出，三民主义是为"解决民生问题"的，它以"行仁"为出发点，并以"仁"为"原动力"。解决"民生"（救国救民）之道，即在"行仁"，变"利己"而为"利他"，以"仁"克服"不仁"，以"行仁"制裁"行不仁"，"行仁"就是"革命"。因此，三民主义即是"仁之表现"，是辟取"人我共生共存共进的大道"（陈立夫语）以解决"民生"问题，而行"仁道"于天下。他还认为，戴季陶的"民生为宇宙大德之表现，仁爱即民生哲学之基础"的论断，是根据孙中山的思想"渊源于中国正统思想的中庸之道"和孙中山的一生言行而得出的。[②]

（四）"民生为宇宙大德之表现"

戴季陶曾在《民生哲学系统表说明》中提出"民生为宇宙大德之表现，仁爱即民生哲学之基础"[③]。后来，蒋介石在《社会建设与民生哲学之要义》演讲词中引用戴季陶这两句话。[④] 胡一贯在《民生哲学精义》一书中对戴季陶这两句话作了具体的解读。胡一贯将戴季陶的"民生为宇宙大德之表现"这句话理解为"民生是宇宙的目的"，而且"民生是宇宙的最高目的"。至于为什么"民生是宇宙的最高目的"，他提出了四层理由。

其一，就世界进化而言。他从孙中山的"世界进化三阶段"说（物质进化、物种进化和人类进化）的不同特点来揭示人类进化的文明性。他认为，宇宙发展以"人类"为极致，这是根据孙中山的"物种以竞争为原则，人类则以互助为原则""社会国家为互助之体，道德仁义为互助之用"的观点而得出的结论。既然"互助"是"宇宙进化的目的"，所以说"民生是宇宙最高的目的"。

其二，就人类本位而言。他认为，"宇宙是绝不完成的草稿，进化是永无终点的长途"，因此我们对宇宙将来进化到何种程度、还要经历多少时期是不可预

① 参见张太风：《三民主义哲学》，新潮出版社 1943 年版，第 128 页。
② 参见张太风：《三民主义哲学》，新潮出版社 1943 年版，第 128—130 页。
③ 参见戴季陶：《孙文主义之哲学的基础》，民智书局 1925 年版，第 66 页。
④ 参见蒋中正：《社会建设与民生哲学之要义》，《军事杂志》1937 年第 101 期。

知的。但我们可以预知自己现在、将来和永久都是"人类"，现在、将来和永远都要"保养民生"。我们人类研究的"宇宙哲学"，是永远以"人类"为本位、以"民生"为前提而不能超越于"民生"的哲学，所以说"民生是宇宙的最高目的"。

其三，就宇宙之心而言。他认为，宇宙是有"目的"的，宇宙的"目的"是"遍时空"的，并通过一个"生"字来表现，即所谓"大化流行，一片生机"。而这"目的"的"遍时空""生"的"遍一切物"，说明了宇宙的"大公无私，生生不已"的目的。但宇宙虽有此"目的"而不能"自觉"，必待"人"而后"觉之"，故"人"为"天地立心"。"人"既"为天地立心"，则应"体现宇宙大公无私的态度，发挥其至诚不息的精神，以求人类之共生共荣，而进于理想的康乐世界"。所以"为天地立心"亦即是"为生民立命"，而"为生民立命"正是"民生"的要求。因此，"民生就是宇宙的最高目的"。

其四，就价值观点而言。他认为，国家民族是由个人组织而成的，是多数分子所构成的全体，全体大于分子。故国家民族高于个人，国家民族的价值高于个人的价值。而人类都是万物之灵，都可以役使万物，所以个人的价值已在万物的价值之上。而今国家民族的价值又在个人的价值之上，故在天地万物之间，以国家民族为最有价值。国家民族是以"保民养民"为目的，亦即以"民生"为目的，所以民生是"自然界的最高价值"，亦即"宇宙的最高目的"。①

（五）"仁爱为民生哲学之基础"

"仁爱为民生哲学之基础"也是戴季陶的说法，从逻辑上说，它与戴季陶的"仁爱是民生的中心"的说法是不同的话语，胡一贯对戴季陶的"仁爱为民生哲学之基础"这一命题提出了三层理由。

一是就三民主义而言。他认为，孙中山的民生四义是三民主义的哲学基础，意即"民生是三民主义的哲学基础"。他将民生四义与三民主义相联系，即因"社会（国家）的生存"而有民权主义，因"国民的生计"而有民生主义，因"群众（民族）的生命"而有民族主义。只有实行三民主义，才能算是扶植"人民的生活"。他又以蒋介石的"生存重保障，生计重发展，生命重繁衍。而凡为达成保障、发展与繁衍之种种行为，便是生活"之说为依据，主张"繁衍民族的生命"为"大孝"，

---

① 参见胡一贯：《民生哲学精义》，中央文化运动委员会 1944 年版，第 140—145 页。

"保障国家的生存"为"大忠","发展国民的生计"为"仁民爱物",欲实行三民主义,必须"忠孝仁爱"。而三民主义既以"民生"为基础,以"仁爱"为大用,所以说"仁爱为民生哲学之基础"。

二是就国民革命而言。他认为,国民革命以"公"为出发点,以"诚"为原动力。只有"大公",革命才是全民族的、国民的,而不是某一阶层的;只有"至诚",革命才是贯彻始终、奋斗到底的,而不是时作时辍、一得即解的。对此,他还专门引用蒋介石的《中国之命运》中"公诚之意义与功用"的观点来印证。他总结指出,国民革命"发于公而出于诚","公"以"仁"为归依,"诚"以"公"为动力,而其"目的"则归于"民生",所以说"仁爱为民生哲学之基础"。

三是就政治哲学而言。他认为现代流行的政治哲学中常有"奴隶哲学"和"强盗哲学"两派。"奴隶哲学"是只讲"爱"而不讲"义",只要"人爱人"而不允许"人恶人",则其"爱"是"溺爱"而非"仁爱"。"强盗哲学"是只讲"恨"而不讲"爱",对敌人、国人、一切都"恨",故同敌人、国人、一切都"斗争",以为"战争是政治的手段","斗争是社会进化的动因"。他指出:"奴隶与强盗,都是社会的病态,而不是正常的民生"。而他既不赞成只讲爱而不讲义的"奴隶哲学",也不赞成只讲仇恨而不讲仁爱的"强盗哲学",而是主张"仁兼爱义而爱有等差"的民生哲学。所以说,"仁爱为民生哲学之基础"。[①] 他所说的"奴隶哲学"似乎指以汪伪政权鼓吹"中日亲善"的"伪三民主义"的哲学,"强盗哲学"似乎是指中国共产党信奉的唯物史观,但实质上是对唯物史观的歪曲。

第三节　民生哲学在中国大陆的终结

当中国人民的抗日战争开始露出胜利的曙光时,蒋介石就抛出了"中国命运论",以图抗战胜利后建立以他为首的国民党专制政权,以毛泽东为领袖的中国共产党人也提出了自己的"中国命运论",但经过三年的解放战争,宣告了蒋介

---

① 参见胡一贯:《民生哲学精义》,中央文化运动委员会 1944 年版,第 159—164 页。

石"中国命运论"的破产。这是以马克思主义哲学的胜利宣告了民生哲学的终结。而且随着蒋家王朝的行将灭亡，以鲁觉吾、叶青等一批国民党学者和以文惠为代表的亲共人士开始对民生哲学进行清算，这意味着国民党以三民主义哲学的形态来拯救国民党官方哲学危机的努力终告失败，也意味着国民党精心打造的民生哲学在中国大陆的终结。

一、民生哲学在中国大陆终结的背景

中国国民党经过苦心经营在中国大陆打造的最后一种民生哲学形态——三民主义哲学，最终还是在与中国共产党的军事对决中落败的背景下，在未能建立统一的官方理论体系的背景下，在遭到中国共产党理论家的猛烈批判的背景下而在中国大陆走向终结。

（一）两个"中国之命运"的较量

中国人民的抗日战争在 1938 年 10 月至 1943 年 12 月间处于战略相持阶段。在此期间，随着美、英等盟国纷纷加入中国的抗战中，随着中国的广大农村控制在以八路军、新四军为主的中国军队手中，也随着国民党军队中的爱国力量对日寇的拼死抵抗，严重打击了日本侵略者的嚣张气焰，粉碎了日本侵略者妄图灭亡中国的迷梦。同时，当英美等盟国将中国人民的抗日战争视为世界反法西斯战争的重要组成部分时，便于 1943 年初与代表中国的重庆国民政府签订了友好同盟条约，废除了过去强加给中国的部分不平等条约，令重庆国民政府的国际地位得到提升。于是，蒋介石及其幕僚们将此作为提升国民党在国民中的声望和抬高蒋介石作为一国领袖的领导地位的难得机会，于是在国统区大力宣扬国民党"一贯光荣伟大"，蒋介石是"当之无愧的唯一民族领袖"，主张全国只有绝对以国民党为中心，完全听从蒋介石的安排，才能有抗日战争的最后胜利。蒋介石便顺此之势开始畅想起中国命运的航向来，并于 1943 年 3 月推出《中国之命运》一书。在该书中，他一方面将三民主义作为国家的最高意识形态，指出"没有了三民主义，中国的建国工作就失去了指导的原理，所以三民主义是国家的灵魂"；另一方面将中国国民党作为国家事业的领导力量，指出"没有了中国国民党，中国的建国工作就失去了发动的枢纽"①，主张"中国的命运，完全寄托于中国国民党"②。同时，他将马克思主义及形形色色的西方思想均视为中国发展的障碍，要求全国人民"共同集中于三民主义的信仰之下，一致团结于中国国民党的组织之中"③。两年后，蒋介石在国民党"六大"会议（1945 年 5 月 5—21 日）上公开宣称"今天的中心工作，在于消灭共产党"④!

当然，以毛泽东为领袖的中国共产党在事关国家前途的问题上决不屈服于蒋介石为首的国民党反动派的淫威，公开亮出自己的立场。1943 年 8 月 25 日延安《解放日报》发表了题为《没有共产党就没有中国》的社论，基于中国共产党及其领导的人民军队在抗战中的中流砥柱作用而得出了"中国的命运完全寄托在中国共产党"⑤ 的结论。国民党"六大"会议结束后，中国共产党也召开了"七大"会议（1945 年 4 月 23 日—6 月 11 日），毛泽东作题为《两个中国之命运》的开幕词，向全党明确地指出：在中国人民面前摆着两条路，光明的路和黑暗的路；有两种中国之命运，光明的中国之命运和黑暗的中国之命运。"光明的中国"是一个"中国人民得到解放"的"独立、自由、民主、统一、富强"的"新中国"；"黑暗的中国"是一个"半殖民地半封建的、分裂的、贫弱"的"老中国"。中国共产党当然是要"用全力去争取光明的前途和光明的命运，反对另外一种黑暗的前途和黑暗的命运"。中国共产党的任务就是"放手发动群众，壮大人民力量，团结全国一切可能团结的力量，在我们党领导之下，为着打败日本侵略者，建设一个光明的新中国，建设一个独立的、自由的、民主的、统一的、富强的新中国而奋斗"。⑥ 抗日战争胜利后，全国人民渴望和平民主和民族独立，要求建立一个新民主主义的中国。中国共产党为争取和平民主，避免内战再起，与国民党开展重庆谈判，国共双方于 1946 年 1 月 10 日签订了《停战协定》。但国民党反动派很快就撕毁协议，向解放区发动军事进攻，解放区军民奋起自卫，粉碎了国民

---

① 蒋中正：《中国之命运》，正中书局 1943 年版，第 206 页。

② 蒋中正：《中国之命运》，正中书局 1943 年版，第 205 页。

③ 蒋中正：《中国之命运》，正中书局 1943 年版，第 210—211 页。

④ 程思远：《政坛回忆》，广西人民出版社 1983 年版，第 158 页。

⑤ 魏宏运主编：《中国现代史资料选编（4）：抗日战争时期》，黑龙江人民出版社 1981 年版，第 325 页。

⑥ 中共中央党史研究室、中央档案馆编：《中国共产党第七次全国代表大会档案文献选编》，中共党史出版社 2015 年版，第 162—163 页。

党军队的全面进攻和重点进攻，并于 1947 年开始由战略防御转入战略反攻，经过三年的解放战争，结束了国民党在中国大陆的反动统治，成立了中华人民共和国。这不仅标志着国民党所一贯标榜的"国民革命"的失败，也标志着国民党所一贯宣扬的三民主义及其哲学基础的失败。

（二）国民党仍未形成统一的三民主义哲学

中国国民党自孙中山始就想建立反映中国国民党意志的哲学形态，而经过戴季陶、胡汉民、陈立夫、蒋介石等国民党政要的亲自上阵，民生哲学、民生史观、唯生论、三民主义哲学等形态纷纷登场，但在中国大陆一直未能形成与中国共产党的马克思主义哲学那样具有相对稳定性和持久生命力的哲学形态。所以，张太风就曾指出："现在对于三民主义底哲学基础为民生哲学的这一点，固已被公认，而毫无疑义，但一般研究者对于民生哲学——民生史观的解释，仍旧众说纷纭，莫衷一是，这个问题就是：民生史观到底建立在何种哲学见地之上？截至今日，据我所知，它的答案竟多至 10 余种，如唯心论，唯物论，唯诚论，唯行论，唯生论，心物综合论，心物一元论，以及所谓物心综合论等等，这些见解，有属一元论，有属二元论或多元论，五花八门，琳琅满目，颇使读者有美不胜收之概。"[①] 张太风的此番议论，正道出了国民党始终未能建立统一的三民主义哲学的无奈。

就在国民党退守台湾的前一年，云昌海还在说："近年来，从事三民主义革命理论底研究和著述的人渐多，但他们都只是各抒己见，未有一个作为共同的中心理论，这就是说，三民主义之哲学还未有一个共同的体系，有主唯生论者，如陈立夫氏；有主心物综合论者，如刘炳藜氏；有主心物一元论者，如崔载阳氏；有主心物统一论者，如张太风氏；有主辩证唯物论者，如叶青氏；有主辩证唯生论者，如何名忠氏；有以易经为其思想方法的唯生论者，如潘谷神氏……"[②] 而他自己又抛出"体能一元论"。这意味着国民党的官方哲学在新中国成立的前一年仍然是派系林立，未能形成统一的三民主义哲学理论体系。作为国家政治、经济和文化政策的指导思想和理论依据的哲学未能统一，又何以将中国引

---

① 张太风：《三民主义哲学》，新潮出版社 1943 年版，第 17 页。
② 云昌海：《民生哲学研究提纲》，《童干周刊》1948 年第 3 期。

向光明的前途？

国民党不但没有建立起统一的三民主义哲学，而且也在退守台湾的前一年就有国民党异见人士对三民主义哲学(民生哲学) 展开了无情的批判。刘不同在《论国共》中就指出："(民国) 十六年国共分家后，国民党的行动开始趋右。……将异己分子一一排斥于党外，更以封建关系的道义、利害的威胁来羁縻集团中的进步分子，演变所及，日趋保守。以儒家的保守学说来代替进步思意，以大学中庸代替了三民主义，以拥护独裁的理论来代替民主主义。只讲领袖的意志，而不讲主义，只看领袖的颜色以定行止，而不管党的决议。……今天的国民党已经不是当年的国民党，而成了少数人所劫持的既得利益阶级的集团了。三民主义仅是充着他们欺骗人时的涂面香粉，民主政治仅是充着他们诱惑人时润色的口红。"① 这意味着国民党不仅烂在政治上的专制腐败，也烂在思想上的因循守旧。当然，他在批判国民党及其哲学的同时，也对共产党及其哲学作了批判。他以章汉夫的"廿七年来站在中国革命前头的中国共产党，不仅拥有二百七十万党员，而且他已经成了毛泽东的党"② 之说为依据，说明"共产党也是成了一个人的党"，并批评中国共产党是"一个独裁的党""毛泽东主义下的政党"③。这种对国共两党及其意识形态各打五十大板的做法，固然是对中国共产党及其意识形态的曲解，但主要是为了显示他的第三条道路——民主社会主义的"正确性"。

（三）中国共产党人对唯生论与民生哲学的批判

如前所述，第二次国共合作初期，中国共产党人就表现出赞同孙中山的"革命的三民主义"的态度，但对国民党为之寻找的哲学基础并不认同，特别是对戴季陶的民生哲学、陈立夫的唯生论和蒋介石的力行哲学进行了猛烈的批判。

毛泽东针对国民党顽固派鼓吹"一个主义"却要中国共产党收起"共产主义"的信仰极为不满，主张"'收起'是不行的，还是比赛吧"，深信"共产主义"及其"辩证唯物论与历史唯物论"的宇宙观一定会胜过"三民主义"及其"民生史观或唯生论"的宇宙观。④

① 刘不同：《论国共》，《再造》1948 年第 1 卷第 5 期。
② 汉夫：《历史的转折点：纪念中国共产党廿七周年》，《群众》1948 年第 2 卷第 25 期。
③ 刘不同：《论国共》，《再造》1948 年第 1 卷第 5 期。
④ 参见毛泽东：《新民主主义论》，《解放》1940 年第 98—99 期合刊。

　　何干之虽肯定戴季陶的《孙文主义之哲学的基础》"有不少很好的意见"，但又指出"讲到哲学问题，却有不敢赞同的地方"，也就是不赞同戴季陶将"诚""仁"作为"孙文主义的基础"。他指出："其实世界上的大思想家，哪个没有恻隐仁爱的心，没有严肃的做人态度呢？因此，用'仁'用'诚'来解释一个主义或一种思想的基础，等于什么也没有解释。三民主义是现代中国的三大问题，中国民主主义革命的纲领，这是有深刻的经济的历史的民族的基础的。所以也用不着拿'诚'字'仁'字等抽象名词来解释。"① 这实际上是要以唯物史观作为三民主义的哲学基础。

　　艾思奇就明确指出，唯生论是"第一次大革命以后的国民党的支配的宇宙观"，虽以孙中山思想中的"某些因素"为渊源，但已失去了其所包含的"革命的民族资产阶级的性质"和"唯物论的倾向"，而是一种代表着当权的大资产阶级大地主利益、具有唯心论和神秘主义倾向的世界观。② 他又批评蒋介石在《中国之命运》中"借着中山先生行易哲学的名义，来制作一套极不合理的唯心论的、鼓力盲从的、反共反人民反革命的中国式法西斯主义的愚民哲学"③。同时，他又指出："中国共产党人把马克思列宁主义的普遍真理与中国革命的具体实践相结合，这结合的过程，是根据了中国社会的具体情况和中国工农群众广大人民的斗争经验的。中国共产党人始终和广大的人民在一起，发动人民积极斗争的精神，并以'甘当小学生'的态度，从群众中学取领导革命的知识。……只有中国共产党才能掌握真正适合中国国情的理论知识，才能自诞生以来领导中国人民连续不断地进行了三次惊天动地的革命事业，才能坚持抗战到今天，并在各根据地建立了真正新的三民主义的中国。"而且他深信"只有毛泽东同志根据中国的实际情况发展了和具体化了的辩证法唯物论，才是能够把'中国之命运'引到光明前途去的哲学的哲学，才是人民的革命的哲学。"④

---

① 　何干之：《何干之文集》第2卷，北京出版社1993年版，第354页。

② 　参见艾思奇：《抗战以来的几种重要哲学思想评述》，《中国文化》1941年第3卷第2—3期合刊。

③ 　艾思奇：《中国之命运——极端唯心论的愚民哲学》，《解放日报》1943年8月11日；又载《论中国之命运》，香港晓明出版社1946年版，第22页。

④ 　艾思奇：《中国之命运——极端唯心论的愚民哲学》，《解放日报》1943年8月11日。载《论中国之命运》，香港晓明出版社1946年版，第23—24页。

二、民生哲学的清算

中国共产党领导的三大战役的伟大胜利，预示着国民党的统治政权行将垮台，作为国民党的元老级人物和民生哲学的实际开创者的戴季陶，随即在绝望之中结束了自己的生命，这就为国民党内部人士和国民党外部人士可以毫无顾忌地反省和清算国民党的民生哲学提供有利的环境，这也预示着国民党苦心经营的民生哲学在中国大陆的终结。

（一）共产党军队的摧枯拉朽与戴季陶的绝望自杀

在解放战争期间，中国人民解放军自 1948 年 9 月开始了与国民党军队的战略决战，先后取得了辽沈战役、淮海战役、平津战役三大战役的胜利，从而奠定了人民解放战争在全国胜利的基础。而 1949 年 1 月 31 日平津战役的结束，标志着国民党的主要军事力量基本被消灭，也意味着国民党的反动统治行将就木。就在平津战役结束前夕的 1 月 21 日，蒋介石宣布"隐退"，而将其总统职务交由李宗仁代理，这也意味着戴季陶的最大靠山在名义上已不是总统了。就在平津战役结束后第 13 天（即 2 月 12 日），亦即"共产党军队攫东北，陷北平，跨济南，越徐蚌，饮马长江，进窥江南锦绣河山"的当日，中国近代民生哲学（三民主义哲学）的建构者、深得蒋介石信赖的中国国民党理论权威，在位 20 年的国民政府老考试院院长、时任国史馆馆长的戴季陶服毒自杀，悲催地了结了自己的一生。时人慨叹道："想不到追随国父孙中山先生从事革命数十年的党国元老，不死于北伐战争，不死于抗日战争，不死于国家光荣胜利之日，而死于车辚辚，马萧萧，国民政府冷清清，乱糟糟的今日。"[①] 也有时人指出："在大时代的剧变中，国民党内，一定有许多人，愿意走陈布雷、戴季陶的路，因为'自杀'，是一种对于大局无可挽回的自我摆脱，是弱者的表示，也是智者的行为！"[②] 意即戴季陶的自杀是对国民党政权行将垮台却又无法挽回的结局的绝望选择。

---

① 达公：《死得其时，死得其所：戴季陶魂兮归来》，《中国人物》1949 年第 6 期。

② 梵音：《戴季陶主战自杀》，《群言》1949 年第 31 期。

（二）国民党内对戴季陶民生哲学的清算之声

由于戴季陶是国民党的元老，且与蒋介石关系密切，又是国民党意识形态的重要建构者，使得在他死后，不少人将他的是非功过与国民党的盛衰荣辱扯上了关系，于是，他所构建的三民主义哲学（即民生哲学）理论在中国国民党盛衰荣辱的命运中扮演了什么角色，也就到了"盖棺论定"的时候。而蒋介石的下野和戴季陶的离世，给人们对戴季陶创建的民生哲学以怎样的评价创造了自由表达的空间。所以，鲁觉吾就指出："戴季陶之死，倒使我找到了'文章之路'，就是替死人做'墓志铭'，问题一定少；而且我预料最近期间将有不少'党国元老'、'名流闻人'要归天，我的'墓志铭'可以大量生产。还有许多'达官贵人'要退休，退休以后，便非'当道'，对于退休者，我们的言论该自由一些。"[1]

时人首先将戴季陶生前是否得到国民党领袖蒋介石的信任与重用作为评议的话题并形成两种不同的看法：一种认为戴季陶未受重用。如有人说：戴季陶"抗战期间，以日本的西园寺自比，殆自以为政坛的幕后人物，其实，只是坐了二十年的冷宫"[2]。意即戴季陶做二十年的考试院院长看似受重用，实则是一种无实权的岗位，是不被重用的表现。一种认为戴季陶深受重用。如有人说：戴季陶与蒋总统的关系密切，具有"左右政治的力量"，平时可以同总统据理力争的"只有戴季陶一个人"[3]。相比之下，持后一种看法的居多。而在持后一种看法者当中，也有一些对戴季陶的三民主义哲学表达不满者，主要以鲁觉吾、文惠、叶青为代表。

鲁觉吾（笔名鲁莽）与戴季陶关系相当密切，戴季陶死后，他随即写了《闲话戴季陶》和《再论戴季陶》两篇纪念文章。而他在后一篇写道："季陶虽缺乏政治理想，却有政治抱负，不过孙中山一死，没有了舵手，染上了官瘾，二十年考试院长害了自己，又害了国民党。文章好，口才好，是他出类拔萃之处，可是缺乏理论而又以国民党的理论家自居，终于歪曲了三民主义。他的得意之作《孙文主义的哲学基础》实在没有科学的哲学基础，而只有玄学的基础，三民主义不能发展实施，国民党在政策上的失败，这位理论家是要负责的。季陶之死，如其说是'殉党'毋宁说是'为党引咎自杀'……他的一切动机也许很好，但是没有

---

[1]　鲁莽：《闲话戴季陶》，《前线日报》1949年2月13日，第1版。

[2]　《戴季陶之自杀》，《和与战》1949年第1期。

[3]　《孙哲生害死戴季陶》，《海光周刊》1949年航空版第2号。

好的理论做指导，以致一切收不到好的效果，害了主义，害了党。"[1] 意即戴季陶不是一个真正的理论家，他所建立的三民主义哲学（民生哲学）不是一种"好的理论"，故将国民党引向失败的绝境。

鲁觉吾的上一段论述，是对戴季陶的三民主义哲学及其给国民党政策带来的失败的一种无情的指责。此言一出，立马就有人为戴季陶开脱。王萍就对鲁觉吾完全否定戴季陶三民主义哲学的价值不以为然，他认为，国民党早期革命阶段找不出一个专门研究并发扬三民主义的理论的人，而戴季陶独能致力于这一方面，"把中国五千年文化与三民主义联为一体，使三民主义加强了历史基础，而中国五千年的文化也有了交代"，因而戴季陶的贡献实不可没。戴季陶后来笃信佛教，跳出了"革命圈"外，三民主义理论之阐扬又"后起无人"，而三民主义之不能发扬，戴季陶哪能负责到底呢！[2] 意即戴季陶之后三民主义哲学没有得到阐扬与发展，不能让戴季陶来背这个黑锅。

但人们对戴季陶的指责并没有因王萍的辩护而止息。随后，文惠在《大学评论》[3] 中发表《戴季陶的化身》一文，对戴季陶的人品和民生哲学进行了无情抨击。他指出："戴季陶是典型的满口仁义道德，一肚子男盗女娼的中国士大夫统治阶级者！典型的伪道学伪君子！"戴季陶满口都是"智、仁、勇""诚正修齐治平"之"一贯大道"，表面上"一本正经，装模作样"，但背后却"大做生意，搞小老婆，奉迎主子，欺压善良"。而那一派"诚正修齐"的"古圣先贤的大道"之所以会产生出"一肚子男盗女娼"的"伪道学的士大夫"，就在于它是"离开人民，离开人性的统治者的理论"，它的功用是"要把豺狼扮装成道貌岸然的统治者"，这就逼使统治者不得不走向"伪道学"的路子。文惠虽然为"戴季陶死了，蒋介石智囊团的首领死了，中国最大的伪善者伪道学也死了"而高兴，因为这代表了一个"反人民、反人性的伪道学的统治者"的旧时代的结束或至少正在结束；但又认为还有成千成百、大大小小的戴季陶和伪道学统治者的"化身"散布在中国

---

[1] 鲁莽：《再论戴季陶——"三春去后蕚芳尽，各自须寻各自门"》，《前线日报》1949 年 2 月 15 日第 1 版。

[2] 参见王萍：《戴季陶遗书中的秘密》，《政治新闻》1949 年第 1 卷第 5 期。

[3] 在《大学评论》第 3 卷第 6 期中除了本文外，还有毛泽东的《新民主主义的政治与经济》、本社的《国民党做的什么梦》《从立法院复会之争说到国民党顽固好战分子》等，说明该刊明显具有亲共反蒋的政治倾向与立场。

社会的上层和中层！故他发出警示说："我们庆祝戴季陶的死，但不要遗忘了他的化身！"①

接着，时任国民党南京市党部执行委员的叶青对戴季陶的三民主义哲学展开了较为系统的清算。叶青曾以肯定的态度对戴季陶的民生哲学和民生史观做过介绍，他称戴季陶提出的"三民主义的思想基础是民生哲学"和《民生哲学系统表及其说明》是"很重要，亦很正确的，为一切三民主义者所承认"。而他此时认为，当时谈"三民主义的哲学"从"民生哲学"开始，是由于他发现蒋介石也在宣扬"总理的哲学就是民生哲学""三民主义是以民生哲学为基础"，也在使用"民生史观"一词。② 然而，随着国民党在中国大陆大势已去，叶青也抛出了与鲁觉吾相同的观点，而且作了更为系统的论述。

首先，叶青发表《三民主义权威戴季陶》一文，将戴季陶的三民主义思想综括为：提出三民主义的哲学问题；以民生哲学为三民主义的基础；把民生哲学作仁爱哲学解；肯定三民主义的道德性质；以为三民主义渊源于正统思想；把三民主义与中国文化联系起来。这是戴季陶开辟的一条"三民主义的研究路线"，随后二十几年三民主义思想的研究和实践都是走在这条路线上。一方面，戴季陶的理论成为"三民主义方面的主潮"，这可从蒋介石及"唯生论""唯诚论"者阐扬三民主义时都引用戴季陶的话得到"证明"；另一方面，戴季陶的理论成为"三民主义的正统思想"，故称戴季陶是"三民主义权威"。但叶青认为，戴季陶的理论在学术上的是非如何是一回事，而在实际上的功罪如何则是另一回事。故他在国民政府正为戴季陶在三民主义理论研究上的贡献"明令褒扬"时，却毫不客气地提出"国民党执政二十几年到今天，受不起考验，遭到了莫大的失败，也有把成为三民主义正统思想的戴先生理论拿来检讨的必要"③。

接着，叶青又发表《戴季陶三民主义理论之清算》一文，对戴季陶的三民主义理论提出了具体的"清算"主张。叶青认为，戴季陶在研究上提出三民主义的哲学问题，认为三民主义须有民生哲学作基础，这是有"贡献"的。但戴季陶以"仁爱""道德"来说明民生哲学，把三民主义与儒家思想、正统思想、中国文化打成一片，虽然"开辟了一条研究路线"，但按诸实际，"于理论则违反国父遗

---

① 文惠：《戴季陶的化身》，《大学评论》1949 年第 3 卷第 6 期。
② 参见叶青：《三民主义底哲学基础（一）》，《时代思潮》1941 年第 28 期。
③ 杜亦鸣：《三民主义权威戴季陶》，《新路线》1949 年第 13 期。

教，把三民主义研究引入歧途；于行动则违反世界潮流，也把三民主义实践引入歧途"。他认为，国民党一直未能充分地阐扬和实行三民主义，反而"给共产党以成功并控制中国的机会"，究其原因，则戴季陶的民生哲学理论为"罪之首"。

一方面，叶青指出戴季陶民生哲学理论本身存在的错误。这主要表现在：其一，戴季陶对"三民主义底哲学是民生哲学"的解释不正确。戴季陶的"民生主义实在是三民主义的本体"之说，把"民生主义"看成了"民生哲学"。而他认为，民生哲学比三民主义更为根本，民生哲学是三民主义的基础；民族主义民权主义民生主义三者皆由"民生"出发，目的在于"解决民生问题"。其二，戴季陶对"民生"的解释不正确。戴季陶将"民生"说成是"衣食住行育乐"六个生活需要。而他认为，孙中山只将"民生"限于"全国人民之衣食住行四大需要"，故对于"民生哲学"而言，"衣食住行四种需要之说甚为合用"。其三，戴季陶的"仁爱是民生的基础"之说是"违反国父遗教"的。因为这句话表明戴季陶的民生哲学不看重"衣食住行"而看重"仁爱"，将"民生哲学"变成了"道德哲学"，与孙中山所言"道德进步……以民生为重心"（即以民生为道德的基础）等说法相违背。其四，戴季陶"以民生哲学为孔子哲学"是错误的。戴季陶既误以"仁爱"为民生的基础，而"仁爱"是孔子学问，于是以"民生哲学"为"孔子哲学"，以孙中山为中国正统思想和中国文化的继承者。但实际上孙中山讲民生哲学时"称说威廉，并未提及孔子"，所以孙中山的民生哲学"不是继承孔子，而是继承威廉"。

另一方面，叶青指出戴季陶民生哲学理论在实际上的害处。这主要表现在：其一，戴季陶的民生哲学理论不利于三民主义的实施。由于戴季陶的三民主义理论得到蒋介石的称引，而蒋介石又是党政军的领导者，这就造成了一种研究风气和思想潮流。于是以宣扬忠孝仁爱信义和平、礼义廉耻，偏于道德教条的"党员守则"定了出来，从而使革命党一变而为"国粹派"或"保守党"。思想既然保守，行动也就保守，革命精神没有了，革命主义便不能见诸施行。其二，戴季陶的民生哲学理论不利于树立廉能政治。由于戴季陶把三民主义引上孔子学说之途，而孔子的仁爱学说为"家族主义"的，把它应用于政治，就是讲感情，讲关系，从而走上贪污无能的道路。二十几年来的干部政策是家族主义的干部政策，其不能树立廉能政治，乃事所必至。其三，戴季陶的民生哲学理论不利于运用民众力量。由于戴季陶提倡的孔子学说是政治的，以"道德"为始终，而忽视"经济"与"职业"。而要实现"治平"的政治目的，就非"做官"不可。这完全是一种"士大夫思想""官僚主义思想"，而国民党二十几年来的政治正坐此弊。一方面政府要为高等知识份子谋生计而增设机关与冗员，弄得国库空虚、滥发钞票。另一方面，这些高等知识分子一做官就只是希望升官，往上看而不往下看，于是脱离民众，轻视民众。这就不能运用"民众力量"来与共产党周旋。其四，戴季陶的民生哲学理论不利于解除经济困难。戴季陶所推崇的孔子学说不仅主张"做官"，而且主张"发财"。而鸦片战争后资本主义思想之输入，使得"私有财产"被看重，平均地权和节制资本的办法被搁置。于是一面"留下土地问题给共产党利用"，一面"以错误的货币政策和贷款政策来增加发行，使物价高涨，生活昂贵"，从而"影响士气人心"。他总结道：不能"树立廉能政治""运用民众力量"和"解除经济困难"是国民政府和国民党"失败的原因"，而共产党的"成功"完全得力于国民党的这些"弱点"。国民党的这些"弱点"又与家族主义、官僚主义和资本主义有关。而将三民主义引向家族主义、官僚主义和资本主义的道路，就在于"研究孔子学说"使然，而把三民主义引上"孔子学说"之途的正是戴季陶，故国民党的失败应由戴季陶负责。

在叶青看来，国民党的失败意味着戴季陶的三民主义理论的破产。而他之所以要对三民主义理论给一个清算，是为了弄清国民党失败的原因，从而改正之，为以后的成功创造条件。他指出："今天要改正错误，获得成功，固须明瞭主义，确信主义，努力做主义底建设工作，尤须放弃'三民主义之哲学的基础'底基本原理。"[1]

---

① 　杜亦鸣：《戴季陶三民主义理论之清算》，《新路线》1949 年第 14 期。

第八章　近代民生哲学派别的划分标准

恩格斯曾在《路德维希·费尔巴哈和德国古典哲学的终结》（1888 年首版）一书中指出："全部哲学，特别是近代哲学的重大的基本问题，是思维和存在的关系问题。……哲学家依照他们如何回答这个问题而分成了两大阵营。凡是断定精神对自然界来说是本原的，从而归根到底承认以某种创世说的人（……），组成唯心主义阵营。凡是认为自然界是本原的，则属于唯物主义的各种学派。"① 这意味着中西哲人都很早就有对哲学基本问题的思考并都曾出现过不同的哲学派别。早在清朝末年，恩格斯所反映的西方哲学基本派别划分标准就已输入到中国，中国近代学者依此标准而建立唯物论或唯心论哲学。西方的生命哲学输入后，中国近代学者又建立起唯生论哲学。从本体论来说，近代民生哲学分为唯物论、唯心论和唯生论三大阵营；从历史观来说，近代民生哲学分为唯物史观、唯心史观和民生史观（唯生史观）三大阵营。唯生论或唯生史观的出现，表面上是要跳出唯物派与唯心派之外，成为独立的第三派别哲学，但从其哲学属性来说，不是归属于唯物主义或唯物史观阵营，就是归属于唯心主义或唯心史观阵营。而且，这三大哲学派别尽管存在着相互排斥、相互批判的矛盾冲突，但基本上属于国民党内部的哲学党派之争，而它们在对抗中国共产党信奉的马克思主义哲学的根本目标上却是一致的。

第一节　民生哲学诞生前的哲学派别划分标准

早在民生哲学诞生前，西方的哲学派别划分标准就输入中国，中国学者又结

---

① 《马克思恩格斯选集》第 4 卷，人民出版社 1995 年版，第 223—224 页。

合中国的哲学传统作了一些调整，但还是西方的标准居于主导地位。在本体论上既有一元论、二元论和多元论之分，也有唯物论与唯心论之分，但基本倾向于一元论哲学。在历史观上有唯物史观、唯心史观与民生史观之分。在本体论与历史观是否一致的问题上，也存在着争议。孙中山以为唯物史观不适合中国而提出民生史观，但这也为尔后国共意识形态的对峙埋下了伏笔。

一、本体论层面的哲学派别划分标准

哲学上本体论的探讨在 20 世纪初的中国哲学界就已经开始，它主要围绕"心"（精神）、"物"（物质）、"生"（生命）三者谁是世界的最高的本体而展开的，对此问题的不同回答，既有一元论、二元论和多元论之分，也有唯物论与唯心论之分，但以一元论哲学占优势。但近代民生哲学的本体论之争，大都以孙中山的"心（精神）物（物质）"说和"生元"说为文本，从而分别形成了以"心"或"物"为本和以"生"为本的本体论。

（一）"心物"之争下的哲学派别划分标准

张岱年先生曾指出：中国古代的"本根论"（即本体论）之"最基本的问题"，可以说是"理与气"的问题，其次是"心与自然"的关系。究竟"理""气"和"心"三者何者为"本根"，就形成了唯理论、唯气论和唯心论三种本体论的类型。[①]在他看来，唯气论即是唯物论；唯心论仅指主观唯心论；唯理论是以"自然规律"为宇宙本根，故非客观唯心论；"理气论"可以说是一种二元论；"太极论"本质上是一种"气论"，故属唯物论。他所讲的"心与自然"的关系，并非与近代的"心与物"的关系相等同，因为"自然"既可指"理"，也可指"气"。按照元代学者萧镃的说法："理者生物之本也，气者生物之具也。"[②]这反映出"理"或"气"与"物"在中国古代是一种"形而上"与"形而下"的关系，或者说是一种"本根"与"派生"的关系，"物"不是"本根"的范畴。但到了近代，中国哲学界开始引入西方以"心"

---

① 参见宇同（张岱年）：《中国哲学大纲》，商务印书馆 1958 年版，第 108 页。
② 萧镃：《四书待问》卷 17，清嘉庆影元钞本，第 9 页。

（"精神"）与"物"（"物质"）为"本根"范畴来揭示哲学的本体论，并以此作为划分哲学派别的标准。

以"心"（"精神"）与"物"（"物质"）的关系作为哲学派别的划分标准，可以追溯到清末的孙宝瑄。孙宝瑄曾在《厂购书即归车中观哲学要领终卷（癸卯年九月四日）》文中指出："泰西哲学自古希腊以来，迭演迭变，约分数派：曰物心二元论，曰唯物无心论，曰非物非心论，曰无物无心论，曰唯心无物论，曰有心有物论，曰物心同体论。大抵理化家言多持唯物，宗教家言多持唯心，而调停两家者又云有物心二元，持一元论者往往非之，于是门户相争，莫衷一是。"而他同时反对"物由心造"的唯心论、"心由物生"的唯物论、"平列心物"的二元论、"物心归于同一谓之理想之体"的"物心同体论"（偏"唯心论"），主张"物心二者，同时并有，非一非二，相依而立"的"心物本是一体论"。他认为，"心"有"形质"，"物"即"心之形质"，但以"灵敏活动之作用"言之谓之"心"，以"形相质点之排列"言之谓之"物"。"心"与"物"既然不可离之为二，也就没有"孰先孰后"之分。① 可见，孙宝瑄的哲学派别分类观既延续了中国传统的心物关系说，又借鉴了西方的哲学基本问题说，从而罗列出如此众多的哲学派别。

黄忏华在《哲学纲要》将"本体论"作为"形而上学"的一部分。"本体论"所考究的是"实在"的"本质"或"真相"是什么。他将本体论分为三种说法：一是一元论，即主张世界的本体是一个。一元论又分唯物论和唯心论两种。唯物论把"物质"看做世界的本体，"精神"不过是"物质"的机能或者是一种"物质"；唯心论把"精神"看做世界的本体，"物质"不过是"精神"的表象形式。二是二元论，即主张世界的本体是两个，精神与物质同为世界的本体，故称"物心并行论"。三是多元论，即主张世界的本体是多个，因为现实的世界是"杂多的存在"。不过他认为，哲学的要求依然是"不断的倾向一元论"，即物质和精神是"同一本体的两面"，只不过显现的形式不同。②

无论是早期的孙宝瑄，还是后来的黄忏华等人，他们多倾向于本体论上的一元论，主张精神与物质是"一体"的。这种一元论的哲学倾向对孙中山的本体论是有影响的。孙中山就曾指出："总括宇宙现象，要不外物质与精神二者，精神

① 参见孙宝瑄：《忘山庐日记》卷六，光绪二十九年（1903 年）抄本，第 106 页。
② 参见黄忏华：《哲学纲要》，商务印书馆 1922 年版，第 48—51 页。

虽为物质之对，然实相辅为用。考从前科学未发达时代，往往以精神与物质为绝对分离，而不知二者，本合为一。在中国学者亦恒言有体有用，何谓体？即物质；何谓用，即精神。譬如人之一身，五官百骸皆为体，属于物质；其能言语动作者，即为用，由人之精神为之。二者相辅，不可分离。"①孙中山的"精神与物质本合为一""物质为体，精神为用"之说，大致奠定了尔后国民党学者在民生哲学本体论上的基本思路，只是由于解读的不同，也就出现了不同的流派。

（二）"生"之争下的哲学派别划分标准

"生"是中国古代哲学的重要范畴，《易经·系辞下传》有"天地之大德曰生"之说，明代学者洪鼐有"生为天地之正理"②之说。这里的"生"不是从"本根"上说的，而是从"属性"说的，即"生"是天地之属性。不过，《易传》中的"天地之大德曰生""生生之谓易"等说法，后来成为一些人构建民生哲学本体论的重要依据。自西方的生命哲学输入后，中国近代学者又开始建立"生"的本体论，诞生了方东美的"生之哲学"和李石岑的"唯生论"等早期唯生哲学思想。当然，自孙中山在《孙文学说》中将"生元"作为产生人类及动植物的始基，并称"生元"是取"生物元始"之意。③后世有学者（如陈立夫）将孙中山的"生元"直接改为"生"，以构建唯生论的本体论。

二、历史观层面的哲学派别划分标准

中国近代哲学派别划分的第二个标准是在历史观的层面上订立的。而历史观层面哲学派别的划分是以对社会历史观的基本问题的不同回答为标准的。我们知道，马克思主义哲学是将"社会存在和社会意识的关系问题"作为社会历史观的基本问题，对于这个问题的不同回答，就有了唯物史观与唯心史观之分。不过，中国近代历史观的研究最先是在具体的历史观（如唯物史观、唯心史观等）的传播与运用中进行的，而从哲学的层面上将历史观作为专门的研究对象却是比较晚

---

① 孙文：《军人精神教育》，民智书局1924年版，第5页。
② 洪鼐：《读易索隐》卷3，明嘉靖二十六年顺裕堂刻本，第1页。
③ 参见孟庆鹏编：《孙中山文集（下）》，团结出版社1997年版，第787页。

的。所以，中国近代历史观上的哲学派别的划分，最先也是通过具体的历史观之间的差异与冲突来显示的。具体说来，近代民生哲学诞生前的哲学派别主要是在西方哲学流派的影响下形成的，虽然种类上五花八门，但主要有唯物史观、唯心史观和社会史观（即孙中山的民生主义哲学）三类。

（一）唯物史观

唯物史观是从社会存在决定社会意识出发，以一定历史时期的物质经济生活条件来说明历史事变和各种社会意识并揭示社会发展一般规律的科学。唯物史观的萌芽也许可以追溯到遥远的过去，但直到马克思才将唯物史观真正彻底地建立起来，并逐渐在世界范围内施加影响，在近代中国也获得了相当的信徒，特别是在"五四"期间得到了陈独秀、李大钊等中国早期马克思主义者以及孙中山领导的国民党一批干将的传播与运用，使之成为这一时期最具影响力的哲学。

人类对社会发展规律的探索有着悠久的历史，其间也不时地冒出一些反映"社会存在决定社会意识"的唯物主义观点。一方面，中西方都有哲人强调物质生活资料对社会思想道德的决定作用。例如，管子的"仓廪实则知礼节，衣食足则知荣辱"[1]、孟子的"民之为道也，有恒产者有恒心，无恒产者无恒心"[2]、伊壁鸠鲁的"一切善的开端和根源都在于肚子的快乐，连智慧和修养也必须归因于它"[3]、莫尔的"还有比不满意生活现状的人更急于造反的吗？还有比一无所有的人更不顾一切极力去捣乱，想浑水摸鱼么？"[4] 等说法，都把物质生活条件（亦即民生问题）作为影响社会道德和社会秩序的好坏的决定因素。另一方面，中西方都有哲人强调社会环境对人的精神世界和道德素质的决定作用。如王充的"夫人之性，犹蓬纱也，在所渐染而善恶变矣"[5]（意即人性是善是恶，与受到什么样环境的熏陶有关，如同蓬草生在麻丛中会变直、白纱浸在黑色染料中会变黑一样）、爱尔维修的"我们在人与人之间所见到的精神上的差异，是由于他们所处

① 黎翔凤撰：《管子校注》（上），中华书局 2020 年版，第 1 页。
② 杨伯峻译注：《孟子译注》，中华书局 2019 年版，第 125 页。
③ 西里尔·贝利英译本：《伊壁鸠鲁现存著作》，1926 年牛津版，第 135 页。
④ （英）托马斯·莫尔著，戴镏龄译：《乌托邦》，商务印书馆 1982 年版，第 38 页。
⑤ 黄晖撰：《论衡校释》（上），中华书局 2017 年版，第 81 页。

的不同的环境，由于他们所受的不同的教育所致"① 等说法，都揭示了"人是环境的产物"或"人的观念是环境的产物"的道理。不过，他们的历史观虽然具有唯物的因素，但并不具有系统性和彻底性，因而还不是真正的唯物史观。真正彻底的唯物史观是由马克思所创立，并由马克思和恩格斯共同完善的。

马克思主义唯物史观的创立经历一个发展与完善的过程，这一过程是通过马克思和恩格斯的一系列著作来展示的。马克思 1845 年作的《关于费尔巴哈的提纲》把实践引入社会历史观，提出人的本质"是一切社会关系的总和""宗教感情，本身是社会的产物"等历史唯物主义观点，被恩格斯称为"历史唯物主义的起源"② 之作。马克思和恩格斯 1845—1846 年间合著的《德意志意识形态》是唯物史观正式诞生的标志之作，它明确提出"不是意识决定生活，而是生活决定意识"③ 的观点，指出唯物主义历史观和唯心主义历史观的不同在于它"不是在每个时代中寻找某种范畴，而是始终站在现实历史的基础上，不是从观念出发来解释实践，而是从物质实践出发来解释观念的东西"④，可惜其在马恩生前未能出版。马克思 1847 年作的《哲学的贫困》批判了蒲鲁东的唯心史观，提出"手工磨产生的是封建主的社会，蒸汽磨产生的是工业资本家的社会。人们按照自己的物质生产率建立相应的社会关系，正是这些人又按照自己的社会关系创造了相应的原理、观念和范畴"⑤ 的唯物史观原理。相对于《德意志意识形态》，《哲学的贫困》是唯物史观首次公开问世的标志之作。马克思和恩格斯 1847—1848 年间合著的《共产党宣言》中，始终贯彻着"每一历史时代的经济生产以及必然由此产生的社会结构，是该时代政治的和精神的历史的基础，因此（从原始土地公有制解体以来）全部历史都是阶级斗争的历史"⑥ 的基本思想，集中体现了唯物史观的精髓。马克思 1851—1852 年作的《路易·波拿巴的雾月十八日》揭示了社会心理与经济基础的关系，即"在不同的所有制形式上，在生存的社会条件上，耸立着由各种不同的、表现独特的情感、幻想、思想方式和人生观构成的整个上

① 北京大学哲学系外国哲学史教研室编译:《十八世纪法国哲学》，商务印书馆 1963 年版，第 467—468 页。
② 《马克思恩格斯选集》第 1 卷，人民出版社 1995 年版，第 56 页。
③ 《马克思恩格斯选集》第 1 卷，人民出版社 1995 年版，第 73 页。
④ 《马克思恩格斯选集》第 1 卷，人民出版社 1995 年版，第 92 页。
⑤ 《马克思恩格斯选集》第 1 卷，人民出版社 1995 年版，第 142 页。
⑥ 《马克思恩格斯选集》第 1 卷，人民出版社 1995 年版，第 252 页。

层建筑。整个阶级在它的物质条件和相应的社会关系的基础上创造和构成这一切。通过传统和教育承受了这些情感和观点的个人，会以为这些情感和观点就是他的行为的真实动机和出发点。"① 马克思 1859 年发表的《〈政治经济学批判〉序言》对唯物史观做出了经典性的表述："人们在自己生活的社会生产中发生一定的、必然的、不以他们的意志为转移的关系，即同他们的物质生产力的一定发展阶段相适应的生产关系。这些生产关系的总和构成社会的经济结构，即有法律的和政治的上层建筑竖立其上并有一定的社会意识形式与之相适应的现实基础。物质生活的生产方式制约着整个社会生活、政治生活和精神生活的过程。不是人们的意识决定人们的存在，相反，是人们的社会存在决定人们的意识。"② 恩格斯 1876 年至 1878 年间作的《反杜林论》批判了杜林的"政治状态决定经济状况"的唯心史观，提出"以往的全部历史，都是阶级斗争的历史；这些互相斗争的社会阶级在任何时候都是生产关系和交换关系的产物，一句话，都是自己时代的经济关系的产物；因而每一时代的社会经济结构形成现实基础，每一个历史时期的由法的设施和政治设施以及宗教的、哲学的和其他的观念形成所构成的全部上层建筑，归根结底都是应由这个基础来说明的。这样一来，唯心主义从它的最后的避难所中即历史观中被驱逐出去了，一种唯物主义历史观被提出来了，用人们的存在说明他们的意识而不是像以往那样用人们的意识，说明他们的存在这样一条道路已经找到了"③。这里特别揭示了经济基础决定上层建筑的唯物史观原理。恩格斯 1883 年作的《社会主义从空想到科学的发展》是将《反杜林论》的三章内容稍作改写而成，如在"以往的全部历史，都是阶级斗争的历史"这句话中间加了"除原始状态外"④ 一句，使其观点更加准确。恩格斯 1886 年作的《路德维希·费尔巴哈与德国古典哲学的终结》将唯物史观界定为"关于现实的人及其历史发展的科学"⑤，指出了社会发展史与自然发展史的根本不同以及历史发展中偶然性与客观规律性的关系，提出了社会发展"合力"论⑥，阐发了

① 《马克思恩格斯选集》第 1 卷，人民出版社 1995 年版，第 611 页。
② 《马克思恩格斯选集》第 1 卷，人民出版社 1995 年版，第 32 页。
③ 《马克思恩格斯选集》第 3 卷，人民出版社 1995 年版，第 365 页。
④ 《马克思恩格斯选集》第 3 卷，人民出版社 1995 年版，第 739 页。
⑤ 《马克思恩格斯选集》第 4 卷，人民出版社 1995 年版，第 241 页。
⑥ 《马克思恩格斯选集》第 4 卷，人民出版社 1995 年版，第 247—248 页。

社会意识形态的相对独立性及其与经济基础的关系，因而是一部对唯物史观的总结、丰富和发展之作。① 恩格斯晚年的重要书信又对唯物史观作了进一步完善。它强调："经济状况"是"基础"，但不是历史斗争的进程中"唯一决定性的因素"，还有"上层建筑"的各种因素（政治、法律、哲学和宗教）及其"交互作用"②；生产力中包含科学技术，"技术装备……同时决定着产品的交换方式以及分配方式"③；应把唯物主义方法当作"研究社会的指南"，而不是当作"现成的公式"④。

上述马克思恩格斯著作中的基本观点，也是判断马克思主义历史观为唯物史观的重要理论依据，这也意味着它将唯物史观与其他历史观（主要是唯心史观）区分开来。这些唯物史观的基本观点在中国近代民生哲学的建构中有着不可忽视的影响，批判者要树立自己的基本观点以将民生哲学打造成与唯物史观完全对立的哲学体系；认同者要吸纳唯物史观之长、避开唯物史观之短以将民生哲学打造成更为理想的哲学体系。

早在 20 世纪初，马克思的唯物史观及其相关的著作就已开始输入中国。马君武率先介绍了马克思的唯物史观产生的思想背景及其唯物史观的代表作。他指出，社会主义者圣西门、拉沙勒和马克司（马克思）等社会党人，皆认为人群生计之发达已经历了由"家奴"变为"农仆"，再由"农仆"变为"雇工"三级阶段，将来必然会"打破今日资本家与劳动者之阶级，举社会皆变为共和资本、共和营业，以造于一切平等之域"。黑格尔解释社会问题时，主张"人群之生计，乃随社会之历史而亦发达不息"。弟子拉沙勒益广其意，将"生计问题"视为"进化之问题"，认为"人群生计"与其说为"历史之生计"，毋宁说为"进化之生计"。弟子马克思以"唯物论"解释"历史学"，谓"阶级竞争为历史之钥"，实与达尔文的"物竞"之旨相合。⑤ 而他分析马克思的唯物史观时，是以马克思的《政治经济学批判（序言）》《资本论》《哲学的贫困》《共产党宣言》和《英国工人状况》

---

① 参见彭立荣：《马克思恩格斯唯物史观的创立与发展》，上海社会科学院出版社 1989 年版，第 409—415 页。

② 《马克思恩格斯全集》第 39 卷（上册），人民出版社 2016 年版，第 460—461 页。

③ 《马克思恩格斯全集》第 39 卷（上册），人民出版社 2016 年版，第 198 页。

④ 《马克思恩格斯选集》第 37 卷，人民出版社 2016 年版，第 410 页。

⑤ 参见马君武：《社会主义与进化论比较——附社会党巨子所著书记》，《译书汇编》明治三十六年（1903 年）第 2 卷第 11 期。

五部著作为理论依据。① 马君武总结西方学人以"生计"为中心来解释历史及社会的进化,这与孙中山后来以"民生"来解释历史进化的民生史观有相近之处。

唯物史观输入中国后不到 10 年的时间,就在中国产生了一定的影响。当时学者佳冰就指出:自己一时因见多数人大力运用"唯物史观"学说,弄得他"手发痒",写下《夫马克思唯物史观者》一文。在该文中,他引用马克思《〈政治经济学批判〉序言》中的一段名言:"生产关系的总和,便成为社会的经济构造,便是法律政治的上层建筑所据以成立的真正地盘,便是发生与他相适应的一定的社会意思的真正基础,物质生活的生产方法,可以决定普通社会的政治的、精神的生活过程。人类意识不能决定他的生活状态。但是社会的生活状态,反可决定他的意识"。他根据这段名言,将唯物史观学说概括为这样一个公式:"物质生产力→生产关系→社会的经济组织→法律政治的制度(社会意识形态)→个人意识"。但他又以日本河上肇根据马克思的《哲学的贫困》而提出的"一切社会的经济组织,是应着社会上富的生产力之发达程度而定的。譬如用手车纺纱时代,就有封建组织,应用蒸汽力而纺织的时代,就发现了现在资本家这样的组织"这段话为判断依据,指出蒸汽力手车便是"生产力",而手车蒸汽力又是工作的"工具","工具"就是"技术力"。因此,他得出的结论是:马克思的唯物史观既非"唯物论的历史观",亦非"经济史观",而是"技术学的历史观",即"技术史观"。②而"技术史观"的提出,不仅可以为人们对唯物史观多一份理解,而且也为后来人们对民生史观多了一份解读。

接着,告劳将日本学者幸德秋水的《社会主义神髓》一书译介到中国。③ 书中"有史以来,不问何处何时,一切社会之所以组织,无不以经济上生产及交换之方法为根柢"④ 这段话引自恩格斯为《共产党宣言》所作的《1888 年英文版序言》⑤;该书中"一切社会的变化,政治的革命,其究竟之原因,……当观其生产交换方法之变化如何;……审察夫各时代经济之状况"这段话出自恩格斯《社会

---

① 参见马君武:《社会主义与进化论比较——附社会党巨子所著书记》,《译书汇编》明治三十六年(1903 年)第 2 卷第 11 期。

② 佳冰:《夫马克思唯物史观者》,《民力副刊》1911 年第 169 期。

③ 幸德秋水:《社会主义神髓》,告劳译,《东方杂志》1912 年第 8 卷第 11 号至第 9 卷第 3 号,上海商务印书馆 1923 年 12 月结集出版。

④ 幸德秋水:《社会主义神髓》,告劳译,《东方杂志》1912 年第 8 卷第 12 号。

⑤ 《马克思恩格斯选集》第 1 卷,人民出版社 1995 年版,第 254—259 页。

主义从空想到科学的发展》一书的"三科学社会主义（唯物史观）"①。因此，告劳的这一译作，也起到了对唯物史观的传播作用。同年，施仁荣以《理想社会主义与实行社会主义》之名译述《社会主义从空想到科学的发展》，其中的"各种过去历史，舍上古史外，皆系人类竞争史。而所以竞争之故，皆缘于经济之不平等。并云，有经济组织，始有司法、政治、宗教、哲学及其他各组织，故经济实为万事之母，人类一切历史所由生也"②之说，大体反映了恩格斯的唯物史观的原意，但将"阶级斗争"改为"人类竞争"，并将"经济"作为一切社会历史现象产生的根源。

唯物史观在"五四"期间得到了快速传播与应用。一方面，一批揭示唯物史观理论的马克思主义经典著作被翻译成中文。如陈望道译《共产党宣言》（上海社会主义研究社 1920 年版）、袁让译《雇佣劳动与资本》（广州人民出版社 1921年版）、苏中译《科学的社会主义与唯物史观》（选自《反杜林论》，《建设》1920年第 3 卷第 1 号）、李达译《德国劳动党纲领栏外批评》（即《哥达纲领批判》，《新时代》1923 年第 1 卷第 1 号）等；另一方面，一批外国学者研究唯物史观的论著被译介到国内，如渊泉译日本河上肇的《马克思的唯物史观》（《新青年》1919年第 6 卷第 5 期）、苏中译河上肇的《见于资本论的唯物史观》（《建设》1920 年第 2 卷第 6 期）、施存统（笔名 C.T.）译河上肇的《见于"共产党宣言"中底唯物史观》（《民国日报·觉悟》1921 年 5 月 15—19 日）、河上肇的《俄罗斯革命和唯物史观》（《民国日报·觉悟》1922 年 1 月 19 日）和日本枾田民藏的《唯物史观在马克思学上底位置》（《东方杂志》1922 年第 19 卷第 11 号）、无名氏译日本堺利彦的《马氏唯物史观概要》（《民国日报·觉悟》1919 年 7 月 21—24、26、29—31 日）等文章；李达译荷兰郭泰的《唯物史观解说》（上海中华书局 1921 年版）、董亦湘译述德国考茨基的《伦理学与唯物史观》（《民国日报·觉悟》1922年 9—10 月间续刊）等著作。中国早期的马克思主义者注重将唯物史观的理论研究与改造中国社会的实践相结合，以唤起民众去改造落后腐朽的旧中国，建立社会主义的新中国。

---

① ［德］恩格斯：《社会主义从空想到科学的发展》，吴黎平译，各地生活书店 1939 年版，第86 页。

② 施仁荣译述：《理想社会主义与实行社会主义》，"第二编实行社会主义（续）"，《新世界》1912年第 6 期。

李大钊在《我的马克思主义观》一文中从哲学和社会学的双重视野来解读马克思的唯物史观。他将孔道西（今译孔多塞）视为唯物史观的开创者，而将马克思视为唯物史观的发展者，称马克思用其特有的理论把从前历史唯物论者不能解释的地方予以"创见的说明"，形成了"马氏特有的唯物史观"。马克思将社会构造分为由生产力和生产关系（即社会组织）构成的"基础构造"（即经济机构或经济构造）和由政治、法制、伦理、哲学等构成的"表面构造"（即精神构造），由此形成了马克思唯物史观的两个要点：一是关于"人类文化的经验说明"，即精神构造必须随着经济构造的变化而变化，但不能对经济构造施加丝毫影响；二是"社会组织进化论"，即社会组织必然随着生产力的变动而变动，若不能与生产力的发展相适应就会走向崩坏。李文钊称赞马克思在发展唯物史观方面有着"伟大的功绩"，但也指出了其中的"瑕疵"与"矛盾"。其一，他虽赞同经济构造决定精神构造，但也承认精神构造（如法律等）可以影响经济现象，只是不能"反抗经济全进路的大势"，故他主张拿"团体行动""法律""财产法"三个联续法则补足"阶级竞争"法则，但不能推翻"马氏唯物史观的全体"。其二，他虽赞同马克思的"历史的原动为生产力"（自然变迁）与"阶级竞争造成历史"（人为推动）之说，但又认为马克思把"阶级的活动"归入"经济行程自然的变化"内来化解矛盾有些"牵强"，故被人加上"定命的彩色"，后来马克思派的社会党因信此"定命说"而消极等待"集产制"的"自然成熟"以致"很大的危机"。故他主张社会关系的变动或历史的变迁必须依靠经济上占不利地位阶级的"活动"（联合斗争）才能实现。而他又从《共产党宣言》将"全世界无产者联合起来"作为推倒资本主义手段的思想当作"马克思主义一个绝大的功绩"，说明马克思不该是命定论者。其三，他虽认同马克思将人类历史分为"前史"（即阶级竞争的历史）和未来的"真正历史"（即互助的、没有阶级竞争的历史）两个阶段，但不认为道德观念在"前史"中不生影响，而是主张"前史"也有互助、博爱的理想，只是为阶级竞争所破坏而不能实现。故他主张用当时出现的一种"新理想主义"来"修正"马克思的唯物论之"偏僻"。他也赞赏当时各国社会主义者中出现的注重于"伦理的运动""人道的运动"的倾向，将其美化为"社会改造的曙光"和"人类真正历史的前兆"，主张只有同时开展"以人道主义改造人类精神"和"以社会主义改造经济组织"，亦即"物心两面的改造，灵肉一致的改造"，才能使社会改造真正取得成效。①应该来说，他当时主要是通过河上肇摘录马克思著作的片段来理解马克思的唯物史观的，这就很容易得出马克思重经济基础而忽略思想观念的结论。不过，恩格斯晚年就已在《致约·布洛赫》和《致弗兰茨·梅林》的信中对"思想观念"这个"被忽略的"问题作过检讨。其后一封信写道："这一点在马克思和我的著作中通常也强调得不够，在这方面我们大家都有同样的过错。这就是说，我们首先都把重点放在从基础经济事实中引出政治的、法律的和其他意识形态的观念以及由这些观念中介的行动，而且必须这样指引。但是我们这样做的时候为了内容方面而忽略了形式方面，即这些观念等等是由什么样的方式和方法产生的。这就给了敌人以称心的理由来进行曲解和歪曲"②。这也意味着恩格斯晚年在其历史唯物主义通信中就已弥补了这一缺陷。如果李大钊读了恩格斯晚年的这两封信，就不会再怪罪于马克思的唯物史观中的缺陷了，因为这种"被忽略"的东西实际上也是马克思的唯物史观题中应有之义。

应该指出的是，由于李大钊是中国共产党早期的理论家和重要领导人，他对马克思的唯物史观所持的态度对后来国民党人士构建其民生哲学理论提供了重要的理论参考。例如，有人就以唯物史观非马克思所创为由，而将唯物史观引入民生哲学系统中，以图建立"唯物的民生哲学（民生史观）"；有人就以马克思的唯物史观只重物质不重精神（理想）为由，而将其当作"唯经济论""唯物质论"来批判，并以此来反衬民生史观或民生哲学的正确性；有人就以唯物史观只讲"阶级斗争"不讲"互助博爱"为由，而将马克思视为"病理学家"而非"生理学家"，以此来说明民生哲学（民生史观）胜于唯物史观。

随后，蔡和森主张"马克思主义的骨髓"在综合"革命说"与"进化说"，也就是"唯物史观"与"革命"（"阶级战争"）的结合，认为"专持革命说"必流为"感情的革命主义"，"专持进化说"必流为"经济的或地域的投机派主义"。③这实际上承认了马克思主义唯物史观在历史进化的动因上既注重社会物质条件的基础作用，又注重人为革命的推动作用。陈独秀认为，"唯物史观"是"研究过去历史之经济的说明"，强调历史上一切制度都随着经济制度的变化而变化；"革

①　参见李大钊：《我的马克思主义观（上）》，《新青年》1919年第6卷第5期。
②　恩格斯：《致弗兰茨·梅林（1893年7月14日）》，载《马克思恩格斯全集》第39卷，人民出版社2016年版，第94页。
③　蔡和森：《马克思学说与中国无产阶级》，《新青年》1921年第9卷第4号。

命"是"创造将来历史之最努力、最有效的方法"。① 即是说,"唯物史观"偏于在理论上如何解释历史,"革命"偏于在实践上如何创造未来。但两者又是联系的,因为"唯物史观"不是一种"挨板的自然进化说",而是主张通过"革命"来推动历史的进化。后来他在科玄论战中认为,唯物史观也承认"人的努力及天才之活动"本为"社会进步"所必需,但这只能在"社会物质条件可能"以内发挥其"效力"。故他反对胡适平等看待"物的原因"(经济组织)和"心的原因"(知识、思想、言论、教育等事)在"变动社会""解释历史"和"支配人生观"中的作用,称之为"心物二元论"的"秃头的历史观"。②

而在五四前后,不仅中国马克思主义者大力宣传唯物史观,而且孙中山手下的一批国民党干将胡汉民、朱执信、戴季陶、林云陔等人也曾受过唯物史观哲学的洗礼,不遗余力地宣传和运用唯物史观。

林云陔在《唯物史观的解释》文中指出,唯物史观的学说在马克思恩格斯前"早有人开其端",马恩只是唯物史观的"集大成"或"发挥"者罢了。这与李大钊先前的说法相一致。他还认为,马恩讨论的"主义"不独论及"物质的",还论及"经济的性质",故应将现行对马恩理论的"历史的物质论"命名(即"唯物史观")改定名为"经济的解释之态度"(即"经济史观")。③ 他还较早注意到恩格斯在晚年书信——《致约·布洛赫》中对以往"常认经济的要素"而被人"太过表揭"的问题所作的自我检讨,即:"须知物质的状况,虽是历史的基础,然而仍旧要各种原料,方能成为历史构造模型,——政治制度之等级竞争,和他结果、他的构造,如同其他一切政治上宗教上哲学上,种种皆有影响于历史竞争的发达。所以一定经多数的演进,才能够定他们的形体。"④ 他就恩格斯的这段话推出,恩格斯是承认"思想可以影响历史的发达和个人的行为"和"吾人可以照住他们的奋勇与仁慈的思想做去",但因各种阶级都以"物质利益联结"为基础,当与"物质利益"相关时,就可以"乘机做去"。⑤ 这意味着"思想"必须与各

① 陈独秀:《答蔡和森〈马克思学说与中国无产阶级〉》,《新青年》1921 年第 9 卷第 4 号。
② 参见陈独秀:《答适之(1923 年 12 月 9 日)》,亚东图书馆编印:《科学与人生观(一)》,亚东图书馆 1923 年版,第 41—42 页。
③ 参见云陔:《唯物史观的解释(未完)》,《星期评论》1919 年纪念号。
④ 参见云陔:《唯物史观的解释(未完)》,《星期评论》1919 年纪念号。
⑤ 参见云陔:《唯物史观的解释(未完)》,《星期评论》1919 年纪念号第 1 张。

阶级的物质利益相关时才能发挥作用。

接着胡汉民在《唯物史观批评之批评》一文中将唯物史观界定为"以经济为中心的历史观"，并节译了《神圣家族》《哲学的贫困》《共产党宣言》《雇佣劳动与资本》《法兰西内战》《〈政治经济学批判〉序言》《资本论》《两封书简》（恩格斯）等马恩论著中有关唯物史观的基本观点的片段。[①] 他还称赞柯茨基以"平民的哲学、劳动阶级的哲学"来评价"唯物史观的价值"是"说得亲切有昧"[②]。同时，他站在唯物史观的立场上对"以法律的概念代经济的概念""不认经济为历史进化的有最强决定之势力""否认经济宿命论""与阶级斗争说矛盾""不认生产器具之变化为社会变动之基础""以实行上的伦理价值与学说矛盾""以一元论过于单纯"等七种非难唯物史观的"反对论"一一进行辩驳。[③] 从他为唯物史观辩护所引用的马恩文献来说，他比当时很多马克思主义学者掌握马克思主义唯物史观的原典更为丰富，对唯物史观的理解更为全面。同时，他对唯物史观的理论价值也比国民党的其他人要更为重视。所以，戴季陶说："展堂先生（胡汉民）是马克思主义研究者。"[④] 这是戴季陶在国民党实施"清党"后的一句话。由于胡汉民在其历史观中不时出现为唯物史观辩护的成分，以至于有些国民党学者就以他为榜样，来为自己构建唯物的民生哲学（民生史观）辩解。此外，戴季陶也主张用《〈政治经济学批判〉序言》中"不是以精神决定社会生活，是以社会生活决定精神"[⑤] 的唯物史观来提高湖州人的修养。他还提出"要想得伦理的满足，就不能得经济的满足；要想得经济的满足，就不能得伦理的满足"的观点，故胡汉民称此论是"替无产阶级的人说（话）"[⑥]。

（二）唯心史观

唯心史观是从社会意识决定社会存在出发，把人们的思想动机、卓越人物的意志或超自然的力量看作社会历史发展的根本原因，否认社会发展有它本身所固

---

① 参见胡汉民：《唯物史观批评之批评》，《建设》1919 年第 1 卷第 5 号。

② 参见胡汉民：《唯物史观批评之批评》，《建设》1919 年第 1 卷第 5 号。

③ 参见胡汉民：《唯物史观批评之批评》，《建设》1919 年第 1 卷第 5 号。

④ ［德］考茨基：《资本论解说·序一》，戴季陶译，胡汉民补译，《资本论解说》，民智书局 1927 年版，第 3 页。

⑤ 戴季陶：《到湖州后的感想》，《建设》1920 年第 2 卷第 6 期。

⑥ 胡汉民：《从经济的基础观察家庭制度》，《建设》1920 年第 2 卷第 4 期。

有的客观规律，否认物质生产对社会发展的决定作用的学说。唯心史观在马克思主义唯物史观创立之前的历史长河中一直居于支配地位，成为剥削阶级维护其反动统治的理论工具。而在近代中国，唯心史观（英雄史观）初有梁启超的介绍与反思，后有《晨报副刊》的引介、费觉天的辩护和朱谦之的崇尚而成一系，并与刚传入中国的马克思主义唯物史观有了初步交锋。

列宁曾在《卡尔·马克思（1914 年 11 月）》中指出：马克思发现唯物史观前的"以往的历史理论"有两个主要缺点：一是没有研究人们历史活动的思想动机产生的原因，没有探索社会关系体系发展的客观规律性，没有把物质生产的发展程度看作这些关系的根源；二是忽视居民群众的活动。[1] 这也意味着，唯心史观在马克思主义唯物史观产生以前一直占据着统治地位。例如，孟子的"五百年必有王者兴，其间必有名世者"[2]、北宋无名氏的"天不生仲尼，万古如长夜"[3]、卡莱尔的"整个世界历史的灵魂就是这些伟人的历史"[4] 等英雄史观；董仲舒的"王道之三纲可求于天"[5]、王充的"昌衰兴废，皆天时也"[6]、奥古斯丁的"上帝按照自己的形象创造人类，给人类一个富于理性和智力的灵魂"[7] 的神学史观和宿命史观；陆九渊的"此心此理，万世一揆"[8]、爱尔维修的"意见支配世界"[9]、黑格尔的"景象万千、事态纷纭的世界历史，是'精神'的发展和实现的过程"[10]（后人将这一观点简括为"精神统治历史"[11]）的精神史观。其实，梁启超在戊戌变法失败后，就展开了对以往的历史和历史观的反思。他就以往的历史谁为主宰问题指出："若干人者心理之动进稍易其轨，而全部历史可以改观。恐不惟独裁式的

① 《列宁选集》第 2 卷，人民出版社 1995 年版，第 425 页。

② 杨伯峻译注：《孟子译注》，中华书局 2019 年版，第 115 页。

③ （宋）唐庚（字子西）述，强行父（字幼安）录：《唐子西文录》，清乾隆三十五年（1770 年）刻本，第 5—6 页。

④ 托马斯·卡莱尔：《英雄和英雄崇拜：卡莱尔演讲集》，张峰、吕霞译，三联书店上海分店 1988 年版，第 1—2 页。

⑤ 苏舆撰，钟哲点校：《春秋繁露义证》，中华书局 2019 年版，第 311 页。

⑥ 黄晖撰：《论衡校释（中）》，中华书局 2017 年版，第 899 页。

⑦ 奥古斯丁著，庄陶、陈维振译：《上帝之城》，复旦大学出版社 2011 年版，第 211 页。

⑧ 陆九渊著，钟哲点校：《陆九渊集》，中华书局 2020 年版，第 468 页。

⑨ 马小彦主编：《欧洲哲学史辞典》，河南大学出版社 1986 年版，第 464 页。

⑩ ［德］黑格尔著，王造时译：《历史哲学》，上海书店出版社 2001 年版，第 451 页。

⑪ 陈选达、靳辉明：《马克思早期思想研究》，北京出版社 1983 年版，第 291 页。

社会为然，即德谟克拉西式的社会亦未始不然也。"① 这意味着以往的历史是由少数"大人物"把持的，无论是在专制社会还是在民主社会皆是如此。他又就以往的史学谁为中心问题指出：以往史学的"病源"之一就是"知有个人而不知有群体。历史者，英雄之舞台也。舍英雄几无历史。虽泰西良史，亦岂能不置重于人物哉？"② 这意味着以往的史学贯彻的是英雄史观，也就是唯心史观。在历史观问题上，唯心史观为什么在马克思主义唯物史观产生以前长期占据统治地位，对此，毛泽东在 1937 年 7 月所作的《实践论》(《辩证法唯物论讲授提纲》的一部分) 中指出："在很长的历史时期内，大家对于社会的历史只能限于片面的了解，这一方面是由于剥削阶级的偏见经常歪曲社会的历史，另一方面，则由于生产规模的狭小，限制了人们的眼界。"③ 这意味着唯心史观长期占据历史观的统治地位，有其深刻的认识根源、社会历史根源和阶级根源。

在近代中国，滋生唯心史观的土壤仍然存在，所以主动传播或宣扬唯心史观的大有人在。当时的《晨报》副刊在 1919 年 5 月—7 月间既刊登了河上肇的《马克思的唯物史观》《马氏唯物史观概要》，也刊登了《马氏唯物史观的批评》。(节译自日本《改造》杂志的"社会主义批评")。《马氏唯物史观的批评》一文译自贺川丰彦的《唯心的经济史观的意义》，介绍了科芝克对唯物史观的批评和贺川丰彦提出的"唯心的经济史观"。科芝克认为，唯物史观之所以能"占势力"，是因为"人类生活脱离自然环境的支配，而渐至依靠人为生产之经济社会"的缘故，若没有 19 世纪经济的发展，恐不会有人在哲学上想出"唯物史观"来。但从 19 世纪末到 20 世纪初，物理学发现了"相对律"，稳立了"认识的主观性"；"价值哲学""实用主义""新康德派"种种的盛行，使"唯物论"失了"信用"；在"经济的生产社会"，劳动者对机械的反抗跟着"我"的自觉和"社会性"的回复，认识到"经济运动"是一个"伦理运动"。于是，贺川丰彦指出：如果科芝克所言真是马克思"唯物史观"的"正解"，则"唯物史观"就毫无意义了。于是，他主张拿"新理想主义的唯心的经济史观"来"修正"以"阶级争斗决定一切经济生活"的唯物史观。他还认为，在马克思唯物史观里头，可以发现"一个人"，

---

① 梁启超：《中国历史研究法》，商务印书馆 1922 年版，第 184 页。
② 梁启超：《新史学(清光绪二十八年)》，《饮冰室合集》第 1 册(《文集之九》)，中华书局 1989 年版，第 3 页("文集"页)。
③ 毛泽东：《毛泽东选集》第一卷，人民出版社 1991 年第 2 版，第 283 页。

但不能发现"我"。若把"我"插进去，那"唯物史观"就立归消灭。①

而当胡汉民发表《唯物史观批评之批评》时，费觉天则作《驳马克思底唯物史观》对胡汉民的批评进行反批评。他不是将胡汉民作为唯物史观的辩护者来批判，而是抓住了胡汉民在为唯物史观辩护的过程中暴露出的立场不彻底（即存在唯心史观成分）的漏洞来为自己反对唯物史观、宣扬唯心史观的反证材料。他认为，胡汉民的"社会哲学的倾向不由于理知的要求而由于心情的要求"之说，明明是"主情意论"，而非"唯物史观"；胡汉民将"经济基础"解作"消费"而扯到诸子哲学的"情欲论"上，乃是"人心支配经济"的"经济唯心论"，而非"生产力支配人心"的"经济唯物论"；胡汉民"承认政治、社会遗传、个人性质等等之影响于人类思想"，乃是"多元论"，而非马克思的"经济一元论"。② 他从佛家整天"游心物外"，艺术家为艺术而终身焦思奔劳，中国游侠仗义轻财，俄国虚无党以打破强权为职志，马克思为"社会主义"而一贫如洗、苦心奋斗，胡汉民、胡适之参与文化运动等事例，说明他们都不是为"经济"而生活与运动。故他得出结论说："人类的困难既是欲望不满的困难，不是生命不保的困难，则是人心支配经济，不是经济支配人心"；"社会上所以要生产，即由于人底好生意志，生产工具又是因人底意志，利用智慧去创造，所以生产力是因人的意志而发生而改造，……因生产力所生的关系，也是依人的意志而决定"。③ 这是明显的"欲望史观"，即"唯心史观"。

上述提倡唯物史观者虽然意味着反对唯心史观，反对唯物史观者意味着维护唯心史观，但他们无论对唯心史观持怎样的态度，都未采用"唯心史观"的概念。而在近代学者中明确提出"唯心史观"概念并与"唯物史观"相对立的是朱谦之。朱谦之的学术生涯是从追逐虚无主义开始，故他将自己最初的哲学称为"虚无哲学""无元哲学"。他声称："我的立足点是虚无主义，自信是比马克思派还高些，而且在消极方面，去否认唯物历史观，在积极方面，还是有所建立，——就是我的唯心历史观。"④ 他认为，马克思的唯物史观有三大谬误：一是偏重社会进化的

---

① 参见《马氏唯物史观的批评》，《晨报》1919 年 7 月 25 日—8 月 5 日，载《社会主义思想在中国的传播（资料选辑）》第 1 辑，中共中央党校科研办公室 1985 年版，第 169—170 页。

② 参见费觉天：《驳马克思底唯物史观》，《评论之评论》1920 年第 1 卷第 1 期。

③ 费觉天：《驳马克思底唯物史观》，《评论之评论》1920 年第 1 卷第 1 期。

④ 参见朱谦之：《革命哲学》，泰东图书局 1921 年版，第 135 页。

"物理的法则"，忽视了"人类精神的努力"；二是只知历史法则，却忘了意志自由；三是注重社会变迁的经济原因，忽略了"心理欲望"的原因。因此，马克思的唯物史观"只是过去的理论"，"不合于现代人心的要求"，必须将它"根本推翻"，才能实现"历史哲学的再造"，也就是要构建他的"唯心史观"。他认为"唯心史观"并不是什么"新的历史哲学"，黑格尔主张"一切过去的历史都是思想史"已有了"唯心史观的倾向"。不过，黑格尔虽是唯心史观的"创始"者，可惜他将"绝对意象"的概念应用到实际中时走向了"极端的保守主义"。因此，"成立"唯心史观的责任就落到了他这个"虚无学者"身上。[1] 他认为，马克思合拢"辩证法"和"唯物论"而成其"唯物史观"，而他要合拢"新辩证法"（改造黑格尔的辩证法）和"新心理学"（詹姆士的心理学）而成其"唯心史观"。[2] 他批评马克思的唯物史观用经济来解释历史，是"把结果认为普遍的原因"；而他的唯心史观从"心""思想"出发，主张"历史是我的思想自己造成"，"只有我的思想能够作历史的主宰"，其"大意"在于"说明历史上种种变动，注重在那时候的思想，依于心理的条件而变化的原则"。[3]

朱谦之从"唯心史观"的立场上探讨了"历史发展原动力""阶级斗争"和"社会革命"问题。他将"欲望"视为历史发展的"最根本的原动力"，主张"历史是欲望的产物"；强调"只有欲望支配经济，决不是经济支配欲望"。他将过去革命的历史都视为新的"革命思想"和旧的"保守思想"相冲突的历史。而思想冲突的背后是代表"创造欲"（革命者、提倡新的思潮的人）和"占有欲"（资本家、政客）之间的欲望冲突。由新旧思想的冲突，移到物质上的冲突，即"资本家总想把财产据为己有，而革命者总想把他公之社会"。他将"唯心史观"称为"革命史观"，认为近代的革命思想经历了"政治革命"（法国资产阶级革命）、"社会革命"（俄国社会主义革命）、"无政府革命"和"虚无革命"四大变迁。他所提倡的"虚无革命"是要"把宇宙间的一切组织都推翻"，因而是"最彻底的革命"。[4] 在他的"虚无革命"之下，"政治"（国家、政府、社会组织）、"经济"（财产）[5]、"教

---

① 参见朱谦之：《革命哲学》，泰东图书局 1921 年版，第 139—145 页。

② 参见朱谦之：《革命哲学》，泰东图书局 1921 年版，第 135、145—147 页。

③ 参见朱谦之：《革命哲学》，泰东图书局 1921 年版，第 145、149 页。

④ 参见朱谦之：《革命哲学》，泰东图书局 1921 年版，第 151—160 页。

⑤ 参见朱谦之：《现代思潮批评》，新中国杂志社 1920 年版，第 160—165 页。

育""道德"（人工的）、"艺术"（"美学"）① 等经济基础和上层建筑都在否定之列。

（三）社会史观

社会史观是孙中山为了印证自己的民生主义哲学而引进的，孙中山正是以威廉氏的"社会史观"为理论参考而将其"民生主义"上升到历史哲学的高度，建立了他的"民生史观"，以区别于中国共产党人所信奉的唯物史观。

孙中山早年把主要精力放在提出、完善和践行三民主义上，而在革命实践中一次次所暴露出来的问题，又使他不得不要从哲学的层面上进行思考。不过在社会历史观的建树上一直处于零星状态，也没有什么新的突破。直到他接触了美国学者威廉氏的社会史观后，深受其启发而提出了较为系统的民生史观，作为国民革命的理论基础。孙中山指出：马克思运用"科学方法"研究人类历史时，发明"物质是历史的重心"。当时有人将马克思的这种"发明"比之牛顿发明"天文学之重心学说"一样，马克思的学说得到了相当多的人的赞成与信仰。② 但在欧战以后，马克思的信徒围绕"物质到底是不是历史的重心"的问题而相互争吵起来。其中威廉氏就发表意见说："马克思以物质为历史的重心是不对的，社会问题才是历史的重心，而社会问题中又以生存为重心，那才是合理。"③ 于是，孙中山指出："我们要明白这两家的学说，究竟哪一家的主张是对的，便要详细研究他们的主义和近世社会进化的事实是不是相符合。"④ 最后，孙中山还是赞同威廉氏的社会史观。他之所以作出这样的选择，主要基于两种理由：一是因为威廉氏的"最近发明"（即"民生为社会进化的重心，社会进化又为历史的重心，归结到历史的重心是民生，不是物质"之说），适与国民党的"主义"（即"民生主义"）若合符节。⑤ 二是因为欧战后几年的"社会与工业之改良、运输与交通收归公有、直接征税与分配之社会化"的四种社会经济进化的"试验"证明，"社会进化"不是由于"社会上大多数的经济利益有冲突"，而是由于"社会上大多数的经济利益相调和"；不是由于"阶级战争"，而是由

---

① 参见朱谦之：《无元哲学》，泰东图书局 1922 年版，第 57—101 页。

② 参见孟庆鹏编：《孙中山文集（上）》，团结出版社 1997 年版，第 239 页。

③ 孟庆鹏编：《孙中山文集（上）》，团结出版社 1997 年版，第 241 页。

④ 孟庆鹏编：《孙中山文集（上）》，团结出版社 1997 年版，第 241 页。

⑤ 参见孟庆鹏编：《孙中山文集（上）》，团结出版社 1997 年版，第 241 页。

于"人类求生存"。①

孙中山曾在《关于民生主义之说明（一九二四年一月二十一日）》将威廉氏的著作 *TheSocialInterpretationofHistory: ARefutationoftheMarxianEconomicInterpretationofHinory* 译其名曰《历史之社会观》，称威廉氏"研究社会问题，发现社会上之生计问题，与马克思学说有不符合之点"；又称该书的要点大意为"在今日社会进化中，其经济问题之生产与分配，悉当以解决民生问题为依归"。这似乎是说"社会问题"和"民生问题"两个概念是由威廉氏提出的。但在后人将威廉此书译出取名为《马克思主义与社会史观》时，里面并没有"民生""民生问题""社会问题"的概念，只有"生存""求生""生存问题"的概念。其实，"社会问题"是孙中山提出三民主义理论以来一直使用的概念，他很早就说"社会问题在欧美是积重难返"，而他提出"民生主义"，就是为了预防在中国发生西方所面临并引发"社会革命"的"社会问题"。② 所以，孙中山后来在《民生主义》讲演中除了引用威廉氏的"生存""求生""生存问题"概念外，更多采用与"民生主义"相关的"民生""民生问题""社会问题"概念。而他当时在社会历史观上所表现的思想倾向是认同威廉氏的"社会史观"，并在威廉对马克思唯物史观的批评观点的影响下产生了对马克思的唯物史观的科学性的怀疑以及对马克思的"科学社会主义"能否解决西方的社会危机和能否给我国正在进行国共合作下的国民革命找到出路的怀疑。不过，孙中山并没有要将自己的民生史观与共产党人信奉的唯物史观上升到意识形态的层面进行你死我活的斗争，否则就会使国共合作的思想根基发生动摇，而是希望通过他所揭示的"学理"与所掌握的"事实"来说服参与国共合作的人士来以民生史观为指导，特别是通过寻找民生主义与共产主义的共通性以在意识形态上形成彼此都可接受的"共识"。但他在努力证明民生史观的正确性并指出唯物史观的不科学性的同时，也就为尔后国共两党的意识形态之争，特别是在他去世后国共两党最终走向分裂与对抗埋下了不幸的种子。此后国民党学者构建的各种形式的民生哲学，几乎都以孙中山的民生史观为立论依据，并长期与共产党的唯物史观处于对峙状态。

---

① 参见孟庆鹏编：《孙中山文集（上）》，团结出版社1997年版，第244—245页。
② 参见孟庆鹏编：《孙中山文集（上）》，团结出版社1997年版，第24页。

三、早期历史观的研究从具体领域到抽象层面

中国近代历史观层面上开展的哲学派别的纷争之所以最先出现在具体的历史观领域，而不是最先出现在抽象的哲学领域，这与中国近代早期哲学理论结构的定位有很大关系。如前所述，中国近代早期哲学理论的体系结构大致是由"本体论"（宇宙观）、"认识论"（知识论）和"价值论"（或人生论）所构成。"价值论"或"人生论"虽与"历史观"（或"社会观"）相贴近，但两者研究的对象还是相差很远。相对于"本体论"或"宇宙观"，"历史观"进入中国近代哲学基础理论研究领域较晚。李大钊的《史观（一九二三年十二月二十日）》是近代较早专门以历史观问题为研究对象的一份成果。他认为，历史观与人生观有着密切的关系，"历史观者，实为人生的准据，欲得一正确的人生观，必先得一正确的历史观"①。他又探讨了历史观的发展过程及其各种表现形态，并表明了应该树立什么样的历史观。他认为，古昔的历史观大抵宗于神道、归于天命而带有宗教的气味，也就无所谓"历史的法则"。其时出现的伟人的、圣贤的、王者的、英雄的、道德的、教化的历史观，均与神权的、天命的历史观有密接相依的关系。后世科学日进，史学界孔道西（即孔多塞）、桑西门（圣西门）、韦柯、孔德、马克思皆以努力发现"历史法则"为己任，但出现的历史观亦是衍类多端。他将这些五花八门的历史观归纳为四种：一是"退落的或循环的历史观与进步的历史观"；二是"个人的历史观与社会的历史观"；三是"精神的历史观与物质的历史观"；四是"神教的历史观与人生的历史观"。首者以"历史行程的价值的本位"为准，围绕"社会的演展"问题有"由昌盛而日趋衰落""如循于一环，周而复始"和"由野僿而日跻开明"之说；后三者则以"历史进展的动因"为准，围绕"动因"问题则有"个人"（如英雄、王者）、"社会"（如知识、经济）、"精神"（如圣神、德化、理念）、"物质"（如地理、人种、经济）、"神权"（如天命、神意）和"人生"（如社会的生产方法、社会的知识程度）之说。②他还认为，历史观的历史发展亦有

---

① 李大钊：《史学思想史》（1920 年编），钟离蒙、杨凤麟主编：《中国现代哲学史资料汇编（第 1 集第 8 册）：唯物论和唯物史观反对唯心史观的斗争（上）》，辽宁大学出版社 1981 年版，第 10 页。

② 参见朱文通等编：《李大钊全集》第 4 卷，河北教育出版社 1999 年版，第 307—309 页。

一定的倾向，也就是由神权的、精神的、个人的和退落的或循环的历史观分别进化到人生的、物质的、社会的和进步的历史观。前者可称为"旧史观"，后者可称为"新史观"。他主张现代史学者治史学应该树立"新史观"，抗辩"旧史观"，并根据"新史观""新史料"而把"旧历史"——"改作"。①

四、本体论与历史观的一致性问题

蔡元培在《哲学大纲》中将"历史哲学"列入哲学系统中，指出"历史哲学则一方面关乎道德法律之成绩，一方面又关乎宇宙论及生物人类之学，兼自然精神两界而有之。"② 而"历史哲学"与"历史观"是相通的③，说明蔡元培已注意到历史观与宇宙论之间的关系，但没有作出具体的阐释。后来，关于历史观与宇宙论的关系的阐释主要是在唯物论与唯物史观的关系这一领域进行。心瞑指出："以唯物论为一形上学说，则其所负为特长者，即在与自然科学之进步相符。"④ 这意味着"唯物论"与"形上学"（即"本体论"或"宇宙观"）有关。他又指出："从唯物论之旨趣，以诠释历史，即所谓唯物史观也。"⑤ 这意味着"唯物论"的"本体论"或"宇宙观"与"历史观"密切相关。

按照当代人的说法：一般宇宙观同社会历史观有出现完全一致的情况：一是彻底的唯心主义，认为自然界和社会都是某种精神的产物，一般宇宙观和社会历史观统一于精神；二是彻底的唯物主义（马克思主义哲学），认为自然界、社会历史和人类意识都统一于物质。一般宇宙观同社会历史观也有出现不相一致的情况：同一流派甚至同一哲学家对自然界的唯物主义观点同对社会历史的唯心主义观点尖锐地对立着。⑥ 而在民生哲学问世前，学者们特别是关注唯物论与唯物史观之间的区别。心瞑将唯物史观分为两种类型：一种是指以"自然现象的势力"

① 参见朱文通等编：《李大钊全集》第 4 卷，河北教育出版社 1999 年版，第 309—311 页。

② 蔡元培：《哲学大纲》，商务印书馆 1915 年版，第 15 页。

③ 朱谦之曾提出"历史哲学或历史观，它本身就是历史学中的一种演进"（朱谦之：《历史哲学大纲》，民智书局 1933 年版，第 58 页）之说，印证了"历史哲学"与"历史观"的相通关系。

④ 心瞑：《唯物论与唯物史观（完）》，《东方杂志》1920 年第 17 卷第 6 号。

⑤ 心瞑：《唯物论与唯物史观（完）》，《东方杂志》1920 年第 17 卷第 6 号。

⑥ 参见汪永祥、杨耕修订：《历史唯物主义原理》，北京师范大学出版社 2012 年第 3 版，第 2 页。

为主来说明历史，如巴克尔之重"气候、风土"，爹卢之重"环境"；一种是指以"经济"解释历史，如马克思的历史观。马克思不辞以"唯物论者"自居，而其"唯物论"既有黑格尔派的"辩证法"，又含有"反抗当代哲学之精神"，故不可与其他唯物论等量齐观。不过在他看来，这两种类型的唯物史观都视唯物论与唯物史观完全一致，而他主张"唯物论及唯物史观之自有限界"①。李达在其译述的《唯物史观解说》中，只提出"哲学的唯物论"与"唯物史观"在"崇拜物质"方面是相同的，但更强调两者的区别，即前者是论究"肉体与精神、物质与心灵、神与世界"的事情，是解说"思想与物质大概关系如何，思想起源如何"的问题；后者是论述"精神如何依赖社会状态，如何依赖生产方法、器械与劳动而取一定轨道进行"的问题，是说明"某时期内某种思想所以发生的原因"。概而言之，前者探究思想的本质，后者探求思想变化的原因；前者要说明思想的起源，后者要说明思想的变迁；前者是哲学的，后者是历史的；前者是豫想思想与精神尚未存在的状态，后者是豫想精神的实在。②

而唯物论与唯物史观是否有关联、是否一致的问题，后来给那些研究民生哲学的人在解答"民生史观是否需要本体论"以及"'生的本体论'与'生的历史观'（民生史观）是否在'生'的方面完全一致"的问题时提供了借鉴。后来叶青就批评某些研究民生史观的本质者"多以宇宙观来代表历史观"，即将宇宙观与历史观混为一谈。他指出："其实，宇宙观虽可作历史观的基础，但若认为宇宙的本体，完全等于历史的动因，则似是一种非常机械的看法。"③ 他特别指出有些倡唯生论者"虽记得国父所说'生是宇宙的中心'，却忘记国父所说'民生是历史的中心'，把民生史观称作'唯生史观'，把史的民生论称作'史的唯生论'"。他认同孙中山的"宇宙观"是"唯生的"，但不认同孙中山的"历史观"也是"唯生的"。因为孙中山说的是"民生"，不是"唯生"，不然孙中山为什么不说"生是宇宙的中心，也是历史的中心"而要说"生是宇宙的中心，民生是历史的中心"呢。④ 这就是说，叶青反对将"宇宙的本体"机械地等同于"历史的动因"、以一般的宇宙观代表特殊性的历史观的所谓"生是历史的

---

① 心眼：《唯物论与唯物史观（完）》，《东方杂志》第 1920 年第 17 卷第 6 号。
② 参见 [荷兰] 郭泰：《唯物史观解说》，李达译，中华书局 1921 年版，第 4—5 页。
③ 燕义权：《国父孙中山底历史哲学》，国民图书出版社 1942 年版，第 11 页。
④ 参见燕义权：《国父孙中山底历史哲学》，国民图书出版社 1942 年版，第 11 页。

中心"的"唯生史观"。①

第二节　民生哲学诞生后的哲学派别划分标准

民生哲学诞生后，其哲学派别划分标准在前期主要是在历史观层面展开的，而在后期主要是在本体论层面展开的。

一、历史观层面的民生哲学派别划分标准

历史观层面的民生哲学派别分类标准随着《德意志意识形态》的传入而丰富化，而其派别分类又是在世界哲学和中国本土哲学的双重视野进行的。

（一）《德意志意识形态》的哲学派别划分标准的输入

一般把马克思与恩格斯在 1845 年 9 月至 1846 年 5 月间合作写成的《德意志意识形态》视为唯物史观创立的重要标志。马克思和恩格斯正是在这部著作的第一部分《费尔巴哈·唯物主义观点和唯心主义观点的对立》中，涉及社会历史观的基本问题及唯物史观和唯心史观的区别问题。其具体描述是："这种历史观就在于：从直接生活的物质生产出发来考察现实的生产过程，并把与该生产方式相联系的、它所产生的交往形式，即各个不同阶段上的市民社会，理解为整个历史的基础；然后必须在国家生活的范围内描述市民社会的活动，同时从市民社会出发来阐明各种不同的理论产物和意识形式，如宗教、哲学、道德等等，并在这个基础上追溯它们产生的过程。这样做当然就能够完整地描述全部过程（因而也就能够描述这个过程的各个不同方面之间的相互作用）了。这种历史观和唯心主义历史观不同，它不是在每个时代中寻找某种范畴而是始终站在现实历史的基础上，不是从观念出发来解释实践，而是从物质实践出发来解释观念的东西。"② 这

---

① 参见燕义权：《国父孙中山底历史哲学》，国民图书出版社 1942 年版，第 11—12 页。

② 《马克思恩格斯全集》第 3 卷，人民出版社 2016 年版，第 42—43 页。

段话把"从观念出发"还是"从物质实践出发"作为区分唯物史观和唯心史观的根本标准，已内在地包含了"社会存在与社会意识的关系问题"这一社会历史观的基本问题，并旗帜鲜明地提出"不是意识决定生活，而是生活决定意识"① 的唯物史观立场。而且马克思还把"生活"与"民生"相联系来审视其对人类生存与历史进化的价值。他指出："我们首先应当确定一切人类生存的第一个前提，也就是一切历史的第一个前提，这个前提是：人们为了能够'创造历史'，必须能够生活。但是为了生活，首先就需要吃喝住穿以及其他一些东西。因此第一个历史活动就是生产满足这些需要的资料，即生产物质生活本身。"② 这说明马克思的唯物史观也是将"民生"（生存、生活）在社会存在与历史发展中的基础作用，与孙中山的民生史观存在着相通兼容之处。

遗憾的是，马克思和恩格斯生前未能将《德意志意识形态》出版。伯恩施坦约在 1903 年将书稿中揭示马恩向科学社会主义过渡的思想历程的《圣麦克斯》篇出版。③ 苏联马恩研究院院长梁赞诺夫（另译名利耶山诺夫）于 1926 年主编出版《马克思恩格斯文库》第 1 册，将《德意志意识形态》第一部分——《费尔巴哈·唯物论和唯心论的对立》收入其中。苏联马恩列研究院阿陀拉斯基（另译名阿多拉茨基）又于 1932 年主编出版了《马克思恩格斯全集》，其中第一部分第五册即为《德意志意识形态》（另有中译名为《德意志观念体系》），该书第一部分就是《费尔巴哈·唯物观和唯心观的对立》。④ 上述篇名中出现的"唯物主义观点和唯心主义观点的对立""唯物论和唯心论的对立"和"唯物观和唯心观的对立"等说法，都是在社会历史观的层面上区分唯物主义与唯心主义阵营的，亦即表达的是唯物史观与唯心史观的对立。而且，马克思和恩格斯是作为唯物史观的开创者，梁赞诺夫和阿陀拉斯基是作为马克思恩格斯的唯物史观著作的整理者，他们当然归属于唯物史观阵营。

不过，中国学者对《德意志意识形态》的唯物史观的传播早在前苏联《马恩

① 《马克思恩格斯全集》第 3 卷，人民出版社 2016 年版，第 30 页。

② 《马克思恩格斯选集》第 1 卷，人民出版社 1995 年版，第 78—79 页。

③ 参见［波兰］莱泽克·科拉科夫斯基：《马克思主义的主要流派》第 1 卷，唐少杰译，黑龙江大学出版社 2015 年版，第 157 页；鲁路：《〈马克思恩格斯全集〉历史考证版第 1 版的编辑史》，《马克思恩格斯列宁斯大林研究》2006 年第 3 期。

④ 马克思、恩格斯：《德意志观念体系》，克士译，珠林书店 1941 年版，第 2 页（"介绍"页）。

全集》出版之前就已开始了。安之早在 1929 年就将日本学者加田哲二的《德意志伊特沃罗几和马克思社会学》("伊特沃罗几"即"意识形态")一文译为中文在《一般》刊物上发表。该译文认为，伯恩施坦发表的《麦克修替尔纳批判》(即《圣麦克斯》)和格林著的《在法兰西及比利时的社会运动的批判》虽然都是《德意志意识形态》的一部分，但没有梁赞诺夫(即里亚柴诺夫)发表的《德意志意识形态》中《福爱勃赫批判》(福爱勃赫即费尔巴哈)的部分来得重要，因为《德意志意识形态》提出的"不是意识去确定生活，是生活去确定意识"这种历史观，在一切底时代里，没有像观念的史观那样要去找求一个范畴的必要；是常常停在现实底历史的地盘之上，并不从理念去说明实践，反是从物质的实践去说明理念底形成"[1] 等有关社会学(实即唯物史观)原理的论述，比《哲学底贫困》《经济学批判序文》《共产党宣言》《家族私有财产及国家底起源》这些著述"还要来得有兴味有价值"[2]。紧接着，程始仁编译并于 1930 年 4 月由上海亚东图书馆出版的《辩证法经典》，收入了《德意志意识形态》第 1 卷摘译，译名是《唯物的见解和唯心的见解之对立》。随后，杨东莼与宁敦伍译恩格斯的《机械论的唯物论批判》一书，其中"附录七"为《观念论的见解与唯物论的见解之对立》，译自前苏联编的《马克思恩格斯文库》第一卷的《德意志意识形态论》。[3] 郭沫若又将梁赞诺夫版本译为《德意志意识形态》于 1938 年 11 月由上海言行出版社出版，内有《费尔巴哈—唯物论与唯心论的见解之对立》篇。克士又将巴斯加尔校订的英文本译为《德意志观念体系》于 1941 年 7 月由上海珠林书店出版，内有《费尔巴哈·唯物观和唯心观的对立》篇。

　　由上可知，《德意志意识形态》到 20 世纪 20 年代末才传入中国，这意味着其中有关社会历史观基本问题和哲学派别的论述在此前未对中国学者发生影响，但这并不影响当时中国学者对哲学派别的归类及其对哲学阵营的选择，因为马克思和恩格斯还有一些其他著作也有类似的阐述。不过，《德意志意识形态》输入

---

① ［日］加田哲二：《德意志伊特沃罗几（Deutsche，Ideologie）和马克思社会学》，安之译，《一般》1929 年第 9 卷第 3 号。

② ［日］加田哲二：《德意志伊特沃罗几（Deutsche，Ideologie）和马克思社会学》，安之译，《一般》1929 年第 9 卷第 3 号。

③ 参见恩格斯：《机械论的唯物论批判》，蒲列哈诺夫注释，杨东莼、宁敦伍合译，昆仑书店 1932 年版，第 175—180 页。

以后，人们不仅可以从其对哲学基本问题的回答中判明唯物史观与唯心史观的界限，而且还可以从其对民生的重视而找到唯物史观与民生史观的结合点。在安之的译文中，就有"人间生活第一要素是食、饮、住、穿，如果没有这些，也不会有什么历史了"①之说；在程始仁的译文中，就有"一切人类史的最初的前提，自然是活着的人类各个人的生存条件"②之说。这些译文所讲的正是民生在历史中的作用问题。

（二）世界历史哲学视野下的民生哲学归类

讲到民生哲学派别的归类，必然到追溯到孙中山。孙中山是在对马克思的唯物史观和威廉的社会史观进行比较以后，选择以威廉的社会史观为参照而建立了民生史观。孙中山的民生史观是围绕社会历史的中心是物质还是民生以及社会进化的原动力是阶级斗争还是阶级调和（社会互助）而作出自己的抉择的。不过，孙中山尽管强调民生史观与唯物史观的根本区别，但没有将两者截然对立，更没有要国共两党在国共合作中作出二选一的决断。不过，当戴季陶提出民生哲学和民生史观概念及其理论时，已开始将民生哲学（民生史观）与唯物史观对立起来，并要求国共两党只能以民生哲学（民生史观）作为共信的理论基础，而且他还对民生哲学作了唯心的解释。随后，杨杏佛将孙中山的历史观称为"唯生哲学"而与分别以"物质"和"精神"为中心的唯物史观和唯心史观相区别。

朱谦之在其历史哲学研究中，特别注重对历史哲学发展形态的研究。如在《到大同的路》中，将历史哲学分为宗教的历史观（即宗教史观）、自我的历史观（个人史观或精神史观）、社会的或科学的历史观（社会史观、科学史观或唯物史观即经济史观）和理想的历史观（即大同史观）四种发展形态。③ 在《历史哲学大纲》中，将历史哲学分为神学的历史哲学（宗教史观、神学史观）、形而上学的历史哲学（唯心史观、精神史观）、社会的科学的历史哲学（即社会的经济的历史观，科学史观、社会史观与唯物史观）和新理想主义的历史哲学（即综合的

---

① ［日］加田哲二：《德意志伊特沃罗儿（Deutsche，Ideologie）和马克思社会学》，安之译，《一般》1929 年第 9 卷第 3 号。

② 程始仁辑译：《辩证法经典》，亚东图书馆 1930 年版，第 36 页。

③ 参见朱谦之：《到大同的路》，泰东图书局 1928 年版，第 64、74 页。

生命的历史哲学、艺术史观）四种发展形态。① 这两次哲学发展形态的划分，都不是以社会历史观的基本问题为标准的，而是以社会进化为重心、按照时代进程来解释历史哲学的进化形态。不过，在前一分期中，他虽将孙中山与马克思、恩格斯、孔德、威廉同置于第三阶段，但他强调马克思派"唯物史观"和孔德派"社会史观"的不同，并将孙中山的"民生史观"（即"三民主义"的历史观）归属于孔德、威廉的"社会史观"系统，而与马克思恩格斯的"唯物史观"系统相反对。同时，他又强调孙中山的历史哲学因看到人类发展必然要达到"世界大同"，故又超越孔德的"社会史观"而进入历史哲学发展的第四阶段——新生机主义历史观。② 而在后一分期中，他将孙中山的社会史观和马克思的唯物史观都归入"科学史观"，但他称赞孙中山"实在能于马克思派唯物史观之外，为社会史观之集大成者"③。

杨汉辉从世界视野将历史哲学分为四种派别：一是唯心派的历史哲学（即唯心史观），以康德、黑格尔、戴季陶为代表，主张以"人类理想"为社会进化之原动力，认定一种或多种"精神生活"为全部历史重心，完全忽略了历史上的"根本事实"。二是二元论的历史哲学（即社会史观），以美国的威廉氏为代表，主张以"人类解决生存问题之要求"为社会进化之原动力，认定"人类全部社会生活"和"求生意志"为历史重心，实则根本取消了"历史重心"问题。三是唯物派的历史哲学（即唯物史观），以马克思、恩格斯为代表，主张以"物质的生产力"为社会进化之原动力，认定"经济生活"为全部历史重心。四是民生的历史哲学（即民生史观），为孙中山的"民生哲学"，主张以"民生"为历史演变的重心。④ 这里将戴季陶和孙中山的历史哲学（历史观）分别归入唯心史观和民生史观。

梁园东将世界历史上显现出的各种历史观分为五种：一是神意史观，以神意为法则解释历史；二是英雄史观，以杰出人物为中心的历史观；三是政治史观，以政治为历史的枢纽；四是唯物史观，以生产力的大小和生产关系的相适应与否来说明历史状况；五是民生史观，以生活的安定与否为社会状况良好与否的根源。⑤ 不过，梁国东倾向的是唯物史观，因为它深入到"社会的构造和构造的基

---

① 参见朱谦之：《历史哲学大纲》，民智书局1933年版，第3—15页（"目录"页）。
② 参见朱谦之：《到大同的路》，泰东图书局1928年版，第68、74页。
③ 朱谦之：《历史哲学大纲》，民智书局1933年版，第263页。
④ 参见杨汉辉：《现代中国政治教育》，人文书店1932年版，第2—4页（"第二章"页）。
⑤ 参见梁园东：《什么是历史观？》，《现代学生》1933年第2卷第7期。

础", 而民生史观只止步于"生活"层面, 因而有"更深的错误"。但唯物史观不等同于经济史观, 因为它并未把社会完全看成是"经济"。[①]

黄文山从"史观"着手, 通过纵向的梳理和横向的对比, 来揭示唯生论的历史观的优势。他把近代史家对于"史象"的不同解释分为八种类型: 伟人史观、经济或唯物史观、地理或环境史观、精神或唯心史观、科学或技术史观、人类学史观、社会学史观、综合或集团心理史观。[②] 他对朱谦之的历史哲学形态划分标准略作修改, 而将历史哲学分为神学史观、个人史观或精神史观、社会史观或经济史观、民生史观四个发展阶段, 奥古斯丁、黑格尔、马克思和孙中山分别是这四个阶段的"集大成人物"。[③] 这意味着孙中山的民生史观高于马克思的唯物史观。

以上学者都是从世界历史哲学视野来审视民生哲学或民生史观的历史地位和世界地位, 他们普遍将民生哲学或民生史观当作世界历史哲学的集大成者, 或者说, 将民生哲学或民生史观当作世界上最为先进的哲学, 尤其是把民生哲学或民生史观看成是优于马克思主义唯物史观的。

(三) 中国哲学视野下的民生哲学派别划分标准

国民党在国共分裂后, 最终选择了民生哲学或民生史观来与共产党信奉的唯物史观相对抗。但国民党内不同学者和不同利益集团因学术或利益的不同而对民生哲学或民生史观的理解也不尽相同。

陈树林围绕"三民主义的哲学基础"问题对国民党学者的历史观分为"纯道统派"("仁"为基础)、"民生道统派"("仁爱""诚"为基础)、"博爱派"("博爱"为基础)、"平等派"("平等的精神"为基础)、"连环派"("社会现象互为因果")、"泛民生派"(心物二元) 和"民生主义派"("经济问题"为"民生问题"的本质) 七派, 认为前四派为唯心论, 第五派为多元论, 第六派为二元论, 第七派为唯物论。[④] 这似乎是按照社会历史观的基本问题来划分民生哲学或民生史观派别的, 一方面将它们分为唯物论的历史观和唯心论的历史观, 另一方面将它们分为一元论的历史观、二元论的历史观和多元论的历史观。不过, 陈树林没有指

---

① 参见梁园东:《什么是历史观?》,《现代学生》1933 年第 2 卷第 7 期。

② 参见黄文山:《唯生论的历史观》, 正中书局 1935 年版, 第 16 页。

③ 参见黄文山:《唯生论的历史观》, 正中书局 1935 年版, 第 20—21 页。

④ 参见陈树林:《三民主义的哲学基础是什么 (一)》,《人民评论》1932 年第 31 期。

出这七派的代表人物。"纯道统派"似指余井塘，因其曾说中山主义哲学的"基础"完全建筑在"仁"字上面。[①]"民生道统派"似指戴季陶，因其既讲孙中山的思想继承了儒家的道统，又讲"民生为历史的中心"，还把民生哲学的中心思想归结到"仁爱"和"诚"的道德观念上。"博爱派"似指孙镜亚，因其主张"三民主义的思想基础是博爱"[②]。"平等派"似指章天浪，因其主张"三民主义的最高原则，在于'平等'二字；……三民主义一贯的精神，便是'平等的精神'"[③]。"连环派"似指胡汉民，因其发表《三民主义的连环性》揭示了三民主义的连环性。闫伯伦近于"泛民生派"，因其将民生理解为求生存的欲望同技术两个方面，并主张"历史的重心是生存欲望同生存技术两者关系的变动"[④]。周佛海近于"民生主义派"，因其主张民生主义有广狭义之分，狭义是解决经济问题，而广义是解决人类的生存问题，因而才是"三民主义的本体"[⑤]。

赵剑华曾将1925年戴季陶民生哲学的创立到1933年陈立夫唯生论的创立期间的民生哲学（民生史观）主要派别分为四类：一是纯唯心论者，戴季陶为代表；二是准唯心论者（即唯能论者），杨周熙为代表；三是唯物论者，萨孟武、李平凡、杨汉辉、胡汉民和赵剑华本人为代表；四是唯生论者，梅思平、胡一贯、任觉五、童行白、陈立夫为代表。[⑥]这四个派别实际上是在本体论和历史观两个层面上结合哲学基本问题和社会历史观基本问题作为混合标准来划分的，其中唯物论、唯心论和唯生论三者是国民党学者划分哲学派别时最为常见的哲学派别。

二、本体论层面的民生哲学派别划分标准

本体论层面的民生哲学派别分类是随着陈立夫的唯生论的出现而显盛，它使民生哲学本体论出现唯物论、唯心论和唯生论三种典型的解释形态。而在三民主

---

① 参见余愉：《民生主义之哲学方面的研究》，《中央半月刊》1927年第1卷第3期。
② 孙镜亚：《对于〈孙文主义之哲学的基础〉之商榷》，三民公司1926年版，第34页。
③ 章天浪：《再论三民主义的本体（附图表）》，《新生命》1930年第3卷第7期。
④ 闫伯伦：《三民主义的本体论》，《新生命月刊》1930年第3卷第4号。
⑤ 闫伯伦：《三民主义的本体论》，《新生命月刊》1930年第3卷第4号。
⑥ 参见赵剑华：《反唯心论的民生史观：从唯心史观唯物史观社会史观到民生史观（附图表）》，《新中国》1933年第1卷第1期。

义哲学形态盛行后，民生哲学本体论又出现了以心物合一或心物本一为本体的多重解释形式。

（一）唯生论视野下的民生哲学派别之分

在陈立夫提出"生为宇宙的中心"的唯生本体论之前，人们大多还是把"心"（"精神"）与"物"（"物质"）作为选项来判断各家哲学的性质与派别，于是就有"唯物论""唯心论"和"二元论"等派别。陈立夫在《唯生论·自序》中就提出"唯物乎？物在何处？衣食住行之资料，均须仰给于人。唯心乎？心已将死！礼义廉耻之美德，俱已丧失殆尽"的悖论。于是他要跳出"唯物唯心"的圈子而提倡"唯生论"。他又指出："我们这个唯生论，是以整个宇宙或者说是全部宇宙现象为对境的，不似唯物论唯心论，以及唯性唯能唯爱诸论，只居一隅只偏一端。"[1] 陈立夫这里列出的"唯性论"，应不是太虚所说的唯性论，而应是弗洛伊德的说法。因为，郭任远曾将弗洛伊德（译名"弗劳特"）的历史观称为"唯性史观"[2]；任觉五称弗洛伊德的"唯性史观"主张"性欲是一切行为主要的原动力"[3]。"唯能论"是杨周熙的理论，前面已作介绍。"唯爱论"是吴耀宗的理论，又称"唯爱主义"，主张"人类一切关系，都应当以爱为原则，并且要用不违反这个原则的一切手段"。[4] 这就是说，陈立夫的"唯生论"不仅区别于唯物论和唯心论，也区别于唯性论、唯能论和唯爱论。

进入三民主义哲学（亦即民生哲学）阶段，国民党学者的哲学也呈现五花八门的各种流派，基本上是从本体论的高度来建立各自的理论体系。何汝津认为，将三民主义哲学定性为唯心论、唯物论和二元论、多元论都是错误的。而他从孙中山关于物质和精神的关系的原话中觉得孙中山并非否定物质重要，但因我国物质落后而不能不强调精神的重要。按照他的理解："当精神一经适应物质环境的需要时，就可变成为物质的一部分，而发挥了伟大的效用"，这实际上是接近于马克思主义的"精神变物质"之说。他又将蒋介石视为孙中山的"唯一的继承者"而以蒋介石的"我们绝对不是讲唯心论，我们也决不承认是一个唯心论者，同时，

---

① 陈立夫：《唯生论（上）》，正中书局 1935 年第 3 版，第 58 页。

② 参见郭任远：《反科学的马克思主义》，民智书局 1929 年版，第 89 页。

③ 任觉五：《唯生论与民生史观》，拔提书店 1934 年版，第 128 页。

④ 吴耀宗：《唯爱的定义》，《唯爱》1932 年第 2 期。

却也不是机械的唯物论者"之说作为对三民主义哲学的权威解释。① 不过，他自己则将三民主义哲学定性为"辩证唯生论"。

张济时是在宇宙观和历史观的双重层面来思考心物关系的。他认为，唯心论者主张思维决定存在，以为历史和宇宙为人类意识精神所创造；唯物论者主张存在决定思维，以为宇宙和历史的变迁演进完全是以物质与经济生产方式为转移，人类的活动完全受经济的支配。而孙中山的宇宙本体论是主张精神与物质为"合一"或"化合"的、"综合不分"的关系，可称为"心物综合一元论"。② 张济时认为，"心物综合论"不同于"心物调和论"。"心物调和论"一名"心物并行论"，此派起于唯心论与唯物论冲突白热化之时，而认为唯物与唯心之不可解，于是折中调和于有心有物，两者并立之论调中。而他认为，两者的理论"似同而实异"。其一，心物调和论认为心物两者各卓然独立而不倚，即心外有物，物外有心，而为心物二元论；心物综合论则认为心物两者相倚而不离，即心内有物，物内有心，而为心物综合一元论。其二，心物调和论认为宇宙万象为两种绝缘的心物混合体，而心物综合论则认为宇宙万象为两种相关的心物之化合体。③

詹竞烈将哲学上的宇宙观分为唯心论、唯物论和唯生论三种派别。他将唯心论分为主观唯心论和客观唯心论两种基本流派，唯物论分为原始唯物论（即朴素唯物论）、机械唯物论（即形而上学唯物论）和辩证法唯物论三种形式。他似乎将"唯心论"和"唯物论"归入"一元论"而与康德的二元论相对。他对唯心论、唯物论和二元论都采取批判态度。④ 不管怎样，他对唯物论和唯心论及其表现形式以及一元论和二元论的划分，在今天仍具有一定的影响力。他又将一般学者研究唯生论的见解分为"心物调和论""心物综合论"和"心物统一论"三种。詹氏虽称"唯生论"是"哲学崭新和最正确的发现"，称"唯生哲学"因克服了心物偏见论者的说教而终止了"唯心论与唯物论的论战"⑤。但他也不认为唯生论的三种本体论都是正确的。他特别指出心物综合论的错误，认为它"仍然停留在二元论的阶段中"，因为它不明精神与物质二者"本合为一"。所谓"综合"，是一

①　参见何汝津：《我对国父生平与思想的认识：三民主义哲学》，《满地红》1941 年第 3 卷第 4 期。
②　参见张济时：《总理之一贯哲学》，华美印书馆 1946 年版，第 19—20 页。
③　参见张济时：《总理之一贯哲学》，华美印书馆 1946 年版，第 21—22 页。
④　参见詹竞烈：《唯生论与民生史观》，中南印刷所 1947 年版，第 20 页。
⑤　詹竞烈：《唯生论与民生史观》，中南印刷所 1947 年版，第 1 页（"序言"页）。

种平行并列的"联合"或互相渗透的"混合"或互变原质的"化合",三者都不过是"理化的统一"或"数学的统一",还未进至"本合为一"。① 而他所心仪的是"心物统一的唯生论"。②

（二）唯生论的哲学性质

陈立夫等人抛出唯生论，意欲跳出唯物唯心之争而又居于唯物唯心之上。但他们的唯生论真能跳出唯物或唯心的哲学阵营吗？当时的马克思主义学者何明运用西方的"物活论"来解读唯生论，并对其哲学性质给出了定位。"物活论"是认为"无机物也有生命、精神或思想"的理论，分为唯物论的物活论和唯心论的物活论两派。

何明首先对陈立夫的唯生论进行定性。他认为，赫克尔认"元子"具有"精神"，"物质"为"宇宙的基本"，且都具"精神的属性"，故为唯物论的物活论。陈立夫也以为"生命、智慧"等都是"物质的元子的属性"，"精神"是"元子的运动"，故亦属于唯物论的物活论，只是将"物活论"改名为"唯生论"。而陈立夫即便从"唯物论"出发，也不是"彻底的新唯物论"，因其承认还有"比人类更有精神"的"鬼怪、神仙"之类的东西存在，只是"非人类所能彻底了解"而已，这就必然会走进"神秘主义或唯心论的领域"去。③

何明接着又对何行之的唯生论进行定性。他认为，陈立夫的唯生论是从"唯物论"转入"唯心论"，而何行之的唯生论哲学的理论基础开始就是"唯心论"。因为，何行之主张宇宙的本质不是"物质"而是"生命"，整个宇宙的物质与精神皆依存于"生命"。虽然何行之亦主张生命就是元子，但他将陈立夫的"宇宙万物导源于元子"称为"元子一元论"，而将自己的"宇宙万物导源于生命"称为"生命一元论"。但何明认为，无论是常识或自然科学，还是新唯物论，都不会疑惑砖头、沙粒、铁板、铅管等等是由"物质"构成的，决没有人会相信构成这等东西的"本原"不是"物质"而是"生命"，这就使得何行之"不能不随时又回到唯物论的物活论的见解去"。何明还断言，何行之虽把哲学分作唯物论、唯心论及唯生论三派，但实际上哲学的阵营依旧只有唯物论与唯心论两个，没有

---

① 参见詹竞烈：《唯生论与民生史观》，中南印刷所 1947 年版，第 108 页。
② 参见詹竞烈：《唯生论与民生史观》，中南印刷所 1947 年版，第 7 页。
③ 参见何明：《略论生命》，《哲学杂志》1940 年第 2 期。

第三个。唯生论可以成为旧唯物论的某一种，也可以属于唯心论。[①]

三、心物合一论视野下的民生哲学派别之分

如前所述，中国哲学早在 20 世纪初就开启了心物关系的本体论探索。而从民生哲学的视野来开展心物关系的本体论思考则是比较晚的事。胡汉民较早从国民党官方哲学的层面上思考心物关系问题，其研究成果主要反映在《三民主义的心物观》一文中，但由于受唯生论的影响，而提出"以生为体，以心物为用"的宇宙观。而从"心物"层面来建构本体论，那还是 20 世纪 30 年代后期的事，主要有物心综合论、心物调和论、心物综合论、心物一元论、物心本一论、心物合一论、"体能一元论"等流派。

"物心综合论"是叶青 1936 年提出来的。叶青叛党后，一段时间想保持学术的独立性，但基本上行走在唯物论的边缘。该理论一经提出，就遭到共产党学者艾思奇的批判。艾思奇认为叶青的"物心综合论"（当时误为"心物综合论"）是"杂凑论""心物二元论"。但叶青辩称自己把"物"写在"心"前，是根据自己的综合公式"物质——观念——物质"（即唯物论），而非艾思奇所理解的"观念论"。[②]即是说，他的"物心综合论"是以"物质论"吸收"观念论"的"新唯物论"。[③]但自他完全倒向国民党阵营，成为国民党的御用学者以后，他就开始将他的"物心综合论"与"三民主义哲学"联系起来，并引孙中山和蒋介石的心物观来支持他的学说。叶青认为，"物质论"看重"物质"，"观念论"看重"精神"，由此生出很多不同："物质论"看重"必然""经验"，"观念论"看重"自由""理性"，等等。这两个矛盾的体系论战了两千多年，一部哲学史就是"物质论与观念论的争斗史"。而"物心综合论"以"扬弃"的方法来统一"物质论"和"观念论"，才使两者之间的争斗"便告结束"。[④]他虽承认戴季陶的唯心论、高承元的唯物论，陈立夫的唯生论，姜琦的辩证法民生论、叶楚伧的心物综合论在解说三民主义哲

---

①　参见何明：《略论生命》，《哲学杂志》1940 年第 2 期。

②　参见叶青：《为发展新哲学而战》，真理出版社 1937 年版，第 80—81 页。

③　参见叶青：《为发展新哲学而战》，真理出版社 1937 年版，第 179 页。

④　参见叶青：《三民主义底哲学基础（五）》，《时代思潮》1941 年第 35—36 期合刊。

学方面皆有其理由，而他主张只有将孙中山的三民主义哲学理解为"心物综合论（应写作物心综合论）"才是"的论"。① 叶青的"物心综合论"遇到的挑战主要来自唯生论或生命论。他从三个层面反击唯生论者。其一，孙中山本人并未明说他的本体论是什么，到底他的本体论是什么，完全为研究者的认定。其二，国民党过去的"宣言""决议""党员须知"和蒋介石言论中未曾提出过有关孙中山的本体论的主张。② 其三，孙中山全部著作中未有"生是宇宙的中心"这句话，即便有，亦不能作"生是宇宙底本体"解。③

"心物调和论"或"心物并重论"指出了唯物论与唯心论的错误，认为宇宙间一切现象（包括无机现象、有机现象和超机的文化现象）都不是单纯的"心"或"物"所能创造的，而都是"心物并重"或"心物调和"的结果，又以"民生"为意义，可谓"心物调和的民生论"。④ 刘炳藜从地理环境来说明世界上存在着心物调和论，即温带地区的人类容易产生"心物调和"或"心物并行"思想。⑤ 陶国铸从西方哲学史中寻找心物调和论的踪迹，认为亚里士多德对"形相"与"本质"的调和，对本体界和现象界的调和，都属于心物调和论。⑥ 不过心物调和论在近代民生哲学论者中基本作为批判的对象，认为它的缺点是把心物二者割裂开来，为心物二元掘下深渊。所以，近代很少有学者承认自己的哲学为心物调和论，但也有人认为吴曼君的本体论"近于这种意见"⑦。而实际上，吴曼君的本体论属于偏重唯物论的"物心综合论"。

"心物综合论"以刘炳藜为代表，他既否认唯物论与唯心论的见解，又指出心物调和论的缺陷，认为自然现象和社会现象无论怎样复杂变化，其根本都受制于心物综合而成的因素，应当以"心物综合"为"意义"去把握社会，了解"民生"。⑧

---

① 参见通信：《三民主义哲学及其他》，《时代思潮》1941 年第 27 期。

② 参见叶青：《三民主义底哲学基础（五）》，《时代思潮》1941 年第 35—36 期合刊。

③ 参见叶青：《国父哲学言论辑解（一）》，《大路》1941 年第 6 卷第 2 期。

④ 参见中心出版社编：《三民主义哲学选集》，中心出版社 1941 年版，第 2 页（"编者的话"页）。

⑤ 参见刘炳藜：《三民主义方法论发凡：心物综合法的研究》，《中央周刊》1939 年第 1 卷第 39—40 期合刊。

⑥ 参见陶国铸：《三民主义的哲学基础与心物综合论》，《中央周刊》1940 年第 2 卷第 38 期。

⑦ 参见中心出版社编：《三民主义哲学选集》，中心出版社 1941 年版，第 2 页（"编者的话"页）。

⑧ 参见中心出版社编：《三民主义哲学选集》，中心出版社 1941 年版，第 2 页（"编者的话"页）。

"心物一元论"以崔载阳为代表，他给孙中山哲学的定性是："国父的哲学决不是唯物论、唯心论，也不是唯生论、物心综合论，或唯物论与民生史观之综合。这些都不是。国父的哲学是心物一元的哲学，国父的哲学应属于心物一元论。"①崔载阳虽承认唯生论对于阐扬孙中山的本体论的重要贡献，对孙中山的民生哲学思想实有很大的发挥，但他认为唯生论的见解仍有可以商讨的地方。第一，唯生论认为"物质加精神等于生"，则对孙中山所指示的宇宙本体多加了一个"生"，不符合孙中山哲学的原意。第二，唯生论说"生"是宇宙的原理，物质与精神却从"生"而出，不懂得"生命"是由"精神物质合一体"所产生。同时，唯生论的"生"偏于"机械的变化"，很少说到"阶段的进化"和生命在进化各期有不同的特征与表现。第三，唯生论视心物只为属性，而将"生"（生命）扩大为"宇宙的本体"，则这种"泛生命论"亦难免有与唯物论合流的可能。第四，唯生论将质量与能量分开来表达物质与精神之来源，认定质量是元子的静态、占空间、是物质，能量是元子的动态、占时间、是精神，而不懂得"能量是动态的质量，质量是静态的能量"，两者可以互相转变。②崔载阳特别指出物心综合论在阐扬孙中山的进化学说方面存在四个方面的问题：第一，物心综合论本以"物"与"心"同为宇宙的本体，却又承认"物质"为"体"、为"先"、为"主"，"心"为"用"、为"后"、为"副"，而与唯物论的主张并无大异，则宇宙的本体当然是"物"不是"心"了，"心"与"物"也就不是"同时进化"了，这与孙中山的"总括宇宙现象，要不外物质与精神二者"和蒋介石的"一体之二面，一物之二象"的原意不符，故为"最可批评的地方"。第二，物心综合论说宇宙进化之始为物质性的"太极"，但他认为"太极"（伊太）是"非物质性"的，"存在"不限于"物质"，也有"精神"；"体用"既属"合一"，自无"先后之分"；"心物"既属"一体二面"，自无"主副之别"。第三，也有物心综合论者虽承认物质有低级的精神，彼此可以"对立的统一"地存在，但在说明"矿物"进化为"生物"时，却又认为精神与物质的统一便起"分化"，以至于"物质变成宇宙的根源，而精神则成社会的根源"，这是因其不懂得精神与物质是"一齐进化""互为因果"的道理。第四，物心综合论在正名上也很不妥帖。大凡"综合"，是有"把两件以

---

① 崔载阳：《三民主义哲学（上）》，《民族文化》1942年第2卷第8—9期合刊。
② 参见崔载阳：《三民主义哲学（上）》，《民族文化》1942年第2卷第8—9期合刊。

上的东西并合融化"之意，但物质与精神根本不是两件东西，而是"一物之二面、一体之二象"，本来就"合而为一"，又怎好用"综合"这个名词呢？既然心物的产生有先后之分与根源派生之别，也就不能"综合"，勉强为之，就会成了一种"变相的二元论"。[1]

"物心本一论"以李素心为代表，是以孙中山的"本合为一"说为立论根据，主要是与唯生论和"物心综合论"相区别。

"心物合一论"也是由孙中山的"本合为一"说推出来的，因而获得何名忠、张铁君、周世辅、崔载阳、麦参史、王铉、袁公为、刘源森等学者的提倡。

---

① 参见崔载阳：《三民主义哲学（上）》，《民族文化》1942 年第 2 卷第 8—9 期合刊。

第九章　近代民生哲学的理论结构

民生哲学的理论结构是指民生哲学理论体系内部的各组成要素以及这些要素之间的排列组合及其相互联系和相互作用的方法和秩序。姜琦指出：所谓"体系"，就是哲学的形式，具体地说，它就是教人们采用什么样的观点和怎么样的方法有系统地、有组织地去构成种种具体的哲学内容之一种机能，而"方法"是构成哲学内容之主要质素。他引用恩格斯的"方法是一切底灵魂；详细地说，方法是所谓体系底灵魂和内容底形式"之说为依据，主张"若是要在民生哲学上得到客观的现实的内容，看出它底变动和发展，则不能不求之于正当的方法"。所谓"内容"，是指种种实际生活之具体表现。"哲学"究竟是一个"观念形态"，并非"生活本身"。但"哲学"与"生活"又密切相关，它是人类生来为"生活"所迫而惹起"怎样地解决生活问题"的一个"怀疑"而创成的。"哲学"是"生活"所借着而组织的一种形式，"生活"是"哲学"所借着而包含的种种内容。① 诸多民生哲学体系结构大致包括本体论、宇宙论、历史观、人生观、认识论、方法论等内容。

第一节　民生哲学理论结构设计的可选择模式

中国古代也有自己的哲学理论及其体系结构，但没有西方哲学那么体系化、专业化。鸦片战争以后，西方的哲学理论开始输入中国，在英国商人奚安门于上海创办的"North—ChinaHerald"（中译名《华北捷报》）上，就曾发表过题为"CHINESEPHILOSOPHY"② 的文章。但在 19 世纪，很少有中国学者对哲学的理

---

① 参见姜琦：《抗战建国与民生哲学》，独立出版社艺文研究会 1938 年版，第 143—144 页。
② A Correspondent：*CHINESE—PHILOSOPH. The North—China Herald*，1851 年第 2 版。

论结构问题作出专门的探讨。进入 20 世纪初，哲学理论结构的探讨一时变得时兴起来。蔡元培曾指出："近世哲学界中，康德派多偏重认识论，海德格尔派则偏重本体论，其他如德林之属，又偏重价值论。"[①] 这实际上表达了近代西方哲学在研究次第上，康德派、黑格尔派和德林之属分别以认识论、本体论和价值论为先来构建各自的哲学体系。而在中国，主要表现为康德派和黑格尔派的设计模式，它们对中国近代民生哲学的理论建构都有一定的影响。

一、蔡崔顾的设计

蔡崔顾可以说是中国近代最早探讨哲学理论结构的学者之一。他节译日本井上圆了的《佛教活论》，将"哲学"界定为"究明事物之原理原则"之学，它与"理学"之间是"无形学"与"有形学""统合之学"与"部分之学"的关系。他把宇宙现存之事物分为物（物质）与心（心性）两种。物质为"所知之体"，谓之客观、外界，为有形诸象；心性为"所以知之体"，谓之主观、内界，为无形诸象。物与心因性质全异而不可相生相造，而生、造之者为物、心之外的神。因此，宇宙是由物、心、神三者成立，而研究此三者的学问分别为理学、哲学、神学。理学实验有形之物质；哲学论究无形之心性；神学想定物质心性之本原实体之天神，而应用其规则于事物之上。理学与哲学是以发明存于事物中之道理规则为目的，为究理发明之学；神学是以解说天神所定之命令法律而实地应用为目的，为实地应用之学。心性之体虽无形质，而或动于内，或发于外，有智力、志意、情感以现其象，故"心性之学"为"有象之学"。天神之本体在现象之外，故论究神体之"纯正哲学"为"无象之学"。论理学、伦理学、审美学、社会学、教育学、政治学等，皆心性之所包而属于"有象哲学"。[②]"纯正哲学"研究之目的为物体、心体和理体三者，故有"物体哲学""心体哲学"和"理体哲学"。这三种哲学应用于宗教，就有了物宗、心宗、理宗三种类型。他称佛教为哲学上的宗教，分有宗、空宗、中宗三种组织。[③] 他以政府为喻，将"有形理学"比作地方政府，将

---

① 蔡元培：《哲学大纲》，商务印书馆 1915 年版，第 16 页。

② 参见蔡崔顾：《哲学总论》，《普通学报》1901 年第 1 期。

③ 参见蔡崔顾：《哲学总论》，《普通学报》1901 年第 1 期。

"纯正哲学"及"无形理学"比作中央政府，则"无形理学"统合"有形理学"，"纯正哲学"统合"有形无形两理学"。他将整个哲学理论体系结构绘制成表（见图表10—1）。[①] 显然，他所设计的这一哲学理论结构，乃是将西方哲学和中国儒释道哲学的理论结构相融合的产物。也就是说，他对知识门类的划分方面主要是西方的分类方式（如学科的名称、理论学与应用学的分类标准），而在哲学的分类层面上却采用了传统的概念与分类方式（如心与物、物质与心性、有形与无形、有象与无象的分类标准），在宗教学的分类方面又采用了佛学的分类标准（如空、假（有）、中等的分类标准）。而从哲学的意义上来看，他所采用的一些基本用词还没有近代化（如本体论、认识论等）。

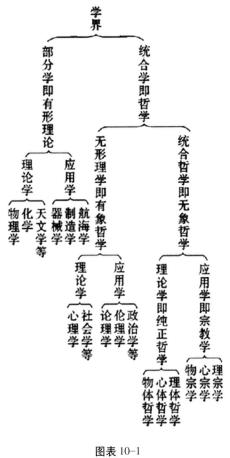

图表 10-1

二、认识论为先的逻辑结构及其在民生哲学理论建构中的应用

近代中国学者将德国学者楷尔黑猛的《哲学泛论》译介到国内，对中国近代哲学理论结构的建构有着开创性的影响。楷尔黑猛将哲学分为两大部分："知之哲学"和"实在体之哲学"。"知之哲学"又分为认识论（考观念之真否及对象与观念之关系，明真理之所在）与写象论（论观念之种类法则）。"实在体之哲学"又分为自然哲学（即物的实在体之哲学）、心理学（即心的实在体之哲学）和人生哲学（即物的实在体与心的实在体结合之哲学）三部分，人生哲学又分为伦理

---

① 参见蔡崔顾：《哲学总论（续第一期）》，《普通学报》1901 年第 2 期。

学、美学和宗教哲学等。此外，言语哲学附于"知之哲学"，经济哲学与历史哲学缘于伦理学与法理学。① 我们可以用图表 10-2 来表示楷尔黑猛的哲学理论结构的设计。②

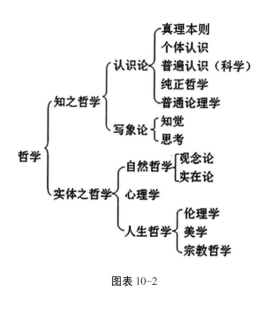

图表 10-2

在楷尔黑猛的哲学理论结构中，"知之哲学"相对于知识论或认识论，"实在体之哲学"包括了宇宙论（自然观）、人生论和心理学。他将"知的哲学"或"认识论"放在哲学理论结构最前面，而将"宇宙观"放在其后。这种设计方式在 20 世纪 20 年代前比较强势，谢蒙在其所编的《新制哲学大要参考书》中，就将楷尔黑猛的哲学理论结构模式照单全收。③

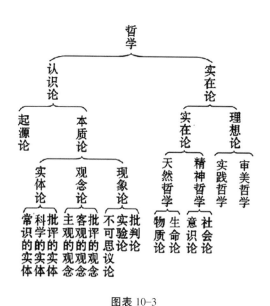

图表 10-3

几乎与楷尔黑猛的《哲学泛论》被译介到国内的同时，侯生在其《哲学概论》一文中也提出了自己的哲学理论结构的设想。他综合西方学者的分类方法，而将哲学的研究对象分为实在论、认识论、科学之果和原理之学四端。④ 他又以"认识"与"实在"为"区分之定律"，来设计哲学的理论结构。他与楷尔黑猛一样，主张研究哲学应以认识论为先，而以实在论为后。他说："认识实在之秩序，固宜以认识为先，以

① 参见［德］楷尔黑猛：《哲学泛论（未完）》，《翻译世界》1902 年第 1 期。

② 参见［德］楷尔黑猛：《哲学泛论》，《翻译世界》1902 年第 2 期；1903 年第 3、4 期。

③ 参见谢蒙：《新制哲学大要参考书》，中华书局 1914 年版，"目录"。

④ 参见侯生：《哲学概论（未完）》，《江苏》（日本东京）1903 年第 3 期。

实在为例。……研究认识为实在之准备，讲求实在为认识之进行，此康德派之学说。"[1] 根据这一精神，他将哲学的研究系统作了一个图表（见图表10-3）。[2]

蔡元培认为，认识论为研究之方法，本体论是知识之内容，价值论是理论之应用，而康德派偏重认识论，黑格尔派偏重本体论，德林派偏重价值论，实际上都是一偏而不完美。只有兼此三者，哲学之能事始完。而在三者之中，以本体论为中坚，欲本体论不陷于谬误，又不可不有正当之方法，故必以认识论先之。既有本体论之结论，乃得本是以应用于实际，故以价值论殿之。也就是说，三者在哲学理论结构中应该依次为认识论、本体论和价值论。[3] 他也将其所构建的哲学系统绘制了一张表（见图表10-4）。

不过，在近代学者中很少有采用以认识论为先来构筑其民生哲学的理论结构的，而胡一贯就是其中的一位。他的民生哲学理论结构是沿着"认识论→宇宙论→社会论→人生论"的模式设计的。他曾拟定一个"民生哲学体系提纲"，将"民生哲学"的理论体系分为"以行统知"的认识论、"民生为宇宙大德之表现"的宇宙论、"仁爱为民生哲学之基础"的社会论和"人生之意义"的人生论。[4] 他又在《民生哲学精义》中就为何要以认识论为先作了具体的解释。他认为，知识是人之所以为人的特征，也是人们赖以生存的一种欲望。知识能做生活的指导、精神的食粮，故人乃有知识的欲望和活动。如何将这个分歧综错、变动不居的世界变为条理的世界，就需要拿思想的范畴去统一。而知识是认识的结果，无认识则无知识。就

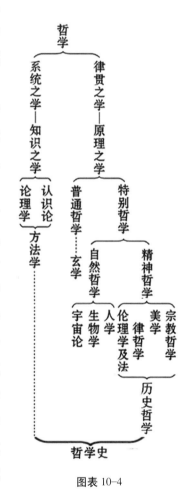

图表 10-4

① 参见侯生：《哲学概论》，《江苏》1903年第5期。

② 参见侯生：《哲学概论》，《江苏》1903年第5、7期。

③ 参见蔡元培：《哲学大纲》，商务印书馆1915年版，第16页。

④ 参见胡一贯：《民生哲学体系提纲（上）》，《三民主义半月刊》1944年第5卷第3期；《民生哲学体系提纲（下）》，《三民主义半月刊》1944年第5卷第4期。

哲学来说，"我们讲哲学，有所谓宇宙观、人生观等等，这些都是知识；要想这些所谓'观'者是真观不是假观，必先我们对宇宙、人生的认识是真识不是假识，因此，我在讲宇宙人生之前，首先研究认识论。"①

三、本体论为先的逻辑结构及其在民生哲学理论建构中的应用

以本体论或形而上学、宇宙论为先，在 20 世纪 20 年代前的学者中并不多见，而且持论者出现也较晚。陈大齐于 1919 年出版《哲学概论》一书，较早以形而上学为先来构筑其哲学理论体系。他比较了 Paulsen、Wundt 和 Jerusalem 三家的说法：Paulsen 分哲学为形而上学和认识论二大部分；Wundt 亦分哲学为认识论和原理论二大部分；Jerusalem 分哲学为哲学之预备学科（心理学及论理学）、认识论、形而上学、美学、伦理学及社会学五部分。而他认为 Paulsen 所举最为适切而简明，因为形而上学与认识论之为哲学主要部分，为古今学者所认同许可。而 Jerusalem 以心理学及论理学为哲学之预备学科，似颇允当。② 所以，他在构建自己的哲学系统时，便将 Paulsen 和 Jerusalem 二人的这些设计融合在一起。我们可以将陈大齐哲学的理论结构用"图表 10-5"来

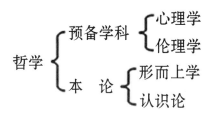

图表 10-5

表示。本表看似在"形而上学"前加了带有精神科学性质的心理学和论理学，但还不算是哲学的正文，而在"本论"中已将"形而上学"置于"认识论"之上（前）。

随后，刘以钟于 1920 年 3 月出版《哲学概论》一书，将哲学分为形而上学、认识论和伦理学三个部分，分别研究实在之性质、认识之形式和行为之问题。形而上学的问题分为本体论和宇宙论，认识论的问题分为认识之本质和认识之根源，而伦理学的问题在本书中未作研究。③

冯友兰基本承袭了陈大齐、刘以钟的说法，而将哲学分为宇宙论、人生论

---

① 胡一贯：《民生哲学精义》，中央文化运动委员会 1944 年版，第 45 页。
② 参见陈大齐：《哲学概论》，北京大学出版部 1920 年版，第 18—19 页。
③ 参见刘以钟：《哲学概论》，商务印书馆 1923 年版，第 26—27 页。

和知识论三大部分。宇宙论的目的在求一
"对于世界之道理"（atheoryoftheworld）；
人生论的目的在求一"对于人生之
道理"（atheoryofthehumanlife）；知识
论的目的在求一"对于知识之道理"
（atheoryofknowledge）。宇宙论又可分为两
部分：一是本体论，研究"存在"之本
体及"真实"之要素；二是狭义的宇宙
论（cosmology），研究世界之发生及其

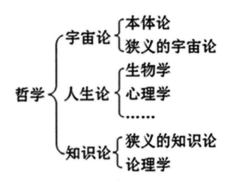

图表 10-6

历史、归宿。"人生论"亦分为两部分：一是研究人究竟是什么，包括生物学、
心理学等；二是研究人究竟应该怎么做，包括狭义的伦理学、政治学等。知
识论亦分为两部分：一是狭义的知识论（epistemology），研究知识之性质；二
是狭义的论理学，研究知识之规模。我们可以将冯氏的哲学理论结构绘一个图
表（见图表 10-6）。

冯友兰从中西印哲学的视野来审视宇宙论、人生论和知识论三者的关系。就
宇宙论与人生论的关系来说，中外哲学都承认两者有着密切的关系，哲学之人
生论皆根据于其宇宙论，宇宙论之不同而致哲学之人生论之不同；哲学求理想人
生，就必须研究宇宙，综合科学。就知识论与宇宙论的关系来说，西、印有以知
识论证成其宇宙论，有因研究人生问题而连带及知识问题。就知识论与人生论的
关系来说，两者无极大之关系，所以中国哲学竟未以知识问题为哲学中之重要问
题，但这无害于中国哲学之为"哲学"。①

以本体论或形而上学、宇宙论为先的哲学理论结构模式虽在中国近代探索
较晚，但它在近代民生哲学理论体系的建构中却远比以认识论或知识论为先的
哲学理论结构模式更有吸引力，绝大部分学者的民生哲学理论结构的设计是沿
着这一模式走的，这一点可以从我们在后面的民生哲学理论结构模式的介绍中
反映出来。

---

① 参见冯友兰：《对于哲学及哲学史之一见》，《太平洋》1925 年第 4 卷第 10 期。

第二节　民生哲学理论结构设计的多重宏观视角

近代民生哲学理论结构的设计，存在着以民生哲学为框架、以民生史观为框架、以唯生论为框架、以三民主义哲学为框架和以历史哲学为框架等多重理论架构。同时，近代民生哲学的理论结构又有两种表现形式：一是指近代民生哲学理论的逻辑结构，它通过揭示本体论（宇宙论）、认识论（方法论）和人生论（历史观、社会观）等内容的层次结构及其相互关系来显示该哲学理论的逻辑体系。如梅思平的民生哲学系统即属此类。二是指近代民生哲学理论的运行结构，它通过揭示不同层次的要素之间和相同层次的要素之间的互动原理来显示该哲学理论的现实功能。如戴季陶的民生哲学系统即属此类。

一、民生哲学框架下的理论结构

近代以民生哲学为框架来构建其理论体系者主要有戴季陶、梅思平、杨周熙、姜琦、蒋介石、苏渊雷等为代表，戴季陶以后出现的以民生哲学为框架者基本上是以戴季陶的民生哲学理论结构为参考，但所持的态度不尽相同。

（一）戴季陶民生哲学系统的非专业性设计

孙中山生前没有为国民党建立系统性的官方哲学系统，而中国共产党人已经将社会早已流行的马克思的唯物论和唯物史观奉为指导中国无产阶级革命的哲学基础，即便在第一次国共合作期间也保留了对唯物史观的独立信仰。孙中山去世后，国民党右翼代表戴季陶急于要为树立属于国民党自己的官方哲学而搜肠刮肚地提出了一套民生哲学系统。

戴季陶是近代提出民生哲学的第一人，当然也是开启民生哲学理论结构设计的第一人，他在此方面作出的标志性成果就是他的《民生哲学系统表》（见图表 10-7）。从哲学的视角来看，这份图表是由认识论（"知"的部分）、伦理哲学（"诚""仁""勇""忠孝仁爱信义和平"等）、政治哲学（"三民主义"的部分）和民生史观（"民生为历史的中心"）等内容所构成，但除了表的名称出现"哲学"，表中的内容没有出现一个"哲学"字眼。从知识门类的视角来看，也没有出现任何一个学科之名（如伦理学、政治学等），更不要说是与哲学相关的学科之名（如历史观、本体论、认识论、人生论）了。从哲学结构的层次性来看，"智仁勇"在一个表上出现两次，而且处在不同层次上，认识论与伦理哲学、政治哲学相并列，显示了逻辑层次上的混乱。如果将他的民生哲学系统结构与以侯生、蔡元培等为代表的"认识论为先"和以陈大齐、刘以钟、冯友兰为代表的"本体论为先"的两种哲学理论结构模式相对照，它

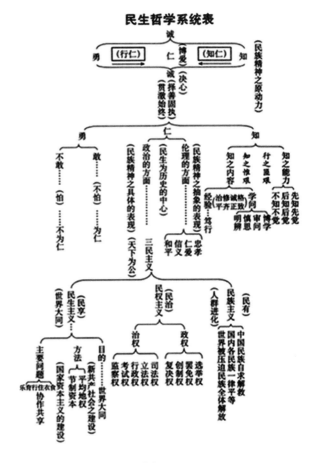

图表 10-7

的非专业性也就暴露出来了。这种非专业性的设计，与他所受教育和政治信仰有着密切的关系。戴季陶青少年时代先后在国内接受传统儒学教育和在日本接受法学教育，追随孙中山以后不仅成为三民主义的坚定信仰者，也曾与孙中山为首的革命党人一道"投入到了探索和介绍社会主义的热潮之中"①，并在五四时期称马克思恩格斯是"在科学上哲学上集大成"的"大思想家大实行家"②，认为他们"发现那一种很深邃的'唯物史观'"③。但他没有接受过系统的哲学专业理论的熏陶，

① 钟家栋、王世根主编：《20世纪：马克思主义在中国》，上海人民出版社1998年版，第35—36页。

② 戴季陶：《德国社会民主党的政纲（1919年8月10日）》，唐文权、桑兵编：《戴季陶集（1909—1920）》，华中师范大学出版社1990年版，第955—956页。

③ 戴季陶：《从经济上观察中国的乱原（1919年9月1日）》，唐文权、桑兵编：《戴季陶集（1909—1920）》，华中师范大学出版社1990年版，第977页。

所以在构建其民生哲学理论体系时，没有严格地按照哲学的逻辑结构去设计。

其实，戴季陶建构民生哲学，并不是要建立一种"纯正哲学"，使自己成为一名哲学家，而是要建立一种足以与马克思主义哲学（唯物史观）相抗衡的"资产阶级革命哲学"。所以，他的民生哲学的哲学色彩比较淡，而政治意味比较浓。他要使其民生哲学具有权威性，不得不从孙中山的论著中寻找理论资源。从《民生哲学系统表》中的内容上看，没有一样不是孙中山讲过的。① 不过，表中这些内容原是孙中山在不同时期和不同场合所说，有其特定的背景和指向。戴季陶将它们拼凑在一起，使之成为具有内在关联的理论体系，确实是他的功劳。但这样的拼凑看似完全来自孙中山的论著，却在重新整合后，就难免会产生失真现象。所以，在他的《孙文主义之哲学基础》（含《民生哲学系统表》）、《国民革命与中国国民党》等反映其民生哲学内容的小册子问世后，就立即遭到陈独秀、恽代英、瞿秋白等中国共产党人的批判，他们都否定戴季陶所建立的民生哲学是孙文主义的哲学基础，而是斥之为"戴季陶主义"。因此，与其说戴季陶的民生哲学是一种"哲学"，不如说是一种"主义"，是一种对抗共产党哲学的理论工具。

（二）梅思平对民生哲学理论结构的设计

戴季陶的民生哲学问世以后，由于其中的思想观点不仅与马克思主义哲学相对立，也与孙中山的哲学思想有相冲突之处，于是一段时间不仅遭到中国共产党人的强烈批判，同时也遭到了一些国民党人士的尖锐批评。有趣的是，当时国共两党学者对戴季陶的民生哲学所评议的对象都是在思想观点方面，赞成与反对的都是指向思想观点，没有触及其民生哲学的理论结构。当国民党反动派发动反革命政变，大批共产党员和革命青年惨遭杀害，白色恐怖笼罩全国之时，中国共产党并没有被吓到，他们继续与国民党反动派作斗争，同时又有无数的革命志士和热血青年毅然决然地加入共产党的队伍，向国民党反动派宣战。当大革命遭受严重挫折之时，为什么还有那么多的人愿意跟共产党走，愿意接受共产党所信奉的马克思主义哲学。而经过戴季陶精心打造的代表国民党最高哲学水平且奉为国民党官方哲学的民生哲学，却在中国共产党理论家的批判面前显得那么苍白无力，

---

① 有人说"诚"是戴季陶所加。其实，孙中山曾与刘成禺的谈话中讲到："凡圣贤英雄，皆以诚率成功。……不诚未有能成功者也。"[《与刘成禺的谈话》（1924 年 3 月 2 日），载王耿雄等编：《孙中山集外集》，上海人民出版社 1990 年版，第 310 页。]

而且在国民党内部一直没有获得广泛的认同，反倒是唯物史观在国民党学者中仍有一定的市场。这一问题最先引起了国民党学者梅思平的关注，而他所关注的正是"民生哲学系统"的问题，也就是民生哲学的理论结构的问题。

梅思平对戴季陶民生哲学系统的检讨，是以陈大齐、刘以钟、冯友兰为代表的"本体论为先"的哲学理论结构模式为参照系的。他指出："大凡一个哲学系统，其最初的出发点，总是本体论——对于自然的观察。其次，就是社会观或历史观。社会观或历史观也一定以本体论为出发点的。再其次，乃是伦理哲学、人生哲学、政治哲学等等。可见伦理哲学、政治哲学都不过是哲学系统上最后之一段。"① 这就是说，哲学系统一般具有三层结构：第一层是本体论；第二层是社会观或历史观；第三层是伦理哲学、人生哲学、政治哲学等。他用这一哲学系统的结构模式分析马克思、孙中山和孔子的思想，发现马克思的思想结构最完整：其政治哲学是无产阶级专政、共产主义等等，这些主义是由其唯物史观演绎而来，唯物史观又根源于形而上的唯物论；孙中山的思想结构不太完整：其政治哲学及伦理哲学是三民主义、军人精神教育等等，这个政治哲学及伦理哲学的根据就是民生史观，民生史观之上的形而上学的本体论却没有明白说起；孔子的思想最不完整：大同主义是其政治哲学；仁爱是其伦理哲学；其历史观及本体论至今无人说得明白。他用这一哲学系统的结构模式比较共产党与国民党的理论的现实运用情况，发现共产党的理论比国民党的要完备。共产党的中心理论都是建筑在唯物史观上面，由唯物史观往下推，可得阶级斗争、无产阶级专政等结论，由唯物史观往上推，又可得有近代科学作后盾的唯物论。唯物史观以唯物论作掩护，藏在唯物论后面与一切社会学说作战。凡反对唯物史观的，都要加一个"唯心论"或"二元论"的罪名。② 经过比较，他发现共产党的哲学理论在表面系统上"已经装饰得很好"：马克思的政治哲学是由唯物史观演绎而来，唯物史观又根源于形而上的唯物论。③

不过，梅思平所言确有所依。就在他发表《民生史观概论》前，中国共产党人士瞿秋白在其译注的俄国郭列夫的《无产阶级之哲学——唯物论》（新青年社1927年3月版）一书的末尾附了自己的两篇"译者附录"。他在后一篇题

---

① 梅思平：《民生史观概论》，《新生命》1928年第1卷第5号。
② 参见梅思平：《民生史观概论》，《新生命》1928年第1卷第5号。
③ 参见梅思平：《民生史观概论》，《新生命》1928年第1卷第5号。

为《马克思主义之概念》的附录中特别指出："马克思主义，通常以为是马克思的经济学说，或者阶级斗争论，如此而已。其实这是大错特错的。马克思主义是对于宇宙、自然界、人类社会之统一的观点，统一的方法。何以马克思主义的宇宙观及社会观是统一的呢？因为他对于现实世界里的一切现象，都以'现代的'或互辩法的（dialectique）——即第亚力克谛的唯物论观点去解释。这是马克思主义的最根本的基础，就是所谓马克思的哲学。"① 而这一段话正好说明了马克思主义理论不是仅仅停留在"经济学说""阶级斗争"的层面上，在其之上还有社会历史观，在其社会历史观之上还有宇宙观——辩证唯物论。为了更好地展示马克思主义理论系统，他在该文中还专门绘制了一份"马克思主义的成分表"②（见图表 10-8），该表将马克思主义整个系统分为四个层次：第一层次是总宇宙观——"互辩法唯物论"或"唯物论哲学"，第二层次是社会学的方法论——"唯物史观"或"历史唯物论"；第三层次是经济学——无产阶级经济学之结论；第四层次是政治学——无产阶级革命斗争理论、共产主义或科学社会主义。③

梅思平在总结戴季陶的理论教训和共产党的理论经验后，提出他的民生哲学理论构想："现在我们三民主义者最重要的工作，第一步就是把三民主义站在民生史观的立足点上；第二步就是把民生史观找出一个形而上的出发点。然后民生哲学才有一个有条不紊的系统，而可以把共产党的理论根本扫除出去。"④ 于是他参照共产党建设哲学理论系统的经验，以儒家思想为基础，将戴季陶设计的民生哲学系统表做

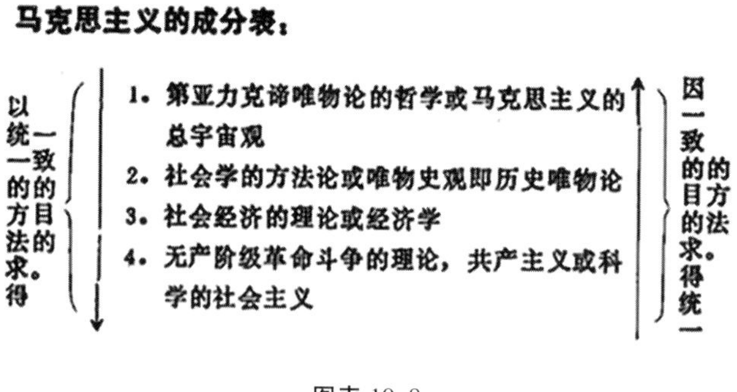

图表 10-8

---

① 瞿秋白：《瞿秋白论文集》，重庆出版社 1995 年版，第 965 页。
② 瞿秋白：《马克思主义之意义（1926 年 1 月）》，《瞿秋白论文集》，重庆出版社 1995 年版，第 968 页。原题为《马克思主义之概念》，见郭列夫：《无产阶级之哲学：唯物论》，瞿秋白译注，新青年社 1927 年版，"附录"。
③ 瞿秋白：《瞿秋白论文集》，重庆出版社 1995 年版，第 967—968 页。
④ 梅思平：《民生史观概论》，《新生命》1928 年第 1 卷第 5 号。

了新的调整（见图表 10-9）：第一层是"生的世界观"，来自传统儒家的"'生生不息'的宇宙原理"；第二层是民生史观，来自传统儒家的"君子之道造端乎夫妇（即家庭）"的社会观；第三层是三民主义的政治哲学和智仁勇的伦理哲学，出自传统儒家的"大同主义"和"仁爱主义"。[1] 梅思平的民生哲学系统表后来被牟震西所采用。[2]

如果我们将梅思平在《民生史观概论》一文与瞿秋白在《马克思主义之概念》一文中提出的问题（即社会历史观之上应有宇宙观为根本基础）和相应的理论系统的设计（构建一个有层次结构的理论系统）有着惊人的相似！

（三）杨周熙的民生哲学系统

杨周熙在《孙文主义的哲学系统》一书中将该书的内容分为"唯能论——生的宇宙观"和"民生史观——唯生辩证法"两章。但这两章所展示的民生哲学体系结构来说，大致涉及三个方面的内容：一是本体论，以西方的唯能论为依据，来论证梅思平等人已提出的"生的宇宙观"；二是认识论，涉及精神作用、理性认识与理性判断（包括知难行易说）两个方面；三是历史观，涉及民生史观等内容，并将民生史观应用于经济观、政治观、伦理观、艺术观和教育观五大领域。[3] 他还通过本体论、认识论和历史观三个方面的综合考察，而将整个的"民生哲学系统"概括地描述为："宇宙本体能在动的最高阶段所表现为人之生命力者，循本体能的本质，以充实以陶冶以发扬于认识自然而转移人支配人的病态，回复到人支配自然之常态，以推进宇宙社会进化，臻人类于平等，进世界于大同。"[4] 这是一种融本体论、认识论和历史观三者于一体的民生哲学体系。

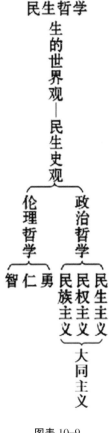

图表 10-9

---

① 参见梅思平：《民生史观概论》，《新生命》1928 年第 1 卷第 5 号。

② 参见牟震西：《三民主义基本点的讨论》，《浙江反省院月刊》1931 年第 1 期。

③ 参见杨周熙：《孙文主义的哲学系统》，大陆印书馆 1930 年版，"目录"。

④ 杨周熙：《孙文主义的哲学系统》，大陆印书馆 1930 年版，第 326 页。

（四）姜琦的民生哲学结构图式

姜琦是第一个对民生哲学进行专著性的探讨。他认为，戴季陶对民生哲学讲解得很透彻，欲研究民生哲学，则不能不先从戴季陶的《孙文主义之哲学的基础》尤其是戴季陶的《民生哲学系统表说明书》而继起研究。他也喜欢使用本体论、方法论和价值论的范畴来说明民生哲学的理论内容。他称《民生哲学系统表说明书》中的"第一件事"是要说明民生哲学的本体论和方法论，"第九件事"是要说明民生哲学的价值论，两者是全部民生哲学中最重要的部分。[①] 他认为，孙中山与孔子的哲学虽有历史渊源关系，但非"同一之物"。两者的区别在于：在本体论上，两者分别为辩证的民生论和中庸的格物论；在方法论上，两者分别为民生的辩证法和格物的中庸论。[②] 他又认为，孙中山与马克思的哲学在本体论的出发点上有所不同，它们分别为民生论和唯物论。[③]

不过，姜琦在为孙中山的民生哲学绘制一个简单的图式（见图表 10-10）时，却仍然是在戴的《民生哲学系统表说明书》中做删补工作，而不是按照前面提到的学术界常采用的两种哲学理论结构模式来重新设计。在他设计的这一图式中，最顶端是一个"公"字，他也确实说过"民生"是以"公"为出发点的。[④] 他也提到"智仁勇"[⑤]，还花大量篇幅大谈"忠孝信义仁爱和平""三民主义""民族自决"与"世界大同"，但并没有说明"公""智仁勇""民生"与"忠孝信义仁爱和平"之间的纵向逻辑关系。这样一个"孙中山民生哲学图式"纯粹是孙中山的伦理哲学和政治哲学的总合。当时有学者评论指出，姜琦的《抗战建国与民生哲学》一书所用的方法系"民生辩证法"，其优点在"取材新颖"（立足"抗战建国"）与"解释精辟"（释"中庸""仁"），缺点在"中心不甚鲜明"（"文字组织重复""观念不统一"）与"详略失当"（讲"中庸"远比"民生哲学"本身多）。[⑥] 这一评价是很中肯的。

随着国民党的民生哲学话题由唯生论哲学转向三民主义哲学，姜琦也开始将

---

① 姜琦：《抗战建国与民生哲学》，独立出版社、艺文研究会 1938 年版，第 29 页。
② 参见姜琦：《抗战建国与民生哲学》，独立出版社、艺文研究会 1938 年版，第 124、137 页。
③ 参见姜琦：《抗战建国与民生哲学》，独立出版社、艺文研究会 1938 年版，第 124 页。
④ 参见姜琦：《抗战建国与民生哲学》，独立出版社、艺文研究会 1938 年版，第 265 页。
⑤ 参见姜琦：《抗战建国与民生哲学》，独立出版社、艺文研究会 1938 年版，第 305 页。
⑥ 参见程熹如：《读〈抗战建国与民生哲学〉后》，《现代读物》1939 年第 4 卷第 5 期。

民生哲学与三民主义哲学挂起钩来。1941 年 6
月，他到国立西北师范学院作题为《三民主义
本身就是哲学》的演讲；7 月，他将演讲词整
理和补充，并改名为《三民主义之研究》；12
月，他应陈立夫部长的指示而重新修订，并改
名为《三民主义哲学》。[①] 他将三民主义哲学
分为本体论、知识论和价值论三个部门，认为
"民生哲学""唯生论"或"民生史观"三个名
词之范围比"三民主义哲学"'这个名词来得
小，它们都只是三民主义哲学体系中的"本体
论"这一部门，而三民主义哲学体系还包括"知
识论"和"价值论"另两个部门，这两个部门
并非民生哲学、唯生论或民生史观本身，而是
以民生哲学、唯生论或民生史观为其"根本原
理"。[②] 也就是说，民生哲学是三民主义哲学体
系的一部分，属于"本体论"范围。

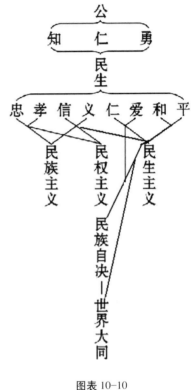

图表 10-10

（五）蒋介石的民生哲学理论结构

戴季陶炮制的民生哲学理论问世后，不仅曾为蒋介石窃取国共合作的国民革
命成果、发动反革命政变提供理论依据，而且也成为蒋介石维护其反动统治、对
抗中国共产党信奉的马克思主义哲学的思想工具。蒋介石对戴季陶的民生哲学理
论一直是持推崇态度的，而且在抗战以前一直是戴季陶民生哲学理论的推介者。
不过，戴季陶的民生哲学理论问世后，不仅一直遭到中国共产党人的批判，而且
在国民党内部也一直争议不断。于是，蒋介石于 1939 年对戴季陶的《民生哲学
系统表》做了重新检视，并于该年 3 月 12 日在重庆做了《三民主义之体系及其
实行程序表》[③]（见图表 10-11），接着又于该年 5 月 7 日做了题为《三民主义之体

① 参见姜琦：《三民主义哲学》，中央宣传部三民主义丛书编纂委员会 1946 年版，第 1 页（"编辑
经过"页）。
② 参见姜琦：《三民主义哲学》，中央宣传部三民主义丛书编纂委员会 1946 年版，第 82 页。
③ 参见蒋中正：《三民主义之体系及其实行程序》，《青年中国季刊》1939 年创刊号。

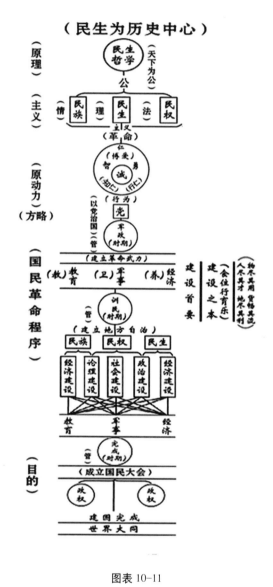

图表 10-11

系及其实行程序》①的演讲，对前表作了具体的解读。蒋介石自己的民生哲学理论结构构想，正是在这一"表"一"文"中反映出来，它是以戴季陶的民生哲学理论结构为蓝本，并参照了姜琦的民生哲学图式而建立起来的。

蒋介石与戴季陶一样，都将"三民主义的原理"称为"三民主义的哲学基础"，且都将其归结为"民生哲学"。他指出："什么是三民主义的原理或哲学基础呢？就是这图上所示的：'民生哲学'。"②但是，三民主义的哲学基础或者说民生哲学到底是什么呢？仅就《三民主义之体系及其实行程序表》中打上圆圈的"民生哲学"四个字是看不出来的。但《三民主义之体系及其实行程序》文中从"先讲三民主义的原理"这句话开始到"以上说明三民主义的哲学基础"这句话收尾，中间三段就是专门介绍"民生哲学"的内容的。③而这中间三段有关民生哲学的内容可概括为三个方面：其一，揭示民生史观与民生哲学的关系。蒋介石引用孙中山的"民生为历史的中心""社会问题是历史的重心，而社会问题又以人类生存问题为重心，民生问题就是生存问题""民生为社会进化的重心""建设之首要在民生"等说法来揭示"三民主义的原理"和"民生哲学"的内容，并指出"总理的

① 总裁训词：《三民主义之体系及其实行程序（上）》，《中央党务公报》1939 年第 1 卷第 1 期。
② 蒋中正：《三民主义之体系及其实行程序》，《青年中国季刊》1939 年创刊号。
③ 蒋中正：《三民主义之体系及其实行程序》，《青年中国季刊》1939 年创刊号。

民生哲学就是认定'人类求生存'为社会进化的根源，换句话说就是'民生为历史的中心'"，这实际上是从"民生史观"的视角来理解"民生哲学"，且将"民生史观"作为"民生哲学"内容的一部分。其二，从与唯心史观和唯物史观的比较中凸显民生哲学的"完美"。蒋介石认为，唯心史观和唯物史观分别偏于"精神"与"物质"，都是一偏之见，唯有以民生哲学为基础的民生史观或以民生史观为出发点的"民生哲学"，因其"精神"与"物质"并存，才能说明"人生的全部与历史的真实意义"。这里"物质"与"精神"这对范畴看似为本体论的术语，但因其是在将民生哲学与唯物史观和唯心史观的比较中使用的，因而它所争论的是社会历史观的基本问题，所表达的实际上是一种二元论的历史观。从蒋介石提出"总理研究社会进化的定律，认定人类求生存的意志和努力足以推动社会的进化"之说，说明他的历史观终究属于唯心史观。其三，说明以民生史观为根据的"天下为公"思想是三民主义的思想基础。蒋介石指出他在自己所绘表上"民生哲学"下面的"公"字就是"天下为公"的"公"字。而他将"公"字置于"三民主义"之上，且纳入"三民主义的哲学基础"的领域，自然成为他所倡的民生哲学的理论内容，似乎是受姜琦在"孙中山民生哲学图式"中所示的以"公"为"民生"的出发点的民生哲学思想的影响。他称"天下为公"的"大同"理想为"中国革命最完美的最高尚的政治思想和伦理思想"，称"三民主义"是以"我国固有的'天下为公'的伦理思想与政治思想"做基础的，说明他将"天下为公"的伦理思想和政治思想视为三民主义的思想基础。他还认为，孙中山是根据"民生为历史的中心"的思想指出我国固有的"天下为公"的思想为"改造社会的基本法则和实行革命的最高理想"，这又说明他将民生史观作为"天下为公"的政治伦理思想的理论根据。[①] 从这三方面内容来看，蒋介石的民生哲学理论结构仍然受戴季陶立定框架的影响，即都有民生史观层次与政治思想（政治哲学）和伦理思想（伦理哲学）层次。

不过，蒋介石与戴季陶在民生哲学理论结构的设计上还是存在着很大的不同。其一，民生哲学的范围有所不同。戴季陶将孙中山的全部著作和全部思想都归入民生哲学的范围，故戴表中未出现"民生哲学"的概念；蒋介石仅从民生史观和"公"的政治伦理思想两个方面来界定民生哲学的范围，称"总理以民生哲

---

① 蒋中正：《三民主义之体系及其实行程序》，《青年中国季刊》1939 年创刊号。

学做基础，并且以'公'字为出发点，创造了三民主义"，故蒋表中出现了"民生哲学"概念。其二，民生哲学的内容有所不同。戴季陶将"三民主义"的政治哲学和"诚智仁勇"的伦理哲学纳入民生哲学的内容中；蒋介石则将以"公"字为统摄的政治伦理思想纳入民生哲学的内容中，而将"三民主义"的政治哲学和"诚智仁勇"的伦理哲学移出民生哲学的范围，并分别作为革命的"主义"和"原动力"。其三，民生哲学的层次有所不同。在戴季陶表中，"诚""智仁勇""民生为历史的中心"（民生史观）和"三民主义"分别置于民生哲学结构中的第一、第二、第三和第四层，而"诚"与"智仁勇"属于伦理哲学，"民生史观"属于历史观，"三民主义"属于政治哲学，这意味着伦理哲学、历史观和政治哲学分别居于民生哲学的高层、中层和底层。戴季陶表中还出现"诚"与"智仁勇"两次，却对这样重复设置的意义未加说明，难免会产生逻辑上的混乱。而蒋介石表中"民生哲学"圆圈上下分别为"民生为历史中心"（即民生史观）和"公"（即政治伦理思想），这意味着历史观和政治伦理思想（哲学）分别居于民生哲学的上层和下层。蒋介石表虽然没有将"诚智仁勇"纳入民生哲学的范围，但它们在表中都只出现一次，且将"智仁勇"列为"诚"之目，这在逻辑上较戴季陶表更顺畅些。

（六）苏渊雷的民生哲学理论结构

张岱年曾在《哲学上一个可能的综合》一文中提出要建立一种"新的综合哲学"。这里的"综合"，既是一种唯物、理想和解析的综合，也是一种唯物论、唯心论和实证论的新的综合，还是一种中国哲学（王夫之、戴震为代表）和西洋哲学（新唯物论）的新的综合。而这种"新的综合哲学"是以"新唯物论"为"综合的基本"。"新唯物论"是与"旧唯物论"相对而言的。"旧唯物论"的宇宙论止于机械论，知识论止于感觉论，人生论止于唯欲论；"新唯物论"的宇宙论注重历程与等级，知识论注重知识的实践基础，人生论注重人的社会性和变革世界的实际道路。而他又主张应顺着"新唯物论"的创造者们的趋向来构建一种由方法论、知识论、宇宙论和人生论四方面内容所构成的"新的综合哲学之大体纲领"。①

苏渊雷看过张岱年先生此文后，特向张岱年先生去信，对其观点表示赞同。

---

① 参见张季同（张岱年）：《哲学上一个可能的综合》，《国闻周报》1936 年第 13 卷第 20 期。

他在信中指出："尊论谓以新唯物论为本，先求唯物与理想二义之综合，而兼综解析法，以此求一真的可信的有力的哲学，能作生活之指导的哲学，言解析所以察乎几微而免混淆，言唯物所以不违实际而远离虚幻，言理想所以克服天然而造于至善者，切问近思，真探本抉微之谈也。"①不过，苏渊雷后来在建立自己的民生哲学体系时，既参考张岱年先生的"综合哲学"的理论结构，又受佛教和其他哲学流派的影响，这可从他的代表作——《民生哲学引义》中反映出来。

苏渊雷认为，西洋哲学在古代以宇宙论为中心，近代以认识论为主流，现代则渐重"生活意义与文化价值"之探讨。②总而言之，西方哲学大致形成了宇宙论、人生论和认识论的分类传统，"名虽不同，范畴则一"。这样的次序安排，体现了"思想始于析疑，认识起自民生，故自外而内，自宇宙而人生而内心"的哲学发展之自然趋向。③不过，他所面对的哲学语境已出现了两种分类标准：一种是传统意义上的"广义的哲学"分类，即宇宙论、人生论和认识论。宇宙论在探究宇宙之原理，可分为研究"存在"之本体的本体论和研究世界之发展及归趋的宇宙论。人生论在探究人生之真谛，可分为研究人之心理过程的心理学和研究人之行为规范的伦理学。认识论在探究知识之本质，可分为研究思维与存在之关系的认识论和研究思维之形式及规范的论理学。一种是新出现的"狭义的哲学"分类，仅限于认识论的范围，研究思维与存在之关系，亦即研究"心"的科学，宇宙论、心理学、论理学、美学与伦理学则脱离哲学而独立或易主。而他觉得这种"狭义的哲学"的范围未免太狭窄。④

苏渊雷认为，时下有关民生哲学的阐述，率多限于历史观，终究未能窥见"宇宙与人生之全圆"⑤。而民生哲学又是一个新课题，尚未有"体系之著述"足供吾人讲习之依傍。故他欲本着"尚同""贵自""依佗""立大"的学术原则来创建一个民生哲学体系。⑥也就是要"料简广狭，厘定范围"，结合以"天行与人事并论，究天人之际，兼内外之学"的中国哲学传统，扬抑诸说，以创建一个

---

① 苏渊雷：《与张季同（岱年）先生书（1936年秋）》，载苏渊雷：《中国思想文化论稿》，华东师范大学出版社1989年版，第137页。
② 参见苏渊雷：《民生哲学引义》，商务印书馆1944年版，第1页（"全书旨趣"页）。
③ 参见苏渊雷：《民生哲学引义》，商务印书馆1944年版，第13页。
④ 参见苏洲雷：《民生哲学引义》，商务印书馆1944年版，第13—14页。
⑤ 参见苏渊雷：《民生哲学引义》，商务印书馆1944年版，第1页（"全书旨趣"页）。
⑥ 参见苏洲雷：《民生哲学引义》，商务印书馆1944年版，第1—3页。

由新宇宙观、新认识论、新历史观和新人生观所组成的新的民生哲学体系，实现在"究极"上使吾人对世界获得更正确的理解、对思维获得更谨严的方法、对人生获得更合理的态度的三大哲学目的。①

二、民生史观框架下的理论结构

近代以民生史观（唯生史观）为框架来构建其理论体系，主要发生于 20 世纪 20 年代末 30 年代初，代表人物主要有瞿辉伯、童行白、胡一贯、赵剑华等，他们都是在民生史观大讨论的历史背景下提出各自的民生史观理论结构的构想。

（一）瞿辉伯的民生史观理论结构

瞿辉伯认为，民生史观是对于人类根本意义下的解释，是对人类"生"的表现和要求的演绎。但整个民生史观理论体系分为"纵的研究"和"横的研究"两个方面。"纵的研究"属于"史"的记载，即关于"民生史"（包括"生的世界观""人类生存史观"）的研究，表现民生的递嬗与变迁，以证明民生史观的成立；"横的研究"属于"哲学"的研究，即关于"民生哲学"的研究，阐演永存空间上民生的实际性，以证明民生史观的普遍永久性。② 这也意味着"民生哲学"是"民生史观"的一部分，是"民生史观"的"横的"部分。我们可以将瞿辉伯的民生史观的"纵的研究"和"横的研究"两幅图表合在一起，以更好地展示他的民生史观理论结构的全貌（见图表 10-12）。细思起来，瞿辉伯的"民生史观"或"民生哲学"是接着戴季陶和梅思平讲的。在他看来，戴、梅二人的民生哲学系统图表中都缺少"史"的方面，而他将"史"的方面看得非常重要。他指出："民生史观"一词一方面表示"民生"的重要，一方面又表示"民生"在"史"上的重要，对此两种"重要"的研究就是"哲学"。只有兼言"民生"和"史"，"民生史观"的具体意义方能表现；若偏废"史"而言"民生"，则不称其为"民生史观"，只可专称为"民生哲学"。故他的结论是："民生史观"必须兼具"史"和"哲学"

---

① 参见苏洲雷：《民生哲学引义》，商务印书馆 1944 年版，第 14 页。
② 参见瞿辉伯：《民生史观论战》，《新广西旬报》1929 年第 3 卷第 9 期。

两面才可成立，由斯在"纵的方面"以图"积极的进化"，在"横的方面"要求"积极的扩张"，才能达到"民生史观"的目的。①

　　瞿辉伯在确立了民生史观的理论架构后，就对戴季陶的《民生哲学系统表》的结构问题作了深入的点评。他认为，戴季陶表将"三民主义"看成是由"诚智仁勇"的"仁"字下面所产生，且只占"仁"字的"政治范围"的一面，若单讲"民生哲学"，则未尝不可，但戴季陶对"表"作"说明"时，却又提出"三民主义全部的原理包含在民生主义之内"，意即"三民主义就是民生哲学"。若将"三民主义"当作"仁"字的一部，则它只可称作"伦理哲学"或"伦理哲学和政治哲学"，不能说称作"民生哲学"。戴季陶表既以"民族""民权""民生"相并列，也就与其"三民主义全部原理包含在民生主义之内"之说相矛盾。尽管"生存问题"是三民主义共同的系属性，三民主义是解决"生存问题"的三种工具，但三民主义的各个主义毕竟

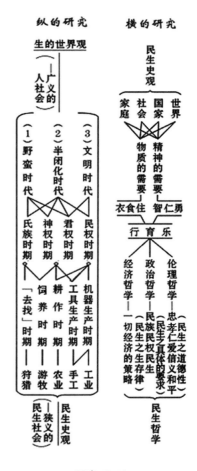

图表 10-12

皆有其单独目的的对象。就三者各有其独立的对象来说，也绝不承认三民主义的全部即在"民生主义"之中。于是，他将上述观点总结为两点：其一，"智仁勇诚"是三民主义的内容，不能另立于三民主义之外；其二，三民主义的共同属性是"生存问题"，故三民主义为"民生哲学的理论"。基于这两点认识，他从"横的研究"的视角将戴表作了改立（见图表 10-13）。改立的瞿表与戴表的明显区别在于：前者的民生哲学以"伦理哲学"（"诚智仁勇"）为中心（"表心"），而"三民主义"是作为"政治哲学"被置于"仁"之下位而从属于"伦理哲学"；后者的民生哲学则以"三民主义"（共同解决"生存问题"）为中心，而"伦理哲学"（诚智仁勇）则是附属于"三民主义"而存在的。瞿辉伯认为，通过将戴表作这样的改立，

---

① 参见瞿辉伯：《民生史观论战》，《新广西旬报》1929 年第 3 卷第 9 期。

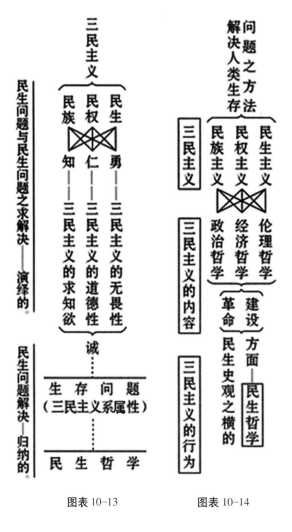

图表 10-13　　　　　图表 10-14

突出了"三民主义"与"民生哲学"系统之间的贯彻性，这既能保留戴季陶"三民主义全部包含在民生主义之内"之说的本意，也能与戴表中的"表心"之说相适合，同时又纠正了戴表中"三民主义只是民生哲学政治范围的一部分"及"抹杀民族民权的作用而归纳于民生"之错误。①

瞿辉伯对戴季陶民生哲学的基本观点还有所吸取，而对孙镜亚的"三民主义为伦理哲学"和"三民主义的思想基础是博爱"之说则持批评态度。一方面，他强调三民主义是民生哲学，而三民主义所要解决的是"政治""经济"和"伦理"问题，故三民主义的内容也就具有"政治哲学""经济哲学"和"伦理哲学"种种的成分，而非单纯是"伦理哲学"。基于这一认识，他又对"民生史观"的"横的方面"立了另一份表（见图表 10-14）。他解释道：与上表（图表 10-13）只将"民族民权民生"列在一个"政治"下面不同，此表将"政治""经济""伦理"列在三民主义的各个主义之中。这是因为上表是就"民生史观"作广义的演绎，而此表只是以"三民主义"为中心的演绎。② 从此表可以看出，三民主义的三个主义与"政治哲学""经济哲学"和"伦理哲学"之间不是一一对应的关系，而是相互交叉的关系。另一方面，他认为三民主义的思想基础与其说是"博爱"，毋宁说是"民生"，因为人类种种问

---

① 参见瞿辉伯：《民生史观论战》，《新广西旬报》1929 年第 3 卷第 14 期。
② 参见瞿辉伯：《民生史观论战》，《新广西旬报》1929 年第 3 卷第 14 期。

题的前因后果，无不直接间接皆是"民生问题"，"伦理博爱"只是解决部分"民生问题"的方法所根据的"原理"，而此"原理"之外的"最高点的概念"，当然只有一个"民生问题"。应该指出的是，戴季陶提出"三民主义的全部著作可总名之曰民生哲学"，但并没有直接提出"三民主义就是民生哲学"，而其所关注的是"三民主义的哲学基础"问题。而瞿辉伯首次明确提出了"三民主义就是民生哲学"的观点，这一观点后来成为了国民党民生哲学在中国大陆发展的第五阶段的热门话题，并形成了"三民主义哲学"这一新的发展形态。

（二）童行白的民生史观理论结构

自《新生命月刊》发起民生史观的大讨论后，各种观点经过一年多的展示与较量，使得民生哲学理论结构的探索也逐渐完善起来，特别是梅思平对民生哲学的本体论的探讨，给民生哲学理论结构的完善带来了实质性的影响。童行白就是接着梅思平的话题而提出了自己的民生史观理论体系结构的构想。他指出："季陶同志替总理主义找出哲学的基础是'仁爱'，这当然是错误的。因为'仁爱'是伦理哲学，伦理哲学在民生史观应用上是一种工具，在民生史观系统上是一种下位概念，不是孙文主义的哲学基础。梅思平同志说的生的世界观，才是民生史观的哲学基础。可惜梅同志说的是中国古代儒家的世界观，不是总理的世界观。"[1] 在这里，他否定了戴季陶以"仁爱"（伦理哲学）为基础的民生史观理论结构，肯定了梅思平以"生的世界观"为基础的民生史观理论结构。但他又认为孙中山的"生的世界观"非如梅思平所说的出于儒家哲学，而是为孙中山本人所自创。因为，从客观上说，世界有生的原理，故历史有生的定律；从主观上说，历史观与世界观是表里关系，没有"生的世界观"就不会有"生的历史观"，孙中山既然有"生的历史观"，就应有他的"生的世界观"，只是目前还没有发现孙中山的论证。[2] 不过，他以孙中山的民生史观为例，确信孙中山的"生的世界观"也会有发现的一天。因为孙中山生前没有谁识晓他的三民主义是出于民生史观，必待学理不断的发明和唯物史观随处的旁证，才确立了民生史观的基础。因此，对孙中山的"生的世界观"，不妨如科学家虚悬一个"学理"，再逐渐地去求证，

---

① 童行白：《唯物史观与民生史观析论》，南华图书局 1929 年版，第 58 页。

② 参见童行白：《唯物史观与民生史观析论》，南华图书局 1929 年版，第 44—45 页。

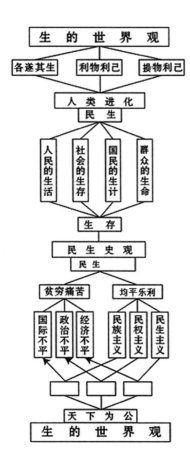

图表 10-15

将来说不定也同民生史观一样成为坚实不动摇的真理。他认为，世界的一切无一不有"存在之性"和"求生之性"，这便是"生的世界观"。"生"的"原力"是生元，"生"的方法有物类的斗争和人类的互助两种。而从"兽的世界"创造出"人的世界"，从"兽的生活"中回复到"人的生活"，合于"天地之大德为生"的"生的世界观"。[①]

童行白又结合戴季陶的民生哲学系统表的内容以及孙中山的人类进化论、民生四义、民生问题与三民主义、共有共治共享与天下为公的理想，构建一幅新的民生史观理论结构图表（见图表 10-15）。

（三）胡一贯的唯生史观理论结构

自蔡元培将民生史观改为唯生史观[②]后，邝摩汉接过蔡元培的唯生史观之说并作了自己的发挥。胡一贯又接着邝摩汉沿用唯生史观之名，并建构了一套唯生史观体系，还绘制了图表（见图表 10-16）。他将其唯生史观体系分为唯生论（重要）和辩证法（次要）两个部分。[③] 唯生论又分为生的本体、生的现象和生的问题三个内容。[④] 生的本体是指作为宇宙本体的"生命"，亦即"生元"，它赋予人类以"生命"。[⑤] 生的现象是指应用生的本体解释一般的社会本质而有经济的生计、政治的生活、民族的生存三种现象。生的问题是指分析现代社会的制度而有种族不平等的民族问题、政治不平等的民权问题和经济不平等的民生问题。从这个意义上说，唯生史

① 参见童行白：《唯物史观与民生史观析论》，南华图书局 1929 年版，第 44—64 页。

② 参见蔡元培：《说总理的惟生史观》，《河南建设月刊》第 1929 年 2 卷第 1 期。

③ 参见胡一贯：《社会科学概论》，中央陆军军官学校政治训练处 1930 年版，第 50 页。

④ 参见胡一贯：《社会科学概论》，中央陆军军官学校政治训练处 1930 年版，第 56—63 页。

⑤ 参见胡一贯：《社会科学概论》，中央陆军军官学校政治训练处 1930 年版，第 56—57、60 页。

观是三民主义的基础根据。① 辩证法又分为进化的目的（物质的进化以成地球、物种的进化以成人、人类的进化以进大同）和进化的方式（无意识、竞争、互助）两个内容。② 他把哲学的发展看作是由唯心史观（肯定）到唯物史观（否定）到唯生史观（否定之否定）的辩证发展过程。③ 这就肯定了辩证法的积极价值。

与梅思平从儒家那里寻找民生哲学的理论来源、童行白只把"孙中山的民生史观根据生的世界观而来"当作一种"假设"④ 不同，胡一贯主要是以孙中山本人的说法为依据来阐述其唯生史观体系。而他将唯生史观置于唯生论之上，显然存在着哲学逻辑上的混乱，说明这一体系的设计还不圆满。

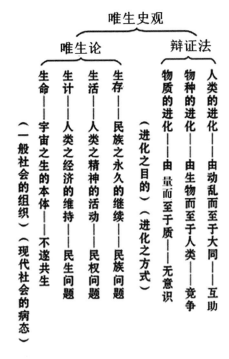

图表 10-16

（四）赵剑华的民生史观理论结构

赵剑华通过将戴季陶提出民生哲学和民生史观概念以来关于"民生史观"的十二种解释进行比较，最后选择了"唯物论的民生史观"作为自己的哲学信仰，并绘制了民生史观体系的《表解》（见图表 10-17）。他认为历史观和宇宙观（即本体论）有密切关系⑤，故他在《表解》中将其民生史观体系分为本体论和历史观两个组成部分。其本体论是以物质性的"生元"为本体的唯物论，其历史观是唯物论的民生史观。唯物论的民生史观是以"生元"的生理作用所产生的"生存

---

① 参见胡一贯：《社会科学概论》，中央陆军军官学校政治训练处 1930 年版，第 62 页。
② 参见胡一贯：《社会科学概论》，中央陆军军官学校政治训练处 1930 年版，第 67—73 页。
③ 参见胡一贯：《社会科学概论》，中央陆军军官学校政治训练处 1930 年版，第 52 页。
④ 参见胡汉民：《代序》，载童行白：《唯物史观与民生史观析论》，南华图书局 1929 年版，第 2 页（"序"页）。
⑤ 参见赵剑华：《反唯心论的民生史观：从唯心史观唯物史观社会史观到民生史观（附图表）》，《新中国》1933 年第 1 卷第 1 期。

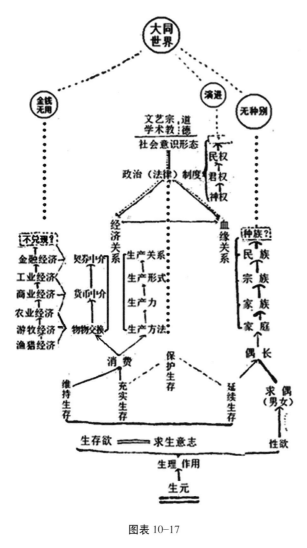

图表 10-17

欲"和"性欲"为线索，由此形成经济关系和血缘关系，继而引发政治制度的变化和意识形态的变化，从而推动人类社会的发展。[1] 从赵剑华的《表解》中可以看出，他的以民生史观为总框架的民生哲学体系和先前的瞿辉伯、童行白、胡一贯一样，甚至受陈立夫、任觉五的唯生论影响，主要以本体论（宇宙观）和历史观为研究内容，而没有将认识论纳入其中。

（五）杨虞夫的民生史观理论结构

杨虞夫于 1944 年先在《由主义之真谛说到总理遗教之体系》一文中提出了"总理遗教体系图解"，后在《民生史观公式之研究》一文中提出"民生史观的表解"，这两篇文章随后都收入他的《民生史观之论证》一书中。他的"总理遗教体系图解"，是以蒋介石在《总理遗教六讲》一书中提出的"总理遗教的体系表解"[2] 为经，以蒋介石在《三民主义之体系及其实行程序》一文中提出的"三民主义的表解"为纬而制成的一个综合性的图解（见图表 10-18）。这一图解强调"总理遗教"的哲学基础是"民生哲学"。[3] 他的"民生史观的表解"（见图表

---

① 参见赵剑华：《反唯心论的民生史观：从唯心史观唯物史观社会史观到民生史观（附图表）》，《新中国》1933 年第 1 卷第 1 期。

② 蒋中正：《总理遗教六讲》第 1 讲，军事委员会政治部 1938 年 6 月印行，第 8 页。

③ 参见杨虞夫：《由主义之真谛说到总理遗教之体系（附图）》，《新使命》1944 年第 1 卷第 1 期。

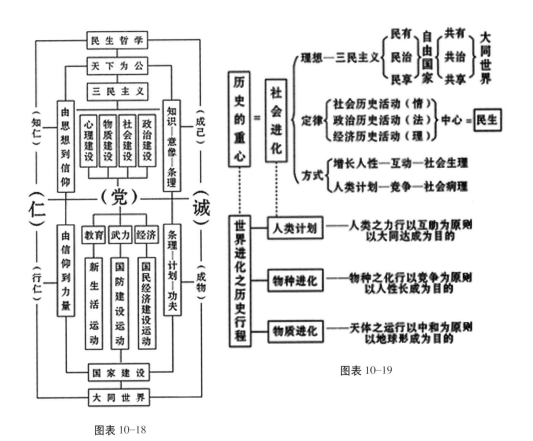

图表 10-18

图表 10-19

10-19）是由上、下两部"民生史观的公式"组成的。下部公式用以说明"世界进化之历史进程"，即由"物质进化"到"物种进化"再到"人类进化"的向上进展历程，愈演进而愈精妙，愈悠久而愈高明。而"行"贯穿于世界进化的整个历程中，即由天体的"运行"到物种的"化行"再到人类的"力行"。由天体的"运行"到物种的"化行"，是一种"自然的运化"；由物种的"化行"而至人类的"力行"，是一种"人为的化力"，即人类利用自然法则而转为社会法则的一种创造力，亦即以竞争的自然法则役物，以互助的社会法则治事。① 上部公式完全用以说明人类进化（即社会进化）。人类进化是历史进化的唯一重心，没有人类进化的历史，就根本没有世界进化的历史，因而社会进化是历史的重心。上部公式是由社会进化的方式、社会进化的定律和社会进化的理想三个公式所组成。② 民生史观的上、

① 参见杨虞夫：《民生史观公式之研究》，《新使命》1944 年第 1 卷第 4 期。
② 参见杨虞夫：《民生史观公式之研究》，《新使命》1944 年第 1 卷第 4 期。

下两部又是密切联系的。上部的"历史的重心"就是下部的"世界进化之历史进程"的"重点"与"重心",上部的社会进化就是下部的历史重心,亦是世界历史进化的最后阶段——人类进化的详细说明。因此,公式的上部是表示空间性,公式的下部表示时间性。①

他特别区分了"重心"与"中心",认为"中心"是指"位于中央,关系相等","重心"是指"力之重点,变化所归"。因此,"民生"只能说是"社会进化的历史中心",不能说是"世界进化的历史中心";"民生"是"世界进化的历史之重心",而非"历史之中心"。社会进化的"历史中心"是"横剖面";世界进化的"历史重心"是"纵剖面"。(见图表 10-20)②

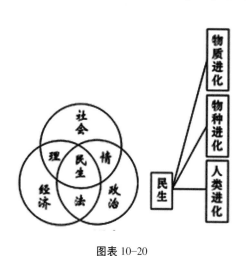

图表 10-20

三、唯生论框架下的理论结构

唯生论早在 20 世纪 20 年代就有李石岑、太虚等学者提出过,但他们都没有以唯生论来构筑其整个民生哲学的理论框架。近代以唯生论为框架来构建理论体系,那是 20 世纪 30 年代的事,主要以任觉五、陈立夫、何行之等人为代表,40 年代又有陈瑞甫、周世辅等学者将三民主义哲学与唯生论哲学融为一体。

(一)任觉五的唯生论体系结构

任觉五的《唯生论与民生史观》一书,顾名思义,就是要揭示唯生论与民生史观及其相互关系。他从宇宙学的视野来解释唯生论的宇宙观,并从"生之本体""生之现象""生之结构"和"生之成遂"四个方面来构筑其宇宙学体系。③ 同时,

---

① 参见杨虞夫:《民生史观公式之研究》,《新使命》1944 年第 1 卷第 4 期。
② 参见杨虞夫:《民生史观公式之研究》,《新使命》1944 年第 1 卷第 4 期。
③ 参见任觉五:《唯生论与民生史观》,拔提书店 1934 年版,第 87 页。

他又基于"唯生本体论"来揭示民生史观。[1] 他对民生史观的理论结构设计包括："求生存"的目的（维持生命、继续生命和发展生命）和"社会进化"的标准（精神生活和物质生活平衡推进）。他对民生史观的理论结构设计在图表 10-21 中反映出来。

任觉五的唯生论理论体系并不完整。一方面，他只是将唯生论作为一种宇宙观，而不是作为一种系统的哲学体系，所以对唯生论与民生史观基本上是分开论述的，而没有将两者绘在一张图表上。而且他在后来的《三民主义的哲学基础》讲义中，仍然只介绍三民主义的宇宙观、社会观（民生史观）以及求生存与三民主义的关系。[2] 另一方面，他的唯生论理论只集中研究本体论（唯生论）与历史观（民生史观），而没有涉及认识论、人生观。直到他到中国台湾时，才将三民主义哲学思想分为宇宙哲学—宇宙观（唯生论）、社会哲学—社会观（民生史观、民生哲学）、伦理哲学—伦理观（诚、智仁勇、礼义廉耻、和平、奋斗）、人生哲学—人生观（力行、合作、主动、负责、热情、实践、信心等）四个部分。[3]

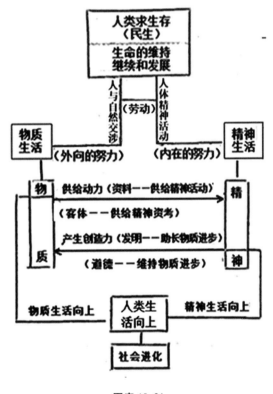

图表 10-21

（二）陈立夫的唯生论理论结构

陈立夫对唯生论的研究经历了一个由"唯生史观"（"唯生论的人生观与社会观"）到"唯生论的宇宙观""唯生论的道德观""唯生论的认识论"的发展过程。

---

① 参见赵剑华:《反唯心论的民生史观》,《新中国》1933 年第 1 卷第 1 期。
② 参见任觉五:《三民主义的哲学基础》,出版社不详,1941 年版,第 1、8、14 页。
③ 参见戴季陶等:《三民主义哲学论文集》,中央文物供应社 1978 年版,第 328—353 页。

他的最先出版的《唯生论（上）》一书所展示的唯生论理论体系是由宇宙观、人生观、社会观和道德观所组成。后来，他在抗战期间对《唯生论（上）》的内容作了大幅修改，并改名为《生之原理》（即《唯生论（下）》），将唯生论体系又分为宇宙论（本体论）、人生论（道德论、价值论）和民生论（民生史观）三部分。①这说明，《生之原理》与《唯生论（上）》在理论内容上大体一致，且都没有将认识论纳入其中。其实，他也早就意识到认识论（又称方法论）在唯生论理论体系中的重要性，还专作《唯生论的认识论》一文，指出哲学的范围可以分成方法论、价值论和形上学三大部门。方法论为形上学及价值论的基础，形上学与价值论的系统全由方法论去决定。②而在唯生论体系中，"唯生论的认识论之目的，在解决民生问题之大业中找出一个根本原则，所以处处表现出一种实践的精神"③。尽管如此，他还是没有在其唯生论的理论结构中为"唯生论的认识论"留下一个位置。

（三）何行之的唯生论理论结构

何行之也是唯生论的提倡者。不过，他认为学术界一般所讨论的大抵是属于唯生论的历史观（即唯生史观）的问题居多，而关于唯生论哲学本身却很少注意研究。唯生论哲学本身既然尚未彻底阐明，则建立于其上的历史观的解说，自难得有一定的正确性。就哲学本身的体系上来说，大概如本体论问题、宇宙论问题、认识论问题以及最重要的方法论问题等，都是属于唯生论哲学本身急待研究阐明的问题。同时，学术界关于中山主义哲学基础的论述，大都是属于零简断篇，没有一个较完整的体系。④当然，他肯定了陈立夫在本体论上作出了一个有价值的贡献，但又指出包括陈立夫在内的学者都忽视了对"唯生论的认识论"的讨论。而他认为认识论在哲学上亦占有很重要的地位。⑤于是，他将唯生论体系分为本体论、认识论、方法论和历史观四个方面，并提出了要在其《唯生论哲学理论之基础》一书中作出"第一篇唯生论的本体论；第二篇唯生论的认识论；第

---

① 参见陈立夫：《生之原理》，正中书局 1944 年 8 月初版，（"目录"页）。
② 参见陈立夫：《唯生论的认识论》，《中山文化教育馆季刊》1933 年秋季号（第 4 卷第 3 期）。
③ 参见陈立夫：《唯生论的认识论》，《中山文化教育馆季刊》1933 年秋季号（第 4 卷第 3 期）。
④ 参见何行之：《唯生论哲学理论之基础》，正中书局 1935 年版，第 17—18 页。
⑤ 参见何行之：《唯生论哲学理论之基础》，正中书局 1935 年版，第 26 页。

三篇唯生论的方法论；第四篇唯生论的历史观"的写作提纲。[1] 可惜，他在书中实际只完成了"唯生论的本体论"部分。后来，他单独做了一篇题为《认识论问题》的文章，探讨了"认识"和"认识论的发生"问题，并将他所提倡的"认识之生活需要说"与"实用主义的思想"相区分。[2]

（四）王龙舆的唯生哲学体系

王龙舆的唯生哲学体系的建构，是受到戴季陶和梅思平等人的影响。他认为，既然三民主义的本体是民生主义，民生主义的哲学基础又建立在民生史观上面，则民生史观为三民主义根本理论。同时，他又引入陈立夫的唯生论，认为民生史观在科学上的根据就是唯生宇宙观，由唯生宇宙观派生为民生史观，再由民生史观派生出三民主义。由民生史观向上推之就是唯生论，即对于宇宙本体的认识；由民生史观向下推之就是三民主义的政治哲学，即对现代世界与中国的改造论。而"唯生"乃是孙中山哲学的中心，内中包含有宇宙观、社会观、民族观、国家观、阶级观、人生观、伦理观，等等。于是他将唯生论、民生史观和政治哲学、伦理哲学、人生哲学等等列成表（见图表 10-22）。[3]

（五）陈瑞甫的唯生哲学系统

陈瑞甫先在《三民主义之哲学基础》一文中，以陈立夫提出"生为宇宙的中心，民生为历史的中心"之说为核心来揭示三民主义的哲学基础。他认为，三民主义之任一组成部分，无不以"生"为中心；三民

唯生论
（解释宇宙现象）
民生史观
（解释人类进化历史）

1	2	3	4
三民主义	政治哲学	伦理哲学	人生哲学 其他
表现于经济方面的形式—民生主义	表现于政治方面的形式—民权主义	表现于民族方面的形式—民族主义	

（本体）
民生主义

图表 10-22

---

[1] 参见何行之：《唯生论哲学理论之基础》，正中书局 1935 年版，第 25 页。

[2] 参见何行之：《认识论问题》，《文化批判》1937 年第 4 卷第 1 期。

[3] 参见王龙舆：《唯生哲学的体系（上卷）》，安徽反省院 1936 年版，第 14 页。

主义之哲学基本概念，无不为"生"之内容所构成。① 他在宇宙观上主张宇宙是由"生元"构成的，而人类是"生元"的高级组合物；在历史观上主张历史是人类安排其生活的实线，产生了国家民族的社会组织。人类为着生存向前发展，从原始的蒙昧时代进化到封建时代、资本主义时代、社会主义时代和大同主义时代，这一切进步都是"生元"的飞跃。因此，"历史的构成，即是生元的构成"。②

为了更好地展示"生为宇宙的中心，民生为历史的中心"的运作原理，他还绘制了《三民主义哲学系统表》（见图表 10-23）③。而他以"三民主义哲学"为框架来设置其哲学系统，则与近代民生哲学第五阶段的发展形态——三民主义哲学相适应。不久，他又在《唯生哲学体系概说》一文中从宏观上对"唯生哲学体系"作了较系统的设计。他认为，三民主义是革命的最高指导原则，而唯生哲学是三民主义的基础，是最高指导原则的原则。唯生哲学具有四个特性：一是具有"规律的精确的真实性"；二是具有"法则的推理的论理性"；三是具有"方法的策略的向导性"；四是具有"反抗的革命的斗争性"。唯生哲学又具有三个特质：一是"以'生'为宇宙间一切现象的发生成长的最后的唯一动因的学问"；二是"'中庸'的学问"；三是"综合的学问"。他将唯生哲学的内容分为六个方面：一是本体论，建立科学的"生原论"；二是宇宙论，建立科学的"进化论"；三是社会论，建立科学的"互助论"；四是国家论，建立科学的"全民政治论"；五是人生论，

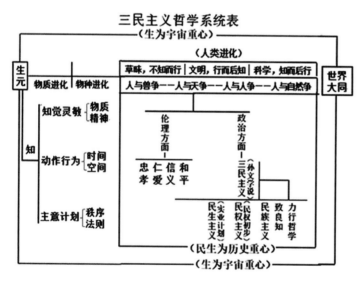

图表 10-23

① 参见陈瑞甫：《三民主义之哲学基础》，《思想阵地》1940 年第 2 卷第 1 期。
② 参见陈瑞甫：《三民主义之哲学基础》，《思想阵地》1940 年第 2 卷第 1 期。
③ 参见陈瑞甫：《三民主义之哲学基础》，《思想阵地》1940 年第 2 卷第 1 期。

建立科学的"力行论"；六是知识论，建立科学的"方法论"。[①] 而他之所以又提出"唯生哲学体系"，说明陈立夫的唯生论哲学理论构架在国民党学者中仍然具有强大的影响力。因此，陈瑞甫的民生哲学理论是唯生论哲学与三民主义哲学两种民生哲学形态相结合的产物。

四、三民主义哲学框架下的理论结构

以三民主义哲学为理论框架是 20 世纪 30 年代末到 40 年代国民党民生哲学的表现形态，从宏观上大致有三种表现形式：一是将民生哲学或民生史观作为三民主义哲学或孙中山哲学的一部分；二是将三民主义哲学等同于民生哲学；三是将三民主义哲学等同于唯生论哲学。

（一）统摄民生哲学的三民主义哲学理论结构

余健萍曾指出："自从戴季陶先生发表《三民主义之哲学的基础》一书，阐明'三民主义的思想基础是民生哲学'以后，接着有许多同志开始注意、研究或讨论到三民主义在哲学上的问题，专门的著作也陆续出版，大都把'民生哲学'列为哲学部门的'人生论'，进而推广逻辑。上溯宇宙根源，欲以构成完美的哲学体系。"[②] 如前所述，姜琦将民生哲学作为三民主义哲学中的"本体论"部分。而叶青和吴曼君将三民主义哲学分别称为"国父哲学"和"孙中山哲学"，并分别将"民生哲学"和"民生史观"作为三民主义哲学的一部分来看待。

1. 叶青的国父哲学理论结构

戴季陶曾在《孙文主义之哲学基础》一书中将整个三民主义都纳入"民生哲学"之中，但并没有阐明"民生主义"为什么能称为"民生哲学"。叶青则明确提出"三民主义底哲学性"，并给予了具体的论证。他认为三民主义不仅具有"科学性"，亦具有"哲学性"，并明确指出"三民主义是哲学"。三民主义之所以是"哲学"，是因为它具有"逻辑性""体系性""派别性"和"综合性"。同时，"哲学"

---

① 参见陈瑞甫：《唯生哲学体系概说》，《思潮月刊》1941 年第 1 卷第 7 期。

② 余健萍：《三民主义哲学与致用》，《大路半月刊》1943 年第 9 卷第 1—2 期合刊。

与"科学"不同:"科学"内只有"公理、定理、法则、理论",没有"主义";"哲学"内则全是"主义",而"主义"根本是"哲学"的术语。三民主义是一种"主义",故属于"哲学",就是"哲学"。但"哲学"有"宇宙论""人生论"和"认识论"三个部门,"本体论"实为"宇宙论"的一部分。"宇宙论"是"自然观","人生论"是"社会观","认识论"是"思维观",相当于科学中之自然科学、社会科学、思维科学三大类别。三民主义应属于"哲学"三个部门中的"人生论"或"社会观",换句话说,三民主义就是"人生哲学"或"社会哲学"。但他又指出,三民主义虽然是"哲学",却属于"人生论",只是"人生哲学"。而"人生哲学"并不是"究极"的东西,需要一种"基础",那就是"自然哲学"或"宇宙哲学"。不过,他将作为三民主义的"基础"的"宇宙论"和"本体论"分解为三个:民族主义以"自然的物质论"为基础,民权主义以"观念论"为基础,民生主义以"社会的物质论"为基础。若是这样,这个"本体论"就变成了多元论。为了避此嫌疑,于是他又将"自然的物质论""观念论""社会的物质论"合成一个"论",叫作"物心综合论"。他想通过"物心综合论"来使三民主义的哲学跳出"旧物质论"和"旧观念论"的圈子而自成一个派别,以达到三民生义哲学比任何偏于一端的哲学派别更加"完美"。概括地说:分而言之,民族主义、民权主义和民生主义分别以"自然的物质论""观念论"和"社会的物质论"为基础;合而言之,则三民主义以"自然——观念——经济"或者"自然的物质——精神——社会的物质"的"物心综合论"为基础。①

既然三民主义人生论只是孙中山哲学的一部分,所以他在《国父哲学言论辑解》中将孙中山的哲学分为本体论、宇宙论、人生论和认识论四个方面,而将"民生哲学"(即"历史民生论")又作为"人生论"的一部分。而在《三民主义底哲学基础》中,他又将三民主义哲学分为"历史民生论(民生哲学)""人类力行论(力行哲学)""社会互助论(互助哲学)""实践经验论(经验哲学)""物心综合论(综合哲学)"和"阶段进化论(进化哲学)"六个方面。② 这里将蒋介石的"宇宙哲学""本体哲学"和"力行哲学"纳入其中。不过后来他又在《国父哲学述要》一文中将孙中山的整个哲学定名为"民生哲学",并将孙中山的民

---

① 参见叶青:《三民主义底哲学性》,《时代思潮》1939 年第 7 期。

② 参见叶青:《三民主义底哲学基础(上),时代思潮社 1942 年版,"目录"。

生哲学分为"本体论""宇宙论""人生论"和"认识论"四个部分。[①] 到晚年，他在台湾明确将"三民主义哲学基础"改为"三民主义哲学"，并以"三民主义"为孙中山所创立为由，说明"三民主义哲学"也应该是"国父底哲学"。[②]他还将三民主义哲学的内容概括为"心物合一论"（本体论）、"宇宙进化论""人类生存论"（民生哲学）、"人类行为论"（力行哲学）、"人类互助论"（互助哲学）、"实践认识论"六个方面[③]，这与其先前在《三民主义底哲学基础》一书中所揭示的内容基本一致。

2. 吴曼君的孙中山哲学理论结构

在吴曼君的民生哲学中，既不采用戴季陶和蒋介石所用的"民生哲学"概念，也不使用陈立夫所用的"唯生论"概念，而是采用"孙中山底哲学"和"民生史观"两个概念。他在《孙中山底哲学》中，将孙中山的哲学思想定性为"既不是唯物论，也不是唯心论，而是综合唯物与唯心论的一种物心综合论"。他又基于物心综合论的立场将孙中山的哲学分为本体论、宇宙论、人生论和认识论四个部分，而"人生论"涉及"民生史观"，属于民生哲学的内容，而本体论、宇宙论和认识论不属于民生哲学的范围。[④] 在《民生史观研究》中，他分别论述了民生史观的研究方法、哲学基础、思想渊源、综合性质、理论体系、进化学说、历史法则、具体形态，是所有民生史观研究成果中最为全面的一个。他将民生史观的理论体系分为"生存中心论""经济史论""政治史论""文化史论"和"社会互助论"五个部分。[⑤] 从五者的逻辑关系来看，民生史观以人类求生存为出发点，认定生存问题才是历史的重心和社会进化的原因而便得出"生存中心"的理论。由此"生存中心论"去观察人类种种活动而得出维持生存的"经济论"、保护生存的"政治论"、发展生存的"智识论"。由维持生存、保护生存、发展生存都非互助不可而最后得出以互助为原则的"社会互助论"。总而言之，这五种理论是以生存问题为中心、以社会互助为纽带、以经济生活为基础去解释

① 参见叶青：《国父哲学述要》，《中国青年（重庆）》1948年复2第3期。

② 参见任卓宣：《三民主义哲学》，载中华学术院编辑：《哲学论集》，中国文化大学出版部1976年版，第19页。

③ 参见任卓宣：《三民主义哲学》，载中华学术院编辑：《哲学论集》，中国文化大学出版部1976年版，第20—30页。

④ 参见吴曼君：《孙中山底哲学》，时代思潮社1940年版，目录。

⑤ 参见吴曼君：《民生史观研究》，时代思潮社1941年版，第85页。

人类种种活动的一贯之道。①

（二）与民生哲学系统相等同的三民主义哲学理论结构

就在三民主义哲学初兴之时，蒋介石则在《三民主义之体系及其实行程序》中仍旧推崇戴季陶的民生哲学，于是就有刘炳藜、博文等学者提出"三民主义哲学即是民生哲学"的观点，并在此基础上构建三民主义哲学理论体系。

1. 刘炳藜的三民主义哲学理论结构

刘炳藜曾在《三民主义之哲学体系》中指出："三民主义哲学就是民生哲学，就是行的哲学，也就是心物综合哲学。"② 这意味着他所讲的"三民主义哲学体系"就是"民生哲学体系"，这实际上是承袭了戴季陶的观点。

刘炳藜认为，一般哲学的体系分为三个重要部门：一是宇宙论，研究宇宙的起源、体系与进化等；二是社会论，研究社会的起源、结构与进化等；三是认识论，研究认识的起源、过程与本质等。这个体系的范围是由大至小，即由广阔的天空以至细微的思想，但这个体系因缺了本体论而不完整，故他要将本体论纳入哲学的体系中。③ 本体论是研究世界事物的本体或本质的。他认为世界事物的本体绝不是唯神的、唯心的、唯物的、心物并行（心物调和）的，而是心物综合的，只有"心物综合论"才是"正确的本体论"。④ 故他要建立以"心物综合论"为基础，以本体论、宇宙论、社会论和认识论为构件的三民主义哲学体系。"心物综合论"乃是用"心物一致"即"以心与物化合后的单一体"的方法去说明世界事物。⑤

后来，刘炳藜在《国父思想体系述要》中将民生哲学体系作了扩充，在保留了本体论、宇宙论、社会论（"社会政治论"的一部分）和认识论外，还增加了政治论（"社会政治论"的一部分）、人生论和方法论。人生论又称为人生道德论、道德论、人生哲学，是讲究人之所以为人的道理的学问。⑥

---

① 参见吴曼君：《民生史观研究》，时代思潮社 1941 年版，第 102 页。
② 参见刘炳藜：《三民主义之哲学体系》，前途出版社 1941 年版，第 36 页。
③ 参见刘炳藜：《三民主义之哲学体系》，前途出版社 1941 年版，第 10 页。
④ 参见刘炳藜：《三民主义之哲学体系》，前途出版社 1941 年版，第 12—13 页。
⑤ 参见刘炳藜：《三民主义之哲学体系》，前途出版社 1941 年版，第 7 页。
⑥ 参见刘炳藜：《国父思想体系述要》，独立出版社 1943 年版，第 26 页（"目录"页）。

2. 博文的三民主义哲学体系构想

博文在《三民主义哲学的体系》一文中，根据蒋介石在《三民主义之体系及其实行程序》中提出的"无论什么主义，都有一种哲学思想做基础，三民主义的哲学基础为'民生哲学'"之说，为理论依据，得出"三民主义的哲学是民生哲学"的结论。① 在该文中有一段以"三民主义哲学纲领"为标题，而在具体阐发该段内容时却又换成"民生哲学纲领"之说，说明他将"三民主义哲学"与"民生哲学"视为两个可以互换的概念。他将三民主义哲学理论体系分为"本体论——生""宇宙论——行""人生观——仁"和"方法论——中"。他还认为，三民主义哲学的精神特点表现为：一是以"公"为革命的目的；二是以"诚"为革命的动力；三是以"力"为革命的条件；四是以"和"为革命的方法；五是以"忍"为革命的修养。②

（三）统摄与唯生论的三民主义哲学理论结构

在三民主义哲学形态盛行之时，以陈立夫为代表的唯生论哲学仍有一定的影响力，所以仍有周世辅、张太风等学者将唯生论纳于其中来构建其三民主义哲学的理论结构。

1. 周世辅的三民主义哲学理论结构

周世辅认为，普通哲学的内容大致分为宇宙论、人生论及知识论（认识论）。而人生论的范围可以包括人生观、伦理观、政治观，社会观、历史观等等。③ 三民主义哲学的体系包括唯生论和民生史观两个部分。唯生论是就宇宙哲学而言，民生史观是就人生哲学及社会哲学而言；宇宙之万象可以用唯生论去解释，人类之进化可以用民生史观去解释。④ 而他所讨论的"宇宙万物为生元所构成""精神与物质同产于一体"（即心物一元）是属于宇宙哲学的范围；"民生为历史社会的中心""争生存为社会进化的原动力"是属于人生哲学与社会哲学的范围；"知识来源论"是属于认识论（知识论）的范围。故三民主义哲学的范围与唯心论、唯物论都有一种显明的区别。⑤

---

① 参见博文：《三民主义哲学的体系》，《大路》1943 年第 9 卷第 1—2 期合刊。

② 参见博文：《三民主义哲学的体系》，《大路》1943 年第 9 卷第 1—2 期合刊。

③ 参见周世辅：《三民主义哲学思想之基础》，正中书局 1941 年版，第 14 页。

④ 参见周世辅：《三民主义哲学思想之基础》，正中书局 1941 年版，第 12 页。

⑤ 参见周世辅：《三民主义哲学思想之基础》，正中书局 1941 年版，第 14 页。

2. 张太凤的三民主义哲学理论结构

张太凤比较注重对民生史观的研究。他在《民生史观大纲》一书中，将民生史观的内容分为唯生辩证法、社会本体论、社会进化论、社会创化论及意识形态论五个部分。① 他又设计了一份唯生论的社会本体图，以生元为基点，以民生（诚）为重心和原动力，以血缘、经济两关系为两大客观基础，以政治关系为革命创化的主观支配，以协调互助为革命与创化的手段。他还根据民生社会发展过程推演而制定了"社会组织表"②。只要将张太凤的"社会本体图"（图表 10-24）和"社会组织表"（图表 10-25）与赵剑华的《民生史观体系表解》相对照，就不难发现前者对后者的吸收与继承。

张太凤以蒋介石的"民生为历史的中心，就是三民主义最基本的原理"为依据，认为民生哲学是三民主义的基本原理，也是三民主义的哲学基础。③ 他反对

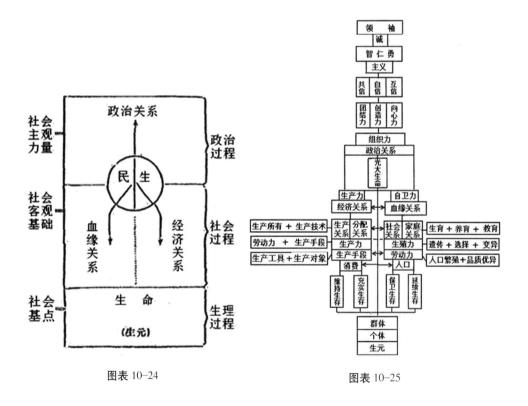

图表 10-24　　　　　　　　　　　　图表 10-25

---

① 参见张太凤：《民生史观大纲》，尖兵半月刊社 1941 年版，（"目录"页）。
② 张太凤：《民生社会论》，《新认识》1942 年第 5 卷第 6 期。
③ 参见张太凤：《三民主义哲学》，新潮出版社 1943 年版，第 17 页。

叶青的"民族主义以自然的物质论为基础，民权主义以观念论为基础，民生主义以社会的物质论为基础"①之说，认为这是"破碎支离、最无价值"的"多元论"。而他主张孙中山的哲学就是一个统一的民生哲学，反映了民生一元论。②他又根据宇宙观与社会观的一致性，主张孙中山的宇宙观为一元的唯生论，社会观是一元的民生论。③他又将三民主义哲学分为宇宙论、社会论和认识论三个部分。④

第三节　民生哲学理论内容分析

综观上述各式各样的民生哲学理论结构的设计，大致可以看出，它们可以包括本体论、宇宙论、历史观、社会观、人生观、价值观、认识论、方法论等理论内容，它们之间的关系在不同的学者那里又有不同的理解与归类。

一、本体论与宇宙观

哲学的本体论与宇宙论有时会使用将两者统一起来的名称，叫做"形而上学"（"形上学"）或"宇宙哲学"。刘以钟曾用"形而上学"之名，指出"形而上学之问题，分为（一）本体论（二）宇宙论"⑤。周世辅就曾使用"宇宙哲学"之名，指出"研究哲学的人，往往把宇宙哲学分两部：一部叫做本体论或实在论，一部叫做宇宙论"⑥。不过在近代民生哲学的研究中，人们很少去使用"形而上学"或"宇宙哲学"的概念，而是直接使用"本体论"和"宇宙观"（或"宇宙论"）的概念。

---

① 叶青：《三民主义之完美》，力学书店1940年版，第97页。

② 参见张太凤：《三民主义哲学》，新潮出版社1943年版，第59页。

③ 参见张太凤：《三民主义哲学》，新潮出版社1943年版，第75页。

④ 参见张太凤：《三民主义哲学》，新潮出版社1943年版，（"目录"页）。

⑤ 刘以钟：《哲学概论》，商务印书馆1923年版，第26页。

⑥ 周世辅：《三民主义哲学思想之基础》，正中书局1941年版，第45—46页。

近代学者在处理本体论与宇宙论的关系问题上，大致有"以本体论统摄或等同宇宙论""以宇宙论统摄或等同本体论"和"本体论与宇宙观相并列"三种不同的态度。

（一）以本体论统摄或等同宇宙论

以本体论统摄或等同宇宙论指以"本体论"为统摄的主题，它包括两种情况：一种是以"本体论"为总体再分设"本体论"和"宇宙论"；一种是以"本体论"为独揽，而可以包含也可以不包含"宇宙论"的内容。梅思平认为在历史观之上还应有一个本体论，但这个"本体论"就是"生的世界观"。[①]"生的世界观"也就是"生的宇宙观"，主要揭示"生"为宇宙的本体以及"自然的进化"。姜琦在其民生哲学理论中只提"本体论"。他在解读戴季陶的《民生哲学系统表及说明》时，视《大学》为一部以"格物"为"本体"的"原理论"（或称"本体论"）[②]；在三民主义哲学本体论的讨论中，将当时各种本体论的观点分为"心物综合论""唯生论"和"物心综合论"三种，而他自己则赞同蒋介石的"一体两面论""同质异象论"或"一物二象论"。[③]

（二）以宇宙论统摄或等同本体论

以宇宙论统摄或等同本体论指以"宇宙论"为统摄的主题，它也包括两种情况：一种是以"宇宙论"为总体再分设"本体论"和"宇宙论"；一种是以"宇宙论"为独揽，而可以包含也可以不包含"本体论"的内容。在中央陆军军官学校洛阳分校编写的《人生哲学教程》中，就将本体论与宇宙论的内容统统纳入到宇宙论中来分析。该书指出："宇宙论就是本体论，乃是追究宇宙的最终本体是什么，所以它又分为两方面：一方面是追究最终的本性，另一方面是研求如何会变成现在的样子，前者普通名曰本体论，后者名曰宇宙论。"[④]陈立夫在其唯生论体系中，以"宇宙论"统摄"本体论"。他在《唯生论上》中宣扬"生是宇宙的重心"

[①]　参见梅思平：《民生史观概论》，《新生命》1928 年第 1 卷第 5 号。

[②]　参见姜琦：《抗战建国与民生哲学》，独立出版社、艺文研究会 1938 年版，第 30 页。

[③]　参见姜琦：《如何解决三民主义哲学本体论问题的分歧》，《中国青年》1944 年第 11 卷第 5 期。

[④]　中央陆军军官学校洛阳分校：《人生哲学教程》，中央陆军军官学校洛阳分校 1936 年版，第 5—6 页。

的"唯生论的宇宙观"①，涉及宇宙的"本体"（元子）、"范围""内容"以及"时空质能之种种关系"②。张太风也是以"宇宙论"为统摄，内容包括"宇宙的本体"（"元子""太极""生""宇宙的结构""宇宙的进化"等）。③苏渊雷也将"宇宙论"分为研究"存在"之本体的"本体论"和研究世界之发展及归趋的"宇宙论"④，并提倡"新宇宙论"的十条"基本概念"（即基本观点），涉及"发展观""生元说""体用一元""竞争与互助"等内容。⑤

（三）本体论与宇宙观相并列

本体论与宇宙观相并列指在整个三民主义哲学或民生哲学中，本体论与宇宙观是各自独立、分开论述的。在周世辅的唯生论理论中，"生元论"是研究宇宙万物的根据和各种现象的本体，属于"本体论"；"天道论"和"物道论"是研究宇宙万物的过程、生长演化的原理及法则，属于"宇宙论"。合而言之，周世辅的宇宙观是以"生元"为宇宙的最后根源的"生的宇宙观"。⑥在刘炳藜的三民主义哲学体系中，"本体论"研究的是世界事物的本体或本质，而他提倡的是"心物综合论"的"本体论"⑦；"宇宙论"又称"自然论"，研究的是"宇宙的起源、体系与进化等"⑧。不过，他不反对有哲学"将宇宙论包含在本体论之中"，或"将本体论包含在宇宙论之中"，但他设"宇宙论"的目的是为了说明宇宙本体的心物综合现象是什么，也就是要对"本体论"的继续说明。⑨他在《国父思想体系述要》中就是将"本体论"与"宇宙论"并列论述的。叶青早先指出："可以自成一个部门的本体论，实为宇宙论底一部分"，于是他将"本体论"并入"宇宙论"，并指出"宇宙论"就是"自然观"。⑩而到后来，他又在对孙中山的民生哲

---

①　陈立夫：《唯生论上》，正中书局 1935 年版，第 5 页。

②　陈立夫：《唯生论上》，正中书局 1935 年版，第 45 页。

③　参见张太风：《三民主义哲学》，新潮出版社 1943 年版，（"目录"页）。

④　参见苏洲雷：《民生哲学引义》，商务印书馆 1944 年版，第 13 页。

⑤　参见苏洲雷：《民生哲学引义》，商务印书馆 1944 年版，第 70—88 页。

⑥　参见周世辅：《三民主义哲学思想之基础》，正中书局 1941 年版，第 46—47 页。

⑦　参见刘炳藜：《三民主义之哲学体系》，前途出版社 1941 年版，第 12—13 页。

⑧　刘炳藜：《三民主义之哲学体系》，前途出版社 1941 年版，第 10 页。

⑨　参见刘炳藜：《三民主义之哲学体系》，前途出版社 1941 年版，第 37 页。

⑩　参见叶青：《三民主义底哲学性》，《时代思潮》1939 年第 7 期。

学理论的分析中将"本体论"与"宇宙论"并列。本体论主要涉及物质与精神的关系，包括物质与精神之"存在""性质""关系""力量"和"重要"五个方面。宇宙论包括：宇宙之"根源""生成""进化"和"原则"四个方面。① 吴曼君在探讨孙中山的哲学时，也将"本体论"与"宇宙论"作为两个独立的内容。"本体论"所要论究的问题是事物的终极原因，它要说明本体的性质、物质和精神的含义以及两者的关系。"宇宙论"要探究的是宇宙的生存法则及宇宙如何生成和进化的问题，它要说明宇宙的"根源""生成""关联""进化"和"发展"的问题。②

二、历史观、人生观和社会观

近代学者在处理历史观、人生观和社会观的关系问题上，大致有"历史观统摄或等同社会观、人生观""人生论统摄或等同历史观、社会观"和"社会论统摄历史观、人生论""人生观与社会观、历史观并列"四种不同的态度。

（一）历史观统摄或等同社会观、人生观

梅思平将哲学系统分为三层结构时，称第二层次"就是社会观或历史观"③，意味着"社会观"就是"历史观"。不过，他是要为"民生史观"寻找上司——"生的世界观"，所以更倾向于以历史观统摄社会观。

由于民生史观属于历史观，所以凡以民生史观为标题的著作也基本上是以历史观统摄社会观。如文公直的《民生史观之研究》，就涉及社会的起源、社会的中心、制度的中心、社会组织、社会变革、社会进化等社会论的内容。④ 范任宇的《民生史观》提出了民生史观的三大法则：第一法则是"人类本位的进化观"；第二法则是"人类生存的三大要素——技术、组织和知识及其主导作用"；第三法则是"人类生存奋斗的两个主要方式——互助与斗争及其主导方式"。⑤ 他们

① 参见叶青：《国父哲学述要》，《中国青年》1948 年复 2 第 3 期。

② 参见吴曼君：《孙中山底哲学》，时代思潮社 1940 年版，第 8 页（"目录"页）。

③ 梅思平：《民生史观概论》，《新生命》第 1928 年第 1 卷第 5 号。

④ 参见文公直：《民生史观之研究》，新光书店 1929 年版，（"目录"页）。

⑤ 范任宇：《民生史观》，商务印书馆 1946 年版，（"目录"页）。

都将社会论的内容纳入民生史观中。不过,明确以"历史观"统摄社会观或人生观的,在近代学者中并不普遍。

(二) 人生论统摄或等同历史观、社会观

余健萍曾指出当时学者"大都把'民生哲学'列为哲学部门的'人生论。"①而"民生哲学"涉及历史观与社会观。这也道出了近代学者以"人生论"统摄社会观、历史观是较为普遍现象。

较早以"人生论"统摄历史观、社会观的,要数中央陆军军官学校洛阳分校所编的《人生哲学教程》。该书将"人生哲学"归属于哲学内容的人生论领域,而他介绍孙中山的人生哲学时,除了宇宙观外,就是人生观、历史观、社会观。②

叶青将哲学分为宇宙论、人生论和认识论三个部分时,又指出"人生论是社会观",而且他还主张"三民主义"就是"人生论"或"社会观"。③后来,他在《国父哲学言论辑解》和《国父哲学述要》中都只使用"人生论"概念作为孙中山哲学的一个领域。吴曼君也在《孙中山底哲学》中使用"人生论"概念作为孙中山哲学的一个领域,内容涉及"社会的起源""社会的结构""社会的变革""社会的进化"和"社会的将来"④,基本属于历史观和社会观的领域。褚柏思在《新哲学》中同样使用"人生论"作为"新哲学"的一个部分,内容包括"民生史观""民生哲学""知难行易""力行哲学""人生哲学"五个方面。⑤

(三) 社会论统摄历史观、人生论

张太风在《孙中山底哲学》中将三民主义哲学分为宇宙论、社会论和认识论三个部分。而在"社会论"部分,涉及"民生哲学的基本命题"——"民生是历史的中心"和"仁爱是民生的中心""社会的起源""社会的结构""社会的发展"。但他又主张"三民主义社会论"可名为"生的历史论"或"民生史观"。⑥

---

① 余健萍:《三民主义哲学与致用》,《大路半月刊》1943 年第 9 卷第 1—2 期合刊。

② 参见《人生哲学教程》,中央陆军军官学校洛阳分校,1936 年印,("目录"页)。

③ 参见叶青:《三民主义底哲学性》,《时代思潮》1939 年第 7 期。

④ 参见吴曼君:《孙中山底哲学》,时代思潮社 1940 年版,("目录"页)。

⑤ 参见褚柏思:《新哲学》,白雪出版社 1947 年版,("目录"页)。

⑥ 参见张太风:《三民主义哲学》,新潮出版社 1943 年版,("目录"页)。

随后，刘炳藜在说明其《三民主义之哲学体系》一书特意指出："人类是社会的动物，所以这章不名人生论而名为社会论，实际上社会论就是一般哲学所称的人生论。"[1] 而在与"本体论""宇宙论""认识论"并列的"社会论"部分，涉及"社会的起源""社会的结构"和"社会的进化"三方面内容。[2] 不过，他在《国父思想体系述要》中却又将涉及"社会论"的内容改名为"社会政治论"和"人生道德论"。[3]"社会政治论"包括"三民主义"和"民生史观"；"人生道德论"又称"人生论"或"道德论"，是讲究"人之所以为人的道理"的学问。[4]

（四）人生观与社会观、历史观并列

陈立夫一直将人生观与社会观分开。他在《唯生论上》中就将人生观与社会观和道德观并列。人生观与社会观合成一个标题，称"唯生论的人生观与社会观"。[5] 后来，他在《生之原理》中又将"人生论"和"民生论"相并列。[6]

苏渊雷在《民生哲学引义》中要创建一个由"新宇宙观""新认识论""新历史观""新人生观"所组成的民生哲学体系。[7] 这意味着"历史观"与"人生观"是相并列的内容。

三、认识论与方法论

近代学者在处理认识论与方法论的关系问题上，大致有"认识论统摄或等同于方法论""方法论统摄或等同于认识论"和"认识论与方法论并列"三种不同的态度。

---

① 刘炳藜：《三民主义之哲学体系》，前途出版社 1941 年版，第 55 页。
② 参见刘炳藜：《三民主义之哲学体系》，前途出版社 1941 年版，（"目录"页）。
③ 参见刘炳藜：《国父思想体系述要》，独立出版社 1943 年版，（"目录"页）。
④ 参见刘炳藜：《国父思想体系述要》，独立出版社 1943 年版，第 19—26 页。
⑤ 参见陈立夫：《唯生论上》，正中书局 1935 年版，（"目录"页）。
⑥ 参见陈立夫：《生之原理》，正中书局 1944 年版，（"目录"页）。
⑦ 参见苏洲雷：《民生哲学引义》，商务印书馆 1944 年版，第 14 页。

（一）认识论统摄或等同于方法论

陈立夫在《唯生论的认识论》一文中，一方面将人类哲学的发展看作是由"形上学"到"认识论"的过程；另一方面又将哲学的范围分为"方法论""价值论"和"形上学"三个部分。这意味着他是将"认识论"看作与"方法论"是一个东西。

张太风在《三民主义哲学》中将"认识论"作为三民主义哲学的三项内容之一。"认识论"的内容涉及"认识的起源""认识的历程""认识的标准"和"认识的方法"等，其中"认识的方法"中就涉及"方法论"问题。他指出："在方法论中，哲学方法与科学方法同其重要"；又指出"方法论"中的第一组根本要素是"分析与综合"，第二组根本要素是"归纳与演绎"。[1]

（二）方法论统摄或等同于认识论

以方法论统摄或等同于认识论的相对较少。陆俊人在《民生哲学的方法论》，就提出"知难行易学说是民生哲学的方法论或认识论"[2]。这也就是说，"知难行易学说"既是方法论又是认识论。他认为孙中山的方法论有三个特点：一是动学的进展性，即知行从低级阶段不断向较高级阶段推动前进；二是密切的综合性，即知行不是因果律，而是行在先知在后的相互综合统一；三是合理的调整性，即偏知偏行者进行适当的调和，都使其达到真平等的境界。[3]"知难行易学说"尽管被陆俊人作为"方法论"看待，但先前确实有不少学者将它纳入"认识论"领域。

叶青在 20 世纪 30 年代末就注意到孙中山哲学方法论中的辩证法问题，曾指出："孙中山不是辩证法者，但对于辩证法很能应用。他底把握特殊、把握发展和统一特殊与一般，是普遍的。"[4] 但他往往将"方法论"纳入"认识论"领域。他在《国父哲学言论辑解》中将"认识论"分为"认识底能力与起源""研究底方法问题""理论与事实底关系""真理底标准问题"和"认识底界限与可能"五

---

① 参见张太风：《三民主义哲学》，新潮出版社 1943 年版，第 177—178 页。

② 陆俊人：《民生哲学的方法论》，《新认识》1940 年第 1 卷第 4 期。

③ 参见陆俊人：《民生哲学的方法论》，《新认识》第 1940 年第 1 卷第 4 期。

④ 参见叶青：《与社会主义者论中国革命并对孙中山作一新的认识和阐扬》，时代思潮社 1939 年版，第 28 页。

项内容。其中"研究底方法问题"属于"方法论"方面。① 他在《三民主义底哲学基础》中将"认识论"称为"实践经验论(经验哲学)",内容包括认识的能力、起源、历程、本质、对象、原素、标准、方法和界限。而他在"认识底方法"中将逻辑分为"形式逻辑"与"辩证逻辑",将方法分为"科学方法"(归纳法、观察与实验)和"哲学方法"(思维、推论、演绎法)。② 不过,他没有将"知难行易论"划入"认识论",而是划归"人生论"或"人类力行论(力行哲学)"中。

刘炳藜将"认识论"作为三民主义哲学体系的三部分之一,研究认识的起源、过程、本质和作用。但他又强调指出:"研究孙中山思想体系中的认识论之后,应该进一步研究孙中山思想体系之的方法论,因为方法论是进一步的认识论,也是认识论的科学基础。"③ 这实际上是将方法论作为认识论的一部分。

苏渊雷提倡"新认识论","新认识论"是"统摄理性与经验,兼用感觉与悟性",主张合《中庸》之"天人合一"的合理主义宇宙观与《大学》之"内圣外王"开展精微的方法论为一而树立"认识一元新体系"④。故他的"新认识论"包含了"方法论"。

(三)认识论与方法论并列

何行之曾在《唯生论哲学理论之基础》中将唯生论哲学整个体系的内容分为本体论、认识论、方法论和历史观四个方面。⑤ 这就意味着"认识论"和"方法论"属于两个领域。

陈知行在其"新哲学体系"的构想中,是将"方法论"和"认识论"分开的。方法论的任务是解答客观的发展法则反映到主观来,成为人类知识和行动的方法;认识论的任务是解答主观如何认识客观的发展法则。⑥

张铁君一直对方法论感兴趣。他在《唯生论的方法论》中主张要以"唯生辩证法"(即"唯生逻辑")来对抗马克思主义的"唯物辩证法",也就是要分

---

① 参见叶青:《国父哲学言论辑解》,时代思潮社 1942 年版,第 125—126 页。

② 参见叶青:《三民主义底哲学基础(四)》,《时代思潮》第 1941 年第 31—32 期合刊。

③ 刘炳藜:《国父思想体系述要》,独立出版社 1943 年版,第 35 页。

④ 参见苏渊雷:《民生哲学引义》,商务印书馆 1942 年版,第 104 页。

⑤ 参见何行之:《唯生论哲学理论之基础》,正中书局 1935 年版,第 25 页。

⑥ 参见陈知行:《三民主义之全面的体系》,启蒙出版社 1939 年版,第 32 页。

别用"爱力法则""创进法则"和"诚化法则"来对抗唯物辩证法的"矛盾""质量"和"否定"三定律。① 他认为，在唯生逻辑中，"爱力法则"是研究生元体自身及各生元体生长衰化的发展过程的法则；"创进法则"是研究一切生元如何从旧的体系创进为各种新体系的生元体的过程的法则②；"诚化法则"是以"诚者天之道也，诚之者人之道也"中论到"天人合一"，把动的辩证逻辑与静的形式逻辑统一起来成功为高一级的综合的"唯生逻辑"。③"唯生逻辑"即是"唯生论的方法论"，是用来"研究生的宇宙观与民生的历史观"的一种方法，它是由形式逻辑、辩证逻辑发展的最高阶段的综合。④ 后来，他在《三民主义研究导论》中将先前的三种法则提升为"有机统一原理""创进原理"和"诚化原理"三个原理。这三个原理的内容各有不同："有机统一原理"（矛盾原理）在说明"一切事物间的相依相拒"；"迎头跃进原理"（创进原理）在说明"一切事物之如何从旧质变为新质"；"诚化原理"在说明"一切事物自始至终所表现的动力及其蜕变历程"。⑤ 而在方法论与认识论的关系中，他还是选择两者的并立，这在他的《新哲学漫谈》一书中反映出来。他在该书中就有《金钱究为何物——认识论》《奇妙的一与苦恼的圈——方法论之一》和《彼进一步、我退十步——方法论之二》3 文。⑥ 这意味着前一篇属于"认识论"，后两篇属于"方法论"。

云昌海在《民生哲学研究提纲》中将民生哲学的体系分为本体论、认识论、方法论三个方面。在认识论方面，他视形式逻辑为"整天在教人做加减数"的极其呆板的方法，批评辩证法的思想方法"亦踏了形式逻辑之覆辙"。而他主张"认识是一种行为，我们只有把认识当作人类行为来了解才有讨论之可能"，主张借重于"科学的心理学"来研究民生哲学的认识论。⑦ 在方法论方面，他指出"民生哲学的方法论，可以说是知行论"。民生哲学把人类的聪明才智分为先知先觉、后知后觉，和不知不觉三等，与柏拉图在《理想国》内把人类分金类银类铜类的

---

① 参见张铁君：《唯生论的方法论》，贵州晨报社 1938 年版，第 2 页。
② 参见张铁君：《唯生论的方法论》，贵州晨报社 1938 年版，第 76 页。
③ 参见张铁君：《唯生论的方法论》，贵州晨报社 1938 年版，第 5 页。
④ 参见张铁君：《唯生论的方法论》，贵州晨报社 1938 年版，第 111—112 页。
⑤ 张铁君：《三民主义研究导论》，青年书店 1945 年版，第 149 页。
⑥ 参见张铁君：《新哲学漫谈》，国民图书出版社 1942 年 1 月初版，（"目录"页）。
⑦ 参见云昌海：《民生哲学研究提纲：二、范围》，《童干周刊》1948 年第 5 期。

见解有别，柏拉图的分法足以造成人类社会各种不同而不少逾越的阶级，而民生哲学的分法只是说明分工合作之需要和使人人对社会建设殊途同归而已。他还指出："民生哲学"是一种"革命哲学"，对"民生哲学之方法论"应当作"革命论"来研讨。①

---

① 参见云昌海：《民生哲学研究提纲：二、范围》，《童干周刊》1948 年第 5 期。

参考文献

一、著作类

蔡元培：《哲学大纲》，商务印书馆 1915 年版。

陈大齐：《哲学概论》，北京大学出版部 1920 年版。

孙中山：《孙文学说卷一"行易知难"》，华强印书局 1919 年版。

朱谦之：《革命哲学》，泰东图书局 1921 年版。

黄忏华：《哲学纲要》，商务印书馆 1922 年版。

刘以钟：《哲学概论》，商务印书馆 1923 年版。

朱谦之，杨没累：《荷心》，新中国丛书社 1924 年版。

孙中山：《军人精神教育》，民智书局 1925 年版。

孙中山：《三民主义（民族主义）》第 1—3 册，中华书局 1935 年版。

戴季陶（抱恨生）编：《中山先生思想概要》，中山主义研究会 1925 年版。

新觉：《中山先生思想概要》，爱知社 1925 年版。

戴季陶：《孙文主义之哲学的基础》，民智书局 1925 年版。

戴季陶：《国民革命与中国国民党（上）》，季陶办事处印 1925 年版。

周佛海：《中山先生思想概观》，民智书局 1925 年版。

向导周报社编：《反戴季陶的——国民革命观（一）》，向导周报社 1925 年版。

孙镜亚：《对于〈孙文主义之哲学的基础〉之商榷》，瑞文印刷所 1925 年版。

邵元冲：《孙文主义总论》，民智书局 1926 年版。

[美] 威廉著，社会主义研究社译：《马克思主义与社会史观》，民智书局 1927 年版。

朱谦之：《大同共产主义》，泰东图书局 1927 年版。

朱谦之：《国民革命与世界大同》，泰东图书局 1927 年版。

戴季陶演讲，陈以一记述：《东亚之东》，中华书局 1927 年版。

朱谦之：《到大同之路》，泰东图书局 1928 年版。

周履直：《废止遗产与三民主义》，中华书局 1928 年版。

陈公博：《中国国民党所代表的是什么》，复旦书店 1928 年版。

周佛海：《三民主义之理论的体系》，新生命月刊社 1928 年版。

苏易日：《新时代三民主义教科书》（初中用）第 3 册《民生主义》，商务印书馆 1928 年版。

孟明编：《吴稚晖陈公博辩论集》，复旦书店 1928 年版。

张廷休：《民生史观》，民智书局 1929 年版。

王斐荪：《三民主义社会学》，新生命书局 1929 年版。

李扬：《新时代三民主义教科书（高小用）》第 3 册，商务印书馆 1929 年版。

周佛海：《三民主义的基本问题》，新生命书局 1929 年版。

《政治讲演集》，中央陆军军官学校政训处编辑委员会 1929 年版。

童行白：《唯物史观与民生史观析论》，南华图书馆 1929 年版。

杜亚泉：《人生哲学》，商务印书馆 1929 年版。

［日］河西太一郎等著，萨孟武等译：《马克思经济学说的发展》，新生命书局 1929 年版。

文公直：《民生史观之研究》，新光书店 1929 年版。

童行白：《党义研究大纲》，中国国民党特别市执行委员会 1930 年版。

杨周熙：《孙文主义的哲学系统》，大陆印书馆 1930 年版。

高承元：《孙文主义之唯物的哲学基础》，平民书局 1930 年版。

胡一贯：《社会科学概论》，中央陆军军官学校政治训练处 1930 年版。

何汝津：《民生史观之唯物的研究》，奇文印刷合作场 1930 年版。

萨孟武：《三民主义政治学》，新生命书局 1931 年版。

杨汉辉：《现代中国政治教育》，人文书店 1932 年版。

任觉五：《唯生论与民生史观》，拔提书店 1933 年版。

朱谦之：《历史哲学大纲》，民智书局 1933 年版。

贺麟：《知难行易说与知行合一说》，青年书店 1943 年版。

陈立夫：《民族生存的原动力》，铸魂书局 1934 年版。

陈立夫：《唯生论》（上），正中书局 1934 年版。

陈立夫：《新生活与民生史观》，正中书局 1934 年版。

丘汉平，蒋建白编辑：《新生活须知》，文华美术图书公司 1934 年版。

蒋静一：《唯生论政治学体系》，政治通讯月刊社 1935 年版。

何行之：《唯生论哲学理论之基础》，正中书局 1935 年版。

黄文山：《唯生论的历史观》，正中书局 1935 年版。

陈立夫：《陈立夫先生言论集》第 1 辑，出版地不详，1935 年版。

朱谦之：《文化哲学》，商务印书馆 1935 年版。

中央陆军军官学校洛阳分校：《人生哲学教程》，中央陆军军官学校洛阳分校 1936 年版。

叶青：《哲学问题》，辛垦书店 1936 年版。

陈立夫：《新生活运动之理论基础》，时事月报社 1936 年版。

王龙舆：《唯生哲学的体系》（上卷），安徽反省院 1936 年版。

郭湛波：《近五十年中国思想史》，人文书店 1936 年版。

蒋静一编：《唯生论文选》，政治通讯社 1937 年版。

叶青：《为发展新哲学而战》，真理出版社 1937 年版。

艾思奇（艾生）：《叶青哲学批判》，思想出版社 1937 年版。

张申府：《我相信中国》，上海杂志公司 1938 年版。

蒋中正：《总理遗教六讲》，军事委员会政治部 1938 年版。

姜琦：《抗战建国与民生哲学》，独立出版社 1938 年版。

张铁君：《唯生论的方法论》，贵州晨报社 1938 年版。

张铁君：《唯生论与唯物论》，贵州唯生学会 1939 年版。

陈知行：《三民主义之全面的体系》，启蒙出版社 1939 年版。

叶青：《与社会主义者论中国革命并对孙中山作一新的认识和阐扬》，时代思潮社 1939 年版。

叶青：《总理全书提要》，青年书店 1939 年版。

黄均达：《总理的人生观》，民团周刊社 1939 年版。

邓熙：《唯生史观权能论——人生篇》，空军军士学校 1939 年版。

周毓英：《民生史观与社会进化》，新中国文化出版社 1940 年版。

胡秋原：《民生哲学与民生主义》中国文化服务社 1940 年版。

郑元瑞：《三民主义哲学之基本研究》，新中国文化出版社 1940 年版。

万民一：《民生哲学的新认识》，文化供应社 1940 年版。

祝世康：《民生主义的真义》，中山文化教育馆 1940 年版。

蒋中正：《力行哲学》，正中书局 1940 年版。

叶青：《三民主义之完美》，力学书店 1940 年版。

范任宇：《三民主义精义》，正中书局 1941 年版。

张太风：《民生史观大纲》，尖兵半月刊社 1941 年版。

吴曼君：《民生史观研究》，时代思潮社 1941 年版。

吴曼君：《孙中山底哲学》，时代思潮社 1941 年版。

任觉五：《三民主义的哲学基础》，出版社不详，1941 年版。

周世辅：《三民主义哲学思想之基础》，正中书局 1941 年版。

刘炳藜：《三民主义之哲学体系》，前途出版社 1941 年版。

何干之：《三民主义研究》，新中出版社 1941 年版。

李素心：《确立三民主义的思想体系论》，群力出版社 1941 年版。

张益弘：《国父学说之发扬》，抗战与文化社 1941 年版。

张铁君：《新哲学漫谈》，国民图书出版社 1942 年版。

张铁君：《动与静》，国民图书出版社 1942 年版。

何汝津：《辩证法与中国革命》，新建出版社 1941 年版。

张益弘：《到大同世界的真路》，胜利出版社江西分社 1942 年版。

黄光学：《唯行论》，三民主义文化运动委员会 1942 年版。

叶青（燕义权）：《国父孙中山底历史哲学》，国民图书出版社 1942 年版。

苏渊雷：《民生哲学引义》，商务印书馆 1942 年版。

张太风：《三民主义哲学》，新潮出版社 1943 年版。

张默君：《中国政治与民生哲学》，翼社 1943 年版。

罗刚：《三民主义的体系与原理》，东方出版社 1943 年版。

梁寒操：《总理学说之研究》，中央训练团 1943 年版。

刘炳藜：《国父思想体系述要》，独立出版社 1943 年版。

袁月楼：《力行哲学概论》，行健出版社 1943 年版。

蒋中正：《中国之命运》，正中书局 1943 年版。

中山文化教育馆编：《民生史观研究集》，中华书局 1944 年版。

胡一贯：《民生哲学精义》，正中书局 1944 年版。

王铉：《三民主义哲学的几个根本问题》，独立出版社 1944 年版。

袁月楼：《唯生进化论》，正中书局 1944 年版。

陈立夫：《生之原理》，正中书局 1944 年版。

王云：《三民主义浅释》，国民图书出版社 1944 年版。

崔载阳：《三民主义哲学》，大道文化事业公司 1944 年版。

贺麟：《当代中国哲学》，胜利出版公司 1945 年版。

范任宇：《民生史观》，商务印书馆 1946 年版。

刘修如：《三民主义教程》，正中书局 1946 年版。

姜琦：《三民主义哲学》，台湾中央宣传部三民主义丛书编纂委员会 1946 年版。

杨虞夫：《民生史观之论证》，华夏出版社 1944—1946 年版。

李雄：《侠庐论著》，中国国民党福建省党部资料室 1946 年版。

张济时：《总理之一贯哲学》，华美印书馆 1946 年版。

褚柏思：《新哲学》，白雪出版社 1947 年版。

詹竞烈：《唯生论与民生史观》，中南印刷所 1947 年版。

谭友谷：《人生真谛——唯生的人生观》，湖南建设日报 1947 年版。

常燕生：《生物史观浅说》，中国人文研究所 1947 年版。

惠迪人：《国父思想研究》，中央日报社 1947 年版。

袁公为：《三民主义教育哲学概论》，独立出版社 1947 年版。

唐文权、桑兵编：《戴季陶集（1909—1920）》，华中师范大学出版社 1990 年版。

瞿秋白：《瞿秋白论文集》，重庆出版社 1995 年版。

孟庆鹏编：《孙中山文集（上、下）》，团结出版社 1997 年版。

朱文通等编：《李大钊全集》第 4 卷，河北教育出版社 1999 年版。

王觉源：《民生哲学申论》，台湾正中书局 1969 年版。

任卓宣：《孙中山哲学原理》，《帕米尔书店》1970 年版。

中华学术院编辑：《哲学论集》，台湾中国文化大学出版部 1976 年版。

陈天锡：《戴季陶（传贤）先生编年传记》，载《近代中国史料丛刊续编》第 43 辑，台湾
文海出版社 1977 年版。

戴季陶等：《三民主义哲学论文集》，台湾中央文物供应社 1978 年版。

钟离蒙、杨凤麟主编：《中国现代哲学史资料汇编》第 2 集第 1 册：《哲学论战（上）》，辽
宁大学哲学系 1982 年版。

季啸风主编：《哲学研究》第 6 辑，书目文献出版社 1986 年版。

李振霞：《中国现代哲学史纲要（下册）》，红旗出版社 1986 年版。

蒋俊：《中国史学近代化进程》，齐鲁书社 1995 年版。

姜林祥：《中国儒学史（近代卷）》，广东教育出版社 1998 年版。

张军民：《对接与冲突：三民主义在孙中山身后的流变（1925—1945）》，天津古籍出版社
2005 年版。

王杰：《孙中山民生思想研究》，首都经济贸易大学出版社 2011 年版。

贺渊：《新生命研究》，社会科学文献出版社 2011 年版。

吕厚轩：《接续"道统"：国民党实权派对儒家思想的改造与利用（1927—1949）》，山东人
民出版社 2013 年版。

林家有、黄彦：《孙中山社会建设思想研究（修订版）》，中山大学出版社 2014 年版。

二、论文类

蔡崔顾：《哲学总论》，《普通学报》1901 年第 1、2 期。

［德］楷尔黑猛：《哲学泛论》，《翻译世界》1902 年第 1、2 期；1903 年第 3、4 期。

师孔：《哲学纲领》，《浙江潮（东京）》1903 年第 8 期。

侯生：《哲学概论》，《江苏（东京）》1903 年第 3、5、6、7 期；1904 年第 12 期。

渊泉：《马克思的唯物史观》，《新青年》1919 年第 5 期。

胡汉民：《中国哲学史之唯物的研究》，《建设》1919 年第 3 期。

胡汉民：《唯物史观批评之批评》，《建设》1918 年第 1 卷第 1 号；1919 年第 5 号。

［俄］克洛包得金：《互助论：进化之一要因》，李石曾译，《东方杂志》1919 年第 16 卷第 5、

6、7、8、9、10 期。

费觉天：《驳马克思底唯物史观》，《评论之评论》1920 年第 1 卷第 1 期。

心暝：《唯物论与唯物史观》，《东方杂志》1920 年第 17 卷第 6 号。

胡汉民：《阶级与道德学说》，《建设》1920 年第 1 卷第 6 号。

方东美（方珣）：《博格森"生之哲学"》，《少年中国》1920 年第 1 卷第 7 期。

方东美（方珣）：《唯实主义的生之哲学》，《少年中国》1920 年第 1 卷第 11 期。

李石岑：《人生哲学大要》，《教育杂志》1922 年第 14 卷第 12 期。

戴季陶：《国民党的继往开来》，《民国日报特刊：中国国民党改组纪念》1924 年 2 月；《中国国民党第一次全国代表大会宣言》，《民国日报特刊：中国国民党改组纪念》1924 年 2 月。

陈为人：《国民党左右派之争》，《向导》1924 年第 80 期。

朱经农：《孙中山先生学说的研究》，《天籁》(纪念孙中山先生专号)1925 年第 14 卷第 11 期。

戴季陶：《孝》，《民国日报·觉悟》1925 年第 3 卷第 20 期。

戴季陶：《孙中山主义之哲学基础》，《冲锋旬刊》1925 年第 7 期。

戴季陶：《中山先生哲学之基础（附中山先生民生哲学系统表）》，《新民国》1925 年第 2 卷第 2 号。

周佛海：《中山先生思想的概要》，《新民国》1925 年第 2 卷第 2 号。

戴季陶：《孙文主义民生哲学系统表》，《粤海潮》1925 年第 3 期。

戴季陶：《孙文主义之哲学的基础》，《民国日报·觉悟》1925 年第 7 卷第 27、28、29、30、31 期；1925 年第 8 卷第 1、3 期。

邵元冲：《我们要做纯粹的孙文主义信徒》，《广州民国日报》1925 年 5 月 23 日。

恽代英：《读〈孙文主义之哲学的基础〉》，《中国青年》1925 年第 87 期。

恽代英：《唯物史观与国民革命》，《中国青年》1925 年第 4 卷第 95 期。

冯友兰：《对于哲学及哲学史之一见》，《太平洋》1925 年第 4 卷第 10 期。

卓恺泽（砍石）：《戴季陶心劳日拙》，《政治生活》1925 年第 47 期。

周佛海：《唯物史观的真意义》，《孤军》1925 年第 3 卷第 3 期。

罗齐楠：《三民主义之歧义与辩证》，《革命导报》1925 年第 5 期。

施存统：《评戴季陶先生的中国革命观》，《中国青年》1925 年第 91—92 期合刊。

陈独秀：《给戴季陶的一封信》，《向导》1925 年第 129 期。

陈独秀：《国民党新右派之反动倾向》，《向导》1925 年第 139 期。

巫启圣：《青白化运动发端》，《民生周刊》1925 年第 2 卷第 1 期。

巫启圣：《民生主义与共产主义》，《民生周刊》1925 年第 2 卷第 2 期。

巫启圣：《孙文主义学会的重大使命》，《民生周刊》1925 年第 2 卷第 5 期。

陈独秀：《戴季陶之道不孤矣》，《向导》1925 年第 134 期。

余井塘（景、余愉）：《民生主义之哲学方面的研究》，《中央半月刊》1927 年第 3 期。

左舜生：《读了戴季陶君"国民革命与中国国民党"的一点感想》，《醒狮》1925 年第 51 期。

俞山：《"戴季陶主义"?》，《中国青年》1926 年第 5 卷第 107 期。

杨杏佛：《孙文主义的两大基础》，《革命导报》1926 年第 2 期。

弘士：《民生主义为三民主义的本体》，《觉悟》（《上海民国日报副刊》）1926 年 11 月 26 日。

胡汉民：《国民党的真解》，《政治周报》1926 年第 5 期。

苇岑：《孙文主义之曲解》，《人民周刊》1926 年第 5 期。

胡汉民：《三民主义之认识》，《中央半月刊》1927 年第 1 卷第 1 期。

胡汉民：《三民主义的连环性》，《中央半月刊》1927 年第 7、8、9、10、11 期。

胡汉民：《三民主义的精神》，《蒋胡最近言论集》，黄埔中央军事特别党部，黄埔政治学校特别党部 1927 年版。

徐公达、傅若愚：《职业教育与民生之关系》，《教育与职业》1927 年第 9 期。

萨孟武：《布尔什维克主义马克思主义与孙文主义之比较》，《社会月刊》1927 年第 2 期。

瞿秋白：《马克思主义还是三民主义》，《布尔塞维克》1927 年第 11 期。

戴季陶：《民生主义的最重要的概念》，《政治训育》1927 年第 5、6、9 期。

戴季陶：《马克司主义的特点》，《政治训育》1927 年第 10 期。

戴季陶：《列宁主义的特点》，《政治训育》1927 年第 10 期。

戴季陶：《孙文主义之哲学的基础（续）》，《来复》1927 年第 455 期。

周佛海：《逃出了赤都武汉：共产党及本党叛徒破坏国民革命之实地写真》，《黄埔周刊》1927 年第 8 期。

戴季陶：《八觉》，《新生命》1928 年第 1 卷第 1 期。

瞿秋白（立夫）：《孙文主义呢? 列宁主义呢?》，《布尔塞维克》1928 年第 26、27、28 期。

胡汉民：《三民主义的连环性》，《江苏》1928 年第 6 期。

姜琦：《民生运动与民生教育》，《教育与职业》1928 年第 1 期。

萨孟武：《布尔什维克主义马克思主义与孙文主义之比较》，《新生命》1928 年第 1 卷第 1 期。
萨孟武：《中山先生之国民革命与马克思之社会革命之比较》，《新生命》1928 年第 1 卷第 2 期。

萨孟武：《民生史观》，《新生命》1928 年第 5 号。

梅思平：《民生史观概论（即唯物史观唯心史观与民生史观）（未完）》，《新生命》1928 年第 1 卷第 5 期。

萨孟武：《中山先生的不平等观：根据民生史观，说明现实社会》，《新生命》1928 年第 1 卷第 11 期。

萨孟武：《国民革命与社会革命》，《新生命》1928 年第 1 卷第 8 期。

周佛海：《三民主义的本体是什么》，《国立劳动大学周刊》1928 年第 42 期。

周佛海：《三民主义的本体》，《新生命》1928 年第 1 卷第 11 期。

周佛海：《社会现象的交互作用及其根本动因：再论三民主义的本体》，《新生命》1928 年第 1 卷第 12 期。

李达（平凡）：《民生史观》，《现代中国》1928 年第 1 卷第 1 期。

李达（李平凡）：《民生史观和唯物史观》，《现代中国》1928 年第 1 卷第 4 期。

竟成：《历史之重心》，《先导月刊》1928 年第 1 卷第 1 期。

庞善守：《民生主义产生的背景》，《三民半月刊》1928 年第 1 期。

王去病：《"民生史观"论评》，《先导》1928 年第 1 卷第 5 期。

甘汝棠：《产业革命的民生史观》，《京报副刊：社会问题》1928 年第 3、4 期。

童行白：《民生史观的统一性》，《星期评论：上海民国日报附刊》1928 年第 2 卷第 25 期。

无知：《民生史观发凡（中）：反唯物史观》，《党光》1928 年第 5 期。

臧玉海：《唯物史观和民生史观（附图）》，《育德月刊》1928 年第 1 卷第 1 期。

陆机：《唯物史观与民生史观异同论》，《血路》1928 年第 1 卷第 7 期。

谈吼白：《唯物史观与民生史观的异同》，《血路》1928 年第 1 卷第 8 期。

邓绍先：《民生史观和唯物史观底比较研究》，《致力》1928 年第 1 期创刊号、第 2—3 期合刊。

施存统：《如何保障三民主义?》，《革命评论》1928 年第 11 期。

《孙文主义之基础》，《民国日报·觉悟》1928 年第 1 卷第 31 期。

萧明新：《孙文主义的理论建设》，《星期评论：上海民国日报附刊》1928 年第 2 卷第 3 期。

马浚：《孙中山与马克思》，《现代中国》1928 年第 2 卷第 1 期。

梁寒操：《三民主义之理论的基础》，《再造》1928 年第 5、6、7、9、10、11、13、20 期。

典琦：《国民党的新理论家——陈公博》，《布尔塞维克》1928 年第 1 卷第 22 期。

蔡元培：《说总理的惟生史观》，《星期评论：上海民国日报附刊》1929 年第 2 卷第 40 期。

天明：《唯物史观与民生史观》，《村治月刊》1929 年第 1 卷第 8 期。

林林：《唯物史观与唯民生史观》，《革命新声》1929 年第 21、22 期。

高春生：《民生史观的政治研究》，《自新》1929 年第 6 期。

李毓珍：《民生史观概论》，《自新》1929 年第 2 期。

阳叔葆：《民生史观与唯物史观》，《三民半月刊》1929 年第 2 卷第 2 期。

瞿辉伯：《民生史观论战》，《新广西旬报》1929 年第 3 卷第 9、14、15、16、18、20 期。

德斋：《论民生史观》，《感化》1929 年第 34、35 期。

胡石青：《差度之宇宙观》，《东北大学周刊》1929 年第 81 期。

叶青（青锋）：《思想上底个人与阶级性》，《科学思想》1929 年第 9、10 期。

叶青（青锋）：《"民生史观"论评》，《科学思想》1929 年第 14—15 期合刊。

雁行：《读过"'民生史观'论评"以后》，《科学思想》1929 年第 24—25 期合刊。

刘绍裘：《站在民生史观的立场上批评唯物史观》，《感化》1929 年第 33 期。

钟焕臻：《根据民生史观观察过去及现代社会》，《党军月刊》1929 年第 2 期。

康德姜：《民生史观之进化论与各种进化论之比较观》，《感化》1929 年第 31 期。

高承元：《孙文主义之唯物的哲学基础（未完）》，《青天白日》1929 年创刊号。

章天浪：《三民主义的本体问题（附图）》，《新生命》1929 年第 2 卷第 10 期。

陈绍贤：《三民主义之本体的研究》，《四中周刊》1929 年第 44、49、52、53、54、56、60 期。

含章：《与周佛海先生讨论三民主义的本体是甚么》，《新评论》1929 年第 2 卷第 3 期。

邝振翎：《唯生史观》，《政治讲演集》，中央陆军军官学校政训处编辑委员会 1929 年版。

文公直：《民生史观》，《大公报》（天津版）1929 年 1 月 29、30 日。

童行白：《民生史观的科学基础》，《时代》1929 年第 1 卷第 2 期。

太虚：《现实主义（续第六期）》，《海潮音》1929 年第 10 卷第 7 期。

金鸣盛：《民生史观及三民主义的本体问题》，《新生命》1930 年第 3 卷第 1 号。

闫伯伦：《三民主义的本体论（附图）》，《新生命》1930 年第 3 卷第 4 期。

章天浪：《再论三民主义的本体（附图表）》，《新生命》1930 年第 3 卷第 7 期。

仲谊：《民生史观的国家论》，《三民半月刊》1930 年第 4 卷第 8 期。

朱镜我（谷荫）：《什么是"民生史观"?》，《独秀新思潮》1930 年第 6 期。

刘锡光：《唯生史观之研究》，《三民半月刊》1930 年第 4 卷第 4 期。

陆伯麟：《社会进展之唯生的解释（附图）》，《河南大学文学院季刊》1930 年第 2 期。

林植夫：《周著"三民主义之理论的体系"一个质疑》，《新声》1930 年第 1 卷第 2 期。

胡利锋：《三民主义的论理基础》，《新声》1930 年第 2 卷第 1 期。

郑梅生：《民生史观》，《青天白日》1930 年第 41 期。

张慧悟：《民生史观的研究》，《区政研究》1930 年第 1 期。

阳叔保：《民生史观与唯物史观》，《文物月刊》1930 年第 1 卷第 3 期。

陈公博：《物的根据和解释》，《三民半月刊》1930 年第 4 卷第 5 期。

顾孟余：《论唯物史观》，《革命战线》1930 年第 8 期。

一德：《民生史观(孙文主义的最高原则社会进化的规律)(附图)》，《感化》1930 年第 46 期。

沈毅：《唯生论》，《唯生汇刊》1931 年第 1 集。

一罧：《"唯心""唯物"和"唯生"的史观比较》，《突进》1931 年创刊号。

李权时：《从唯物史观到新唯心史观》，《商学期刊》1931 年第 5 期。

黄炎道：《评李权时底新唯心史观》，《朝华》1931 年第 2 卷第 7—8 期合刊。

艾毓英：《民生史观》，《新湖北》1931 年第 3 卷第 7 期。

瞿辉伯：《共产主义基本的理论—唯物史观与民生史观之比较（附图）》，《党务月刊》1931

年第 9—11 期合刊。

李怀清：《民生史观之研究》，《国专校友会集刊》1931 年第 1 期。

薛剑光：《民生史观（附图）》，《焦作工学生》1931 年第 1 卷第 1 期。

张聿飞：《民生史观中人类进化的讨究（附表）》，《宣传半月刊》1931 年第 15、16 期。

松节：《三民主义的本体》，《民众三日刊》1931 年第 1 卷第 7—8 期合刊。

刘承汉：《现行法与民生主义》，《现代法学》1931 年第 1 卷第 7 期。

蒋介石：《军人应为党国牺牲（续）——蒋在军校纪念周演词》，《大公报》（天津版）1931 年 2 月 1 日第 3 版。

陈树林：《三民主义的社会基础是什么？》，《人民评论》1932 年第 28、29、30 期。

陈树林：《三民主义的哲学基础是什么？》，《人民评论》1932 年第 31、37 期。

陈翼云：《关于孙文主义之哲学基础的考察》，《抗日旬刊》1932 年第 2 卷第 2 期。

李宁：《唯生史观与唯物史观》，《前路》1932 年创刊号。

周容：《"生"舆"无生"：唯生哲学之一章》，《活力》1932 年第 1 卷第 12、13 期。

周容：《善恶之绝对标准：唯生哲学之一章》，《活力》1932 年第 1 卷第 15 期。

半生：《民生史观是不是唯物史观?》，《新路》1932 年第 6 期。

《民生史观与唯物史观（四续）》，《衢县县政府公报》1932 年第 34 期。

李清：《民生史观之研究》，《江苏》1932 年第 9—10 期合刊。

石泉：《孙文主义哲学基础的检讨》，《进展月刊》1932 年第 1 卷第 7 期。

胡石青：《我们必须立在唯心唯物论外》，《再生》1932 年第 1 卷第 3 期。

李宁：《唯生史观与唯物史观》，《青年生活》1933 年第 14 期。

罗璋：《唯生论：为民国二十二年元旦日作》，《湖南党务周刊》1933 年第 27—28 期合刊。

龙椿龄：《民生史观与社会进化》，《南方杂志》1933 年第 2 期。

梁园东：《什么是历史观?》，《现代学生》1933 年第 2 卷第 7 期。

半生：《民生史观的检讨》，《新路》1933 年第 26、29 期。

赖晖：《史的唯生论》，《同文学生》1933 年第 2 期。

刘恒：《唯生论》，《世界旬刊》1933 年第 30 期。

《唯生论研究纲领》，《学校生活》1933 年第 17 期。

徐英：《学术：唯生篇》，《归纳》1933 年第 2 期。

陈立夫：《民族复兴的基础》，《中央周报》1933 年第 245 期。

任觉伍：《唯生论与民生史观（附图表）》，《对抗》1933 年第 9 期。

陈立夫：《唯生论的宇宙观》，《时事月报》1933 年第 8 卷第 5 期。

陈立夫：《唯生论的人生观和社会观》，《江西教育行政旬刊》1933 年第 4 卷第 4 期。

陈立夫：《唯生论的新伦理观》，《新中华》1933 年第 1 卷第 12 期。

梁芝：《读陈立夫先生唯生论上卷》，《不忘》1933 年第 1 卷第 11 期。

胡一贯：《唯生论社会哲学之研究》，《新中华》1933 年第 24 期。

树林：《三民主义的哲学基础的商榷》，《人民评论》1933 年第 12 期。

之骐：《一个民生论的人生观：孙中山先生的人生哲学》，《自觉》1933 年第 4 期。

戴鸿猷：《唯物论唯心论唯生论在人生哲学上底价值》，《革命与战斗》1933 年第 2 卷第 4 期。

赵剑华：《反唯心论的民生史观：从唯心史观唯物史观社会史观到民生史观（附图表）》，《新中国》1933 年第 1 卷第 1 期。

胡汉民：《三民主义的心物观》，《三民主义月刊》1933 年第 1 卷第 4 期。

胡汉民：《三民主义的历史观》，《三民主义月刊》1933 年第 1 卷第 3 期。

连树桐：《民生史观研究》，《自新》1933 年第 45 期。

闲道：《附孙文主义的哲学的表解》，《广西青年》1933 年第 27 期。

黄闲道：《孙文主义的哲学表现》，《政训旬刊》1933 年第 23 期。

方东美：《孙文学说的哲学研究》，《新政月刊》1933 年第 1 卷第 3 期。

苏渊雷：《唯物史观之扬弃与民生史观之阐明》，《政治评论》1933 年第 47、48 期。

笑天：《唯物史观与民生史观的再检讨》，《新陆》1933 年第 39、40 期。

健中：《民生史观与劳动哲学》，《中国与苏俄》1934 年第 3 卷第 2 期。

刘美昌：《史的唯生论》，《新大声杂志》1934 年第 3—4 期合刊。

太虚：《唯生哲学》，《海潮音》1934 年第 15 卷第 10 期。

太虚：《唯生论读后》，《海潮音》1934 年第 15 卷第 11 期。

段麟郊：《唯生论辩证法》，《中华季刊》1934 年第 2 卷第 3 期。

胡一贯：《唯生的社会本质论》，《安徽大学月刊》1934 年第 2 卷第 3 期。

赵纪彬（一得）：《由唯生论的历史观说到革命理论之建立的必然性》，《文化批判》1934 年第 1 卷第 4—5 期合刊、第 6 期。

赵剑华：《民生史观的革命与进化》，《新中国》1934 年第 1 卷第 2 期。

孙光祖：《读唯生论以后对唯生论的认识》，《自新》1934 年第 2 卷第 2、3 期。

《孙总理思想与人格——蒋在总理逝世纪念席上演辞》，《申报》1934 年 3 月 18 日第 9 版。

黄凌霜（文山）：《民生史观论究》，《中山文化教育馆季刊》1934 年第 1 卷第 1 期。

陈立夫：《生之原理》，《新生活周刊》1934 年第 1 卷第 5 期。

蒋中正：《新生活运动纲要（附新生活须知）》，《中央周报》1934 年第 311 期。

杨锦昱：《由唯心史观唯物史观说到民生史观》，《江汉思潮》1935 年第 3 卷第 2 期。

杨及玄：《民生史观的文化论》，《中央时事周报》1935 年第 31 期。

蒋中正：《政治建设之要义》，《地方自治》1935 年第 4 期。

杨及玄：《由历史观的演变说到民生史观》，《中山文化教育馆季刊》春季号 1935 年第 2 卷第 1 期。

杨及玄：《民生史观的中国社会经济史研究发端》，《中山文化教育馆季刊》1935 年第 2 卷第 2 期。

赵纪彬（一得）：《唯生论哲学与"中国本位的文化建设"》，《读书季刊》1935 年第 1 卷第 2 期。

杨若萍：《读书的唯生哲学》，《青年知识》1935 年创刊号。

祥芝：《唯心论唯物论与唯生论》，《政治月刊》1935 年第 3 卷第 6 期。

《什么是唯生论》，《新人周刊》1935 年第 1 卷第 49 期。

汪绰然：《民生史观与唯物史观》，《大道月刊》1935 年第 4 卷第 4 期。

陈时策：《唯生论与相对论》，《文化批判》1935 年第 3 卷第 1 期。

段麟郊：《唯生论的道德观》，《政治月刊》1935 年第 3 卷第 6 期。

校闻：《经济系主任寿勉成先生主讲唯生史观与经济进化的关系》，《中央政治学校校刊》1935 年第 86 期。

王晋伯：《唯生史观与法律进化》，《政治月刊》1935 年第 3 卷第 6 期。

平矜：《唯生论的面面观》，《文化与社会》1935 年第 2 卷第 1 期。

张忍：《读唯生论书后》，《诚化》1935 年第 2 期。

徐英：《唯生篇（附图）》，《生命力》1935 年第 4 期。

吕佑生：《唯生论的宇宙观在中国史上的考察（附图表）》，《反省月刊》1935 年第 4 期、第 5—6 期合刊。

吕佑生：《"民生史观"在中国史上的考察》，《反省月刊》1935 年第 9—10 期、第 11—12 期、第 13—14 期、第 15 期。

诗成：《唯生论的革命观》，《学生生活》1935 年第 4 卷第 1—2 期合刊。

《唯生的一元相对论》，《学生生活》1935 年第 4 卷第 1—2 期合刊。

寿勉成：《唯生史观与经济进化》，《政治季刊》1935 年第 1 卷第 3 期。

孙道升：《现代中国哲学界之解剖》，《国闻周报》1935 年第 12 卷第 45 期。

梅养天：《唯生哲学概要：原生子的宇宙观》，《政治月刊》1935 年第 3 卷第 6 期。

萍人：《从唯生论之宇宙观说到社会演进的过程与情态》，《收音期刊》1935 年创刊号。

任远：《唯生哲学与中国文化建设》，《读书季刊》1935 年第 1 卷第 1 期。

《我们的信仰：我们的信仰是总理的唯生论》，《学生生活》1935 年第 3 卷第 10 期。

黄文山：《历史科学与民生史观》，《教与学》1935 年第 1 卷第 5 期。

重衡：《生的理则论纲》，《政治月刊》1935 年第 3 卷第 6 期。

用之：《唯生论经济学纲要》，《政治月刊》1935 年第 3 卷第 6 期。

仪方：《民生主义定义中的四生（附图）》，《政治月刊》1935 年第 3 卷第 6 期。

叶法无：《唯生的文化分析》，《中国社会》1936 年第 2 卷第 3 期。

钰：《唯生的文化分析》，《史地社会论文摘要月刊》1936 年第 2 卷第 6 期。

陈立夫：《唯生论的宇宙观》，《新人周刊》1936 年第 2 卷第 39、40、41、42、43、44、45 期。

连树桐：《民生史观的文学论》，《文化与社会》1936 年第 2 期。

张季同（张岱年）：《哲学上一个可能的综合》，《国闻周报》1936 年第 13 卷第 20 期。

泽民：《唯生哲学与青年前途（附图）》，《青年月刊》1936 年第 1 卷第 4 期。

持中：《唯生论的哲学》，《文化建设》1936 年第 2 卷第 11 期。

蒋中正：《青年为学与立业之道》，《励志》1936 年第 4 卷第 7 期。

李立：《唯生论之教育观》，《晨光周刊》1936 年第 5 卷第 42—43 期合刊。

刘自强：《进化论与唯生进化观》，《文化建设》1936 年第 2 卷第 12 期。

李侠夫：《唯生哲学之历史观》，《知行月刊》1936 年第 2 期。

陈汉钦：《唯生论的文化观（附表）》，《海滨》1936 年第 9—10 期合刊。

程十全：《以唯物史观的错误证实唯生史观的正确》，《反省月刊》1936 年第 17—18 期合刊。

毛树清：《唯生论和唯物史观的现实检讨：介绍两种思想界上的权威者》，《秀州钟》1936 年第 15 期。

彭子劼：《唯生哲学与博格森哲学》，《江苏反省院半月刊》1936 年第 3 卷第 20 期。

丁瓒：《唯生哲学的内容》，《江苏反省院半月刊》1936 年第 3 卷第 11 期。

邵元冲：《孔子民生哲学与合作之关系》，《中央政治学校校刊》1936 年第 113 期。

邵元冲：《孔子之民生哲学》，《建国月刊》1936 年第 3 期。

何泽洲：《唯生哲学研究》，《反省月刊》1936 年第 22—23 期合刊。

干仲儒：《读了唯生论以后》，《诚化》1936 年第 12 期。

杨维正：《读了"唯生论"后》，《福建反省院期刊》1936 年第 2 期。

黄通：《民生史观与土地政策》，《地政月刊》1936 年第 4 卷第 4—6 期。

童世芳：《唯生哲学与中国先秦时代的伦理思想》，《青年月刊》1936 年第 3 卷第 3 期。

高竹林：《读唯生论请教陈立夫先生》，《华风》1936 年第 1 卷第 14 期。

院务纪要：《一、党义——教授唯生论》，《反省月刊》1936 年第 24—25 期合刊。

牛咏宾：《三民主义哲学论》，《大道》1936 年第 6 卷第 1 期。

彭祐：《读"孙文主义之哲学的基础"后的感想》，《福建反省院期刊》1937 年第 3 期。

新名词浅释：《唯生论》，《江苏时事月刊》1937 年第 8 期。

消息：《唯生学会成立》，《新北辰》1937 年第 3 卷第 2 期。

何行之：《认识论问题》，《文化批判》1937 年第 4 卷第 1 期。

蒋介石：《社会建设与民生哲学之要义》，《军事杂志》1937 年第 101 期。

相宝琚：《唯生论的宇宙观之研讨》，《福建反省院期刊》1937 年第 3 期。

程学鹏：《周代唯生哲学思想述略》，《大夏周报》1937 年第 13 卷第 22 期。

周毓英：《唯生论的辩证法》，《青年动力》1937 年第 1 期。

陈立夫：《唯生论的道德观》，《读书青年》1937 年第 2 卷第 5 期。

陈立夫、汪公遐：《唯生论的基础理论（附照片）》，《新湖州》1937 年第 1 卷第 2 期。

陈立夫：《唯生论的认识论》，《中山文化教育馆季刊》1937 年第 4 卷第 3 期。

《陈立夫在唯生学会演讲》，《读书青年》1937 年第 2 卷第 9 期。

李道坦：《由史的唯生论的立场来说明艺术》，《美育杂志》1937 年复刊第 4 期。

开世伦、黄谦、苇水：《阅书质疑：唯生论、精神建设与民族复兴》，《浙江省民众教育辅导半月刊》1937 年第 3 卷第 13 期。

魏绍虞、赵城、苇水：《阅书质疑：唯生论、精神建设与民族复兴》，《浙江省民众教育辅导半月刊》1937 年第 3 卷第 15 期。

魏绍虞、作人、二七：《阅书质疑：唯生论》，《浙江省民众教育辅导半月刊》1937 年第 3 卷第 17 期。

魏绍虞、世骝：《阅书质疑：唯生论》，《浙江省民众教育辅导半月刊》1937 年第 3 卷第 19 期。

赵纪彬：《从唯心论唯物论到唯生论的发展：以人类在宇宙间的位置为中心》，《政问周刊》1937 年第 53 期。

赵纪彬：《唯生论哲学中的辩证法问题：方法与体系的内在关联》，《政问周刊》1937 年第 69 期。

朱灼：《唯生论的人生三条路》，《江苏反省院半月刊》1937 年第 4 卷第 9 期。

潘震球：《各派史观述评及民生史观的意义》，《浙江青年》1937 年第 7 期。

范子平：《唯生哲学与民族复兴》，《文化前哨月刊》1937 年第 3 卷第 5 期。

范子平：《从中国本位的文化建设谈到唯生哲学》，《文化前哨月刊》1937 年第 3 卷第 3—4 期合刊。

穆超：《唯生论的基本认识》，《学生生活》1937 年新 2 第 24 期。

丁瓒：《唯生哲学与中国的国难》，《江苏反省院半月刊》1937 年第 4 卷第 10 期。

丁瓒：《唯生哲学的批评》，《江苏反省院半月刊》1937 年第 4 卷第 11 期。

穆超：《唯生一元论哲学思想的真髓》，《政问周刊》1937 年第 74 期。

陈宗周：《唯生哲学的认识论》，《青年动力》1937 年第 1 卷第 2 期。

陈宗周：《唯生哲学的理论基础》，《青年动力》1937 年第 1 卷第 1 期。

罗香林：《民族生存与唯生论》，《轴心》1938 年第 2、3 期。

信：《唯生与抗战》，《青年向导》1938 年第 12 期。

张铁君：《唯生论与经验派的认识论》，《中华评论》1938 年第 1 卷第 1 期。

艾思奇：《孙中山先生的哲学思想》，《解放》1938 年第 33 期。

海如：《唯生论与民生史观》，《创导半月刊》1938 年第 3 卷第 1 期。

志真：《唯生论》，《仙道月报》1939 年第 9 期。

叶青：《三民主义底哲学性》，《时代思潮》1939 年第 7 期。

程熹如：《读抗战建国与民生哲学后》，《现代读物》1939 年第 5 期。

陈伯达：《论共产主义者对三民主义关系的几个问题》，《解放》1939 年第 87—88 期合刊。

茹春浦：《民生哲学之初步认识》，《中央周刊》1939 年第 1 卷第 45 期。

周世辅：《唯生论讲话血路》1939 年第 56 期。

鲍先德：《民生主义之哲学基础》，《民意》1939 年第 75 期。

侯外庐：《民生主义的伟大理想》，《理论与现实》1939 年第 1 卷第 2 期。

吴胜已：《民生史观——最完善的历史哲学》，《中山月刊》1939 年第 2 卷第 7 期。

王稼祥：《关于三民主义与共产主义》，《解放》1939 年第 86 期。

陈希豪：《三民主义的哲学基础与其真谛》，《中央周刊》1939 年第 25 期。

陶国铸：《三民主义的哲学基础与心物综合论》，《中央周刊》1939 年第 38 期。

李显承：《民生的历史哲学之基点》，《中央周刊》1939 年第 2 卷第 16 期。

郑小杰：《唯生论的中日战争观》，《胜利》1939 年第 18 期。

郑大纶：《抗战建国与唯生哲学》，《国魂》1939 年第 31 期。

太虚：《唯生论的方法论阅后》，《海潮音》1939 年第 20 卷第 2 号。

太虚：《唯物唯心唯生哲学与佛学》，《海潮音》1939 年第 20 卷第 7—8 期合刊。

张铁君：《访太虚大师记》，《海潮音》1939 年第 20 卷第 7—8 期合刊。

王凤喈：《民生哲学与教育》，《新政治》1939 年第 2 卷第 4 期。

刘炳藜：《三民主义方法论发凡：心物综合法的研究》，《中央周刊》1939 年第 1 卷第 39—40 期合刊。

刘炳藜：《心物综合论与中国革命》，《中央周刊》1939 年第 1 卷第 45 期。

程熹如：《读抗战建国与民生哲学后》，《现代读物》1939 年第 4 卷第 5 期。

谢一中：《民生哲学的思想法则：批判的三法则》，《胜利》1939 年第 50 期。

杨虞夫：《唯物史观之评价》，《建国旬刊》1939 年第 13 期。

蒋介石：《三民主义之体系及其实行程序》，《青年中国季刊》1939 年第 1 卷第 1 期。

张遥青：《从孔学精髓唯生史观说道教育的效能》，《抗建》1939 年第 1 卷第 21 期。

《蒋委员长对广西政工人员训词》，《大公报》（香港版）1939 年 11 月 18 日。

毛泽东：《新民主主义论》，《解放》1940 年第 98—99 期合刊。

蒋中正：《告全国青年书》，《闽政月刊》1940 年第 5 期。

汤擎民：《青年当前的迫切要求：期待着作为思想指针的三民主义哲学体系底建立》，《青年》1940 年第 2 卷第 2 期。

刘石肱：《唯心史观唯物史观与唯生史观（附图）》，《青年正论》1940 年第 2 卷第 13 期。

胡希汾：《社会进化与民生哲学新认识》1940 年第 1 卷第 1 期。

陆俊人：《民生哲学的方法论》，《新认识》1940 年第 1 卷第 4 期。

程天放：《民生哲学》，《党义研究月刊》1940 年第 1 卷第 6 期。

郑一平：《民生哲学之研究》，《防空军人》1940 年第 1 期。

胡一贯：《民生哲学引义（书评）》，《新认识》1940 年第 7 卷第 2 期。

张秉琰：《研究民生哲学应确立的观点》，《保安通讯半月刊》1940 年第 1 卷第 15 期。

项维汉：《民生哲学宇宙论之探究》，《新认识》1940 年第 2 卷第 1 期。

张羽：《民生哲学阐义》，《中央周刊》1940 年第 3 卷第 21、22 期。

穆超：《唯生论与民生史观简述》，《中央周刊》1940 年第 3 卷第 24 期。

穆超：《三民主义之哲学的理论基础》，《胜利》1940 年第 82 期。

杨虞夫：《唯生论之综合逻辑》，《防空军人》1940 年第 3 期。

梁声泰：《三民主义的哲学基础》，《新认识》1940 年第 1 卷第 2 期。

元立：《三民主义哲学之认识论》，《思潮月刊》1940 年第 1 卷第 1 期。

缪凤林：《唯物史观与民生史观》，《思潮月刊》1940 年第 1 卷第 1 期。

曾友松：《论三民主义的人生观》，《新认识》1940 年第 4 卷第 2 期。

田乃钊：《心物关系简论》，《新认识》1940 年第 2 卷第 1 期。

郑伯培：《民生哲学与教育》，《青年月刊》1940 年第 10 卷第 1 期。

何启耀：《唯生史观社会科学体系试述》，《中央周刊》1940 年第 3 卷第 20 期。

周振纲：《民生哲学概观》，《抗战时代》1940 年第 2 卷第 1 期。

通讯问答摘要：《如何建立民生哲学的系统研究》，《中央周刊》1940 年第 2 卷第 27 期。

黎博文：《民生史观的要义》，《力行》1940 年第 2 卷第 2 期。

何适：《民生史观之研究》，《中央周刊》1940 年第 2 卷第 40 期。

郑元瑞：《三民主义体用说之演进，总裁之图表》，《力行》1940 年第 1 卷第 1 期。

朱训欣：《精神重于物质的哲学基础之阐释》，《胜利》1940 年第 66 期。

陈瑞甫：《三民主义之哲学基础》，《思想阵地》1940 年第 2 卷第 1 期。

张秉琰：《研究民生哲学应确立的观点》，《保安通讯半月刊》1940 年第 1 卷第 15 期。

何高亿：《生命存养新论：民生哲学的生命美府之创建（附图表）》，《学生之友》1941 年第 2 卷第 3 期。

梁培智：《读唯生论后》，《中学青年》1941 年第 1 卷第 3 期。

周贯仁：《太虚大师十五年来关于唯生论的提示》，《觉音》1941 年第 29 期、第 30—32 期合刊。

张小白：《民生哲学的体系》，《行健》1941 年第 3 卷第 10 期。

李渔岩：《民生哲学本体论》，《新认识》1941 年第 4 卷第 3 期。

何高亿：《生命存养新论：民生哲学的生命美府之创建（附图表)》，《学生之友》1941 年第 2 卷第 3 期。

谭辅之：《三民主义的中国性与世界性》，《民族文化》1941 年第 5 期。

陈瑞甫：《唯生哲学体系概说》，《思想月刊》1941 年第 7 期。

袁月楼：《民生的历史哲学之基点》，《前锋》1941 年第 1 卷第 8 期。

钱西塘：《唯生论底宇宙观的批判》，《哲学》1941 年第 4 期。

钱西塘：《唯生论的基础——元子——的研究》，《哲学》1941 年第 1 卷第 5 期。

陈忠纯：《民生哲学体系之新评价》，《新认识》1941 年第 3 卷第 5 期。

吴胜己：《民生史观——最完善的历史哲学》，《中山月刊》1941 年第 1 期。

吴曼君：《民生史观的具体形态》，《大路》1941 年第 2 期。

吴曼君：《民生史观与各种史观之比较》，《时代思潮》1941 年第 25 期。

吴曼君：《民生史观之哲学基础》，《时代思潮》1941 年第 27 期。

王冠青：《民生史观与唯物史观》，《中央周刊》1941 年第 13 期。

贺岳僧：《生生哲学与民生史观连系》，《时代精神》1941 年第 5 卷第 1 期。

熊世铨：《民生哲学纲要》，《中央周刊》1941 年第 4 卷第 13 期。

《民生哲学特辑》，《中央周刊》1941 年第 11—20 期合刊。

陈知行：《民生哲学与民生主义》，《民族文化》1941 年第 5 期。

王学孟：《民生哲学与教育》，《新认识》1941 年第 4 卷第 3 期。

孙宝琛：《民生哲学浅释》，《城固青年》1941 年第 1 卷第 1 期。

谢天培：《论三民主义的哲学基础》，《广东政治》1941 年第 1 期。

苏渊雷：《民生哲学发凡》，《人与地》1941 年第 1 卷第 17 期。

张涤非：《民生史观的理论系统（下)》，《革命斗争》1941 年第 3 期。

幼章：《民生是历史的重心》，《新认识》1941 年第 4 卷第 3 期。

陈辞荪：《民生是历史的重心》，《中美周刊》1941 年第 2 卷第 33 期。

艾思奇：《抗战以来的几种重要哲学思想评述》，《中国文化》1941 年第 3 卷第 2—3 期合刊。

谭志曾：《三民主义的宇宙观》，《新认识》1941 年第 4 卷第 3 期。

梁寒操：《"民生"涵义训释》，《中央周刊》1941 年第 4 卷第 20 期。

高庆丰：《中国民族文化之唯生哲学上的命题》，《新认识》1941 年第 3 卷第 2 期。

卢祖清：《唯生论哲学的探源（附图)》，《胜利》1941 年第 118 期。

段叔良：《唯生宇宙论的科学根据》，《新认识》1941 年第 3 卷第 1 期。

曾松友：《唯生宇宙论浅述》，《广东妇女》1941 年第 2 卷第 11—12 期合刊。

谢明远：《唯生宇宙论的真谛》，《力行》1941 年第 4 卷第 6 期。

曾松友：《由唯生哲学的立场申论中国妇女问题》，《广东妇女》1941 年第 2 卷第 7—8 期合刊。

吴启法：《民生哲学的本质》，《行健》1941 年第 3 卷第 10 期。

许卓群：《民生哲学之伦理基础》，《力行》1941 年第 1 卷第 1 期。

黄庆华：《民生哲学的背景（附表）》，《行健》1941 年第 3 卷第 10 期。

刘绍基：《民生哲学与人生》，《行健》1941 年第 3 卷第 10 期。

叶青：《三民主义底哲学基础》，《时代思潮》1941 年第 28 期、31—32 期合刊、35—36 期合刊。

吴曼君：《民生史观之综合性》，《大路半月刊》1941 年第 4 卷第 6 期。

何汝津：《我对国父生平与思想的认识：三民主义哲学》，《满地红》1941 年第 3 卷第 4 期。

潘谷神：《易经的新评价》，《读书通讯》1941 年第 28 期、1942 年第 35 期。

何名忠：《三民主义的博大性》，《青年人》1941 年第 3 卷第 6—7 期合刊。

张太风：《物心综合论批判》，《中央周刊》1941 年第 4 卷第 13 期。

简世埙：《"生是宇宙的中心"真铨："生"的本质论(附图)》，《新认识》1941 年第 3 卷第 3 期。

张益弘：《国父并无唯生论：与唯生论同志的商榷》，《抗战与文化》1942 年第 6 卷第 4 期。

王冠青：《民生哲学的基本方法是中庸》，《军事与政治》1942 年第 1 期。

崔载阳：《三民主义哲学（上）》，《民族文化》1942 年第 2 卷第 8—9 期合刊。

王冠青：《根据民生哲学检讨文化运动》，《现实评论》1942 年第 1 卷第 5 期。

祝世康：《从民生哲学推论金融政策的原理》，《经济汇报》1942 年第 5 卷第 3 期。

李显承：《民生主义不是"马克思主义中国化"》，《人与地》1942 年第 2 期。

毛礼锐：《民生哲学与世界和平》，《中央周刊》1942 年第 5 卷第 23 期。

燕义权：《略评民生史观的新著》，《中央周刊》1942 年第 34 期。

袁月楼：《唯生进化论发凡》，《文化先锋》1942 年第 6 期。

吴传颐：《认识唯生论与历史唯生论》，《三民主义周刊》1942 年第 23 期。

苏渊雷：《民生史观与土地政策》，《三民主义周刊》1942 年第 24 期。

苏渊雷：《论民生哲学之史的发展性："民生哲学与土地政策"绪言》，《人与地》1942 年第 2 卷第 4—5 期合刊。

叶青：《唯物史观与民生史观》，《时代精神》1942 年第 4 期。

李素心：《民生史观之初步研究》，《大路月刊》1942 年第 6 期 。

甘维善：《唯物辩证乎唯生辩证乎》，《南路抗建》1942 年第 2 卷第 6—7 期合刊。

何汝津：《三民主义的哲学理论：辩证唯生论发凡》，《革命理论》1942 年第 8—9 期。

何汝津：《三民主义的哲学》，《新潮》1942 年第 4 期。

胡一贯：《中国哲学的哲学：唯生哲学管测之一》，《文化先锋》1942 年第 1 卷第 2 期。

胡一贯:《唯生哲学的研究法：唯生哲学管测之二》,《文化先锋》1942 年第 1 卷第 4 期。

胡一贯:《总理哲学系统管窥》,《军事与政治》1942 年第 3 卷第 1 期。

姜琦:《苏渊雷〈民生哲学引义〉试评》,《时代精神》1942 年第 2 期。

卢季卿:《从民生哲学谈到女工问题》,《妇女新运》1942 年第 5 期。

刘镇涛:《体用统一论的辩证唯生论》,《革命理论》1942 年第 5—6 期合刊。

王俊民:《唯生论与唯心物综合论之优劣》,《学生之友》1942 年第 5 卷第 4 期。

冯大麟:《民生哲学引论》,《新认识》1942 年第 5 卷第 6 期。

谌小岑:《三民主义社会价值论的历史哲学与方法论》,《现实评论》1942 年第 1 卷第 4、5 期。

杨幼炯:《中国学术思想之演变与三民主义思想之渊源》,《中山文化季刊》1942 年第 1 卷第 4 期。

周世辅:《理气学家底宇宙观与唯生论（上)》,《中央训练团团刊》1942 年第 106 期。

詹寿山:《三民主义的哲学基础》,《明耻》1942 年第 5 期。

张太风:《民生社会论》,《新认识》1942 年第 5 卷第 6 期。

张太风:《仁爱是民生的中心》,《中央周刊》1942 年第 4 卷第 42 期。

赵作宾:《三民主义的本体论》,《行健》1942 年第 4 卷第 7 期。

毛起鵔:《三民主义哲学的本体论》,《时代精神》1942 年第 6 卷第 3 期。

梁寒操:《三民主义及其哲学基础》,《军事与政治》1942 年第 3 卷第 1 期。

孙永馨:《民生哲学的哲学基础》,《行健》1942 年第 4 卷第 1 期。

曾松友:《关于唯生哲学答邓焕花先生》,《广东妇女》1942 年第 3 卷第 5—6 期合刊。

邓焕华:《与曾松友先生论唯生哲学》,《广东妇女》1942 年第 3 卷第 5—6 期合刊。

邓焕华:《与曾松友先生再论唯生哲学》,《广东妇女》1942 年第 3 卷第 10—11 期合刊。

刘镇涛:《体用统一论的辩证唯生论》,《革命理论》1942 年第 5—6 期合刊。

叶青:《总裁底宇宙哲学》,《中央周刊》1942 年第 4 卷第 36 期 。

叶青:《三民主义底哲学基础（续完)》,《时代思潮》1942 年第 37—38 期合刊 。

叶青:《总裁底本体哲学》,《中央周刊》1942 年第 4 卷第 25 期。

如:《民生哲学》,《民族文化》1943 年第 3 卷第 6 期。

周世辅:《总裁的心物论及民生哲学》,《公余生活》1943 年第 2 期。

艾思奇:《中国之命运——极端唯心论的愚民哲学》,《解放日报》1943 年 8 月 11 日。

缪凤林:《史观,唯物史观,和民生史观》,《中国青年》1943 年第 5 期。

张家望:《民族文化建设特辑：文化的唯生观（附图)》,《民族正气》1943 年第 1 卷第 5—6 期合刊。

钟震华:《民生哲学的精义》,《滇西青年》1943 年第 2 期。

《文化运动纲领》,《文艺先锋》1943 年第 3 卷第 5 期。

胡一贯：《民生哲学引义（书评）》，《新认识》1943 年第 7 卷第 2 期。

胡一贯：《宇宙新论——心物同一新论》，《文化先锋》1943 年第 2 卷第 17 期。

博文：《三民主义哲学的体系》，《大路》1943 年第 9 卷第 1—2 期合刊。

余健萍：《三民主义哲学与致用》，《大路》1943 年第 9 卷第 1—2 期合刊。

作：《唯生论与唯物论的比较》，《华南学生》1943 年第 8 卷第 2 期。

编后记：《近年来谈唯生哲学的宇宙论者总嫌不够深刻》，《新认识》1943 年第 6 卷第 5 期。

黄文山：《世界文化的转向及其展望：由实感文化体系到唯生文化体系：附表》，《中山文化季刊》1943 年第 1 卷第 1 期。

罗克典：《与叶青论民生主义：评三民主义之哲学基础》，《文化先锋》1943 年第 2 卷第 11 期。

张剑樵：《民生哲学之蠡测》，《国力》1943 年第 3 卷第 6 期。

陈立夫：《唯生论的宇宙观》，《福建训练月刊》1943 年第 1 卷第 1 期。

陈立夫：《唯生论的道德观》，《福建训练月刊》1943 年第 2 卷第 5 期。

编后：《国父的本体哲学原是唯生哲学》，《民族正气》1943 年第 1 卷第 4 期。

王俊：《民生哲学的认识：重庆专科以上学校三民主义讲演竞赛第二名讲演稿》，《青年杂志》1943 年第 1 卷第 5 期。

王铉：《三民主义人生哲学底研究》，《新认识》1943 年第 7 卷第 3—4 期合刊。

陈颖光：《民生主义的哲学基础》，《本行通讯》1943 年第 56 期。

黄永强：《唯生史观导论》，《新南安》1943 年第 2 卷第 2—3 期合刊。

黄永滋：《民生哲学的研究》，《中央训练团团刊》1943 年第 168 期。

张太风：《论三民主义之哲学基础（近人六说评介）》，《尖兵》1943 年第 6 卷第 1—2 期合刊。

姜琦：《"民生"与"民生主义"》，《大路》1943 年第 9 卷第 1—2 期合刊。

王冠青：《民生史观的实际与内容》，《中国青年》1943 年第 9 卷第 2 期。

吴应谦：《谈谈唯生史观与唯物史观》，《毕节周报》1943 年第 1 卷第 12 期。

叶青：《国父底民生史观与威廉底社会史观》，《三民主义半月刊》1943 年第 3 卷第 7 期。

孙愚溪：《民生哲学之真谛》，《联校》1944 年第 2 卷第 2 期。

张默君：《自书中国政治与民生哲学后》，《考政学报》1944 年创刊号。

胡一贯：《民生哲学体系提纲》，《三民主义半月刊》1944 年第 5 卷第 3、4 期。

姜琦：《如何解决三民主义哲学本体论问题的分歧》，《中国青年》1944 年第 11 卷第 5 期。

洪瑞钊：《怎样研究民生史观》，《中山月刊》1944 年第 1 期。

张太风：《民生哲学的基本命题》，《力行月刊》1944 年第 1 期。

李黎洲：《民生史观要旨》，《公馀季刊》1944 年第 1 期。

李黎洲：《释民生史观》，《南潮》1944 年第 1 卷第 3 期。

杨虞夫：《民生史观公式之研究》，《新使命》1944 年第 4 期。

杨虞夫：《由主义之真谛说到总理遗教之体系（附图）》，《新使命》1944年第1卷第1期。

曾松友：《心物同一的唯生论》，《文化先锋》1944年第15期。

易阅灰：《民生与三民主义》，《新血轮月刊》1944年第1期。

吴曼君：《民生哲学的历史观》，《文化创导》1944年第1卷第1期。

罗克典：《民生主义之哲学的逻辑》，《文化先锋》1944年第3卷第21期。

编后记：《民生史观是三民主义哲学的基础》，《南潮》1944年第1卷第3期。

毛礼锐：《民生哲学的特质》，《复兴关》1944年第238期。

姜琦：《如何解决三民主义哲学本体论问题底分歧》，《中国青年》1944年第11卷第5期。

吴家镇：《子思之诚的哲学：三民主义本体论之来源（附图）》，《南潮》1944年第1卷第1期。

谌小岑：《民生史观的初步研究》，《中国青年》1944年第10卷第3期。

潘谷神：《现行民族哲学之易学的根据》，《民族月刊》1944年第1卷第3期。

张太风：《新民族哲学本体论六辨》，《民族正气》1945年第4卷第5—6期合刊。

陈立夫：《革命哲学》，《复兴关》1945年第1卷第1期。

何勇仁：《唯生论的艺术人生观》，《民族正气》1945年第3卷第5期。

杨幼炯：《民生哲学之理论的体系（附表）》，《革命青年》1945年第2卷第2期。

张默君：《中国政治与民生哲学》，《龙凤》1945年第1、2期。

金平欧：《革命哲学的历史因缘：进化史观与民生史观》，《文化先锋》1945年第4卷第21—22期合刊。

读书会记录选辑：《三民主义之哲学》，载通益公司进修科编审股编：《中建一年》1945年3月16日。

姜琦：《民生与民生主义的界说之研究》，《中国青年》1945年第13卷第4、5期。

张益弘：《国父哲学诸问题》，《四川青年》1945年第3卷第3期。

祝世康：《民生主义的思想渊源与经济学说》，《三民主义半月刊》1946年第9卷第8期。

《民生史观论》，《教学资料》1946年第4卷第5—6期合刊。

王恩洋：《读〈民生哲学精义〉书感》，《文化先锋》1946年第5卷第12期。

李旭：《民生哲学与三民主义的关系》，《三民主义半月刊》1946年第9卷第7期。

李旭：《民生史观与唯物史观之比较的研究》，《训练导报》1946年第3卷第8期。

袁月楼：《唯生史观的理论系统（上）》，《文化先锋》1946年第5卷第20期。

袁月楼：《社会进化的根本原则》，《文化先锋》1946年第7期。

袁月楼：《唯生进化论与各派学说之比较》，《文化先锋》1946年第12期。

李素心：《物心本一论发凡：中山先生哲学思想研究之一》，《新思潮》1946年第1卷第2期。

穆超：《唯生论的宇宙观》，《文化先锋》1946年第5卷第20期。

刘以文：《谈孙中山先生的哲学思想》，《中坚》1946年第2卷第1期。

朱谦之：《三民主义的历史观》，《新时代月刊》1946 年第 1 卷第 7 期。

陈立森：《唯生哲学的历史探讨及其价值》，《建国青年》1947 年第 4 卷 4 期。

李旭：《民生史观的社会结构论》，《三民主义半月刊》1947 年第 5 期。

刘源森：《试论中山先生的心物合一论》，《革新月刊》1947 年第 12 期。

李旭：《民生哲学的基本理论》，《时代》1947 年第 38 期。

程大森：《民生哲学体系的鸟瞰》，《中库通讯》1947 年第 1 卷第 5 期。

吕克难：《民生史观之初步研究》，《建国青年》1947 年第 5 卷第 6 期。

刘柏庄：《民生史观对社会进化的见解》，《社会评论》1948 年第 61 期。

马建中：《民生哲学的国家论》，《时代》1948 年第 55 期。

麦参史：《心物一元哲学引论》，《民主时代》1948 年第 2 卷第 3 期。

云昌海：《民生哲学研究提纲》，《童干周刊》1948 年第 3、5、6 期。

毛礼锐：《民生哲学之特质的探讨（上）》，《政衡》1948 年新 3 第 1、2、5 期。

张传宗：《论民生哲学与新教育建设》，《胜流》1948 年第 7 卷第 6 期。

褚柏思：《三民主义的方法论：民生辩证法的提出》，《文化先锋》1948 年第 8 卷第 3 期。

叶青：《国父哲学述要》，《中国青年》1948 年复 2 第 3 期。

杜亦鸣（叶青）：《三民主义权威戴季陶》，《新路线》1949 年第 13 期。

杜亦鸣：《戴季陶三民主义理论之清算》，《新路线》1949 年第 14 期。

刘不同：《论国共》，《再造》1948 年第 1 卷第 5 期。

鲁莽：《闲话戴季陶》，《前线日报》1949 年 2 月 13 日。

鲁莽：《再论戴季陶》，《前线日报》1949 年 2 月 15 日。

文惠：《戴季陶的化身》，《大学评论》1949 年第 3 卷第 6 期。

陈红民：《戴季陶 1925—1926 年间致胡汉民等几封信》，《民国档案》2005 年第 4 期。

崔载阳：《三民主义哲学体系之研究》，《新时代》1966 年第 8 期。

高启圭：《民生哲学之研究》，《革命思想》1971 年第 31 卷第 2 期。

孙常炜：《国父民生哲学的宇宙观与历史观》，《公民训育学报》1983 年创刊号。

韦杰廷：《戴季陶主义论略》，《湖南师院学报（哲学社会科学版）》1983 年第 2 期。

吴乃恭：《评孙中山的历史观——兼论民生史观不是唯心史观》1983 年第 1 期。

张儒义：《论中国现代资产阶级哲学的三个基本形态》，《四川大学学报》（哲学社会科学版）1985 年第 1 期。

蒋至静：《中国近代资产阶级进化史观与民生史观述评》，《江汉论坛》1987 年第 9 期。

黄敏兰：《国民党人为孙文主义寻找哲学基础的三步曲》，《探索》1995 年第 3 期。

杨慧清：《国民党实权派的哲学思想（1925—1949）》，《史学月刊》1996 年第 6 期。

左玉河：《从输入到创新：民国哲学发展线索之我见》，《人文杂志》1998 年第 4 期。

蒋大椿：《孙中山民生史观析论》，《中国社会科学》2000 年第 2 期。

刘学照：《重议孙中山的民生史观》，《学术研究》2002 年第 1 期。

姚顺良、汤建龙：《西学东渐和中国现代哲学的形成》，《求是学刊》2007 年第 5 期。

张典魁：《北伐后至抗战期间之意识型态建构：国民党官方哲学唯生论及其对手》，"国立中正大学历史学研究所"硕士论文，2009 年 6 月，http：//www：doc88：com/p—810902944408：html 。

王贵仁：《从传播"唯物史观"到建构"民生观"——解析 1920 年代国民党人对唯物史观态度的转变轨迹》2009 年第 11 期。

吕厚轩：《陈立夫"唯生论"创制的背景及其内容、特点》，《齐鲁学刊》2010 年第 2 期。

田福宁：《抗战时期艾思奇与叶青在马克思主义中国化问题上的论争、影响及启示》，《湖北社会科学》2010 年第 10 期。

卢国庆：《三民主义哲学"旁通统贯"之基本精神与特色》，《国防大学通识教育学报》2012 年第 2 期。

陈晓晨：《马克思主义哲学视域下的民生哲学问题研究》，哈尔滨师范大学硕士学位论文，2011 年。

陈松：《哲学或实证科学：论张岱年与叶青的"新唯物论"性质之争》，《毛泽东思想研究》2017 年第 5 期。

尹涛：《叶青学术与政治立场的转变研究（1927—1937）》，《史学月刊》2019 年第 12 期。

后 记

　　《20 世纪前期中国民生哲学思潮研究》一书是在本人主持的 2014 年度国家社科基金项目——"20 世纪前期中国民生哲学思潮研究"结项成果的基础上进一步拓展完善而成的。课题组成员还有中山大学哲学系杨海文教授，广州大学继续教育学院张金兰副教授，广东工贸职业技术学院朱艳敏讲师。杨海文教授后因有国家社科基金重点项目在身，无法分身于本项目的研究，但对其在本项目的策划和探讨中付出的心血深表谢意！朱艳敏讲师在读本人的研究生期间参与本课题的资料收集工作，在此也表感谢！本人系广州大学公共管理学院社会学系教授，1987 年和 1990 年安徽大学哲学本科和中国哲学史专业硕士毕业，2006 年中山大学中国哲学专业博士毕业。张金兰副教授 1991 年安徽大学哲学专业本科毕业，2007 年获中山大学思想政治教育专业硕士学位。她参与了本课题材料的收集、部分章节的写作和全书的校对工作，并承担了本项目各种繁琐的管理事务。由于本书的研究是一项开拓性的工作，没有多少现成的成果可供借鉴；加上我们水平有限，不足之处在所难免，希望在今后的研究中不断予以完善。本书得到人民出版社方国根编审的精心指导和鼎力支持，特此致谢！

程潮

2020 年 11 月 20 日于广州大学

策划编辑：方国根

责任编辑：方国根　戚万迁

图书在版编目（CIP）数据

20 世纪前期中国民生哲学思潮研究 / 程潮，张金兰 著 . — 北京：人民出版社 2022.6

ISBN 978 - 7 - 01 - 024806 - 6

I. ① 2⋯　II. ①程⋯ ②张⋯　III. ①民本思想 – 社会思潮 – 研究 – 中国 –20 世纪

　IV. ① D092.7

中国版本图书馆 CIP 数据核字（2022）第 091373 号

20 世纪前期中国民生哲学思潮研究

20 SHIJI QIANQI ZHONGGUO MINSHENG ZHEXUE SICHAO YANJIU

程潮 张金兰　著

人民出版社 出版发行

（100706　北京市东城区隆福寺街 99 号）

环球东方（北京）印务有限公司印刷　新华书店经销

2022 年 6 月第 1 版　2022 年 6 月北京第 1 次印刷

开本：787 毫米 × 1092 毫米 1/16　印张：25.5

字数：428 千字

ISBN 978 - 7 - 01 - 024806 - 6　定价：98.00 元

邮购地址 100706　北京市东城区隆福寺街 99 号

人民东方图书销售中心　电话（010）65250042　65289539

版权所有·侵权必究

凡购买本社图书，如有印制质量问题，我社负责调换。

服务电话：(010) 65250042